中国农垦农场志丛

青　海
贵南牧场志

中国农垦农场志丛编纂委员会　组编
青海贵南牧场志编纂委员会　主编

中国农业出版社
北　京

图书在版编目（CIP）数据

青海贵南牧场志／中国农垦农场志丛编纂委员会组编；青海贵南牧场志编纂委员会主编．—北京：中国农业出版社，2022.12

（中国农垦农场志丛）

ISBN 978-7-109-30635-6

Ⅰ.①青… Ⅱ.①中…②青… Ⅲ.①国营农场－概况－贵南县 Ⅳ.①F324.1

中国国家版本馆CIP数据核字(2023)第070532号

出 版 人：刘天金

出版策划：苑　荣　刘爱芳

丛书统筹：王庆宁　赵世元

审 稿 组：柯文武　干锦春　薛　波

编 辑 组：杨金姝　王庆宁　周　珊　刘昊阳　黄　曦　李　梅　吕　睿　赵世元　黎　岳　刘佳玫　王玉水　李兴旺　蔡雪青　刘金华　陈思羽　张潇逸　喻瀚章　赵星华

工 艺 组：毛志强　王　宏　吴丽婷

设 计 组：姜　欣　关晓迪　王　晨　杨　婧

发行宣传：王贺春　蔡　鸣　李　晶　雷云钊　曹建丽

技术支持：王芳芳　赵晓红　张　瑶

青海贵南牧场志

Qinghai Guinan Muchang Zhi

中国农业出版社出版

地址：北京市朝阳区麦子店街18号楼

邮编：100125

责任编辑：刘昊阳

责任校对：吴丽婷　　责任印制：王　宏

印刷：北京通州皇家印刷厂

版次：2022年12月第1版

印次：2022年12月北京第1次印刷

发行：新华书店北京发行所

开本：889mm × 1194mm　1/16

印张：30.25　插页：26

字数：760千字

定价：228.00元

一、地图

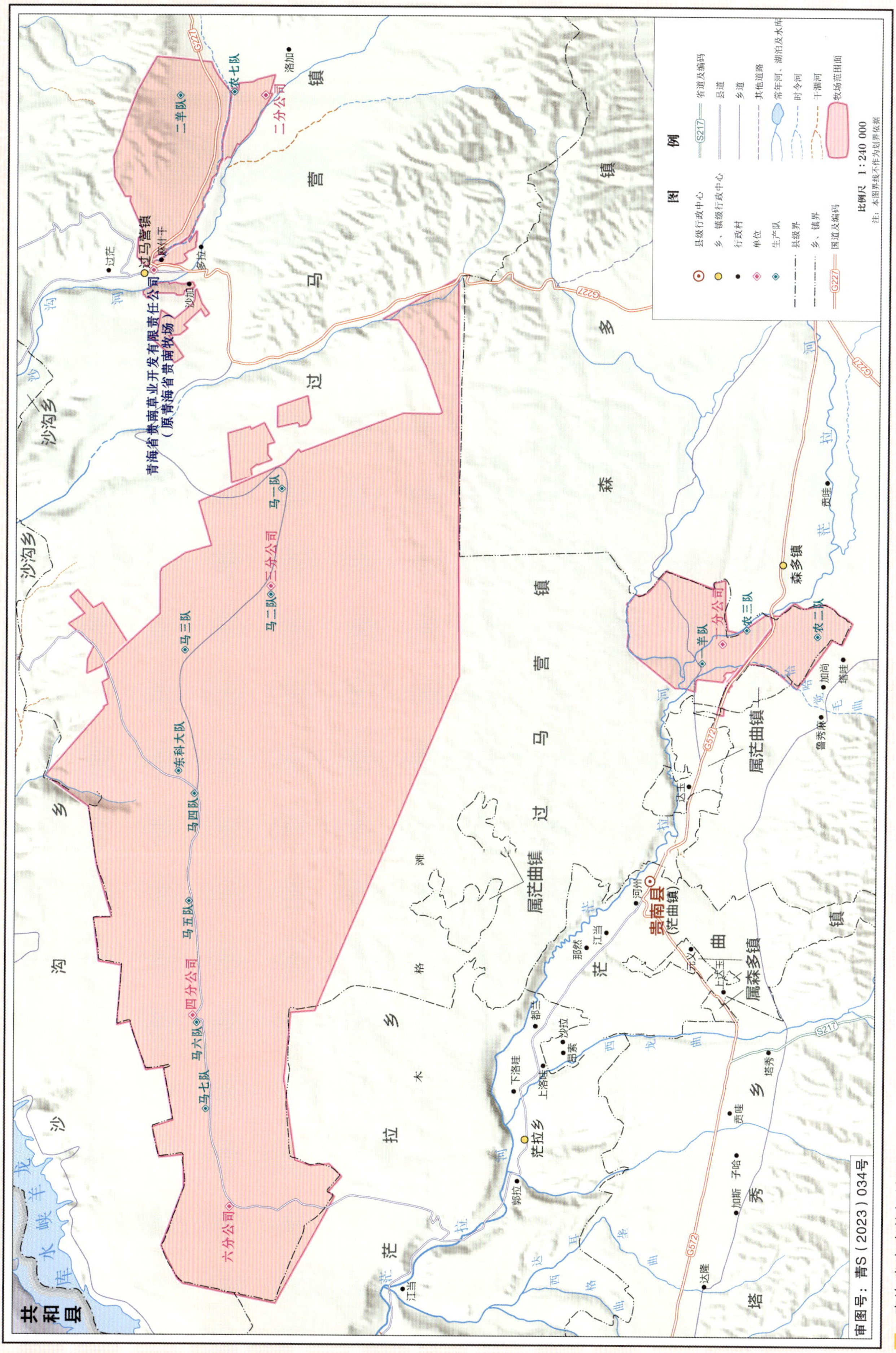

青海省贵南牧场地图

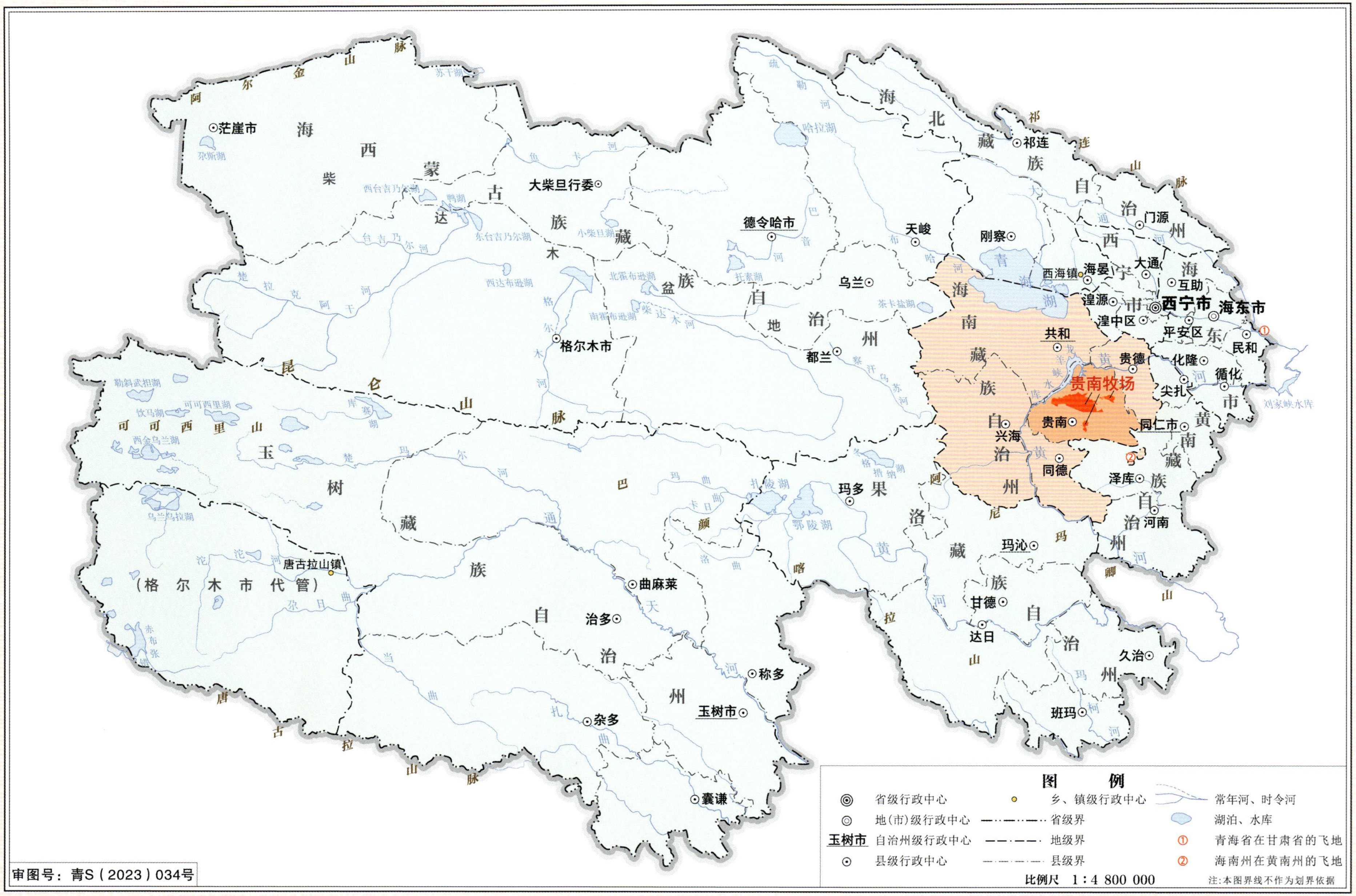

贵南牧场在青海省的位置

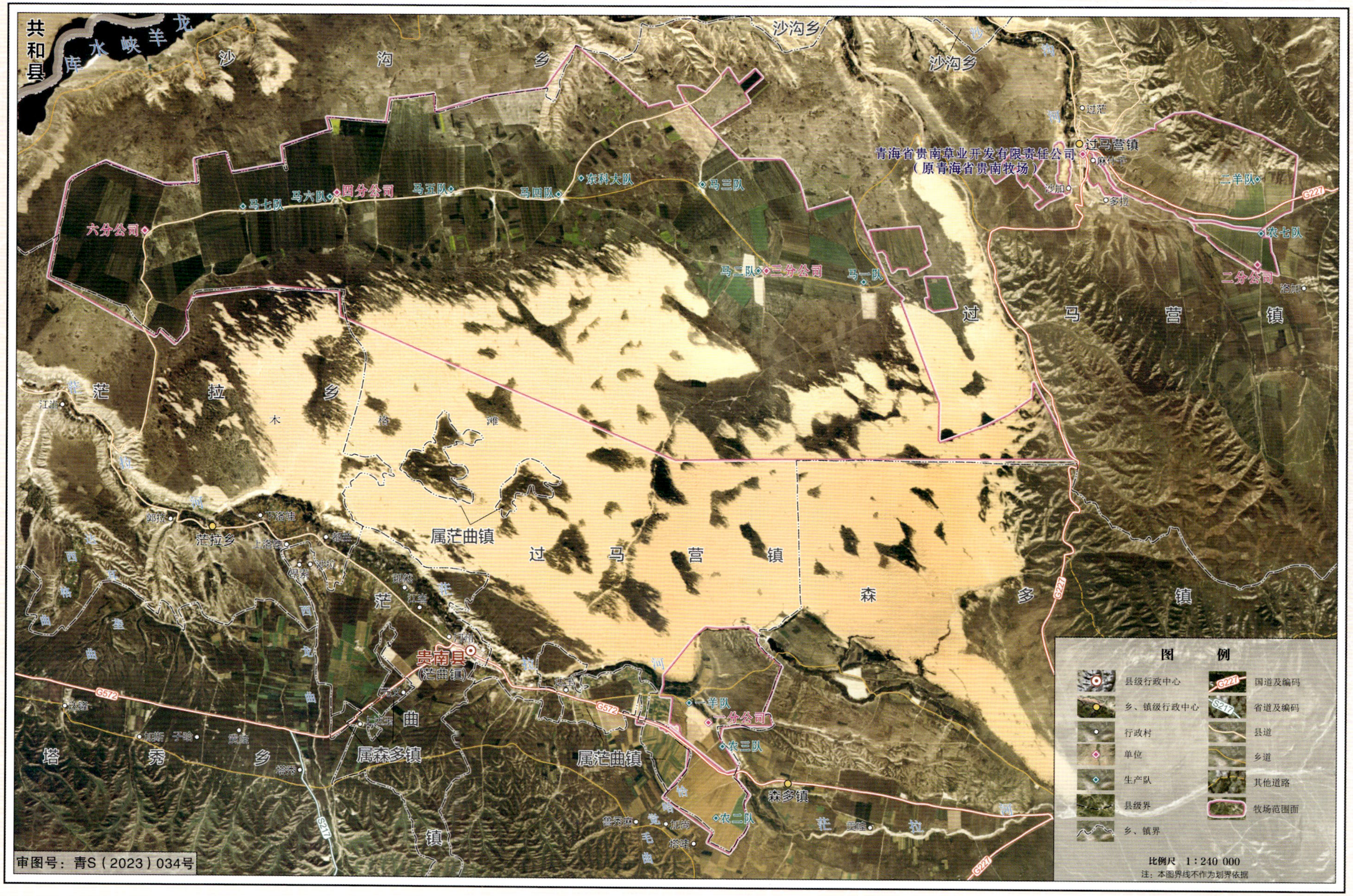
共和县
龙羊峡水库
沙沟乡
沙沟乡
沙沟乡
过马营镇
青海省贵南草业开发有限责任公司
（原青海省贵南牧场）
二羊队
农七队
二分公司
六分公司
马七队
马六队
四分公司
马五队
马四队
东科大队
马三队
马二队
三分公司
马一队
过马营镇
茫拉乡
木格滩
茫拉乡
属茫曲镇
过马营镇
森多镇
贵南县
（茫曲镇）
一羊队
一分公司
农三队
农二队
森多镇
属森多镇
属茫曲镇
塔秀乡
G572
S217
G227
审图号：青S（2023）034号
图例
县级行政中心
乡、镇级行政中心
行政村
单位
生产队
县级界
乡、镇界
国道及编码
省道及编码
县道
乡道
其他道路
牧场范围面
比例尺 1∶240 000
注：本图界线不作为划界依据

二、概况

青海省贵南草业开发有限责任公司大门

过马营镇全景鸟瞰图

2008年，公司“腾飞”雕塑

二分公司夏景

三、领导关怀

1986年，青海省委常委、副省长尕布龙到贵南牧场调研

1989年，青海省委副书记桑结加（右一）到贵南牧场调研

1990年6月，青海省副省长马元彪（前排左二）到贵南牧场调研

1991年，青海省农林厅厅长胡兴华（右三）在北山开发办调研

1993年8月25—26日，青海省委书记尹克升（左一）到贵南牧场调研

1994年，青海省委副书记马万里（中）到贵南牧场看望职工

1994年，青海省农林厅厅长谢承志（中）在西宁印刷厂调研

2003年10月，青海省省长杨传堂（右四）和海南藏族自治州委书记
多杰热旦（左二）到公司调研

2008年3月，青海省委副书记骆惠宁（中）到贵南草业公司调研

2008年4月14日，青海省委书记强卫（中）到贵南草业公司调研

2008年6月6日，青海省委副书记、省长宋秀岩（右二）到贵南草业公司调研

2018年，青海省委常委、副省长严金海（前排左三）到贵南草业公司调研

2019年8月，青海省委常委、青海省总工会主席马吉孝（前排左二）到公司调研

2020年9月，青海省政协委员考察组到公司考察青稞产业

2020年8月，在民族用品展销会上，海南藏族自治州委书记张文魁（中）到公司展区调研

2020年11月，青海省林草局局长李晓楠（中）到公司调研

四、峥嵘岁月

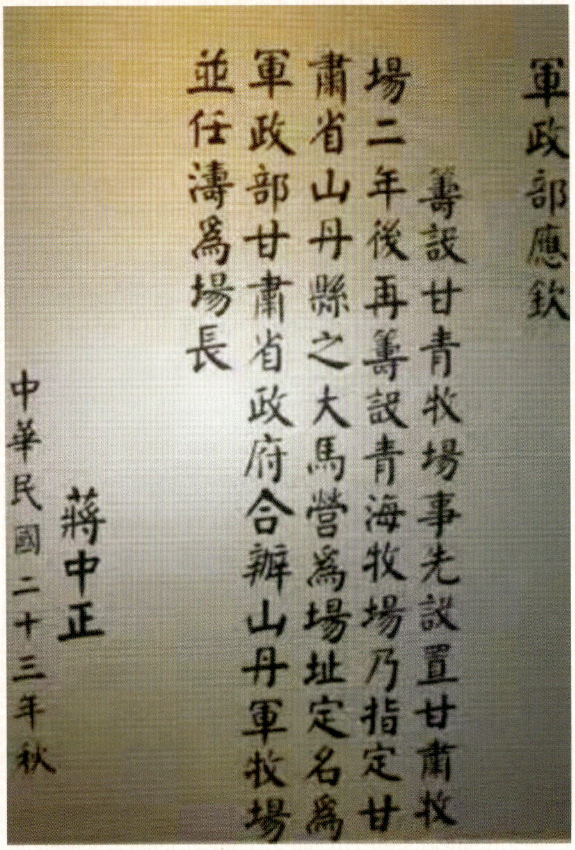

軍政部應欽
籌設甘青牧場事先設置甘肅牧
場二年後再籌設青海牧場乃指定甘
肅省山丹縣之大馬營為場址定名為
軍政部甘肅省政府合辦山丹軍牧場
並任濤為場長
蔣中正
中華民國二十三年秋

1934年建场手令

1953年1月，贵德军牧场政指联席会议留影

20世纪50年代，胶轮马车

20世纪60年代，胶轮马车拉运石头

20世纪60年代，公物还家

20世纪70年代，职工自制生产工具

20世纪70年代，连队铁匠铺制作生产工具

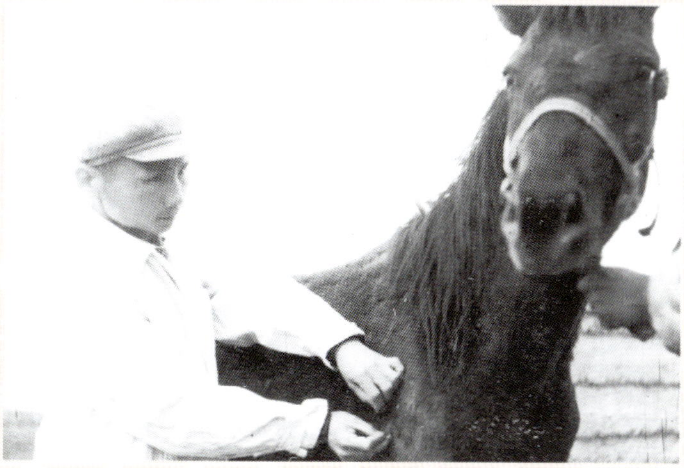

20世纪70年代，军马诊疗

20世纪60年代，沙漠植树

2014年，沙漠植树

20世纪70年代，军马场名马“黑走驹”

1969年9月，副场长杨仁和发现选育的“甜燕麦”

20世纪60年代，军马场赤脚医生巡诊

20世纪60年代，职工在劳动间隙学习

20世纪60年代末，毛主席哲学著作学习讲用会现场

20世纪60年代，民族团结一家亲

1966年，职工文艺演出

三分公司职工文艺演出（2010年摄）

20世纪70年代，军马场医生给藏族儿童诊疗

1970年，部分西安女知青合影

20世纪60年代初，职工居住过的地窝子（1992年摄）

20世纪60年代，土法烧砖旧址（2020年摄）

20世纪70年代，职工自建住房

20世纪70年代，贵南军马场职工清理鲁仓电站引水渠道

20世纪70年代，民兵射击训练

20世纪70年代，“八一”建军节民兵检阅

20世纪60年代末，军马群一隅

1970 年3月，西安知青“十姐妹放牧班”

民兵检阅（2010年摄）

20世纪70年代，职工运动会拔河比赛

20世纪70年代，职工运动会篮球比赛

20世纪80年代，藏族牧民赛马

20世纪80年代，藏族牧民牧羊

1969年10月，甜燕麦繁扩纪念

1974年，贵南军马场中小学首届田径运动会留影

1975年11月，科研协作会议代表合影

1976年，首批知识青年合影

1979年，首届团代会留影

20世纪80年代，贵南牧场职工医院医护人员护士节合影纪念

1984年，第五次党代会留影

1986年，职工子女应招入伍

1987年，人工气象观测

自动气象观测站（2008年摄）

高炮检修（2018年摄）

火箭防雹作业（2010年摄）

20世纪80年代，贵南牧场引进的苏联产吉尔车进行统一年检

1990年，贵南牧场举办首届书法、绘画班

20世纪90年代，贵南牧场中学学生学习使用电脑

1979年修建的教学楼（2016年摄）

1982年，贵南牧场电影院

1985年，贵南牧场过马营电视差转台

1992年，贵南牧场招待所

1992年，贵南牧场职工医院

1993年，贵南牧场海华啤酒厂

1993年，贵南牧场海华啤酒厂麦芽车间

1997年，贵南牧场过马营第二消费品综合市场

有机肥厂化验室（2015年摄）

2020年，二分公司标准化粮食筒仓

2020年，分公司办公楼

2020年，职工公寓楼

2020年，职工住房

2019年，贵南草业公司举办“七一”庆祝活动

2019年12月，公司五届五次职工代表合影

2020年，新机械培训人员留影

2020年9月，公司有机产品展示

五、农业

20世纪50年代，贵德军牧场“二牛抬杠”耕翻

20世纪60年代，履带式拖拉机耕翻

20世纪60年代，贵南军马场收割燕麦现场观摩

20世纪60年代，加莫寺蔬菜种植基地

20世纪60年代，加莫寺蔬菜队种植的蔬菜

20世纪70年代，联合收割机秋收作业

20世纪70年代，职工场院卸粮

20世纪70年代，拖拉机检修

20世纪80年代，牵引式收割机割晒作业

1992年，田间卸粮

产品码垛1（1992年摄）

产品码垛2（2020年摄）

2008年，更新联合收割机

2019年，撒施有机肥

2019年，青稞翻晒

2019年，种子包衣

2019年8月，新购置的联合收割机

2019年，收割机田间联合作业

2019年，青稞收获

2019年，新机具田间作业演示

2020年，青稞飞防作业

2020年，农机翻地作业

2020年，高速条播机田间作业

2010年，五分公司加莫寺种植的温棚西红柿

2012年，五分公司加莫寺种植的温棚人参果

2018年，五分公司加莫寺种植的中华大樱桃

六、畜牧业

20世纪60年代，储备牧草

20世纪70年代，马驹护理

20世纪60年代，贵南军马场各连队饲养的生猪

本地主要畜种——藏系羊（公羊）（2018年摄）

本地主要畜种——牦牛(2018年摄)

20世纪70年代，培育的贵南马（母）

20世纪70年代，培育的贵南马（公）

1983年，引进的新疆褐牛

2009年，引进的西门塔尔牛

2010年，从青海省河南县引进的欧拉种公羊

六分公司职工养殖的芦花鸡（2011年摄）

公司养殖基地藏羊养殖（2013年摄）

养殖基地藏羊一胎多羔试验（2016年摄）

2019年，四分公司养殖小区

2020年，从青海省牦牛改良中心引进的野血牦牛

七、草业

20世纪60年代，贵南军马场职工收割牧草

2006年，加工的草颗粒

2006年，加工的草块

2010年，青干草打捆

2012年12月，牧民群众学习牧草加工工艺

2013年，四分公司种植的燕麦

2015年，草籽翻晒

2017年，收获青海冷地早熟禾草籽

2018年，披碱草

2018年，冷地早熟禾

2019年，青燕麦刈割

2019年，公司向玉树藏族自治州杂多县雪灾地区支援牧草

2020年，牧草打捆

八、野生动植物

狼

藏狐

喜马拉雅旱獭

猎隼

大鵟

大石鸡

香鼬

香柴菇

沙漠菇

九、企业荣誉、证书

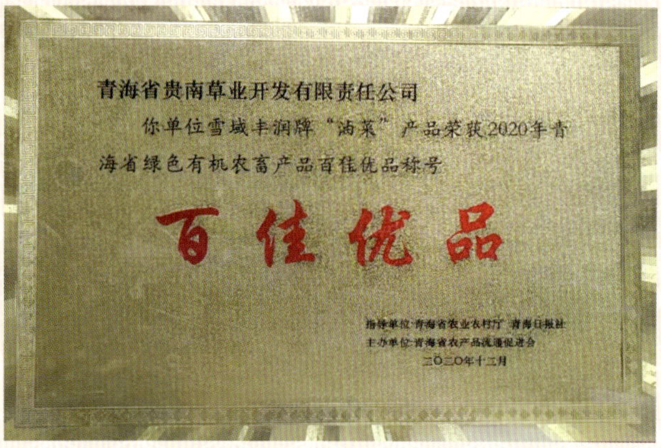

百佳优品

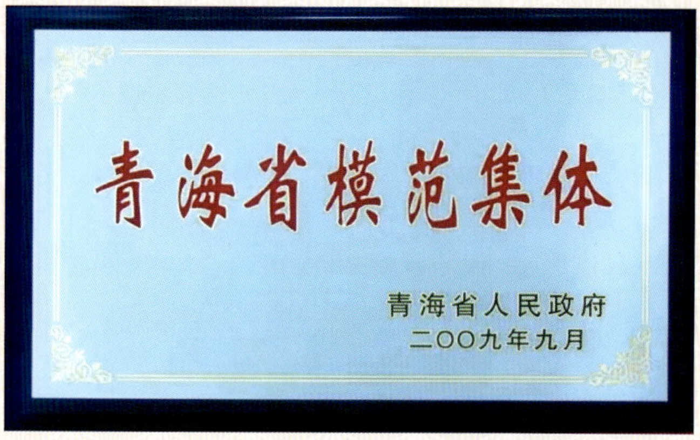

青海省模范集体

"守合同重信用"企业公示证明

全国农业农村系统先进集体

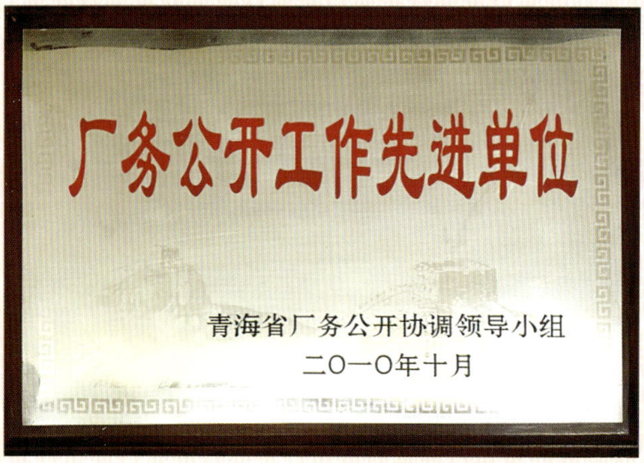

厂务公开工作先进单位

优秀企业

先进集体

先进基层党组织

纪检监察先进集体

有机产品认证证书1

有机产品认证证书2

有机产品认证证书3

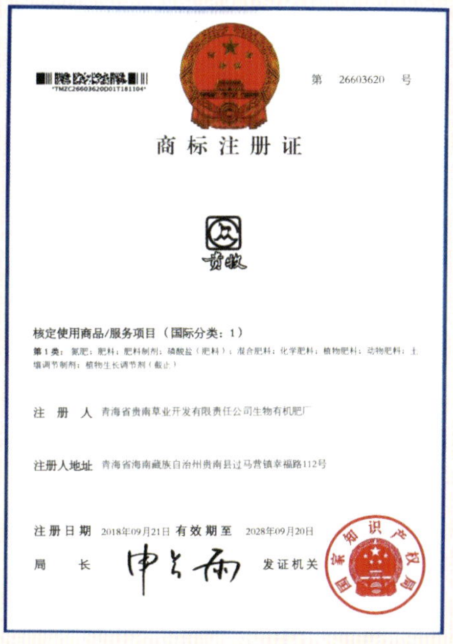

商标注册证

十、农场艺术展示

黄强绘画作品

李杰绘画作品

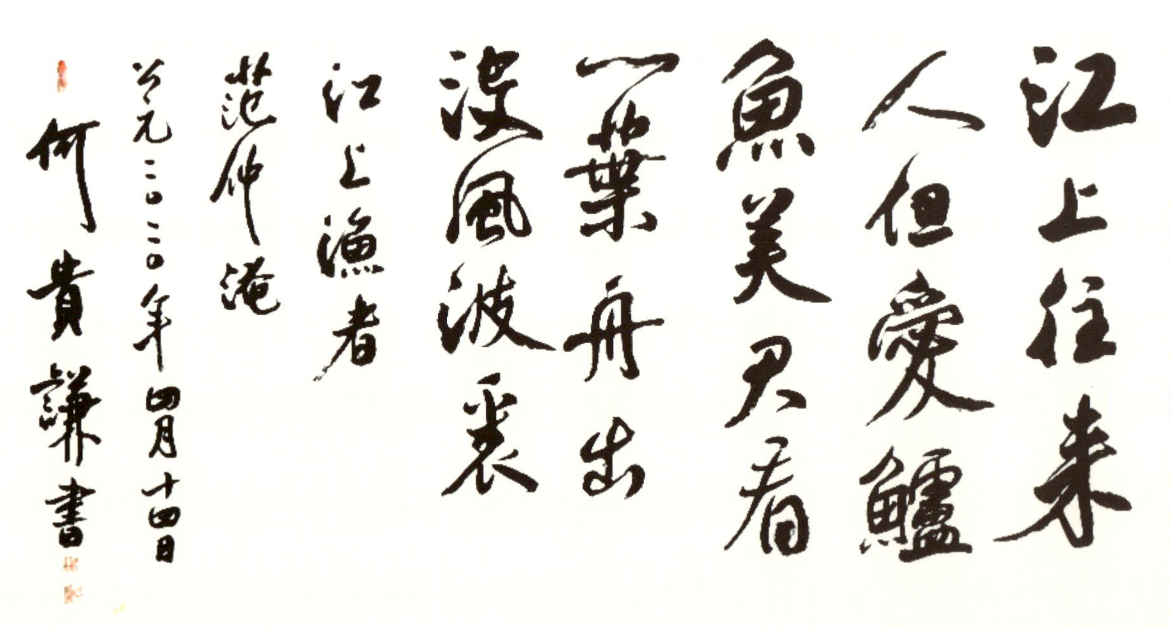

何贵谦书法作品

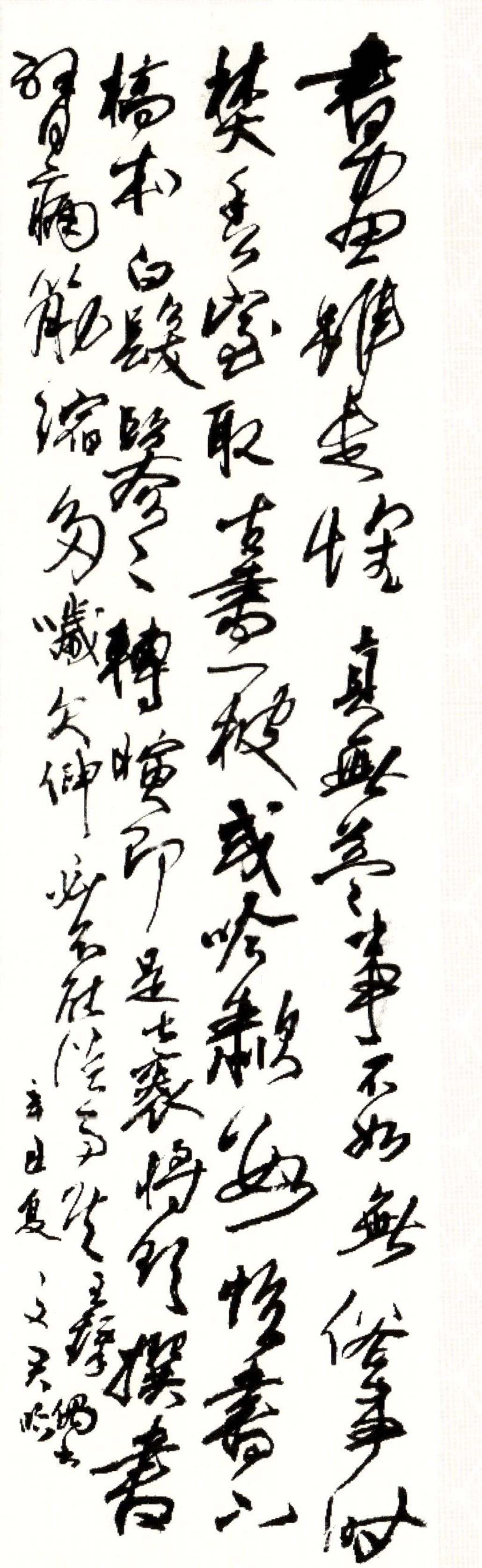

郑文君书法作品

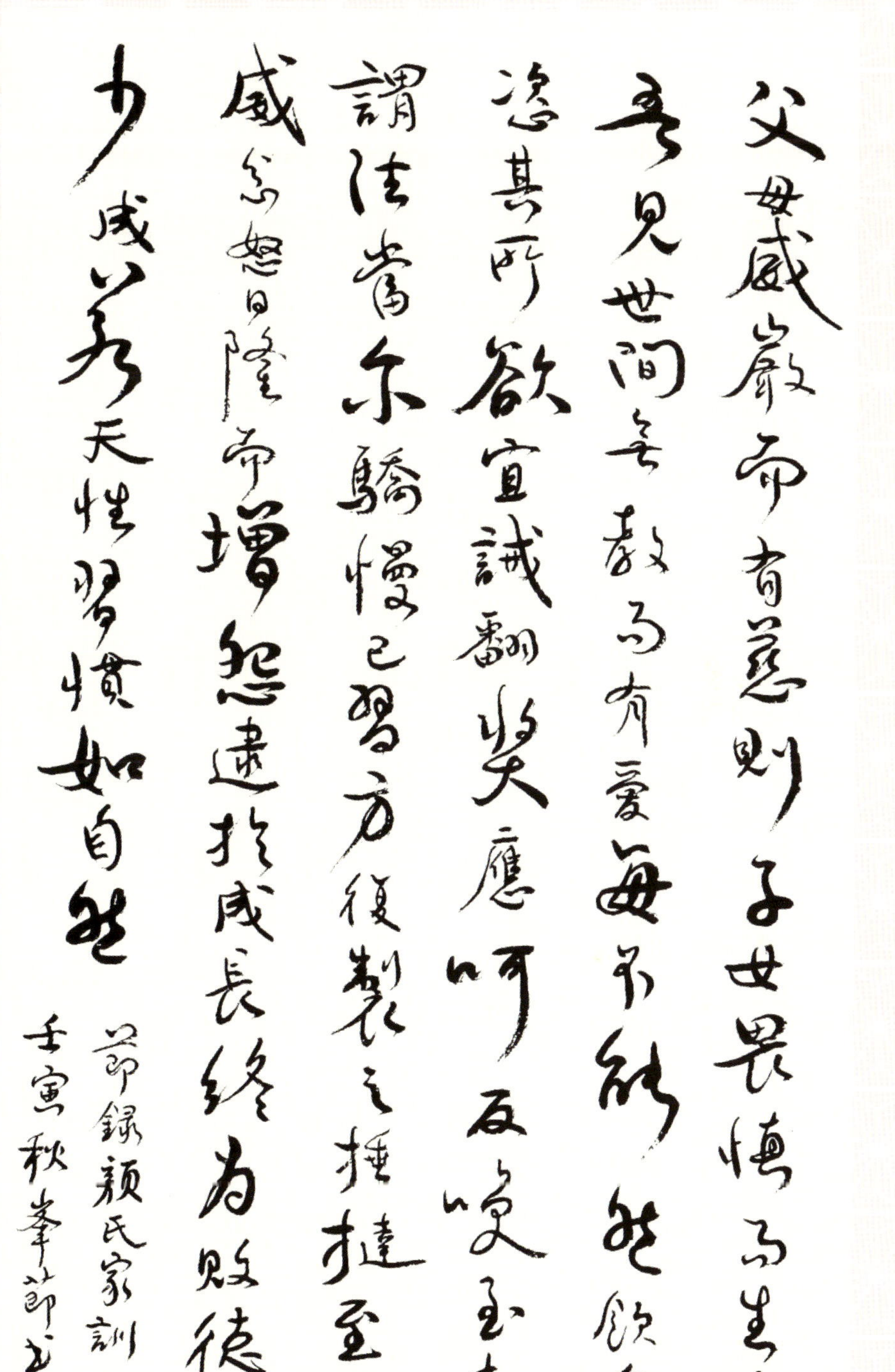

杨丰节书法作品

注：此处两幅作品为书法作品，为艺术美观，作者对字形进行了艺术处理。

杨秀芳绘画作品

舒春兰绘画作品

肖录原绘画作品

杨风中绘画作品

尚勇油画作品

十一、现任领导班子及场志编纂人员合影

贵南草业公司现任领导班子成员合影
（从左至右：副总经理裴生春，副总经理张青，党委专职副书记卡秀加，
党委书记、董事长周文书，党委副书记、总经理宋玉波，纪委书记曹国成）

《青海贵南牧场志》编纂人员合影
（前排从左至右：旦正、杨正、杨丰节、李善龙、郝建青，
后排从左至右：马风朝、刘敏、李斌、秦国柱、张丙苍）

中国农垦农场志丛编纂委员会

主　任

张兴旺

副主任

左常升　李尚兰　刘天金　彭剑良　程景民　王润雷

成　员（按垦区排序）

肖辉利　毕国生　苗冰松　茹栋梅　赵永华　杜　鑫　陈　亮
王守聪　许如庆　姜建友　唐冬寿　王良贵　郭宋玉　兰永清
马常春　张金龙　李胜强　马艳青　黄文沐　张安明　王明魁
徐　斌　田李文　张元鑫　余　繁　林　木　王　韬　张懿笃
杨毅青　段志强　武洪斌　熊　斌　冯天华　朱云生　常　芳

中国农垦农场志丛编纂委员会办公室

主　任

王润雷

副主任

王　生　刘爱芳　武新宇　明　星

成　员

胡从九　刘琢琬　干锦春　王庆宁

中国农垦农场志丛

青海贵南牧场志编纂委员会

《青海贵南牧场志》编写领导小组（1993 年 1—6 月）

组　长
刘德文

副组长
吕发明

成　员
卢　镛　肖俄力　何晓林　梁　浩　李成元　喻景明

主　编
刘德文

副主编
杨丰节

编　写
衡儒林　卜喜林　杨峰敏　曲忠庆　杨　蜀　潘　震　王庚绪　王军生
李发录　河生德　祁国裕　徐建忠　姬廷坤

《青海贵南牧场志》编纂委员会（2020 年 8 月—2023 年 8 月）

总　编
周文书

副总编
卡秀加　旦　正　曹国成　宋玉波　张　青

执行总编
杨丰节

特邀编审
肖俄力　杨　蜀　高长江　牛建伟　李发录　周军建　徐建忠　李玉顺

编纂人员
杨丰节　杨　正　旦　正　李善龙　郝建青　马风朝　秦国柱　李　斌
张丙苍　刘　敏

办公室主任
秦国柱

副主任
李　斌

办公室成员
张丙苍　刘　敏　李　娟　王淑兰　李玉芝　单金英

中国农垦农场志丛

总序

中国农垦农场志丛自2017年开始酝酿，历经几度春秋寒暑，终于在建党100周年之际，陆续面世。在此，谨向所有为修此志作出贡献、付出心血的同志表示诚挚的敬意和由衷的感谢！

中国共产党领导开创的农垦事业，为中华人民共和国的诞生和发展立下汗马功劳。八十余年来，农垦事业的发展与共和国的命运紧密相连，在使命履行中，农场成长为国有农业经济的骨干和代表，成为国家在关键时刻抓得住、用得上的重要力量。

如果将农垦比作大厦，那么农场就是砖瓦，是基本单位。在全国31个省（自治区、直辖市，港澳台除外），分布着1800多个农垦农场。这些星罗棋布的农场如一颗颗玉珠，明暗随农垦的历史进程而起伏；当其融汇在一起，则又映射出农垦事业波澜壮阔的历史画卷，绽放着“艰苦奋斗、勇于开拓”的精神光芒。

（一）

“农垦”概念源于历史悠久的“屯田”。早在秦汉时期就有了移民垦荒，至汉武帝时创立军屯，用于保障军粮供应。之后，历代沿袭屯田这一做法，充实国库，供养军队。

中国共产党借鉴历代屯田经验，发动群众垦荒造田。1933年2月，中华苏维埃共和国临时中央政府颁布《开垦荒地荒田办法》，规定“县区土地部、乡政府要马上调查统计本地所有荒田荒地，切实计划、发动群众去开荒”。到抗日战争时期，中国共产党大规模地发动军人进行农垦实践，肩负起支援抗战的特殊使命，农垦事业正式登上了历史舞台。

20世纪30年代末至40年代初，抗日战争进入相持阶段，在日军扫荡和国民党军事包围、经济封锁等多重压力下，陕甘宁边区生活日益困难。“我们曾经弄到几乎没有衣穿，没有油吃，没有纸、没有菜，战士没有鞋袜，工作人员在冬天没有被盖。”毛泽东同志曾这样讲道。

面对艰难处境，中共中央决定开展“自己动手，丰衣足食”的生产自救。1939年2月2日，毛泽东同志在延安生产动员大会上发出“自己动手”的号召。1940年2月10日，中共中央、中央军委发出《关于开展生产运动的指示》，要求各部队“一面战斗、一面生产、一面学习”。于是，陕甘宁边区掀起了一场轰轰烈烈的大生产运动。

这个时期，抗日根据地的第一个农场——光华农场诞生了。1939年冬，根据中共中央的决定，光华农场在延安筹办，生产牛奶、蔬菜等食物。同时，进行农业科学实验、技术推广，示范带动周边群众。这不同于古代屯田，开创了农垦示范带动的历史先河。

在大生产运动中，还有一面“旗帜”高高飘扬，让人肃然起敬，它就是举世闻名的南泥湾大生产运动。

1940年6—7月，为了解陕甘宁边区自然状况、促进边区建设事业发展，在中共中央财政经济部的支持下，边区政府建设厅的农林科学家乐天宇等一行6人，历时47天，全面考察了边区的森林自然状况，并完成了《陕甘宁边区森林考察团报告书》，报告建议垦殖南泥洼（即南泥湾）。之后，朱德总司令亲自前往南泥洼考察，谋划南泥洼的开发建设。

1941年春天，受中共中央的委托，王震将军率领三五九旅进驻南泥湾。那时，南泥湾俗称“烂泥湾”，“方圆百里山连山”，战士们“只见梢林不见天”，身边做伴的是满山窜的狼豹黄羊。在这种艰苦处境中，战士们攻坚克难，一手拿枪，一手拿镐，练兵开荒两不误，把“烂泥湾”变成了陕北的“好江南”。从 1941 年到 1944 年，仅仅几年时间，三五九旅的粮食产量由 0.12 万石猛增到 3.7 万石，上缴公粮 1 万石，达到了耕一余一。与此同时，工业、商业、运输业、畜牧业和建筑业也得到了迅速发展。

南泥湾大生产运动，作为中国共产党第一次大规模的军垦，被视为农垦事业的开端，南泥湾也成为农垦事业和农垦精神的发祥地。

进入解放战争时期，建立巩固的东北根据地成为中共中央全方位战略的重要组成部分。毛泽东同志在 1945 年 12 月 28 日为中共中央起草的《建立巩固的东北根据地》中，明确指出“我党现时在东北的任务，是建立根据地，是在东满、北满、西满建立巩固的军事政治的根据地”，要求“除集中行动负有重大作战任务的野战兵团外，一切部队和机关，必须在战斗和工作之暇从事生产”。

紧接着，1947 年，公营农场兴起的大幕拉开了。

这一年春天，中共中央东北局财经委员会召开会议，主持财经工作的陈云、李富春同志在分析时势后指出：东北行政委员会和各省都要“试办公营农场，进行机械化农业实验，以迎接解放后的农村建设”。

这一年夏天，在松江省政府的指导下，松江省省营第一农场（今宁安农场）创建。省政府主任秘书李在人为场长，他带领着一支 18 人的队伍，在今尚志市一面坡太平沟开犁生产，一身泥、一身汗地拉开了“北大荒第一犁”。

这一年冬天，原辽北军区司令部作训科科长周亚光带领人马，冒着严寒风雪，到通北县赵光区实地踏查，以日伪开拓团训练学校旧址为基础，建成了我国第一个公营机械化农场——通北机械农场。

之后，花园、永安、平阳等一批公营农场纷纷在战火的硝烟中诞生。与此同时，一部分身残志坚的荣誉军人和被解放的国民党军人，向东北荒原宣战，艰苦拓荒、艰辛创业，创建了一批荣军农场和解放团农场。

再将视线转向华北。这一时期，在河北省衡水湖的前身“千顷洼”所在地，华北人民政府农业部利用一批来自联合国善后救济总署的农业机械，建成了华北解放区第一个机械化公营农场——冀衡农场。

除了机械化农场，在那个主要靠人力耕种的年代，一些拖拉机站和机务人员培训班诞生在东北、华北大地上，推广农业机械化技术，成为新中国农机事业人才培养的“摇篮”。新中国的第一位女拖拉机手梁军正是优秀代表之一。

（二）

中华人民共和国成立后农垦事业步入了发展的“快车道”。

1949年10月1日，新中国成立了，百废待兴。新的历史阶段提出了新课题、新任务：恢复和发展生产，医治战争创伤，安置转业官兵，巩固国防，稳定新生的人民政权。

这没有硝烟的“新战场”，更需要垦荒生产的支持。

1949年12月5日，中央人民政府人民革命军事委员会发布《关于1950年军队参加生产建设工作的指示》，号召全军“除继续作战和服勤务者而外，应当负担一部分生产任务，使我人民解放军不仅是一支国防军，而且是一支生产军”。

1952年2月1日，毛泽东主席发布《人民革命军事委员会命令》：“你们现在可以把战斗的武器保存起来，拿起生产建设的武器。”批准中国人民解放军31个师转为建设师，其中有15个师参加农业生产建设。

垦荒战鼓已擂响，刚跨进和平年代的解放军官兵们，又背起行囊，扑向荒原，将“作战地图变成生产地图”，把“炮兵的瞄准仪变成建设者的水平仪”，让“战马变成耕马”，在戈壁荒漠、三江平原、南国边疆安营扎寨，攻坚克难，辛苦耕耘，创造了农垦事业的一个又一个奇迹。

1. 将戈壁荒漠变成绿洲

1950年1月，王震将军向驻疆部队发布开展大生产运动的命令，动员11万余名官兵就地屯垦，创建军垦农场。

垦荒之战有多难，这些有着南泥湾精神的农垦战士就有多拼。

没有房子住，就搭草棚子、住地窝子；粮食不够吃，就用盐水煮麦粒；没有拖拉机和畜力，就多人拉犁开荒种地……

然而，戈壁滩缺水，缺“农业的命根子”，这是痛中之痛！

没有水，战士们就自己修渠，自伐木料，自制筐担，自搓绳索，自开块石。修渠中涌现了很多动人故事，据原新疆兵团农二师师长王德昌回忆，1951 年冬天，一名来自湖南的女战士，面对磨断的绳子，情急之下，割下心爱的辫子，接上绳子背起了石头。

在战士们全力以赴的努力下，十八团渠、红星渠、和平渠、八一胜利渠等一条条大地的“新动脉”，奔涌在戈壁滩上。

1954 年 10 月，经中共中央批准，新疆生产建设兵团成立，陶峙岳被任命为司令员，新疆维吾尔自治区党委书记王恩茂兼任第一政委，张仲瀚任第二政委。努力开荒生产的驻疆屯垦官兵终于有了正式的新身份，工作中心由武装斗争转为经济建设，新疆地区的屯垦进入了新的阶段。

之后，新疆生产建设兵团重点开发了北疆的准噶尔盆地、南疆的塔里木河流域及伊犁、博乐、塔城等边远地区。战士们鼓足干劲，兴修水利、垦荒造田、种粮种棉、修路架桥，一座座城市拔地而起，荒漠变绿洲。

2. 将荒原沼泽变成粮仓

在新疆屯垦热火朝天之时，北大荒也进入了波澜壮阔的开发阶段，三江平原成为“主战场”。

1954 年 8 月，中共中央农村工作部同意并批转了农业部党组《关于开发东北荒地的农建二师移垦东北问题的报告》，同时上报中央军委批准。9 月，第一批集体转业的“移民大军”——农建二师由山东开赴北大荒。这支 8000 多人的齐鲁官兵队伍以荒原为家，创建了二九〇、二九一和十一农场。

同年，王震将军视察黑龙江汤原后，萌发了开发北大荒的设想。领命的是第五师副师长余友清，他打头阵，率一支先遣队到密山、虎林一带踏查荒原，于1955年元旦，在虎林县（今虎林市）西岗创建了铁道兵第一个农场，以部队番号命名为“八五〇部农场”。

1955年，经中共中央同意，铁道兵9个师近两万人挺进北大荒，在密山、虎林、饶河一带开荒建场，拉开了向三江平原发起总攻的序幕，在八五〇部农场周围建起了一批八字头的农场。

1958年1月，中央军委发出《关于动员十万干部转业复员参加生产建设的指示》，要求全军复员转业官兵去开发北大荒。命令一下，十万转业官兵及家属，浩浩荡荡进军三江平原，支边青年、知识青年也前赴后继地进攻这片古老的荒原。

垦荒大军不惧苦、不畏难，鏖战多年，荒原变良田。1964年盛夏，国家副主席董必武来到北大荒视察，面对麦香千里即兴赋诗：“斩棘披荆忆老兵，大荒已变大粮屯。”

3. 将荒郊野岭变成胶园

如果说农垦大军在戈壁滩、北大荒打赢了漂亮的要粮要棉战役，那么，在南国边疆，则打赢了一场在世界看来不可能胜利的翻身仗。

1950年，朝鲜战争爆发后，帝国主义对我国实行经济封锁，重要战略物资天然橡胶被禁运，我国国防和经济建设面临严重威胁。

当时世界公认天然橡胶的种植地域不能超过北纬17°，我国被国际上许多专家划为“植胶禁区”。

但命运应该掌握在自己手中，中共中央作出“一定要建立自己的橡胶基地”的战略决策。1951年8月，政务院通过《关于扩大培植橡胶树的决定》，由副总理兼财政经济委员会主任陈云亲自主持这项工作。同年11月，华南垦殖局成立，中共中央华南分局第一书记叶剑英兼任局长，开始探索橡胶种植。

1952年3月，两万名中国人民解放军临危受命，组建成林业工程第一师、第二师和一个独立团，开赴海南、湛江、合浦等地，住茅棚、战台风、斗猛兽，白手起家垦殖橡胶。

大规模垦殖橡胶，急需胶籽。“一粒胶籽，一两黄金”成为战斗口号，战士们不惜一切代价收集胶籽。有一位叫陈金照的小战士，运送胶籽时遇到山洪，被战友们找到时已没有了呼吸，而背上箩筐里的胶籽却一粒没丢……

正是有了千千万万个把橡胶看得重于生命的陈金照们，1957 年春天，华南垦殖局种植的第一批橡胶树，流出了第一滴胶乳。

1960 年以后，大批转业官兵加入海南岛植胶队伍，建成第一个橡胶生产基地，还大面积种植了剑麻、香茅、咖啡等多种热带作物。同时，又有数万名转业官兵和湖南移民汇聚云南边疆，用血汗浇灌出了我国第二个橡胶生产基地。

在新疆、东北和华南三大军垦战役打响之时，其他省份也开始试办农场。1952 年，在政务院关于“各县在可能范围内尽量地办起和办好一两个国营农场”的要求下，全国各地农场如雨后春笋般发展起来。1956 年，农垦部成立，王震将军被任命为部长，统一管理全国的军垦农场和地方农场。

随着农垦管理走向规范化，农垦事业也蓬勃发展起来。江西建成多个综合垦殖场，发展茶、果、桑、林等多种生产；北京市郊、天津市郊、上海崇明岛等地建起了主要为城市提供副食品的国营农场；陕西、安徽、河南、西藏等省区建立发展了农牧场群……

到 1966 年，全国建成国营农场 1958 个，拥有职工 292.77 万人，拥有耕地面积 345457 公顷，农垦成为我国农业战线一支引人瞩目的生力军。

（三）

前进的道路并不总是平坦的。“文化大革命”持续十年，使党、国家和各族人民遭到新中国成立以来时间最长、范围最广、损失最大的挫折，农垦系统也不能幸免。农场平均主义盛行，从 1967 年至 1978 年，农垦系统连续亏损 12 年。

“没有一个冬天不可逾越，没有一个春天不会来临。”1978 年，党的十一届三中全会召开，如同一声春雷，唤醒了沉睡的中华大地。手握改革开放这一法宝，全党全社会朝着社会主义现代化建设方向大步前进。

在这种大形势下，农垦人深知，国营农场作为社会主义全民所有制企业，应当而且有条件走在农业现代化的前列，继续发挥带头和示范作用。

于是，农垦人自觉承担起推进实现农业现代化的重大使命，乘着改革开放的春风，开始进行一系列的上下求索。

1978年9月，国务院召开了人民公社、国营农场试办农工商联合企业座谈会，决定在我国试办农工商联合企业，农垦系统积极响应。作为现代化大农业的尝试，机械化水平较高且具有一定工商业经验的农垦企业，在农工商综合经营改革中如鱼得水，打破了单一种粮的局面，开启了农垦一二三产业全面发展的大门。

农工商综合经营只是农垦改革的一部分，农垦改革的关键在于打破平均主义，调动生产积极性。

为调动企业积极性，1979年2月，国务院批转了财政部、国家农垦总局《关于农垦企业实行财务包干的暂行规定》。自此，农垦开始实行财务大包干，突破了"千家花钱，一家（中央）平衡"的统收统支方式，解决了农垦企业吃国家"大锅饭"的问题。

为调动企业职工的积极性，从1979年根据财务包干的要求恢复"包、定、奖"生产责任制，到1980年后一些农场实行以"大包干"到户为主要形式的家庭联产承包责任制，再到1983年借鉴农村改革经验，全面兴办家庭农场，逐渐建立大农场套小农场的双层经营体制，形成"家家有场长，户户搞核算"的蓬勃发展气象。

为调动企业经营者的积极性，1984年下半年，农垦系统在全国选择100多个企业试点推行场（厂）长、经理负责制，1988年全国农垦有60%以上的企业实行了这项改革，继而又借鉴城市国有企业改革经验，全面推行多种形式承包经营责任制，进一步明确主管部门与企业的权责利关系。

以上这些改革主要是在企业层面，以单项改革为主，虽然触及了国家、企业和职工的最直接、最根本的利益关系，但还没有完全解决传统体制下影响农垦经济发展的深层次矛盾和困难。

"历史总是在不断解决问题中前进的。"1992 年，继邓小平南方谈话之后，党的十四大明确提出，要建立社会主义市场经济体制。市场经济为农垦改革进一步指明了方向，但农垦如何改革才能步入这个轨道，真正成为现代化农业的引领者？

关于国营大中型企业如何走向市场，早在 1991 年 9 月中共中央就召开工作会议，强调要转换企业经营机制。1992 年 7 月，国务院发布《全民所有制工业企业转换经营机制条例》，明确提出企业转换经营机制的目标是："使企业适应市场的要求，成为依法自主经营、自负盈亏、自我发展、自我约束的商品生产和经营单位，成为独立享有民事权利和承担民事义务的企业法人。"

为转换农垦企业的经营机制，针对在干部制度上的"铁交椅"、用工制度上的"铁饭碗"和分配制度上的"大锅饭"问题，农垦实施了干部聘任制、全员劳动合同制以及劳动报酬与工效挂钩的三项制度改革，为农垦企业建立在用人、用工和收入分配上的竞争机制起到了重要促进作用。

1993 年，十四届三中全会再次擂响战鼓，指出要进一步转换国有企业经营机制，建立适应市场经济要求，产权清晰、权责明确、政企分开、管理科学的现代企业制度。

农业部积极响应，1994 年决定实施"三百工程"，即在全国农垦选择百家国有农场进行现代企业制度试点、组建发展百家企业集团、建设和做强百家良种企业，标志着农垦企业的改革开始深入到企业制度本身。

同年，针对有些农场仍为职工家庭农场，承包户垫付生产、生活费用这一问题，根据当年 1 月召开的全国农业工作会议要求，全国农垦系统开始实行"四到户"和"两自理"，即土地、核算、盈亏、风险到户，生产费、生活费由职工自理。这一举措彻底打破了"大锅饭"，开启了国有农场农业双层经营体制改革的新发展阶段。

然而，在推进市场经济进程中，以行政管理手段为主的垦区传统管理体制，逐渐成为束缚企业改革的桎梏。

垦区管理体制改革迫在眉睫。1995 年，农业部在湖北省武汉市召开全国农垦经济体制改革工作会议，在总结各垦区实践的基础上，确立了农垦管理体制的改革思路：逐步弱化行政职能，加快实体化进程，积极向集团化、公司化过渡。以此会议为标志，垦区管理体制改革全面启动。北京、天津、黑龙江等17个垦区按照集团化方向推进。此时，出于实际需要，大部分垦区在推进集团化改革中仍保留了农垦管理部门牌子和部分行政管理职能。

“前途是光明的，道路是曲折的。”由于农垦自身存在的政企不分、产权不清、社会负担过重等深层次矛盾逐渐暴露，加之农产品价格低迷、激烈的市场竞争等外部因素叠加，从1997年开始，农垦企业开始步入长达5年的亏损徘徊期。

然而，农垦人不放弃、不妥协，终于在2002年“守得云开见月明”。这一年，中共十六大召开，农垦也在不断调整和改革中，告别“五连亏”，盈利13亿。

2002年后，集团化垦区按照“产业化、集团化、股份化”的要求，加快了对集团母公司、产业化专业公司的公司制改造和资源整合，逐步将国有优质资产集中到主导产业，进一步建立健全现代企业制度，形成了一批大公司、大集团，提升了农垦企业的核心竞争力。

与此同时，国有农场也在企业化、公司化改造方面进行了积极探索，综合考虑是否具备企业经营条件、能否剥离办社会职能等因素，因地制宜、分类指导。一是办社会职能可以移交的农场，按公司制等企业组织形式进行改革；办社会职能剥离需要过渡期的农场，逐步向公司制企业过渡。如广东、云南、上海、宁夏等集团化垦区，结合农场体制改革，打破传统农场界限，组建产业化专业公司，并以此为纽带，进一步将垦区内产业关联农场由子公司改为产业公司的生产基地（或基地分公司），建立了集团与加工企业、农场生产基地间新的运行体制。二是不具备企业经营条件的农场，改为乡、镇或行政区，向政权组织过渡。如2003年前后，一些垦区的部分农场连年严重亏损，有的甚至濒临破产。湖南、湖北、河北等垦区经省委、省政府批准，对农场管理体制进行革新，把农场管理权下放到市县，实行属地管理，一些农场建立农场管理区，赋予必要的政府职能，给予财税优惠政策。

这些改革离不开农垦职工的默默支持，农垦的改革也不会忽视职工的生活保障。1986年，根据《中共中央、国务院批转农牧渔业部〈关于农垦经济体制改革问题的报告〉的通知》要求，农垦系统突破职工住房由国家分配的制度，实行住房商品化，调动职工自己动手、改善住房的积极性。1992年，农垦系统根据国务院关于企业职工养老保险制度改革的精神，开始改变职工养老保险金由企业独自承担的局面，此后逐步建立并完善国家、企业、职工三方共同承担的社会保障制度，减轻农场养老负担的同时，也减少了农场职工的后顾之忧，保障了农场改革的顺利推进。

从1986年至十八大前夕，从努力打破传统高度集中封闭管理的计划经济体制，到坚定社会主义市场经济体制方向；从在企业层面改革，以单项改革和放权让利为主，到深入管理体制，以制度建设为核心、多项改革综合配套协调推进为主：农垦企业一步一个脚印，走上符合自身实际的改革道路，管理体制更加适应市场经济，企业经营机制更加灵活高效。

这一阶段，农垦系统一手抓改革，一手抓开放，积极跳出“封闭”死胡同，走向开放的康庄大道。从利用外资在经营等领域涉足并深入合作，大力发展“三资”企业和“三来一补”项目；到注重“引进来”，引进资金、技术设备和管理理念等；再到积极实施“走出去”战略，与中东、东盟、日本等地区和国家进行经贸合作出口商品，甚至扎根境外建基地、办企业、搞加工、拓市场：农垦改革开放风生水起逐浪高，逐步形成“两个市场、两种资源”的对外开放格局。

（四）

党的十八大以来，以习近平同志为核心的党中央迎难而上，作出全面深化改革的决定，农垦改革也进入全面深化和进一步完善阶段。

2015年11月，中共中央、国务院印发《关于进一步推进农垦改革发展的意见》（简称《意见》），吹响了新一轮农垦改革发展的号角。《意见》明确要求，新时期农垦改革发展要以推进垦区集团化、农场企业化改革为主线，努力把农垦建设成为保障国家粮食安全和重要农产品有效供给的国家队、中国特色新型农业现代化的示范区、农业对外合作的排头兵、安边固疆的稳定器。

2016年5月25日，习近平总书记在黑龙江省考察时指出，要深化国有农垦体制改革，以垦区集团化、农场企业化为主线，推动资源资产整合、产业优化升级，建设现代农业大基地、大企业、大产业，努力形成农业领域的航母。

2018 年 9 月 25 日，习近平总书记再次来到黑龙江省进行考察，他强调，要深化农垦体制改革，全面增强农垦内生动力、发展活力、整体实力，更好发挥农垦在现代农业建设中的骨干作用。

农垦从来没有像今天这样更接近中华民族伟大复兴的梦想！农垦人更加振奋了，以壮士断腕的勇气、背水一战的决心继续农垦改革发展攻坚战。

1. 取得了累累硕果

——坚持集团化改革主导方向，形成和壮大了一批具有较强竞争力的现代农业企业集团。黑龙江北大荒去行政化改革、江苏农垦农业板块上市、北京首农食品资源整合……农垦深化体制机制改革多点开花、逐步深入。以资本为纽带的母子公司管理体制不断完善，现代公司治理体系进一步健全。市县管理农场的省份区域集团化改革稳步推进，已组建区域集团和产业公司超过 300 家，一大批农场注册成为公司制企业，成为真正的市场主体。

——创新和完善农垦农业双层经营体制，强化大农场的统一经营服务能力，提高适度规模经营水平。截至 2020 年，据不完全统计，全国农垦规模化经营土地面积 5500 多万亩，约占农垦耕地面积的 70.5%，现代农业之路越走越宽。

——改革国有农场办社会职能，让农垦企业政企分开、社企分开，彻底甩掉历史包袱。截至 2020 年，全国农垦有改革任务的 1500 多个农场完成办社会职能改革，松绑后的步伐更加矫健有力。

——推动农垦国有土地使用权确权登记发证，唤醒沉睡已久的农垦土地资源。截至 2020 年，土地确权登记发证率达到 96.3%，使土地也能变成金子注入农垦企业，为推进农垦土地资源资产化、资本化打下坚实基础。

——积极推进对外开放，农垦农业对外合作先行者和排头兵的地位更加突出。合作领域从粮食、天然橡胶行业扩展到油料、糖业、果菜等多种产业，从单个环节向全产业链延伸，对外合作范围不断拓展。截至2020年，全国共有15个垦区在45个国家和地区投资设立了84家农业企业，累计投资超过370亿元。

2. 在发展中改革，在改革中发展

农垦企业不仅有改革的硕果，更以改革创新为动力，在扶贫开发、产业发展、打造农业领域航母方面交出了漂亮的成绩单。

——聚力农垦扶贫开发，打赢农垦脱贫攻坚战。从20世纪90年代起，农垦系统开始扶贫开发。“十三五”时期，农垦系统针对304个重点贫困农场，绘制扶贫作战图，逐个建立扶贫档案，坚持“一场一卡一评价”。坚持产业扶贫，组织开展技术培训、现场观摩、产销对接，增强贫困农场自我“造血”能力。甘肃农垦永昌农场建成高原夏菜示范园区，江西宜丰黄冈山垦殖场大力发展旅游产业，广东农垦新华农场打造绿色生态茶园……贫困农场产业发展蒸蒸日上，全部如期脱贫摘帽，相对落后农场、边境农场和生态脆弱区农场等农垦“三场”踏上全面振兴之路。

——推动产业高质量发展，现代农业产业体系、生产体系、经营体系不断完善。初步建成一批稳定可靠的大型生产基地，保障粮食、天然橡胶、牛奶、肉类等重要农产品的供给；推广一批环境友好型种养新技术、种养循环新模式，提升产品质量的同时促进节本增效；制定发布一系列生鲜乳、稻米等农产品的团体标准，守护“舌尖上的安全”；相继成立种业、乳业、节水农业等产业技术联盟，形成共商共建共享的合力；逐渐形成“以中国农垦公共品牌为核心、农垦系统品牌联合舰队为依托”的品牌矩阵，品牌美誉度、影响力进一步扩大。

——打造形成农业领域航母，向培育具有国际竞争力的现代农业企业集团迈出坚实步伐。黑龙江北大荒、北京首农、上海光明三个集团资产和营收双超千亿元，在发展中乘风破浪：黑龙江北大荒农垦集团实现机械化全覆盖，连续多年粮食产量稳定在400亿斤以上，推动产业高端化、智能化、绿色化，全力打造“北大荒绿色智慧厨房”；北京首农集团坚持科技和品牌双轮驱动，不断提升完善“从田间到餐桌”的全产业链条；上海光明食品集团坚持品牌化经营、国际化发展道路，加快农业

“走出去”步伐，进行国际化供应链、产业链建设，海外营收占集团总营收20%左右，极大地增强了对全世界优质资源的获取能力和配置能力。

千淘万漉虽辛苦，吹尽狂沙始到金。迈入“十四五”，农垦改革目标基本完成，正式开启了高质量发展的新篇章，正在加快建设现代农业的大基地、大企业、大产业，全力打造农业领域航母。

（五）

八十多年来，从人畜拉犁到无人机械作业，从一产独大到三产融合，从单项经营到全产业链，从垦区“小社会”到农业“集团军”，农垦发生了翻天覆地的变化。然而，无论农垦怎样变，变中都有不变。

——不变的是一路始终听党话、跟党走的绝对忠诚。从抗战和解放战争时期垦荒供应军粮，到新中国成立初期发展生产、巩固国防，再到改革开放后逐步成为现代农业建设的“排头兵”，农垦始终坚持全面贯彻党的领导。而农垦从孕育诞生到发展壮大，更离不开党的坚强领导。毫不动摇地坚持贯彻党对农垦的领导，是农垦人奋力前行的坚强保障。

——不变的是服务国家核心利益的初心和使命。肩负历史赋予的保障供给、屯垦戍边、示范引领的使命，农垦系统始终站在讲政治的高度，把完成国家战略任务放在首位。在三年困难时期、“非典”肆虐、汶川大地震、新冠疫情突发等关键时刻，农垦系统都能“调得动、顶得上、应得急”，为国家大局稳定作出突出贡献。

——不变的是“艰苦奋斗、勇于开拓”的农垦精神。从抗日战争时一手拿枪、一手拿镐的南泥湾大生产，到新中国成立后新疆、东北和华南的三大军垦战役，再到改革开放后艰难但从未退缩的改革创新、坚定且铿锵有力的发展步伐，“艰苦奋斗、勇于开拓”始终是农垦人不变的本色，始终是农垦人攻坚克难的“传家宝”。

农垦精神和文化生于农垦沃土，在红色文化、军旅文化、知青文化等文化中孕育，也在一代代人的传承下，不断被注入新的时代内涵，成为农垦事业发展的不竭动力。

“大力弘扬‘艰苦奋斗、勇于开拓’的农垦精神，推进农垦文化建设，汇聚起推动农垦改革发展的强大精神力量。”中央农垦改革发展文件这样要求。在新时代、新征程中，记录、传承农垦精神，弘扬农垦文化是农垦人的职责所在。

（六）

随着垦区集团化、农场企业化改革的深入，农垦的企业属性越来越突出，加之有些农场的历史资料、文献文物不同程度遗失和损坏，不少老一辈农垦人也已年至期颐，农垦历史、人文、社会、文化等方面的保护传承需求也越来越迫切。

传承农垦历史文化，志书是十分重要的载体。然而，目前只有少数农场编写出版过农场史志类书籍。因此，为弘扬农垦精神和文化，完整记录展示农场发展改革历程，保存农垦系统重要历史资料，在农业农村部党组的坚强领导下，农垦局主动作为，牵头组织开展中国农垦农场志丛编纂工作。

工欲善其事，必先利其器。2019 年，借全国第二轮修志工作结束、第三轮修志工作启动的契机，农业农村部启动中国农垦农场志丛编纂工作，广泛收集地方志相关文献资料，实地走访调研、拜访专家、咨询座谈、征求意见等。在充足的前期准备工作基础上，制定了中国农垦农场志丛编纂工作方案，拟按照前期探索、总结经验、逐步推进的整体安排，统筹推进中国农垦农场志丛编纂工作，这一方案得到了农业农村部领导的高度认可和充分肯定。

编纂工作启动后，层层落实责任。农业农村部专门成立了中国农垦农场志丛编纂委员会，研究解决农场志编纂、出版工作中的重大事项；编纂委员会下设办公室，负责志书编纂的具体组织协调工作；各省级农垦管理部门成立农场志编纂工作机构，负责协调本区域农场志的组织编纂、质量审查等工作；参与编纂的农场成立了农场志编纂工作小组，明确专职人员，落实工作经费，建立配套机制，保证了编纂工作的顺利进行。

质量是志书的生命和价值所在。为保证志书质量，我们组织专家编写了《农场志编纂技术手册》，举办农场志编纂工作培训班，召开农场志编纂工作推进会和研讨会，到农场实地调研督导，尽全力把好志书编纂的史实关、政治关、体例关、文字关和出版关。我们本着“时间服从质量”的原则，将精品意识贯穿编纂工作始终。坚持分步实施、稳步推进，成熟一本出版一本，成熟一批出版一批。

中国农垦农场志丛是我国第一次较为系统地记录展示农场形成发展脉络、改革发展历程的志书。它是一扇窗口，让读者了解农场，理解农垦；它是一条纽带，让农垦人牢记历史，让农垦精神代代传承；它是一本教科书，为今后农垦继续深化改革开放、引领现代农业建设、服务乡村振兴战略指引道路。

修志为用。希望此志能够“尽其用”，对读者有所裨益。希望广大农垦人能够从此志汲取营养，不忘初心、牢记使命，一茬接着一茬干、一棒接着一棒跑，在新时代继续发挥农垦精神，续写农垦改革发展新辉煌，为实现中华民族伟大复兴的中国梦不懈努力！

中国农垦农场志丛编纂委员会

2021年7月

序言

青海省贵南草业开发有限责任公司的所在地青海省海南藏族自治州（简称海南州）贵南、贵德地区历史悠久，经考古发现，早在7000年前，这里就已经存在着人类活动。公元5—7世纪，南北朝和隋唐时期，现贵南草业开发有限责任公司的主要生产基地木格滩地区（莫贺川）是吐谷浑“河南王国”的王都和中心居地。“河南道”的开通为早期的东西方文化交流与贸易发展做出过重要贡献，在我国古代史上留下了闪亮的印记。

自贵南草业开发有限责任公司的前身——鲁仓军牧场成立至今，几代牧马人在这片热土上艰苦创业、风雨沧桑，走过了许多艰难曲折的道路。历史的演变、先辈的开拓，以及现代牧马人“以场为家、艰苦创业”的奋力拼搏，为我们和我们的后代留下了难以湮没的串串足迹。

修史资治，鉴古而知今。历史是现实的一面镜子，借青海省贵南草业开发有限责任公司被农业农村部办公厅列为全国第一批中国农垦农场志编纂单位的东风，我们以“经世致用”为宗旨，真实记录牧场的过去，也全面反映了企业的现在。在新的形势下，用新的理念编纂一部内容丰富、资料翔实、体例完备、严谨规范的《青海贵南牧场志》，既是历史的难得机遇，也是时代赋予我们的责任，更是几代牧场人的共同愿望。

自2020年7月公司被列为全国第一批中

国农垦农场志编纂单位起，公司党委就积极行动起来，迅速启动编纂工作。全体编纂人员以原有场史资料为基础，矢志不渝，克服资料匮乏、经验不足等困难，内查外调，整理归纳，取史存真，分工编写，数易其稿，在较短的时间内完成了《青海贵南牧场志》。可以说，场志的完成既凝聚着修志工作者的心血和汗水，同时也闪烁着集体智慧的光辉。借此机会，一并向所有为场志的编修付出辛勤劳动、做出积极贡献的同志们和热心人士表示衷心的感谢！

由于资料缺乏和编纂人员经验不足，《青海贵南牧场志》还存在许多缺点和错误。但瑕不掩瑜，内容基本全面、体例较为完备的《青海贵南牧场志》架设了一座缩短漫长历史的桥梁，有助于我们透视、了解先辈们的功绩与自己的责任，必定会在资政、教育、存史诸方面发挥其积极作用。人们捧起史帙、回顾往事、以史为鉴，将从中得到经验教训，推进公司各项事业不断向前发展。

谨以这部志书献给建场90周年，献给牧场的几代创业者，献给所有关心和支持牧场建设的人们，献给那些为牧场的建设事业献出了青春和生命的无数无名英雄们！

青海省贵南草业开发有限责任公司党委书记、董事长　周文书

贵南

青海贵南牧场志

QINGHAI GUINAN MUCHANG ZHI

凡例

一、宗旨

本志以马克思列宁主义、毛泽东思想、邓小平理论、“三个代表”重要思想、科学发展观、习近平新时代中国特色社会主义思想为指导，坚持辩证唯物主义和历史唯物主义的立场、观点和方法。按照“正确方向、依法治志、存真求实、修志为用”的总要求，全面、客观、系统地记述青海省贵南草业开发有限责任公司的发展历程和主要成果。

二、年限

本志上限为建场之年（1933 年），下限至 2020 年年底。详今明古，以经济建设为重点，着重反映时代特色和牧场特点。

三、体例

本志以编、章、节、目四级结构形式，分志并列，横排门类，纵写发展，纵横结合。除概述、大事记、附录外，设建制、自然地理，农业经济（因军马场的特殊历史，军马培育单列一章），工商、服务业，经营管理，企业改革，党政群团，文化，人口、民族，人物九编，共二十九章。

四、文体

本志采用编年体与记述体相结合的

编写方法，大事记采用编年体，用述、记、志、传、录、图、表等表达形式，以志为主体，表附于各章之中，按编章编连续号。

文体使用记述体，以现代语体文表述。文字力求通顺、简洁、朴实，具有较强的可读性。

五、人物

人物传略遵循“生不立传”原则，立传人物按卒年排序，以对社会发展有较大贡献的已故知名人士为主。人物名录以相关时间先后为序。

六、资料来源

本志资料主要来自贵南草业开发有限责任公司档案室、中国第二历史档案馆、贵南县档案馆、山丹军马场档案、文书和志书、政协文史资料、相关论著论文。对调查访问资料，经核实后也予以采用。统计数字主要来自行业统计报表，少数为有关单位提供。

七、其他

本志中所采用的部分老照片，因年代久远，无法核实准确拍摄时间，只能断定为20世纪60年代末至70年代初期。

时间书以全数。凡世纪、年代、公历年月日、年龄均用阿拉伯数字表示（援引文献例外）。

计量单位均以国家通行的公制和市制为准。

志书编纂遵守保密原则，执行《中华人民共和国保守国家秘密法》。

中国农垦农场志丛

目 录

总序
序言
凡例

概述 ······ 1
大事记 ······ 7

第一编 建制 自然地理

第一章 区域 建制 ······ 43
第一节 位置 境域 ······ 43
第二节 农场沿革 ······ 44
第三节 机构设置 ······ 54
第四节 辖属单位 ······ 56
第二章 自然地理 ······ 60
第一节 自然概况 ······ 60
第二节 自然资源 ······ 66
第三节 自然灾害 ······ 68
第四节 环境状况 ······ 70

第二编 农业经济

第一章 军马培育 ······ 77
第一节 品种渊源 ······ 77
第二节 军马（贵南马）的培育过程 ······ 78
第三节 马匹的人工授精 ······ 82
第四节 马匹生产 ······ 83
第二章 畜牧业 ······ 86
第一节 畜牧业发展概述 ······ 86

第二节　天然草原 …… 88
第三节　牲畜品种 …… 94
第四节　家禽水产养殖 …… 107
第五节　畜疫防治 …… 109
第六节　畜产品 …… 118
第七节　畜产品的收购与价格 …… 121
第八节　畜种改良 …… 124
第九节　现代畜牧养殖 …… 127
第十节　饲草饲料 …… 128
第十一节　畜牧设施与机械 …… 130
第十二节　畜牧管理 …… 133
第三章　农业 …… 139
第一节　农业区划 …… 139
第二节　粮油生产 …… 140
第三节　作物种类和品种 …… 154
第四节　耕作技术 …… 158
第五节　农业科技 …… 167
第六节　农业基础设施 …… 177
第七节　气象观测及人工影响天气 …… 178
第八节　蔬菜及特色种植 …… 183
第九节　对外农业合作 …… 184
第十节　农业保险 …… 185
第十一节　管理机构 …… 186
第四章　草业 …… 187
第一节　草业区划和牧草品种 …… 187
第二节　饲草料种植 …… 187
第三节　人工草地耕作技术 …… 192
第四节　牧草加工 …… 193
第五节　草业科技 …… 195
第五章　农机 …… 199
第一节　机械装备 …… 199
第二节　机械作业 …… 203
第三节　农机队伍 …… 205

第四节　农机管理 …… 207
第六章　生态建设工程 …… 211
第一节　造林治沙工程 …… 211
第二节　退耕还林工程 …… 215
第三节　草原生态保护和建设 …… 219

第三编　工商　服务业

第一章　工副业 …… 225
第一节　手工作坊 …… 225
第二节　工副企业 …… 226
第二章　商业服务业 …… 232
第一节　商业 …… 232
第二节　服务业 …… 234
第三章　交通通信 …… 235
第一节　道路交通运输 …… 235
第二节　通信 …… 239
第四章　基础设施建设 …… 242
第一节　房屋建筑 …… 242
第二节　公用设施建设 …… 245
第三节　建筑企业 …… 247

第四编　经营管理

第一章　经营方针及管理 …… 251
第一节　经营方针 …… 251
第二节　财务管理 …… 252
第三节　固定资产管理 …… 254
第四节　供销 …… 255
第五节　统计管理 …… 257
第六节　审计工作 …… 259
第二章　人事劳资和社会保障 …… 260
第一节　人事劳动 …… 260
第二节　工资福利 …… 263
第三节　社会保障管理 …… 273

第三章　安全生产管理 …… 278
第一节　安全教育 …… 278
第二节　安全生产管理 …… 279
第四章　土地管理 …… 282
第一节　土地资源和利用 …… 282
第二节　土地管理 …… 284
第三节　土地保护 …… 286
第五章　政务管理 …… 288
第一节　办公综合管理 …… 288
第二节　应急管理 …… 290
第三节　信访维稳 …… 291
第四节　法务工作 …… 292

第五编　企业改革

第一章　体制改革 …… 297
第一节　经营机制改革 …… 297
第二节　公司制改革 …… 298
第二章　企业办社会职能改革 …… 299
第一节　学校移交 …… 299
第二节　医院移交 …… 300
第三节　公安移交 …… 300
第四节　三供一业 …… 301
第五节　社区服务 …… 302

第六编　党政群团

第一章　党建工作 …… 305
第一节　党委机构 …… 305
第二节　纪检监察机构 …… 308
第三节　组织建设 …… 309
第四节　历次党代会 …… 312
第五节　思想政治工作 …… 314
第六节　政治运动及教育活动 …… 316
第二章　群团组织 …… 318

第一节　工会 …… 318
第二节　共青团 …… 331
第三节　妇女工作 …… 335
第三章　国防教育 …… 338
第一节　民兵组织建设 …… 338
第二节　民兵活动 …… 339
第三节　兵役 …… 342

第七编　文　　化

第一章　教育 …… 347
第一节　学校设置 …… 347
第二节　普通教育 …… 348
第三节　民族教育 …… 353
第四节　专业技术教育 …… 354
第五节　师资队伍 …… 356
第二章　卫生 …… 359
第一节　医疗卫生机构 …… 359
第二节　卫生防疫 …… 364
第三节　妇幼保健 …… 365
第四节　队伍建设 …… 366
第三章　文化　艺术　体育 …… 369
第一节　文化组织 …… 369
第二节　文艺团体 …… 370
第三节　群众文艺及文化设施 …… 370
第四节　广播　电视　电影 …… 373
第五节　体育 …… 374

第八编　人口　民族

第一章　人口与计划生育 …… 379
第一节　人口源流 …… 379
第二节　人口变化 …… 379
第三节　人口构成 …… 380
第四节　计划生育 …… 381

第二章 民族 …… 383
第一节 民族构成 …… 383
第二节 民族经济 …… 384
第三节 民族团结 …… 385

第九编 人 物

第一章 人物传 …… 389
第二章 人物名录 …… 393

附 录

重要文件辑选 …… 401
回忆录 …… 408
散文 随笔 演讲稿 …… 435

编纂始末 …… 450

概　　述

一

青海省贵南草业开发有限责任公司（以下简称贵南草业公司或公司）位于青海省海南藏族自治州贵南、贵德两县境内，总面积 101.43 万亩①，其主体部分在贵南县境内，地处祁连山边缘至昆仑山的过渡地带，属于柴达木地块的东延部分——共和盆地。公司所处区域东南群山耸立，皆系西倾山支脉，地势高峻。地形由东南向西北倾斜，海拔 3050～3300 米。由于黄河各支流水系的冲刷，切割形成大小不等的滩、台、沟、谷地，场区内较大的滩有木格滩、森多滩、扎德滩、霞石铎滩等，滩、台、沟落差 100～200 米。

公司总部在贵南县过马营镇，距青海省会西宁市 152 千米，国道 G227 经过此处，是过龙公路（过马营—龙羊峡）起始点，场区内有四级以上公路通往各分公司和生产队。

公司所在地属高原大陆性气候，其显著特征是大气稀薄，干旱少雨，气候温凉寒冷，气温年温差较小，日温差较大。四季气候不明显，仅有“寒季”与“暖季”之分，冷干时期较长，暖湿时期较短，雨热同季，光照充足。

公司主要生产基地木格滩，自古素有“沙州”之称，又称“莫贺”“莫何”“穆格”。该滩地势辽阔，其中可利用面积 80 余万亩，东高西低，海拔 3300～3400 米。木格滩终年降水稀少，降水量在 300 毫米左右，蒸发量 1412.5 毫米。滩西北部丘陵较多，牧草生长良好。其南部和东南部为沙漠地带，即木格滩沙漠，面积约 112 万亩，沙丘连绵，每年 3—4 月都要刮 4～6 次八级以上大风，对木格滩及附近滩地影响极大，干旱、风沙等自然灾害频繁。

公司主体部分所在地贵南县地古为羌人牧地，自西汉中期开始，受中央王朝在甘青地区所设护羌校尉节制。西晋末年，鲜卑吐谷浑迁居贵南等地。东晋义熙元年（公元 405 年），吐谷浑首领树洛干建都莫贺川（今木格滩）。后来，吐谷浑政权移都他地，今贵南仍属其辖制。唐高宗龙朔三年（公元 663 年），吐蕃王朝攻灭吐谷浑政权，今贵南地区归属

① 亩为非法定计量单位，1 亩≈667 平方米。——编者注

吐蕃政权。吐蕃政权崩溃后，部落林立，互不统属。北宋时期，县境内为河湟吐蕃唃厮啰政权管辖，唃厮啰政权崩溃后，为宋积石军辖地。元朝属贵德州辖地，归必里万户府管理。明代属河州卫节制下的必里卫辖地。清乾隆以后属贵德厅，隶属青海蒙古番子事务大臣衙门管辖。民国2年（公元1913年），贵德厅改为贵德县，今贵南地区属贵德县管辖。

公司的前身鲁仓军牧场和贵德军牧场就是在属贵德县管辖时建立的，主要任务是繁殖、育成、调教、拨补军马。1933—1949年，由青海省政府和国民政府军政部（后归联合勤务总司令部）领导，场名为贵德军牧场（当时贵南县尚未建政，场区在贵德县所管辖范围内）。

1949年9月7日，贵德军牧场官兵打走了马匪残部。9月22日，中共贵德县委书记李熙波代表青海省军管会接收了军牧场，接收时共有官兵486人，其中官佐81人。接收军马3216匹、牛600头、羊3000只、房屋332间、马棚265间、草原59万亩，耕地1000余亩。

2020年，公司土地总面积101.43万亩，其中，农用地面积82.55万亩，建设用地面积0.4万亩，未利用地18.48万亩。2020年年底，有职工1785人，社会总人口7600余人，有汉族、藏族、回族、蒙古族、土族等多个民族。公司下设7个分公司、18个农牧业生产队、1个集体所有制牧业大队，是一家集农、林、牧、工、服务于一体的综合性农垦企业。公司拥有各类大型农业机械184台（套），实现农业机械化生产全覆盖，是青海省农牧业机械化程度最高的农垦企业。

中华人民共和国成立70多年来，公司以其畜牧业和农业生产优势，在祖国的国防现代化建设、保障国家粮食安全和重要农产品有效供给、生态建设、维护本地区稳定和民族团结中发挥了重要的作用，先后被中国人民解放军总后勤部山丹军马局、农牧渔业部、青海省委省政府授予多项荣誉称号。

公司建制及主产业经历了几次大的变更：1949年9月—1975年，由部队领导，以饲养军马为主；1976—1999年，先后由青海省畜牧厅和农林厅领导，以农业为主，多种经营；1999年12月以后，由青海省国资委所属三江集团领导，场名改为贵南草业开发有限责任公司，以生态建设为主，农牧结合，多业并举。

二

1949—1976年，牧场的经营方针主要是“以农业为基础，以养马为主体，农牧结合，多种经营”。特别是1961年9月二次归军后，为了国防建设的需要，根据中央军委和青海省人民政府的指示，在地方政府的支持下，对场界进行了重新划定，形成了《六四年协议》。其主要内容为：场区部分草场及耕地划归地方，木格滩由贵南军马场开发利用，发展军马生产。在此大背景下，大规模展开木格滩的开发利用。当时，除一、二分场有部分军马外，大部分军马都在木格滩饲养，1971—1972 年，木格滩马匹最高饲养数达到 8000 多匹。二次归军后的头三年，每年以三五百匹的速度递增。从 1965 年开始，由于基数逐年扩大，配种技术和饲放管理水平不断提高，每年马匹递增都在千匹以上。1971 年，根据总后勤部制定的“调整、巩固、提高”的方针，对马匹进行了质量普查，采取清群整群措施，组建核心母马群，年末存栏 9721 匹，军马生产达到最高峰。

1963 年，总后勤部军马局在军马育种计划中明确：山丹、贵南、黄城子 3 个马场，体高 135 厘米以上的中国良种马进行本品种繁育。按此要求，军马生产的重点是乘挽兼用马，军马培育以此为标准。1964 年 8 月，召开全场育种工作座谈会，初步制订《军马育种（草案）规划》，以培育适应性能优良的青藏高原新型马种为目标，明确了“以土为主，土洋结合”的育种方针。军马的培育可分为三个阶段：①“以洋改土”阶段（1955—1964 年）；②“以土改杂”阶段（1965—1975 年）；③“横交固定”阶段（1978—1986 年）。通过近 30 年的马匹杂交改良，培育出了适应性能优良的青藏高原新马种，1983 年，其暂定名为“贵南马”。由于种种原因，尤其是进入 20 世纪 80 年代中后期后，全场经营方针改变，马匹大量出售，“贵南马”的横交固定工作未能按计划全面展开并坚持下去，“贵南马”亦未能正式命名，成为牧场畜牧业生产及几代养马人心中的一大憾事。

1949—1976 年，累计出场军马 8256 匹、民马 14267 匹，合计 22523 匹，属于全军生产规模较大的军马场。

三

企业的农业生产经历了一个由小到大的发展过程。1949 年接收旧军牧场时，仅有耕地 1000 余亩。1957 年，军马场移交中央农垦部，由青海省农垦厅具体领导，更名为国营贵南牧场。根据青海省委制定的“边勘察、边开荒、边建设、边扩大”等指示精神，马匹大减，耕地大扩。当时生产力水平低下，开荒主要用二牛抬杆和镢头。其间，职工人数大幅增加，仅 1959 年就有 3596 名河南淅川、濮阳支边青年来场，促进了开荒面积的迅速扩大。至 1960 年，耕地面积达到 13 万亩。

1976 年移交地方以前，牧场耕地面积近 18 万亩，年播种面积一般不超过 10 万亩，种植饲草饲料和部分粮油作物，主要为饲养军马服务。

1977年后调整产业结构，扩大油菜播种面积，辅之以青稞轮作倒茬，开始形成较大规模的商品粮油生产，农业逐步成为支柱产业。为了生存发展，耕地面积和播种面积逐年扩大，1992年，耕地面积达32.88万亩，播种面积24万亩左右。随着耕地面积的增加，大量引进和使用现代化农机具。1992年，全场有拖拉机127台、联合收割机96台、配套农机具647台（件）、各类汽车104辆。经过二十多年的探索与实践，在农业生产方面总结出了一套行之有效的旱作农业技术体系，培育出了“宁交5号”油菜优良品种，设计制造的“黄花牌”粮油清选机通过青海省省级鉴定。1976—1999年，共产粮油29907.86万公斤，为提高青海省粮油自给率、平抑粮油物价做出了重大贡献，多次获得国家农牧渔业部和青海省人民政府的表彰。

2000年后，随着中央西部大开发战略实施，在以木格滩为主的场区范围内完成退耕还林（草）建设任务20.11万亩，耕地面积大幅下降至12.26万亩。在农业生产上，坚持以往旱作农业耕作栽培技术的成功经验，严格执行《农业机械化栽培技术规范》《农机管理办法》，加大农业基础设施投入力度，粮油单位面积产量逐年提高，屡创历史新高。

四

2001年11月，牧场改制为青海省贵南草业开发有限责任公司。从2001年开始，在青海省委、省政府的支持和省、州、县有关部门的大力帮助下，公司实施国家退耕还林（草）工程。至2016年，累计完成退耕还林（草）工程20.11万亩。工程实施近20年来，项目区植被覆盖度显著增加，大风、沙尘暴以及干旱等极端天气逐年减少，降水量增多，草原和耕地退化、沙化趋势得到遏制，生态环境持续向好。

退耕还林（草）项目的实施，促进了公司草产业的快速发展。公司采取企业控股、职工参股的方式，注册成立了丰润草畜有限责任公司，建成年加工能力2万吨的草产品加工厂，专门从事牧草生产、加工、销售。同时，公司立草为业，依托项目支持，逐年加大对畜牧业的投入，建成4万只规模的牛羊养殖基地。在推进畜牧业发展进程中，重视基础设施建设，公司以私建公助和项目支撑为途径，建成标准化、高效化畜棚，提高综合效益；积极引进优良畜种，扎实做好“牧繁农育”；在疫病防治、技术服务等方面做足文章。经过多年发展，2019年年末，牲畜存栏总数11.668万头（只），舍饲养殖已成为畜牧业生产的新方式和职工增收致富的新亮点。

随着退耕还林工程及三江源生态保护和建设二期工程的推进，在上级部门的大力支持下，公司实施了木格滩四级柏油生态公路、人畜饮水、无电村建设以及农业综合开发、社保补贴、农机补贴、草原生态奖补、城镇低保、廉租房建设等 18 个项目，投资总额达 2.4 亿元，极大改善了公司的基础设施和生产经营环境，给企业的生产经营注入了新的活力。

五

从 20 世纪 50 年代初开始，牧场以农牧产品资源为依托，开展工副业生产。1950 年 10 月，为支援抗美援朝战争，由西北军区后勤军牧部拨款，在西宁市礼让街租房开办西宁制造厂，手工制作牛肉干，缝制皮大衣等。20 世纪 50 年代后期至 60 年代初，随着支边青年及家属进场，职工和场区人口猛增。牧场就地取材，因陋就简，土法兴办工副业，解决生产和生活需要，在全场兴办了铁木工修配、缝纫、水磨、小钢磨、土法榨油、肥皂、糕点、皮毛加工等作坊。20 世纪 60 年代后，在原工副业队的基础上成立了综合加工厂，引进成套面粉和榨油设备，以粮油加工为主，兼营副食品加工。与此同时，过马营农机具修配厂也正式成立，主要设备有车、铣、刨、磨、钻床等，由两台 40 千瓦的柴油发电机发电供电，部分解决了过马营地区的生产、生活用电。

中共十一届三中全会后，牧场的经营视野逐步开阔，在巩固主业的基础上，积极投入市场经济大潮。20 世纪 80 年代后期，陆续在西宁地区合资兴办了南滩合营砖厂、纳家山合营砖厂、鲍东合营砖厂、西宁西川碱厂、元朔联营综合经销部等。1985 年，与北京双合盛五星啤酒厂技术联营，在西宁二十里铺投资 1826 万元兴建海华啤酒厂，1987 年建成投产，生产能力 15000 吨/年，总计生产啤酒 76600 吨。1989 年，牧场投资 460 万元，在过马营兴建植物油厂，于 1991 年建成投产，加工油菜籽 5000 吨/年。2010 年，生产能力 1 万吨/年的生物有机肥厂建成投产。

六

中华人民共和国成立以来，场区教育、卫生、文化、科技事业从无到有，发展较快。

20 世纪 50 年代，开始设立职工子弟小学，有教师 1 名、学生 21 名。1967 年，在总场小学的基础上设立初中教育，1971 年设立高中教育。1972 年，总后勤部山丹军马局将中学正式命名为贵南军马场五七中学，1976 年改名为贵南牧场中学。20 世纪 80 年代，学生人数达到高峰，1983 年有在校生 2713 名。除总场中学外，各分场、生产队共有 28 所小学、113 个教学班。自国家恢复高考以来，场中学为全国大中专院校输送新生 1663 名。

此外，民族教育和成人教育也同步发展。

20 世纪 50 年代末，随着生产规模的不断扩大和职工人数的增加，场区医疗卫生机构逐步建立健全。1959 年，在总场医务所的基础上正式成立职工医院，有医护人员 27 名、病床 24 张，初步形成了分场有医务所、队有医务室的医疗体系。1967 年，总场拨款 27 万元在医院旧址东面新建职工医院。1992 年，全场职工集资 54.7 万元，企业出资 42.1 万元，新建职工医院大楼及辅助设施，病床增加至 80 张，并增加了一些现代化的医疗设备，医护人员达到 86 人。

根据国家企业办社会职能全部移交地方政府管理的精神，牧场中学于 2015 年移交地方，牧场医院于 2016 年移交地方。

七

贵南草业公司是三江集团最大的农牧企业，是青海省最大的有机青稞种植基地和高寒区绿色有机农业试验示范基地。中共十八大以来，公司秉持新发展理念，把握历史机遇，全面实施“五四”战略，奋力推进“一优两高”战略部署。通过引进新型农业机械装备和农业管理智能系统，提升农业机械装备自动化、智能化水平，实现传统农牧业向智慧农牧业的转变，打造青稞“育繁推”一体化生产基地、青稞商品粮生产基地、高原特色青稞、油菜种植基地和青稞饲草饲料生产基地，推动公司农牧产业持续健康发展，成为省内外有影响力、有竞争力的有机农牧业示范企业。

回顾企业发展的风雨历程，无处不渗透着几代牧场建设者辛勤的汗水。在各项建设事业中，他们发扬“以场为家、艰苦创业”的牧场人精神，书写了无数可歌可泣的感人事迹，谱写了牧场服务国防、发展经济、建设家园、民族团结的历史篇章。这些建设者当中，有从旧军牧场起义的牧马人，有来自五湖四海的转业官兵，有大批的河南支边青年，有全国大中专院校毕业学生，有青海河湟青年，有西安和北京知青、职工家属以及许许多多土生土长的牧马人的后代。他们在异常艰苦的雪域高原爬冰卧雪、风餐露宿，默默无闻、吃苦耐劳、坚忍不拔，奉献了青春和汗水，为国防建设、民族地区经济发展进步、生态建设和维护民族地区团结稳定做出了不可磨灭的贡献。

大 事 记

1933 年 本年　马步芳在鲁仓地区（贵南草业公司一分公司）建立鲁仓军牧场。

1934 年 国民政府军政部部长何应钦奉蒋介石“筹设甘青牧场”令，筹建甘青牧场。

1937 年 夏　青海省奉命组建开赴抗日前线的“陆军暂编骑兵第一师”，部分军马来自鲁仓军牧场。

1938 年 2 月　由国民政府军政部奉令指派山丹军牧场场长宋涛前往青海视察设立军牧场相关事宜，选定设场于贵德县境内，筹设经费 20 万元。

4 月　根据“筹设甘青牧场”的手令，国民政府军政部贵德军牧场筹备处在兰州成立，山丹军牧场场长宋涛兼任筹备处主任，决定在青海筹设大规模军牧场一所。经过勘察，并与马步芳协商和国民政府批准，确定在贵德县城西南 48 公里的沙沟脑—过马营建青海牧场。

11 月 2 日　贵德军牧场场长宋涛与青海省政府主席马步芳谈及贵德军牧场房屋已建设完竣，并商谈购买种马的问题，马步芳表示协助进行。

12 月　国民政府军政部贵德军牧场以该场拟采购土耳其种马尚未购到，兹为避免该场损失起见，派员赴青海本地采购优良种公马，以便于来年春天交配，改良马匹品质。

1939 年 6 月 25 日　国民政府军政部“马渝甲字第八七八号令”公布了《贵德军牧场暂行组织规程暨编制表》。

6 月 27 日　国民政府军政部马政司司长余玉琼呈请军政部颁布贵德军牧场关防、官章各一枚。

8 月 1 日　国民政府军政部贵德军牧场正式成立，并在当地和周边采购公母马数百匹，即组群放牧。场长由山丹军牧场场长宋涛少将兼任，副场长由刘应凯（上校）担任。

1940 年 10 月　免去宋涛贵德军牧场场长兼职，擢升刘应凯任场长，张逢旭任副场长。

当年秋　国民党兰州第八战区司令长官朱绍良上将到青海湖祭海，青海蒙藏王公向他献上骏马 100 匹，朱绍良指令将 100 匹骏马交给军政部贵德军牧场。

1941 年　当年　全场军马已发展到 1200 匹，随着马匹的增多，设立鲁仓分场。

同年　贵德县开辟了至过马营的步班邮路。

1942 年　8 月 26 日　蒋介石来青海视察，指定将马步芳所献马匹拔交贵德军牧场。

当年　贵德县邮局在过马营设立邮政代办所。

当年　经国民政府批准后，当年由贵德军牧场接收马匹 1200 匹，合计军马已达 3000 匹。

1943 年　当年　青海省政府又拨给贵德军牧场原鲁仓森多、达布江一带草原约 19 万亩，其中也合并了 1933 年建的鲁仓军牧场。

1944 年　当年　贵德军牧场开始提供军马，当年拨出育成马 200 多匹。

1945 年　当年　全场共有官兵 700 余人，马 5000 余匹，牛 700 余头，羊 4000 余只，每年拨出军马 500～700 匹。这是旧军牧场生产规模的高峰。

1946 年　5 月，国民政府军政部组建西北军马淘汰委员会，派员巡回视察山丹、马啣山、永登及贵德军牧场，检查淘汰不合格的军马，以期提高军马繁殖品质，建立军马培育健全基础。此外，尚有俘获日军的种牝马 30 余匹，经数年配种未产 1 驹，后经检验，此批母马均做过输卵管结扎手术。6 月初，在检查完甘肃军牧场后，即派员赴贵德军牧场检查，通盘计划淘汰劣质马匹工作。

当年　调任原马啣山军牧场场长夏家齐任场长。因各军牧场拨补的军马未经调教，难以使用，于是增设骑驯课，课长由万永康担任。

当年　贵德军牧场归国民政府联合勤务总司令部管辖。

1947 年　当年　擢升张逢旭为场长。国民政府联合勤务总司令部将从美国输入的数匹夸特种公马拨交贵德军牧场，杂交改良马匹。贵德县开辟了至过马营的马班邮路。

1948 年　8 月底　联合勤务总司令部为补充青海贵德军牧场优良公种马及推进军马改良起见，饬令该场派员前往甘南牧区选购种马。

1949 年　8 月 26 日　兰州解放。时任场长的张逢旭等人护场起义。

9 月 7 日　在全场人员和当地群众的努力下，击退了马步芳残匪的进攻，保护了人员的生命安全和军牧场的财产。时任省军管会领导的张国声和中共贵德县委书记李熙波先后称赞“护场人员保护马场有功，还未解放就打走了马匪残部，是起义的队伍”。

12月　青海省军管会正式任命原鲁仓分场场长卢一田为贵德军牧场场长（营级），任命李继家为教导员。

1950年　4月1日　贵德军牧场由西北军区军牧部接管，军牧场的编制为营级，更名为中国人民解放军西北军区后勤军牧部贵德军牧场，后称贵德军马场。李济航代表青海省农牧厅与西北军区后勤军牧部接收人邵叔度办理移交手续。

8月　调任王秉哲为军牧场政治协理员，1954年年底调出。

10月　牧场在西宁礼让街设副业制造厂，加工牛肉干、采购羊皮等，同时缝制军大衣，加工羊油。该厂于1952年1月撤销。

1951年　当年秋天　中国人民解放军马政局顾问载涛（清朝光绪皇帝的七弟、宣统皇帝的七叔，养马专家）在总后马政局郑新潮的陪同下视察贵德军牧场，一同前来的还有山川宗义博士（日本战俘、兽医专家）等一行5人。

当年　军牧部召开联席会议，决定给各军牧场投资，大力发展畜牧业，购入马322匹、牛558头、羊2651只。

当年　牧场成立管委会。

1952年　1月　开展整党和“三反”“五反”运动。

4月　邵叔度任副场长。

1950年10月至1952年元月　根据上级指示，军牧场共制作牛肉干6.5万公斤，缝制皮大衣2.8万件，采购各种皮张6万张、牛羊油5万公斤、铜类2.5万公斤，为支援抗美援朝做出了应有的贡献。在全军八个军牧场中，该场所做的牛肉干数量质量均被评为第一。

7月1日　因一军抗美援朝赴朝参战，将一军的莫曲沟农牧场交由贵德军牧场。

当年　办场方针改为“以养马为主，牛羊为辅，兼营农事生产”，并要求根据军马发展需要，逐步淘汰牛羊，农业的任务只是辅助马料供应。

1953年　1月　随着人员的增加和生产的发展，牧场的编制由营级升为团级。

3月　调王国柱为场长兼政委，1955年调出。

7月　青海省委决定从贵德县析置贵南县，场区大部分地区划入贵南县境内。

当月　由卲叔度负责，组织相关人员到山丹军马场接运山丹土种马 800 余匹进场。

9 月　牧场有马 1196 匹、牛 1880 头、羊 12659 只，耕地 3000 余亩。

1952 年年末至 1953 年年初，为了配合部队围剿马元祥股匪，牧场奉命组成骑兵大队。

1954 年　8 月　调任丁福培为副场长。

当年　牧场被统一编为中国人民解放军西北军区第四军马场，属马政处领导。

当年　根据上级关于“厉行节约，稳步发展军用养马事业”的指示精神，马政处要求场里做好实行企业管理的准备工作，供给制也将改为薪金制。

1955 年　1 月　调任张国权为场长兼政委。

当年　牧场由军事供应制改为企业管理。

当年　牧场首次开展马匹人工授精。

当年　贵德县支援民工千余名，修通了过马营到莫曲沟的公路，与西宁相连。牧场第一批胶轮大车和第一辆小汽车进场，结束了牧场靠牦牛驮运物资的历史。

1956 年　当年　西北军区军牧部撤销，场名改为中国人民解放军马政局贵南军马场，后又改名为中国人民解放军总后勤部马政局贵南军马场。

当年　调任聂金贵为副场长。

当年　根据“初步利用木格滩”的指示，成立了木格滩分场，开始初步利用木格滩草原。

当年　由金国璠等首先在二羊队和过马营地区开展绵羊的人工授精工作。

1957 年　3 月 15—19 日　在过马营召开第一届职工代表大会，场长张国权做工作报告，改选了牧场管理委员会。

12 月 14—23 日，第一届职工代表大会二次会议在过马营召开，场长张国权做工作报告。

当年　办起了职工子弟小学，时有在校学生 21 名。同时，设立了卫生所，有病床 3 张。

当年　出台《国营贵南牧场生产建设发展规划》。

当年　根据《军马场移交农垦部的决定》，贵南军马场作为被移交的 14 个军马场之一，正式移交中央农垦部，由青海省农垦厅具体领导，更名为国营贵南牧场。

1958 年 当年 在过马营召开第二届职工代表大会，副场长聂金贵做工作报告。

当年 在鲁仓组建马匹人工授精站。

当年 组建秦剧团。1959 年 11 月改为豫剧团，1964 年撤销。

当年 成立中等农牧技校，开设畜牧兽医和农业班。

1959 年 3 月 在场医务所的基础上，成立职工医院。

9 月 原安置在贵德县尕让、东沟、河西三个青年农场的河南淅川、濮阳 3596 名支边青年因上述三个青年农场撤销，被重新安置在贵南牧场。

12 月 23 日 中共贵南牧场第一届党代会召开，党委书记聂金贵做党委工作报告。

当年 在过马营召开第三届职工代表大会，聂金贵做工作报告。

当年 小学增至两所。增设医务所和医务室 6 处、简单病床 24 张。

当年 调任薛建功为副场长，李纪奎为副书记，提任副场长聂金贵为党委书记。

1960 年 5 月 河南淅川县支边青年及家属 3630 人来场安家。

当年 牧场首次使用拖拉机在三滩地区开荒种地，实现机械化生产。在三滩地区成立机耕站，同时在过马营成立修配所。调任张凤翚为场长。

1961 年 7 月 15—17 日 中共贵南牧场第二届党代会在过马营召开，大会选出党委委员 10 名，书记聂金贵，副书记李纪奎；监委委员 8 名，监委书记张凤翚。

9 月 贵南牧场第二次归军，场名改为中国人民解放军总后勤部贵南军马场，先后由总后勤部、总后勤部青藏和西安办事处山丹军马局领导。有职工 3500 人，耕地 13 万亩。

当年 成立电影放映队。

1959—1961 年 先后购进汽车 7 辆、拖拉机 27 台、牵引式联合收割机 3 台。从此，牧场运输和农业都开始使用现代工具。

1962 年 当年 在过马营召开第四届职工代表大会，场长张凤翚做工作报告。

当年 总后勤部从全国各大院校分来彭矩方、李书义等 10 多名本科大学生。

当年 从北大荒和山东调入张世俊、刘孟奎等 40 余名拖拉机驾驶员，壮大了农机队伍，增强了农机技术力量。

当年　引进荷斯坦奶牛 5 头，在过马营饲养。

当年　下放职工 838 人。

1963 年　5 月 13 日　场第三届党代会召开，参会党代表共 49 名，总后青藏办事处席副政委到会致辞。

9 月　成立卫生科、公安派出所。后分别于 1965 年撤销和移交当地乡政府。

当年　领导班子大换班：调任王坚为场长，李荣庭为政委，冯毅为副政委，徐振芝为副场长。总后为军马场制定了“以农业为基础，以养马为主体，农牧结合，多种经营”的方针。

当年　从北京引进荷斯坦奶牛 8 头。

当年　下放职工 551 人。

1962—1963 年　先后扩大耕地 4.8 万亩，耕地面积达 17.8 万亩，实行耕二休一，恢复地力。

1964 年　2 月 17 日　总后勤部召开军马部领导汇报会，指示重点是山丹、逊克、贵南等几个较大的军马场要有具体的发展规划。

3 月　调杨仁和为副场长。

同月　召开场第五届职工代表大会，有代表 82 人，缺席 17 名，还有“五好”家属代表 5 名，列席代表 12 名。

11 月 19 日　木格滩草原发生火灾，过火面积约 10 万亩。

当年　总后勤部会同省、州、县、军马场形成“六四协议”。决定木格滩由军马场开发利用，军马场从瓦什滩、扎德滩、莫曲沟等地划出部分草原和耕地置换给地方。4 月 27 日，成立木格滩开发指挥部，王坚任总指挥，崔增礼任副总指挥，下设计划组、施工组、材料供应组、机械维修组、生活管理组，投资 280 多万元开发木格滩。

当年　全军军马育种会议制定了军马五项标准和体尺标准。军马场的军马培育以此为准，以“以土为主，土洋结合”作为军马育种的指导思想。

当年　修通了过马营至龙羊峡的公路，解放军工程兵部队架设了龙羊峡铁索桥。

当年　建立保密室，将各部门、单位分散管理的档案、资料统一集中管理。

1965 年　1 月 1 日　贵南县莫合乡东科大队（集体所有制）划归军马场。有牧民 57 户、211 人，耕地 953.9 亩，马牛羊 1 万余头（只）。

9月 “四清”工作队制定了贵南军马场工作条例，开展“四清”运动，并外调了一批干部。

当年 修建了多石嘴水源地拦河坝、沉淀池，铺设了水源地至木格滩东9525米管道，当年通水。从此，马匹不再下滩饮水。

当年 场文艺演出队成立，后改为“毛泽东思想宣传队”。有队员30余人，归场政治处领导。

当年 在海南州恰卜恰镇成立军马场驻海南州转运站。

当年 在过马营和鲁仓成立林业队，专门从事造林、育苗工作。

1966年 3月 制定《贵南军马场建设纲要》。

4月 成立草原改良试验队，高闻天任队长。在马二队东圈地3000亩，作为试验基地。

7月 成立民兵团，设司令部、政治处、后勤处，场长王坚任民兵团团长。

9月 军马场编写了《马匹人工授精讲义》，并举办了多期培训班。

当年 架通了过马营至鲁仓的电话线，共64公里；在农六队设立农业试验组。

当年 在木格滩建200吨和500吨蓄水池各一个，建房5134平方米，打围墙、马圈10545米，三分场初步建成。

当年 调任王忠卿为政委，张树峰为副政委。

1967年 元月初 场党委开展“四大”动员；3月，中央军委下达了“对团以下部队进行正面教育”的指示，4月转入正面教育，“四大”宣告停止。

5月 草原改良试验队在木格滩试种牧草40余种。

当年 陆续在木格滩围建草库伦，组建各生产队。

当年 设立初级中学。

当年 建立了广播室，按部队作息时间播放军号及时政新闻。

当年 提任场政治处主任魏琨为副场长，1968年调山丹军马场三场任场长。由于马匹基数逐年扩大，马匹年递增千匹以上，饲放人员紧缺，陆续从青海西宁、海东等地招收青年工人。

1968年 当年 总后勤部将军马场基本建设纳入国防建设计划。木格滩饮水管道工程基本完工，并完成了建房、新修公路、架设电话线路等工作，木格滩三、四分场建成。

当年　拨款27万元新建职工医院，当年交付使用，占地15亩。

当年　农业试验组改为农业试验站，先后开展了品种选育、良种引进、区域试验等。

当年　在“农业学大寨”高潮中，在莫曲沟农五队投入3台拖拉机，平地542.5亩，用水泥石块修渠3710米。

1969年　1月21日　木格滩发生火灾，过火面积约3000亩。

12月26日　过马营大车队撤销。

当年　在莫曲沟农五队设立初中班，在分场、生产队开办小学教育，共18所，有在校学生860名。分场设卫生所，生产队设卫生室。

当年　开始大量使用化肥。在三分场场部北建立场气象站。

1970年　3月　将各分场改成大队，原马队、农队改成连队。有29名西安第四军医大学知青到场插队。

当年　农机科、军马科合并为生产科。

当年　全场粮食总产达458万公斤，实现粮食自给有余。

1969年冬至1970年春，先后调任魏琨为场长、牛公元为政委、李贞豪为副场长、郝伍生为副政委，提任军马科科长周英明为副场长。新班子组建后，在政治思想方面着重做团结工作；在生产上总结教训，提出改进措施。

1971年　1月　在过马营办起了小型兽医制药厂，制造氯化钠、葡萄糖等常用兽医药品，降低了成本。

3月24日　木格滩四分场草原失火，200余人参加灭火，过火面积4000余亩。

9月　组成马匹质量鉴定普查工作组，对全场的母马、种公马等进行了鉴定，共普查3546匹；进行了严格的清群整群，年末存栏9721匹。

1972年　5月　参照农垦部、总后军马局编印的《军马兽医管理工作办法》，制订出了本场的管理办法。

7月28日　有48名北京知青到场插队。

当年　组建了4个繁殖母马核心群，并建立公母马卡片。

当年　场中学被山丹军马局命名为“贵南军马场五七中学”。

当年　第一辆“兰州牌”大客车进场，不定期执行过马营至西宁或场区内客运任务，改善了职工的出行条件。

1973 年 8 月　服务社百货商店失火，直接经济损失 6.5 万元。

1974 年 当年　在一分场建成一座 125 千瓦的小型水电站，解决了鲁仓地区的生产、生活用电问题。将原大队改为分场，连队改为生产队。

1974 年后　油菜种植以“宁交 5 号”为主，搭配有 83-104 及门油、浩油系列；莫曲沟的牛羊群交给三分场，组建三羊队。

1975 年 7 月　莫曲沟中学撤销，合并到场中学，保留了小学。

11 月 1 日　国务院、中央军委批示：同意总后勤部、农林部将军队办的逊克等 21 个军马场移交给所在省（区）管理的请示，贵南军马场属被移交的 21 个军马场之一。

12 月 13—16 日　总后西安办事处工作组 6 人到贵南军马场，组长庞建业。15 日，青海省工作组 11 人到场，组长为青海省农委副主任魏家林，副组长为青海省畜牧局副局长万玛。

当年　经青海省知青办批准，在莫曲沟成立知青队，发动 230 余人，平整土地 600 亩。次年，知青队迁至一分场，后迁至过马营。

当年　提任生产科科长陈其元为副场长，周英明改任副政委。

1976 年 6 月 10 日　贵南军马场移交工作完成，由青海省畜牧厅领导。场名改为青海省贵南牧场，经营方针为“以牧为主，农牧结合，多种经营”。

当年　牧场各队马匹饲草地改种油菜籽，青饲草种植面积逐年减少。

当年　鲁仓马群外调，配种站撤销。至此，历时 43 年的鲁仓养马历史结束。

当年　撤销生产科，恢复农机科。五七中学改为贵南牧场中学。

1977 年 年初　场长魏琨、政委牛公元先后调走，副场长李贞豪主持全面工作。

5 月　牧场遭受大风、干旱灾害，受灾面积 16 万亩。

6 月　召开第一次养羊会议，制订出在 4 年内绵羊发展到 8 万～10 万只的规划。

8 月　在木格滩飞机灭蝗 12.49 万亩。

当年　一、三、四分场相继成立了电影放映队，从而解决了基层单位看电影难的问题。

当年　从北京、山丹军马场引进黑白花奶牛 10 余头。

1976—1977 年　处理马匹 7164 匹。

1977 年后　调整产业结构，扩大油菜种植面积，形成了较大规模的商品粮油生产。

1978年 4月26日至5月4日　召开第二次养羊会议，确定了一、二、三羊队进行绵羊杂交改良，四羊队坚持本品种选育的生产规划。

7月　场中学参加海南州学生田径运动会，获得团体第三名、男子跳高个人第一名。

当年　成立落实政策办公室。截至1981年，共接待来访人员206人，受理来信来访475件，全部进行了答复或处理。

当年　扩大耕地3万亩，耕地总面积21.82万亩。

当年　在过马营地区安装自来水管道。架设了龙羊峡至过马营35千伏50公里的输电线路，建成变电所，当年供电。在祁连设立石棉队，1983年撤销。

当年　制订"贵南马"横交固定方案和计划生育奖惩办法。

1979年 3月　开始执行农业生产"三定一奖"管理办法，实施当年，职工生产积极性大增，企业效益显著。

当年　在场中学建成1857平方米的三层教学楼一幢，系过马营地区的第一幢楼；在东科大队办起民族寄读小学；恢复了农业畜牧技术学校，学制两年。

当年　架设过马营至二分场各队23公里的输电线路并供电。修通过马营至贵德50多公里公路，改善了牧场的交通运输条件。在家属地毯厂的基础上建成贵南牧场地毯厂。

当年　先后在过马营召开第七届一次、二次职工代表大会，副场长李贞豪做工作报告。

当年　实现经营利润360万元，荣获中央农垦部表彰。对畜牧业实行了定额管理，按合同进行奖赔。允许职工家属适当饲养自留畜，逐步放宽自留畜的饲养限制。

1980年 1月22—25日　在过马营召开第八届职工代表大会，代表159人，场长李贞豪做工作报告。

7月10日　在过马营召开第四届党代会，参加会议代表100名，列席代表5名，党委书记李贞豪做工作报告。

9月　制定《贵南牧场房建验收标准》。

当年　提任政治处主任霍培贤为场党委副书记（1982年内调），调任张承祥为副场长。

当年　给过马营公社3个大队架设输电线路并供电。

1981年　1月20—26日　在过马营召开第九届职工代表大会，代表128人，会议通过了《提倡新风尚　从俭办婚事》等4个提案。

当年　给177名专业技术人员评定专业技术职称并调整了工资。

当年　架设了过马营至木格滩70余公里的输电线路并供电。在西宁与南滩园艺场合建联营砖厂。

当年　容纳千余人的过马营职工俱乐部（电影院）建成。从此，过马营地区的职工家属和附近群众不用在冰天雪地里看电影了。

当年年底　场驻西宁办事处招待楼建成并交付使用，面积3212平方米。

当年　提任畜牧科副科长多吉甲为副场长。

1982年　1月　牧场交青海省农林厅领导，仍坚持“农牧结合，多种经营”的经营方针。李贞豪任青海省畜牧厅副厅长，提任陈其元为党委书记兼场长，高闻天为副场长（1983年提任场党委书记），韩生彬为副书记，王鹏尚为副场长。

3月22—26日　在过马营召开第十届职工代表大会，有代表150名，列席代表8名，场长陈其元做场长工作报告，表彰先进个人373名。

3月　在全场范围内开展“五讲四美三热爱”活动。

当年　木格滩输电线路通过有关部门验收，四分场新建的3个500吨水池开始蓄水。

当年　设立人事档案室。配合地方政府进行第三次全国人口普查。

当年　粮油总产716万公斤。

1983年　2月2—8日　在过马营召开第十一届职工代表大会，有代表135名，列席代表9名，场长陈其元做工作报告。

3月　青海省农林厅从小寨良种繁殖场划拨450亩土地给贵南牧场开办海华啤酒厂、养牛场。

7月　场中学体育代表队参加海南州中学田径运动会，获射击青年组团体第一名。

10月　场工会干部曾广青在护秋时光荣牺牲，被场党委追认为中共正式党员，被场团委追授“优秀共青团员和新长征突击手”称号。

12月　从德意志联邦共和国引进纯种黑白花奶牛37头，在海华牛场饲养。

当年　全场粮油总产 1139 万公斤，获农牧渔业部表彰。

当年　场党委根据国务院《关于国营企业全面整顿的决定》，抽调 110 名干部组成蹲点工作组，对场属 36 个单位进行整顿。

当年　海华啤酒厂筹建工作完成水文、地质、气候等方面的资料收集和设计。建成四牛队肉牛养殖场，从新疆伊利尼勒克县农四师引进褐牛 110 头，从格尔木、德令哈引进黑白花奶牛 20 多头。

当年　提任政工科科长卢镛为副场长。

1984 年　3 月 2—5 日　在过马营召开第十二届一次职工代表大会，场长陈其元做工作报告。

5 月　陈其元调农林厅工作，调任曾科（藏族）为场长。

7 月 16—18 日　召开第五届党代会，有参会代表 114 名，列席代表 1 名。党委书记高闻天做党委工作报告，纪委书记谭仲仁做纪委工作报告。

11 月　在全场范围内开始整党，参加整党的共有 44 个支部、599 名党员。

12 月 25—30 日　在过马营召开第十二届二次职工代表大会，有代表 145 人，列席 24 人。场长曾科做工作报告。

当年　全场粮油总产 1050 万公斤。修建了电视差转台和文化阅览室。撤销文卫科，小学以分场为单位建立学区，中学实行校长负责制。在过马营设立了民族寄宿小学，实行免费寄读。

当年　从新疆伊利尼勒克县农四师引进褐牛 286 头，在四牛队饲养。

当年　制订《贵南牧场畜牧业大包干责任制实施方案》，核心是“三定一奖，联产承包”，包畜到户，分户核算，按畜提留。

1985 年　4 月　提任吕寿昌为场长；曾科任场党委书记；提任刘德文为场党委副书记，后兼任第一副场长；毛祖荣、董德智为副场长。

当年　全面进行机构改革，撤销分场，归并部分科室，由三级管理改为两级管理。以班组为单位兴办家庭农场 142 个、家庭牧场 102 个。

当年　与北京双合盛五星啤酒厂技术联营，在西宁市廿里铺兴建啤酒厂，占地面积 128 亩，投资 1826 万元，设计规模年产啤酒 10000 吨，麦芽 1500 吨，年产值 1200 万元。

当年，在农九队建养殖场，饲养北京鸭 1200 只。大通联营砖厂和纳家山联营砖厂建成投产。贵德商业楼建成，场驻西宁办事处完成改扩建。过马营综合加工厂500吨饲料加工设备完成安装。修配厂制造的“黄花牌”粮油清选机通过省级鉴定。

当年　经省州公安机关批准，贵南县公安局贵南牧场治安派出所成立。

当年　场中学和场职工医院被农牧渔业部评为“农垦系统先进集体”。

当年　粮油总产1315万公斤，油菜籽平均亩产85.2公斤，全场盈利175万元。

1986年

1月16日　场工资改革领导小组召开会议，对工资改革工作进行总结。

2月15—22日　第十三届职工代表大会在西宁办事处召开，有代表134名，列席代表20名。场长吕寿昌做工作报告。青海省委常委、副省长尕布龙到会讲话，青海省农林厅厅长胡兴华在大会闭幕式上讲话。

4月1日　下发《畜牧兽医技术承包责任制方案》。

10月　青海省委常委、副省长尕布龙到贵南牧场调研。

11月5日　成立场离退休办公室。

11月　和西宁晋家湾村联营的3000吨碱厂建成投产。

当年　大通元朔工商经销部开业。

当年　全场粮油总产1197.75万公斤。

1987年

1月15日　成立场工业办公室。

2月5日　下发《贵南牧场畜牧业大包干联产承包责任制方案》。

2月26日—3月2日　第十四届职工代表大会在过马营召开，有代表170名，列席代表21名，场长吕寿昌做工作报告。青海省农林厅副厅长达仁钦到会讲话。

5月19日　成立贵南牧场水草管理委员会。

7月　海华啤酒厂万吨啤酒生产线一次性试产成功。9月30日，举行投产剪彩典礼。青海省委书记尹克升、省长宋瑞祥以及省五大班子主要领导人出席，青海省主要媒体做了相关报道。

当年　在全场范围内开展“双增双节”活动。

当年　由青海省农牧综合区划研究所主持，青海省委政研室、青海省农垦局、青海省经贸厅经济研究所、青海省农林科学院、青海省畜牧兽医科学院等单位参加的《青海农牧交错地区农业整体效益研究》课题开始实施，课题选择贵南牧场为研究基点。

当年　与中国农业科学院植物保护所合作开展的青稞条纹病防治试验取

得成功。

当年　粮油总产1650万公斤，获青海省人民政府颁发的粮食生产“丰收杯”奖。

当年　调任肖俄力（蒙古族）为副场长，后兼任场党委副书记。

1988年　3月5—8日　第十五届职工代表大会在过马营召开，有代表166名，列席代表9名，场长吕寿昌做工作报告。

5月4日　在木格滩进行试验性开荒2万亩，总投资480万元。参加人员159人，有农机车辆58台、农机具100套，实现了当年开荒当年受益。

6月17日　下发《生产队、职工联合农场经营承包方案》。

12月14日　法人代表吕寿昌与青海省财、农两厅签订为期二年的经济承包合同，每年定额上缴利润10万元。

当年　完成人畜饮水双管上滩工程19.7公里，修筑过马营柏油路120万平方米，完成电话线路建设10.7公里。

当年　由于遭受“卡脖子”干旱和冰雹等自然灾害，粮油总产仅999.11万公斤。

当年　场中学体育代表队参加海南州中小学乒乓球比赛，获中学组男女团体第二名、小学组男女团体第一名、小学生男女单打第一名。

1987—1988年　给396名科技人员评定专业技术职称并调整了工资。

1989年　1月21—24日　第十六届职工代表大会在过马营召开，有代表126名，列席代表5名，场长吕寿昌做工作报告，青海省农林厅厅长胡兴华到会讲话。

7月　精炼植物油厂技术改造工程动工，该项目总投资460万元。

10月　青海省委副书记桑杰加到贵南牧场调研。

当年　根据国家“七五”第二批商品粮建设计划，利用国家粮食基地专项资金300万元，青海省财政资金160万元，牧场自筹资金140万元，在木格滩开发宜农土地2.5万亩，实现了当年投资当年受益。

当年　粮油总产1821万公斤，获青海省人民政府颁发的粮食生产“丰收杯”奖，被青海省委、省政府授予“精神文明建设”先进单位。

当年　为解决贵德县新街乡群众的扶贫问题，在海南州委的倡议下，贵德县用黄河沿岸北山湾3500余亩荒山荒坡置换农五队3300余亩水浇地，给新街乡群众。

1990年　2月　成立北山湾开发办公室。

4月1日　共青团贵南牧场第四次代表大会在过马营召开。

4月15日　《牧场通讯》复刊。

4月26日　塘河地区发生强烈地震，场区遭受到不同程度的影响，部分房屋围墙倒塌，近2万平方米的房屋出现裂缝。

5月　场党委组成党的基本路线教育工作组，深入基层各单位宣讲“社会主义初级阶段理论”。

7月1日　被农业部授予“1989年粮食生产先进单位”称号。

7月　副省长马元彪到贵南牧场调研。

8月5日　北京亚运会基金部给贵南牧场职工发来感谢信，并寄来纪念证书。

8月　海南藏族自治州体委给牧场中学颁发“传统体育项目学校”牌匾。

9月　根据青海省农林厅《对干部进行党在社会主义初级阶段学习和教育的安排意见》，场党委对34个党支部进行了考试。

10月　恢复四个分场，撤销农牧、商运公司，机关设五处二室，即政治处、计财处、生产处、供销处、保卫处，场长办公室和审计室。

12月20—27日　第十七届职工代表大会在西宁办事处召开，有代表197名，列席代表21名，场长吕寿昌做工作报告。青海省农林厅厅长胡兴华到会讲话。

12月　刘德文任场党委书记兼场长，1995年提任农林厅助理巡视员；何晓林任场党委副书记兼副场长。

当年　粮油总产1850万公斤。

1991年　3月23日　青海省农林厅副厅长达仁钦到场检查春耕备耕工作。

3月　在全场范围内大规模维修危房。

同月　在西宁兴办印刷厂，隶属贵南牧场驻西宁办事处。

4月2日　青海省农林厅厅长胡兴华、农垦局局长吕寿昌一行检查北山湾农业综合开发工作。

4月　在木格滩马七队开发宜农土地1.2万亩。收回水电四局租种的1万亩耕地。

7月1日　场党委在过马营职工俱乐部举行新党员宣誓及优秀党务工作者、优秀党员表彰会。

12月23—25日　第十七届二次职工代表大会在过马营召开，场长刘德文做工作报告。

当年　木格滩商品粮基地建设、精炼植物油厂技术改造、海华啤酒厂第二条灌装线三大建设项目通过有关部门的检查验收。

当年　获“全国商品粮建设先进单位”称号。

当年　过马营招待所大楼、科技中心大楼竣工交付使用。在木格滩整修路基59.5公里。在鲁仓（一分场）架设电话线路17.5公里。成立中央农业广播学校贵南牧场分校。

当年　粮油总产1633万公斤。提任梁浩为副场长。

1992年　1月6日　第六届党代会在过马营召开，刘德文代表第五届委员会做党委工作报告，徐文明代表第五届纪委做纪委工作报告。选举刘德文为党委书记，肖俄力、何晓林为党委副书记，何晓林兼纪委书记。

2月27日　青海省农林厅副厅长达仁钦到北山湾开发办调研。

3月2日　中央农业广播学校贵南牧场分校开学，开设会计、农学两个专业，有学员100名。

5月29日　四平联合机收割厂、青海省农机公司和牧场联合举办“联合收割机驾驶员培训班”，来自门源、青海湖、巴仓和贵南牧场的83名机务工参加培训。

6月15日　雷在更等完成的“全麦啤酒研制”科技成果项目，获青海省科学技术学会颁发的省级科技成果证书。

7月　《贵南牧场1991—2000年防风治沙工程十年规划》启动。

8月　牧场参加青海省农林厅系统职工运动会，获得男、女篮球第一名，女子排球第一名，男子排球第二名。

9月21日　鲁仓地区遭遇冰雹灾害。9月26日，场区范围内又遭遇雪灾。

11月20日　由职工捐资54.7万元，企业出资42.1万元新建的2417平方米的职工医院大楼竣工并交付使用。

12月21—26日　第十七届三次职工代表大会在西宁办事处召开，场长刘德文做工作报告，青海省农林厅厅长胡兴华和厅政治处主任吴珉到会讲话。

当年　在西宁新建的3幢退休职工住宅楼竣工。海华啤酒厂污水处理工程竣工交付使用。鲁仓电站改造工程竣工。

当年　西川碱厂经过整顿，成立贵南牧场西川综合加工厂，转产地毯、云石砖。

当年　在西宁北大街设立农牧产品经销公司。

当年　成立防风治沙工程领导小组。在过马营、三分场沙山一带拉网围栏3.4万米，封育草原3万亩，种植沙生植物300余亩。

当年　粮油总产1632.5万公斤。海华啤酒厂产销啤酒9063.4吨，盈利84.3万元，为建厂以来效益最好的一年。

当年　获农业部“振兴农业先进单位”和“全国农垦思想政治工作先进单位”，被青海省农林厅授予“综合效益十佳企业”称号。

1993年　1月5日　服务社改为商业经销公司。

2月21日　成立《贵南牧场志》编写领导小组及编委会，第一次较为系统地编纂《贵南牧场志》。

7月　根据农林厅党委7月31日《会议纪要》，青海省农垦农工商公司交贵南牧场管理。

8月8日　举办建场六十周年庆祝大会暨八一运动会。青海省委原常委、副省长尕布龙，海南州委书记东主加等发来贺电，4个民兵方队接受了检阅并表演了军事项目。

8月25—26日　青海省委书记尹克升、省委秘书长曹随义到场调研，尹克升书记为牧场题词“战天斗地创业路 改革开放展宏图”。

8月27日　海南州共和县沟后水库垮坝，贵南牧场积极参与救灾，捐献各类物资价值30余万元，并派出各类机械协助灾后重建达数月之久。

10月1日　贵南牧场西宁乳品饮料厂投产。青海省委原副书记马万里，青海省委原常委、副省长尕布龙，农林厅厅长胡兴华为投产剪彩。

11月　国家商品粮基地建设巩固完善项目三、四分场农机综合服务站建成。

12月23日　第十八届一次职工代表大会在过马营召开，有代表154人，场长刘德文做工作报告。

当年　粮油总产2300万公斤。

1992—1993年　实行《绵羊生产责任制方案》，执行计划任务指标、畜产品处理、品种改良和生产技术措施、承包核算价格四统一，执行等级工资制。

1994年　1月6日　成立贵南牧场五分场和五分场党委。

3月29日　第十八届职工代表大会主席团扩大会议在过马营召开，有

56 名代表出席会议，场长刘德文做工作报告，会议通过《1994 年贵南牧场职工风险金实施办法》的决议案。

4 月　提任杨丰节为场党委副书记，后兼任副场长，加甲（藏族）为副场长。

8 月　场保卫处协助贵南县公安局破获偷盗牧场中学等单位保险柜案件，给予破案干警晋升一级工资奖励。

同月　青海省农林厅厅长谢承志到场调研。

10 月 10 日及 12 日　贵南地区连续发生 5.3 级、5.0 级地震，给牧场造成 266 万元的经济损失。

12 月 1 日　第十八届二次职工代表大会在过马营召开，有代表 167 人，场长刘德文做工作报告。

当年　农业综合开发草原建设项目完成投资 225.25 万元，粮油总产 2400 万公斤。

1995 年　3 月　下发《贵南牧场 1995 年内部集资短期融资券发行实施办法》。

4 月　申请注册“双羊”牌菜籽油商标，同年，被认证为绿色食品。

5 月 15 日　召开党委扩大会议，青海省农林厅厅长谢承志到会讲话，青海省农林厅副厅长肖俄力兼任贵南牧场党委书记、场长、农垦农工商公司总经理。

4 月 20 日—6 月 10 日　场区连续 48 天春夏连旱，未下透雨，造成农业经济损失 4681 万元、畜牧业经济损失 294.3 万元、林业损失 207.9 万元。

6 月 13—15 日　青海省农林厅副厅长达仁钦、青海省农办主任宋维贞一行检查场农业开发草原建设项目。

7 月　恢复政治处和审计室。

8 月 22 日　青海省副省长马元彪、青海省农林厅副厅长陆文正及财政厅相关人员到场调研遭受旱灾情况。

8 月　印发《贵南牧场场规场纪实施细则》。

11 月 28 日　青海省农林厅副厅长唐明鑫陪同农业部两位干部到场听取了受灾情况汇报。

12 月　对全场副股级以上干部进行了一次全面考核。

当年　粮油总产 529.5 万公斤。农业综合开发草原建设项目通过省级验收。

1996 年 1 月 18 日 青海省委副书记桑结加及青海省委办公厅、青海省总工会、青海省委宣传部、青海省农林厅一行到场看望慰问特困职工。

1 月 31 日 青海省委常委洛桑、青海省副省长刘光和、青海省农林厅副厅长达仁钦到场进行为期两天的考察和座谈，对牧场今后的发展提出了建设性意见。

2 月 6 日 第十九届职工代表大会在过马营召开，有代表 160 人参会，场长肖俄力做工作报告。会议审议通过了《农业两费自理经济承包责任制》等四项改革方案。

3 月 调任熊有国为场党委副书记、常务副场长。

5 月 提任王军生为副场长，1997 年 11 月兼任农垦农工商公司常务副经理。

5 月 成立贵南牧场石煤经销公司。

6 月 18 日—7 月 22 日 场区 34 天没有降雨，26 万亩粮油作物严重受灾，农业经济损失 4667.98 万元。

6 月 对农工商公司长期亏损、扭亏无望的企业进行关、停、并、转。

7 月 青海省农林厅表彰牧场先进党支部 7 个、优秀共产党员 41 名、优秀党务工作者 10 名。

7 月 在青海省军区的资助下，建成贵南牧场标准武器库。

8 月 6 日 青海省农林厅厅长谢承志一行到木格滩和一分场察看灾情，慰问受灾职工。

8 月 16 日 国家抗旱防汛指挥部及青海省抗旱防汛办到场了解旱情。

9 月 20 日 成立贵南牧场基本养老保险基金委员会，制订了《贵南牧场基本养老保险实施办法》。

9 月 对汽车队车辆实行作价归户改革。

9 月 出台《贵南牧场畜牧业承包经营方案》，实行“草畜分离，牛羊作价归户”。

11 月 出台《贵南牧场职工家属医疗费用管理实施办法》。

当年 粮油总产 418 万公斤。

1997 年 1 月 16 日 各基层卫生所由场医院统一管理。

1 月 23 日 青海省农林厅副厅长达仁钦以及青海省总工会、农林工会到场慰问困难职工。

3 月 1 日 对基层卫生所卫生员进行了公开录用考试，择优上岗。

公开择优录用考试在牧场尚属首次。

3月12日　第十九届二次职工代表大会在过马营召开，164名代表出席会议，场长肖俄力做工作报告。会议审议通过了《贵南牧场深化农业经济改革实施意见》等改革方案。青海省农垦局局长吕寿昌参加会议并讲话。

3月14日　建筑公司与基建队合并。

4月　在全场开展评选“十佳文明单位”及“十佳文明个人”活动。

6月6日　场党委召开会议，研究救助辍学儿童。

6月19日　举办首届党政管理干部社会主义市场经济理论培训班和“三五”普法宣传骨干培训班。

6月26日　加工厂合并到油厂，劳动服务公司合并到商业经销公司。

6月　成立贵南牧场六分场。

7月23日　青海省委书记田成平一行到场调研，视察了牧场兴建的过马营第二消费品市场。

7月　制订《贵南牧场内部审计规章制度》。

8月1日　全省农垦组建40周年文体运动会暨场乡物资交流会在过马营举办。贵南牧场获文艺汇演第一名，获男篮第二名。

8月　贵德县境内连降4次罕见特大暴雨，引起黑峡沟4次山洪泥石流灾害，黑峡沟下游两侧堤岸、大量农田、水利设施等被泥石流冲毁或淹没。

8月　过马营地区程控电话开通，宁果公路过马营段柏油路面铺通。

10月8日　贵南县过马营地区交警中队成立，隶属贵南县交警大队，人员由贵南牧场调配。

11月　提任李发录、杨蜀为副场长。

11月　《青海日报》刊登贵南牧场20万亩耕地对外租赁广告。

12月10—13日，场党委召开以深化农业经营体制改革为专题的党委扩大会议，出台了《贵南牧场土地租赁改革方案》。召开第一次土地租赁招商洽谈会，场内外50余人到会洽谈。

12月　整合全场教育资源，成立贵南牧场教育培训中心。

当年　粮油总产1250万公斤。

1998年　3月10日　第十九届三次职工代表大会在过马营召开，有代表136人参会，副场长熊有国受场长委托做工作报告。会议审议通过了《土地租赁制》议案。

3月　出台《贵南牧场劳务服务管理办法》和《贵南牧场农业技术管理办法》。

3月　熊有国、加甲、肖禄花、蔡国庆、程秀玲当选贵南县十二届人大代表。

4月　制订《贵南牧场水电管理细则》。

7月1日　青海省农林厅表彰牧场先进党支部9个、优秀共产党员44名、优秀党务工作者10名。

7月6日　青海省省长白恩培一行到场调研，肯定了土地租赁制改革。

8月13日　牧场民兵参加青海省民兵政治建设座谈会暨贵南森多乡现场会军事表演，获海南军分区“集体三等功”。

9月　青海省军区过马营兵站建成。

11月　过马营地区有线电视网开通，场直地区可以收看到17个频道的电视节目。三、四分场相继开通了闭路电视。

当年　粮油总产2300万公斤（含租赁田），荣获省政府“粮油丰收竞赛奖”。

当年　场纪委、审计室对11个单位进行了审计。

1999年　1月　完善《土地租赁办法》，组建二、三、四、六分场农机服务公司，下发《贵南牧场农机管理暂行条例》，将农机具作价给职工。

4月　修配厂由内部职工承包经营。

同月　场直地区干部职工在过马营西山沙区开展了种草、种小灌木治沙活动。木格滩地区干部职工对三羊队沙山进行了治理。

6月　成立过马营地区事务管理局。

7月　成立贵南牧场民兵应急连，在“八一”建军节进行了军事表演，获海南军分区“集体三等功”。

7月　在职职工普调4级工资，补发离退休人员工资及福利。

8月　建筑公司由内部职工承包经营。

9月　被青海省委组织部、宣传部、青海省经贸委、青海省总工会授予“1996—1998年思想政治工作先进单位”。

同月　海华啤酒厂被青海省高级人民法院依法裁定破产。

同月　为庆祝中华人民共和国成立五十周年和纪念河南支边青年来场四十周年，场政治处、工会编印《牧场五十年集》。

11月　六分场开通有线电视，木格滩地区电视覆盖率达到100%。

12月7日　提任熊有国为场长，董开保为场党委副书记，王章才为场纪委书记，孙四保为总工程师，高长江为总农艺师，李祥忠为总经济师。

12月8日　青海省国有农牧控股有限责任公司成立，贵南牧场划归该公司管辖。

12月　牧场西宁办事处职工集资住宅楼竣工，共98套，面积9153平方米。

当年　场纪委、审计室对6个单位进行了审计。

当年　粮油总产1620万公斤。

当年　54名同志取得中、高级专业技术职称，253名同志取得初级专业技术职称。在一、三分场开展职工住房改革试点。

2000年　1月　成立过马营集镇建设领导小组，场长熊有国任组长，副场长杨蜀、总经济师李祥忠、贵南县委副书记公保、县人大常委会副主任梅有才、副县长董富奎、过马营乡党委书记叶丹任副组长。

4月18日　恢复东科民族小学，教师编制2名。

6月4日　撤销三分场农科站，成立场农业科技中心，在一分场和三分场分设节水灌溉试验站及旱作农业试验站。撤销贵南牧场商业经销公司，人、财、物归并到场机关事务局管理；撤销修配厂、建筑公司、汽车队机构，人员分流到基层各单位。

6月　场区自春季以来持续干旱少雨，造成15.2万亩油菜作物幼苗脱墒死亡，直接经济损失1402.7万元。

8月6日　青海省省长赵乐际和省有关部门领导到场调研。

8月　完成贵南牧场农电网改造规划和退耕还林工程规划。

10月　因连续遭受严重的自然灾害，全场各级管理人员实行轮岗制，分流人员199名，轮岗期间的留岗人员发放生活费。

11月24日　党委书记肖俄力调离，调任蒋云龙为场党委书记、副场长。

12月4日　为解决职工的生活困难，青海省财政、青海省民政和国有农牧控股公司等部门为贵南牧场职工发放9个月的口粮（每人每月发放50斤①面粉）。

① 斤为非法定计量单位，1斤=500克。——编者注

12 月　场机关公开竞聘副科级以下管理人员。

当年　贵南牧场被纳入青海省农业综合开发示范场建设范围，在一分场实施节水灌溉（一期）项目。

2001 年　2 月　对计财资产处副处长和财务人员进行公开竞聘。

同月　成立木格滩农牧场，高长江任党委书记、场长，下辖三、四、六分场。

5 月 6 日　撤销供销处、采购站，粮油、生产物资采购及财务账目由计财资产处管理，农机配件、建筑物资、汽车配件等业务由正鑫农机公司管理（2003 年 11 月撤销）。

6 月 8 日　熊有国等 39 人取得中、高级专业技术职务任职资格。

7 月 5 日　贵南牧场电力资产移交海南州供电局管理。

7 月 18 日　牧场遭受严重旱灾及蝗虫灾害（东亚飞蝗），13.7 万亩农作物和 12 万亩草场受灾，直接经济损失约 900 万元。

8 月 25 日　全场职工被纳入社会保障体系，享受下岗职工最低生活保障。

9 月 10 日　成立贵南牧场再就业服务中心。

10 月 30 日　贵南牧场城镇居民 2951 人纳入最低生活保障 。

11 月　贵南牧场因严重亏损，资不抵债，经青海省高级人民法院裁定，依法破产。

11 月 27 日　青海省国有农牧控股有限公司决定成立青海省贵南草业开发有限责任公司，任命蒋云龙为党委书记、总经理，董开保为党委副书记兼纪委书记，杨蜀、高长江、加甲、孙四保为副总经理。

当年　在一分场种植马铃薯 0.271 万亩，收获 61 万公斤，亩产 225 公斤。在一、二、三分场试种菊芋共 100 亩。

当年　在四分场实施退耕地造林 1.0 万亩，荒山荒坡（耕地）造林 2.682 万亩。

2002 年　2 月　制订《贵南草业公司领导干部管理暂行办法》《贵南草业公司开展法制教育宣传第四个五年规划》。

3 月　公司从青海省农牧控股公司整体接受贵南牧场破产财产，接收并安置破产企业在册职工 3145 名，签订劳动合同 2867 名；838 名离退休职工，原破产企业的学校、医院资产及人员一并移交公司。

3月　成立公司“三个代表”学习教育领导小组。

6月13日　贵南草业公司一届一次职代会在过马营召开，有代表118人，总经理蒋云龙做工作报告。

6月26日　成立公司退耕还林（草）项目办公室。当年实施国家退耕还林（草）项目7万亩，享受国家补助政策补助粮800万公斤、生活补助款160万元。

6月　完成天然草场划分到户工作，共划分草场48.56万亩，涉及5个羊队和东科大队。

6月　完成6个分公司及过马营地区的土地确权勘界工作，经青海省国土厅审查验收，被评为全省优秀工程。

8月　成立公司管理委员会、工会委员会、计划生育委员会和劳动争议调解委员会4个机构。

当年　种植粮油作物10.6万亩，总产340.47万公斤。

当年　在一分公司实施农业综合开发节水灌溉项目二期工程。在四分公司实施农业综合开发草原建设项目，建成标准化暖棚羊舍50栋。

2003年　2月3日　青海省委常委、省委秘书长李津成到公司调研。

3月3—4日　公司一届二次职代会在过马营召开，有代表130名，蒋云龙做工作报告，审议通过《2003年贵南草业公司改革实施方案》。

3月　调任冉建和为公司副总经理。

同月　招收291名职工子女为合同制工人，在四、六分公司成立青年培训队，集中培训管理。

同月　四分公司四羊队划归六分公司管理。

4月30日　成立防治传染性非典型肺炎领导小组，开展预防工作。

5月　开展家畜五号病预防工作。

8月　2002年、2003年农业综合开发草原建设项目完成，建设的100栋暖棚羊舍作价归户给职工。从英德尔种羊场购进藏羊、半细毛羊7000只，交由职工育肥。

9月22日　在过马营举行青海省贵南草业开发有限责任公司挂牌仪式，青海省有关厅局和州、县共400余人应邀参加。

10月　青海省省长杨传堂在海南州委书记多杰热旦的陪同下到贵南草业公司养殖基地调研。

同月 成立公司退耕还林工程林权登记发证领导小组，开展林权登记发证工作，于2004年10月完成。

12月 投资200万元的牛羊繁育基地在过马营建成，占地230亩，新建暖棚羊舍40栋48000平方米，从山东购进小尾寒羊1050只。

当年 种植面积6.8万亩，因遭受5—8月阶段性干旱，粮油总产321.1万公斤。实施国家退耕还林工程11.6万亩，享受政策补助粮1960万公斤、生活补助款392万元。

当年 在西宁兴建住宅219套，企业补贴土地款248.3万元。

当年 有2620名职工参加青海省职工医疗保险。

2004年 4月12—13日 一届三次职代会在过马营召开，有代表118名，总经理蒋云龙做工作报告。会议审议通过《由公司和公司职工共同投资设立有限责任公司的议案》。

4月16日 开展“创先争优”活动。

5月9日 遭冰雹袭击，粮油作物受灾面积1.08万亩。

5月 成立青海省贵南丰润草畜有限责任公司，牛羊繁育基地划归丰润公司经营管理。

7月2日 公司党委举办“庆祝建党83周年暨双先表彰大会”，25名新党员进行入党宣誓。

11月 成立公司项目办公室。

2005年 4月15日 二届一次职代会在过马营召开，有代表128人，总经理蒋云龙做工作报告。

7月20日 公司举办高原绿色禾本科牧草产业发展观摩交流会。

8月 在五分公司新建52座蔬菜大棚，建设特色水果种植（人参果）示范园。

9月 一分公司遭受2次冰雹灾害，7000亩油菜绝产，另有约7000亩油菜减产60%。

10月25日 原贵南牧场破产企业职工一次性经济补偿金3762万元拨付到位，于2005—2006年分两次发放完毕。

11月23日 蒋云龙调离，提任杨蜀为公司董事长、党委书记、总经理，调任关定国为党委委员、副总经理。

12月8日 表彰先进性教育活动先进基层党组织9个、优秀党务工作者

10 名、优秀共产党员 48 名。

12 月　参照 1999 年一、三分场住房改革试点经验，将二、四、五、六分公司及过马营地区职工住房作价给职工。

当年　种植粮油作物 7.75 万亩，总产量 428.38 万公斤。

2006 年　3 月 11—13 日　三届一次职工代表大会在过马营召开，有代表 121 名，杨蜀做工作报告。会议选举产生公司第三届管理委员会和工会委员会。

3 月　试行职工内部退养办法。

4 月 20 日　在五分公司开展有机蔬菜生产试点。

4 月　退耕还林（草）地划分到户，并组织开展苗木补植补栽，共栽植容器苗 250 余万株。

5 月　成立“企业管理年”领导小组，开展“企业管理年”活动。

6 月　公司积极争取国家农机补贴，给职工借款 40 万元，职工自筹 127.7 万元，更新履带式拖拉机 12 台。

同月　公司筹资 110 万元设立牛羊育肥基金，鼓励职工开展牛羊育肥。

同月　公司 1639 户计 4466 人被纳入城镇居民最低生活保障范围，年发放低保金 417 万元。

11 月　成立“五五”普法宣传领导小组，下发“五五”普法规划。

当年　种植粮油作物 6.34 万亩，总产 554.13 万公斤。

当年　国家全面取消农业税，公司享受农资综合补贴 91.7 万元。

2007 年　3 月 26—27 日　三届二次职工代表大会召开，有代表 123 人，杨蜀做工作报告。

3 月 30 日　设立职工子女高考奖励基金，考入一本一次性奖励 3000 元，二本、三本一次性奖励 2000 元，大专奖励 1000 元。

3 月　为 292 名下岗职工办理了再就业优惠证。

5 月 13 日　建立基层单位党建和帮扶困难户联系点。

5 月　总投资 926 万元的木格滩地区人畜饮水改造工程开工，建设管线 52.5 公里。

6 月　贵南县安置龙羊峡库区移民，征占公司土地 27739.88 亩。

7 月 4 日　青海省委巡视组刘庆田一行 7 人检查公司党建和党风廉政建设以及公司领导班子建设工作。

8 月 7 日　公司党委召开畜牧队党建研讨会，观摩二羊队、医院、草加工厂、羊场党员活动室。全公司所有基层单位100%建立了党员活动室。

9月26日　贵南县民政局来公司召开低保家庭廉租住房管理工作会议，解决公司最低生活保障家庭的住房困难问题。

9月29日　公司邀请居住在西宁地区和过马营地区的退休老同志代表12名，分赴二、三、四、六分公司及场直各单位进行为期四天的现场观摩。

11月28日　在职工医院举行城镇居民定点医疗机构揭牌仪式。

当年　播种粮油作物7.5万亩，总产966.5万公斤。

2008年　1月7日　草加工厂发生火灾，烧毁了部分草捆。

3月14日　成立公司维护稳定领导小组。

3月22—23日　三届三次职工代表大会在过马营召开，有代表122名，杨蜀做工作报告。

3月　推进“一户一业”建设，对26名在农牧业生产工作中突出的牛羊育肥户、农机户给予奖励。

3月　青海省委副书记骆惠宁一行到公司调研。

4月14日　青海省委书记强卫一行到公司调研。

4月25日　在西宁注册成立草原牧歌旅行社。

5月16日　公司及干部职工为四川汶川地震灾区捐款21万元。

5月20日　成立场务公开领导和督查小组，印发《场务公开实施办法》。

6月6日　青海省省长宋秀岩一行到公司调研。

6月10日　聘请青海省农林科学院专家对公司管理人员和农业单位的职工进行技术培训。

6月　公司投资100万元对原招待所进行改造，并将其更名为草业宾馆。

8月8日　公司争取到国家农机补贴资金240万元，企业借资305万元，职工自筹570万元，购置约翰·迪尔1048型联合收割机33台。

8月10日　公司举行“腾飞”雕塑落成暨农机更新庆祝仪式。

8月　西久公路K182至木格滩公路竣工交付使用。

当年　从甘肃武威引进西门塔尔牛117头。

当年　种植粮油作物6.5万亩，总产819.2万公斤。

2009年　3月17日　成立公司学习实践科学发展观活动领导小组。24日，召开动员大会。

4月中旬　开展2001年度1.0万亩退耕还林工程的补植补栽工作，补植补栽柠条苗1100余万株。

4月　总投资1120万元的第一期廉租房建设正式启动，建筑面积9509.52平方米。

同月　开展以“实施退耕还林工程，推进高原现代林业建设”为主题的退耕还林工程实施十周年宣传活动。

5月　冉建和调离，调任孙明德、曹国成为副总经理。

6月16—17日　四届一次职工代表大会在过马营召开，有代表127名，杨蜀做工作报告。大会表彰了50名致富能手。

6月20日　企业资助39.6万元、职工自筹39.6万元，从甘肃武威引进西门塔尔肉牛396头，由职工饲养。

6月29—30日　公司2001年度1.0万亩退耕还林工程顺利通过国家级阶段验收。

9月　公司被青海省人民政府授予“青海省模范集体”。

当年　种植粮油作物7.39万亩，总产768.38万公斤。

2010年　3月23日　四届二次职工代表大会在过马营召开，有代表130人，杨蜀做工作报告。

4月　玉树发生7.1级强烈地震，公司及干部职工给灾区捐款22万元。

4月　公司被青海省企业联合会、青海省企业家协会授予“优秀企业”称号。

7月13—14日　公司2002年7万亩退耕还林工程通过国家级阶段验收。

8月30日　成立绿佳源牛羊肉食品加工厂。

10月　公司被青海省厂务公开协调领导小组授予“厂务公开工作先进单位”。

当年　种植粮油作物7.66万亩，总产662.97万公斤。

2008—2010年，公司垫资50.4万元，扶持无畜户27户。

2011年　3月20—21日　四届三次职代会在过马营召开，有代表130人，杨蜀做工作报告。

3月　公司给职工借款372万元，购置36行播种机35台、喷药罐4台、大马力拖拉机17台及配套农具、联合收割机11台。

4月　对2003年实施的11.6万亩退耕还林草地进行补植补栽，共补植苗木1200余万株。

4月　注册“加扬”牌人参果商标。

5月11日　开始筹建东科大队宾馆，当年建成。

5月23日　职工医院购进便携式除颤仪、数字化X光机及诊断成像系统、电子胃镜等设备。

7月13—14日　公司2003年11.6万亩退耕还林工程通过国家级阶段验收。

7月　公司纪委被青海省国资委党委授予“纪检监察先进集体”称号。

8月14日晚　二分公司遭受冰雹暴雨袭击，冰雹历时13分钟，直径最大的约4厘米，当晚总降水量45毫米，1.2万亩农作物绝产。

8月20日　举行贵南绿佳源肉食品有限公司开业典礼。

10月3日　生物有机肥厂建成投产，年加工能力1万吨。

10月20日　四分公司土地整理项目开工，2012年4月工程完工，共整理土地1.2万亩。

12月　委托青海省农林科学院土壤肥料研究所对公司全部耕地进行土样检测。

同月　“过马营地区牧草生产加工及产业化项目”荣获青海省科学技术成果证书。

当年　种植粮油作物7.86万亩，总产776.9万公斤。

当年　取消牧业税和草原使用费。国家草原生态保护补助奖励机制政策实施，每年享受补助资金598万元，期限5年。

2012年　2月　公司被授予“海南州第六次全国人口普查先进集体”称号。

4月9日　公司所在地区突降暴雪，木格滩地区积雪厚度达30厘米，局部达到100厘米，造成公司186只生产母羊、237只羔羊死亡，20栋羊棚垮塌，100余栋受损，经济损失26.94万元。

5月28—29日　四届四次职工代表大会在过马营召开，有代表130人，杨署做工作报告。会议审议通过《鼓励职工外出务工创业试行办法》《提高职工省级医疗保险费率的决议案》《清缴社会保险费的决议案》，6月下达执行。

5月31日　调整机械作业费标准。

7月　杨蜀任三江集团副总经理兼任贵南草业公司党委书记、董事长、总经理。

8月23日　召开公司畜牧工作会议及第一届赛羊会。

8月　公司武装部被海南州委、州政府、州军分区授予“民兵十佳单位”。

12月12日　调任高长江为公司党委书记、董事长、总经理，提任旦正为副总经理。

2013年　1月15日　公司在俄罗斯联邦设立中俄三江有限责任公司，注册资金100万美元。其中，中方投资95万美元，持股95%，俄方5万美元，持股5%。

1月　二分公司党支部获青海省委组织部“国有企业党建工作省级示范点”称号。

6月4日　五届一次职代会在过马营召开，有代表130人，高长江做工作报告。

7月　孙明德任总经理，高长江为党委书记、董事长。

10月　职工医院急救中心竣工，总投资195万元，建筑面积369.38平方米。

12月　公司被纳入青海三江源生态保护和建设二期工程建设范围，当年开始实施草原灭鼠项目。

当年　公司遭受严重旱灾，粮油作物及人工草地受灾面积13.3万亩。

2014年　1月　公司被青海省人民政府授予“2013年度对外投资合作优秀企业”称号。

4月　公司被海南州工商行政管理局授予“2013年度守合同重信用企业”称号。

5月　公司遭受长达30天的干旱天气，青稞、燕麦等作物以及多年生人工牧草受到严重影响，受灾面积13.7万亩。

7月6日　23时，三分公司马一队出现强对流天气，30分钟内降水量达到50毫米，2395亩青稞绝收，1000亩草原被泥石流覆盖，1000亩耕地表土层被冲毁。

7月8日　孙明德调离，高长江兼任总经理。

10月1—12日　公司所在地区普降暴雨，致使9万亩农作物损失率约30%，经济损失达1279万元。

当年　贵南牧场中学新教学楼开工建设，建筑面积1748.75平方米。

2015年　1月9日　贵南牧场中学整体移交贵南县。

3月24日　五届二次职代会在过马营召开，有代表131人，总经理高长江做工作报告。

3月　公司招聘应往届大专以上毕业生18人。

4月3日　成立公司劳动争议调解委员会。

6月18日　2014—2015年青海国有垦区危房改造项目实施，总投资2330.12万元，维修平房2284间，面积41112平方米，硬化道路21660平方米。

8月1日晚　过马营遭受严重暴雨袭击，房屋进水30户、倒塌6户，经济损失100多万元。

12月　提任李善龙、周文书为副总经理。

2016年　2月　公司被青海省商务厅授予“2015年度对外投资合作优秀企业”。

7月29日　旦正改任公司纪委书记。

8月17日　职工医院整体移交贵南县。

8月　公司农业区域15天无有效降雨，8万亩农作物受灾。

10月16日　青海三江商品储备有限公司斥资340万元，整体收购绿佳源肉食品有限公司。

当年　城东区人民政府出资997.5万元改造西宁办事处老旧小区，涉及住宅楼8栋、447户。

当年　第二轮草原生态保护补助奖励机制实施，每年享受补助资金608万元，期限5年。

2017年　3月4日　调任牛建伟为公司党委书记、总经理。

4月5日　成立贵南县青原农机标准化服务有限公司，注册资金100万元。

6月9日至7月底　公司所在地区连续40多天无有效降雨，形成重大旱情，农作物、牧草严重受灾，经济损失约4955万元。

7月3—4日　三江集团公司在贵南草业公司召开农牧场有机肥料节支高效大面积机械化施用技术及地力培肥经验交流会。

12月　公司党委组织开展走访慰问活动，慰问生活困难的党员和因病因灾致贫的特困职工。

2018年　1月15日　五届三次职工代表大会在过马营召开，有代表130人，总经理牛建伟做工作报告。

1 月　与贵南县农村信用合作联社签订 2 亿元的贷款扶持资金协议，当年发放职工个人贷款 4000 万元。

1 月　为工会会员发放价值 123 万元的面粉、大米、食用油。

4 月 6 日　过马营第三社区成立，公司城镇居民医保、低保等社会职能移交第三社区管理。

4 月 8 日　撤销过马营地区事务管理局和计划生育办公室。

7 月　公司借款 65.36 万元扶持 16 户职工购买田间运输车辆。

7 月　青海省人民政府批准贵南草业公司“过马营草产业园”项目，为青海省重点农牧业产业园之一。

8 月　成立土地确权工作领导小组，配合当地政府开展国有土地使用权确权登记发证工作。

同月　成立土地征占领导小组，对公司范围内的土地进行监管。

9 月　牛建伟任三江集团公司副总经理兼贵南草业公司党委书记、总经理。

11 月　环湖地区遭受严重雪灾，公司发运青干草 4000 余吨，支援受灾乡镇抗灾保畜。

同月　与青海大学农林科学院签订（院企）科技合作框架协议，在青稞品种选育、示范、种子繁殖生产等方面开展技术合作。

12 月 4 日　成立西宁贵达物业管理有限公司，注册资金 70 万元，西宁办事处 4 个小区、8 栋住宅楼、447 户物业全部移交贵达物业公司。

当年　公司实施农发、公租房等项目 17 项，总投资 7662.8 万元，改善了基础设施条件。

当年　粮油总产 2133 万公斤。

2019 年

1 月 6 日　五届四次职工代表大会在过马营召开，有代表 139 人，牛建伟做工作报告。

1 月 29 日　玉树藏族自治州发生大范围雪灾，公司积极响应青海省政府的安排部署，向灾区无偿捐助优质牧草 200 吨，调运 1500 吨。

4 月　提任宋玉波、马忠义为副总经理。

同月　与青海大学农林科学院合作，在二分公司建立青稞“育繁推”一体化试验示范基地。

5 月　青海省委常委、省总工会主席马吉孝到公司调研并慰问困难职工。

6 月　青海省委常委、副省长严金海调研草产业园推进情况。

7 月　青海省应急管理厅副厅长王跃荣到公司调研。

8 月 13 日　公司斥资 3301.35 万元购买约翰迪尔 W230 型联合收割机 50 台。安装拖拉机自助驾驶系统 7 套、收割机自助驾驶系统 3 套、精准控量喷施系统 1 套、深松机自动检测系统 4 套，探索农业生产数字化管理。

8 月　青海省国资委副书记、副主任郭臻先到公司调研基层党建工作。

同月　青海省委常委、省总工会主席马吉孝再次到公司调研，慰问困难职工。

12 月 20 日　五届五次职工代表大会在过马营召开，有代表 139 名，牛建伟做工作报告。会议审议通过《行政事务管理办法》。

12 月 31 日　成立贵南县农达农机驾校有限公司。

12 月　公司被农业农村部授予“全国农业农村系统先进集体”称号。

当年　四分公司养殖小区建成，占地 72 亩，建筑面积 7800 平方米。

当年　种植粮油作物 9.2 万亩，总产 2300 万公斤，青稞单产突破千斤，达到 501.5 公斤/亩，创历史最高纪录。

当年　依托过马营草产业园建设和乡村振兴，整合项目资金 11011.98 万元，在各分公司建成库房 7 栋、6618 平方米，贮草棚 3 栋、2741 平方米，晒场 18150 平方米，围墙 3180 米，磅房 2 座、115 平方米，安装地磅 3 台；建成牦牛、藏羊标准化养殖示范小区一处；完成 598 套公租房的配套基础设施建设。

2020 年　1 月 8 日　牛建伟调离，提任周文书为公司党委书记、总经理。

1 月 25 日　成立公司新型冠状病毒肺炎防控领导小组，开展疫情防控和排查工作。

1 月　开展“两节送温暖”救助活动。

2 月 16 日　公司党委、工会发出“阻击疫情献爱心”募捐倡议，共募集 18.5 万余元。

3 月 10 日　根据《关于国有企业退休人员社会化管理工作方案》，开始退休职工社会化管理移交工作，10 月底，移交工作完成。

3 月 19 日　对口帮扶循化县文都乡拉兄村，捐赠空气热泵及附件。

4 月 14 日　四川省若尔盖县委考察组到公司考察过马营草产业园建设情况。

5月22日　响应上级工会安排，将2021年工会福利（米、面、油）以消费券形式发放给职工。

6月　投资50余万元，在机关院内建成企业文化宣传长廊，并安装LED电子屏。

7月8—9日　举办了庆“七一”职工篮球比赛。

7月下旬　公司被农业农村部农垦局确定为全国第一批农垦农场志编纂单位。

7月28日　购买了2台MF3404麦塞福格森轮式拖拉机、2台雷肯整地机、2台26行雷肯精量播种机。

7月　提任张青为副总经理。

8月3日　举行纪检监察“检举控告宣传周”启动仪式。

8月6日　省、州应急管理部门，省、州、县气象部门对公司人工影响天气各作业点进行了全面检查。

8月27日　成立牧场志编纂工作领导小组，开始编纂工作。

9月3日　青海省政协农业和农村委员会视察组到公司调研青稞产业及相关工作情况。

9月23日　公司荣获“青海省创建民族团结进步先进区先进集体”称号。

9月27日　青海省政协副主席、九三学社青海省委主委杜德志一行调研青稞、油菜生产及试验情况。

9月　成立贵南科环养殖有限公司，从大通种牛场竞拍野血牦牛164头。

11月3日　青海省林业和草原局局长李晓南到公司调研。

11月20日　公司举行油菜籽竞价拍卖会，成交油菜籽1500吨。

第一编

建制　自然地理

中国农垦农场志丛

第一章　区域　建制

1933年，青海省贵南草业开发有限责任公司在鲁仓建场时，称鲁仓军牧场。1939年8月，国民政府军政部在过马营建贵德军牧场。1943年，贵德军牧场合并了鲁仓军牧场，隶属国民政府军政部管辖。1946年，归国民政府联合勤务总司令部管辖，场区在贵德县境内。1953年，贵南县建政，行政区划发生变化，场区主体部分划入贵南县，隶属关系在部队和地方之间数次更易，建制随隶属关系的变化而变化。

第一节　位置　境域

一、位置

公司位于青海省海南藏族自治州贵南、贵德两县境内，其主体部分在贵南县境内。贵南县位于青藏高原东北部，省府西宁之西南，海南藏族自治州南部。地理坐标为东经100°25′—101°23′，北纬35°35′—35°53′。公司还在贵德县北山湾、加莫寺等地有部分土地，土地总面积101.43万亩，总部设在贵南县过马营镇。

二、境域

1933年建场时，称鲁仓军牧场，位置在现贵南县森多乡茫拉河流域一分公司所在地。

1939年8月，国民政府军政部在过马营建贵德军牧场，场区包括过马营周边瓦什滩、扎德滩、霞石铎滩，场区面积约40万亩。

1943年，因贵德军牧场马匹增加较快，原有草原不足，经国民政府协调，合并了青海省1933年建的鲁仓军牧场及森多达布江流域草原19万亩，场区面积增至59万亩。

1952年7月，因中国人民解放军一军赴朝参战，遂将一军贵德莫曲沟农牧场全部移交给贵德军牧场管理，莫曲沟农牧场改称贵德军牧场莫曲沟分场。当时移交耕地0.5万余亩(其中水浇地0.37万亩)、草原4.9万亩，计5.4万余亩，场区面积增至64.4万亩。

1964年，总后勤部会同青海省政府决定由贵南军马场开发利用木格滩，重新划界，形成“六四协议”。军马场从瓦什滩、扎德滩、鲁仓、莫曲沟等地区划出部分草原和耕地置换给地方。木格滩地势辽阔，总面积197万亩，其中贵南军马场可利用面积80余万亩。木格滩成为牧场养马、农牧业生产、生态建设的主要基地。

第二节　农场沿革

今贵南县古为羌人牧地，自西汉中期开始，受中央王朝在甘青地区所设护羌校尉节制。汉神爵二年（公元前60年），在今贵德设河关县，属金城郡。西晋末年，鲜卑吐谷浑入居贵南等地。东晋义熙元年（公元405年），吐谷浑首领树洛干自称吐谷浑王，建都莫贺川（今木格滩）。后来，吐谷浑政权移都他地，贵南仍属其辖制。

唐高宗龙朔三年（公元663年），吐蕃王朝攻灭吐谷浑政权，贵南地区归属吐蕃政权。吐蕃政权崩溃后，部落林立，互不统属。

北宋时期，县境内为河湟吐蕃唃厮啰政权管辖。唃厮啰政权崩溃后，为宋积石军辖地。元朝属贵德州辖地，归必里万户府管理。明代属河州卫节制下的必里卫辖地。清乾隆以后属贵德厅，隶属青海蒙古番子事务大臣衙门管辖。中华民国二年（1913年），贵德厅改为贵德县，贵南地区属贵德县管辖。

贵南草业公司前身始建于1933年，根据隶属关系的变更可划分为旧军牧场时期、第一次归军时期、农垦部门管理时期、第二次归军时期、省厅管理时期和三江集团管理时期六个阶段。

一、旧军牧场时期（1933—1949年）

1930年12月，国民党军政部颁布《陆军暂行编制表》，规定部队军马配额。1932年12月，军政部通饬《整顿马政令》。根据上述要求，马步芳于1933年在鲁仓地区建立鲁仓军牧场，主要任务是繁殖军马，经过育成调教，拨补军马。马匹培育原则为土中选优，群选群育。

1934年，蒋介石给军政部部长何应钦下发手令：

军政部应钦：筹设甘青牧场事，先设置甘肃牧场，二年后再筹设青海牧场。乃指定甘肃省山丹县之大马营为场址，定名为军政部甘肃省政府合办山丹军牧场，并任涛为场长。

蒋中正　中华民国二十三年秋

青海牧场即1939年8月在青海省贵德县过马营设置的贵德军牧场。

1938年，国民政府军政部派山丹军牧场场长、军政部贵德军牧场筹备处主任、陆军少将宋涛与马步芳协商军牧场地址和草原等事宜。马步芳指定在黄河以南牧区选建，经过勘察，确定在贵德县城西南的沙沟脑—过马营（藏语称“过茫洋”，意为泉水众多的地方或多泉之川，后由汉族人改称其为过马营）建场。军政部马政司筹拨经费 20 万元，由宋涛带领筹建人员在过马营破土建场。

1939 年 6 月 25 日，国民政府军政部公布了《贵德军牧场暂行组织规程暨编制表》。1939 年 8 月 1 日，军政部贵德军牧场正式成立，场长由山丹军牧场场长宋涛兼任。全场总面积约 40 万亩，包括瓦什滩、扎德滩和霞石铎滩。当时场区属贵德县管辖，所以场名为军政部贵德军牧场，主要从事“改良马种、繁殖军马及提倡民间产马工作”。初设总务课和牧务课，执掌场内建筑及马匹饲育工作，官兵编制 479 名，有各类马匹编制 1400～2240 匹，每年生产的幼驹全部育成军马。

贵德军牧场所需经费由军政部马政司直接汇拨。基本马匹主要从青海以“以马代丁”的方式征调而来，另外，从山丹军牧场拨调种公马若干匹，推进军马繁育改良工作。1940 年，宋涛辞兼职，刘应凯任场长，张逢旭任副场长。1946 年，夏家齐任场长。1947 年，张逢旭任场长。

1941 年，全场军马发展到 1200 匹。随着马匹的增多，设立鲁仓分场。1942 年，随着马匹的迅速增长，原有草原不足问题日益凸显，于是通过国民政府军政部向青海省国民政府请求扩大草原。1943 年，省国民政府又拨给原鲁仓族森多草滩，包括森多、达布江一带，约 19 万亩，也合并了 1933 年建的鲁仓军牧场。

1949 年 8 月 26 日兰州解放，马步芳主力虽被摧垮，但尚有残部和原留在青海的部队 3 万余人，所剩散兵乘马携枪，沿途抢劫。9 月 5 日，场里接到查纳童老先生的鸡毛信，告知马匪散兵营长率有百余人住在庄内，声言要攻打军牧场，希早做准备。场长张逢旭决心护场起义，当即召集课队负责人研究对策，大家一致认为，只能以战求存，即命卢一田为前线指挥，场长张逢旭在场部坐镇，前后用旗语联系。9 月 7 日，参战人员全部进入阵地，并组织 20 余人守卫场部，家属一部分疏散至格王庄（现过茫大坝附近），其余集中在场部。时任省军管会副主任张国声和贵德县委书记李熙波先后称赞“护场人员保护马场有功，还未解放，就打走了马匪残部，是起义的队伍”。贵德军牧场能够较完整地回到人民手中，是起义人员英勇搏斗的结果。

9 月 22 日，时任贵德县委书记的李熙波代表省军管会接收了军牧场。接收时共有官兵 486 余人，其中官佐 81 人；军马 3216 匹，牛 600 头，羊 3000 只；房屋 332 间，马棚 265 间；草原 59 万亩，耕地 1000 余亩。

二、第一次归军时期（1950—1956 年）

1949 年 9 月 22 日，省军管会接收后，取名为中国人民解放军贵德军牧场，暂由省农牧厅代管。

当时各级政权机关刚刚建立，百废待兴，加之干部奇缺、交通不便、形势复杂，对牧场的管理力不从心。旧牧场的场长、课长大都去省“交涉隶属关系”而留省上工作。当年 12 月，省军管会正式任命鲁仓分场场长卢一田为贵德军牧场场长（营级），任命李继家为教导员。

1949 年 9 月，第一野战军先后接收岷山军牧场、永登军牧场、马啣山军牧场、山丹军马场以及西北地区其他军牧场，随即成立西北军区后勤军牧部，由曾柯担任政委，杨忠林担任部长。这是中国人民解放军成立的第一个马政管理机构，负责管理本军区各地军牧场工作。1950 年 4 月 1 日，贵德军牧场由西北军区军牧部接收，改名为中国人民解放军西北军区军牧部贵德军牧场，为营级编制，场长卢一田。李济航代表省农牧厅向西北军区后勤军牧部接收人邵叔度办理移交手续，共有干部战士 151 人（纯系留用人员），马 804 匹，牛 67 头，羊 626 只。

刚接收时，场长为卢一田，副场长为赵宣。赵宣于当年 4 月任职，5 月因身体不适调走；6 月调任教导员张云生，8 月因作风不正被撤职；当月，调王秉哲任政治协理员，并调徐茂学任副场长。

贵德军牧场由西北军区后勤军牧部接收后，面临的主要现实问题有 3 个：一是内部人员复杂，管理混乱不堪，经常发生携械潜逃事件。二是土匪猖獗，强占草原，抢劫马匹，枪击放牧人员。三是交通极为不便，各种生产生活物资极度匮乏。贵德军牧场地处边远高寒牧区，西宁至贵德 100 多公里，需乘马 3 天；贵德至过马营 50 余公里，需乘马 1 天；过马营至鲁仓 60 余公里，需乘马 1 天；军牧部文件到场，一般 11 天，最快 9 天，最慢 20 天。全国性报纸当月很难看到，所有生产生活物资均靠牦牛从西宁或贵德驮运。

西北军区后勤军牧部接收贵德军牧场后，遵照军牧部“对内整顿，对外团结”的方针。整顿措施是合并牧群，恢复昼夜放牧，治疗马匹疾病，清理马事，整顿兽医室，加强学习，建立汇报制度等。团结措施是由同德县政府（当时贵南县尚未建政）召开各部落头人联谊会；场领导经常收集和研究场群关系，主动向贵德、同德县委汇报工作；发动藏族战士宣传政策，征求意见，并派出巡回医疗组为藏族同胞治病。

1952 年，办场方针为“以养马为主，牛羊为辅，兼营农事生产”。根据军马发展需要，逐步淘汰牛羊，农事生产只是辅助马料供应。

1952年7月1日，因一军赴朝参战，贵德军牧场接管莫曲沟农场，编为莫曲沟分场。移交时，有干部战士72人，其中干部2人，党员14人，子弟兵30余人，其余为解放兵；有马180匹、牛1000头、羊8800只；有农田0.5万亩、草原4.9万亩，还有一些马拉播种机、双轮双铧犁等当时比较新式的农具。由于莫曲沟农场的合并，军牧场党团力量得到了加强，成立了场党委，下设2个支部、4个党小组。

1953年1月，军牧场由营级升为团级。3月，调任王国柱为场长兼政委。1955年1月，调任张国权为场长兼党委书记。

1953年，贵南县建政，军牧场场区大部分划入贵南县，场名后改为贵南军马场。

为贯彻中央增产节约的号召，马政局所属各军马场于1954年开始实行企业化管理。1954年1月14—28日，中央军委总后勤部马政局召开第三次全国马政工作会议，有关军区马政部门负责人与各地军马场代表57人出席会议。会议明确提出马政工作方针："办好军马场，逐步实行企业化，以适应国防建设和经济建设的需要"。要求各级马政部门在1954年集中精力抓好整顿组织机构、实行军马场的企业化管理、加强干部工作三项工作任务。

1954年，贵南军马场被编为中国人民解放军西北军区第四军马场，属马政处领导。马政处要求场里做好实行企业化管理的准备工作，供给制改为薪金制。

1955年是军马场由军事供应制改为企业管理的第一年。3月，根据上级指示，全场开展了整顿领导作风和职工思想的群众运动。5月，学习了经济核算制与成本管理，完善了各项规章制度。领导改变了作风，职工增强了成本观念。同时，进一步整顿劳动组织，撤销驮牛队，成立生产队；撤销西宁办事处和供销社，业务统由供销科办理，降低了管理成本，生产工作并未受到影响，当年盈利11500元。夏天，为调动职工参加企业管理的积极性，成立了场工会。

1956年，隶属关系改变，军马场改名为中国人民解放军总后勤部马政局贵南军马场。几经整顿劳动组织，全场职工仅剩175人。马匹除补给部队165匹、调给山丹军马场公母驹986匹外，年末存栏马3700匹，还有3000余头（只）牛羊。有耕地1.09万亩，播种0.39万亩，产粮20余万公斤，盈利21500元。

1956年，根据省、州关于初步利用木格滩的指示，开始初步利用木格滩草原，成立了木格滩分场。5月，774匹马上滩；10月，1007匹马上滩。因木格滩无水源，马匹需每天下滩饮水。

从1949年9月至1956年，全场共出场军马563匹、民马1500匹，共产粮油125万公斤，盈利33000元。

三、农垦部门管理时期（1957—1961年）

1956年8月31日，国务院（56）国办周字第52号通知批复国防部、农垦部、总后勤部，自9月1日起，中央军委总后勤部军马管理局和14个军马场移交农垦部。规定移交程序为：先移交领导关系，逐步将领导与干部、职工的人事档案移交农垦部，工作人员的工资及其他各项开支由中央军委总后勤部按原标准供应到1956年年底。

1957年，作为被移交的14个军马场之一，贵南军马场交中央农垦部，由青海省农垦厅具体领导（其间有一阶段由海南州农垦代管），更名为国营贵南牧场，场领导班子未变动。

1959—1960年，先后调任张风翚为场长、薛建功为副场长、李纪奎为副书记，提任原副场长聂金贵为党委书记。

根据青海省委制定的“边勘察、边开荒、边建设、边扩大”等指示精神，马匹大减，耕地大扩，其他事业相应发展。当年出售马匹1604匹，次年出售922匹。

场职工人数不断增加使牧场开荒面积逐年扩大。1957—1960年，场职工总数分别为380人、1100人、4000人、4100人，仅1959年河南淅川、濮阳支边青年就进场3596人，但因自然环境生产生活条件艰苦，当年出走700余人。1960年5月，河南淅川支边青年及家属3630人来场安家。1957—1960年，场耕地面积分别为1.73万亩、4.86万亩、9.3万亩、13万亩。人员的增加也促进了工副业的发展，至1960年，工副业已初具规模，运输和农业也都开始使用现代工具，由手工劳动向机械作业过渡，标志着牧场的生产力发展到了一个新水平。

这一阶段处在三年困难时期，再加上人员多，职工口粮主要为青稞糁，做馍不成团，只能用碗扣，生活极其艰苦。

开荒初期，除了少量双轮双铧犁外，主要用二牛抬杠和镢头。职工们不顾饥寒，不怕劳累，只有一个心愿：完成任务。牧场今日的部分耕地，就是当年职工血汗的结晶。

在归农垦领导的5年中，出场军马2562匹、民马506匹，产粮油7704.85万公斤，扩大耕地11.91万亩。

5年中，只有1958—1959年盈利3.12万元，其余三年亏损208.8万元，净亏205.7万元。

四、第二次归军时期（1961—1975年）

1961年9月，贵南牧场第二次归军，场名改为中国人民解放军总后勤部贵南军马场，先后由总后勤部、总后勤部青藏和西安办事处山丹军马局具体领导。

1963年，领导班子大换班，调任王坚为场长、李荣庭为政委、冯毅为副政委、徐振芝为副场长；1964年，调任杨仁和为副场长；1966年，调任王忠卿为政委、张树峰为副政委；1967年，提任政治处主任魏琨为副场长（1968年调山丹军马场）。

总后勤部为军马场制定了“以农业为基础，以养马为主体，农牧结合，多种经营”的方针。

1961年二次归军后，在总后的大力支持和牧场全体职工、家属的努力下，场里的基本建设有了长足发展。

1962年春，在总后工作组的指导下进行了整场，职工素质有了较大提高。为给军马建立雄厚的草料基地，根据上级指示，于1962—1963年先后扩大耕地4.8万亩，耕地达17.8万亩。同时，加强军马饲放管理，马匹繁成率、受胎率不断提高。

1964年4月27日，根据“六四协议”，成立木格滩施工建设指挥部，王坚任总指挥，下设施工组、计划组、运输供应材料组、机械维修组、行政生活管理组，工程预算投资280万元。当年，在解放军工程兵部队的配合下，修通了过马营至龙羊峡的公路，完成了木格滩部分管道和建队的勘察设计工作。

1965年，修建多石嘴水源地拦河坝、沉淀池，并铺设了水源地至木格滩边沿9525米管道。工程由总后工程兵、场基建队、贵德民工共同完成，实现当年采购“三材”、当年施工、当年供水。从此，马匹不再下滩饮水。当年，挖了些窑洞，打了些马圈，建立了两个马队。

1966年，修建200吨和500吨水池各1个，建房5138平方米，打围墙、马圈10545米，三分场建成。当年，二分场铺设人畜饮水管道1400米。

1967—1968年，在木格滩铺设管道46728米，修建200吨水池3座、500吨水池1座，木格滩人畜饮水工程基本完成。其间，建房9843平方米，修建简易公路55公里，架设电话线55公里，四分场建成。

1969年冬和1970年春，先后调任魏琨为场长、牛公元为政委、李贞豪为副场长、郝伍生为副政委；1970年，提任军马科长周英明为副场长；1975年，提任农机科长陈其元为副场长。新班子组建后，在军马和农业生产上提出了一些改进措施。

这一时期，全场加速了运输和农业生产机械化：汽车由1961年的7台增加到1975年的54台；大型农机具由1961年的30台（件）增加到1975年的94台（件），并实现了农机合一和以队为基础的机具配套。1962—1975年，全场出场军马5103匹、民马13761匹，共产粮油5802.28万公斤。14年中，6年亏损，8年盈利。

1975年11月1日，国务院、中央军委批示：同意总后勤部、农林部将军队办的逊克等21个军马场移交给所在省（区）管理，移交工作从1975年12月开始，于1976年12月结束。贵南军马场为被移交的21个军马场之一。

五、省厅管理时期（1976—1999年）

1976年，贵南军马场移交青海省，场名改为青海省贵南牧场，由青海省畜牧厅领导，经营方针改为“以牧为主，农牧结合，多种经营”。1982年1月，又交青海省农林厅领导。

（一）青海省畜牧厅管理时期（1976—1981年）

移交时，场领导班子未动。1977年，场长魏琨、政委牛公元、副政委周英明先后调离，副场长李贞豪主持全盘工作。1980年，李贞豪因病住院，由副场长陈其元负责生产、行政工作。1980年，提任场政治处主任霍培贤为党委副书记（1982年内调）；1980年，调任张承祥为副场长（1985年调出）；1981年，提任畜牧科副科长多吉甲为副场长。

在归青海省畜牧厅领导的6年间，由于经营方针的转变，本着压缩马的方针，6年中共出场民马11037匹。播种面积逐年增加，其中，1976—1981年油菜籽播种面积分别为5.44万亩、6.1万亩、5.66万亩、9.49万亩、9.82万亩、10.5万亩。1979年，粮油总产973万公斤，上交国家62.5万公斤，总产量和上交量都刷新了历史纪录。同年，获农垦部表彰。

由于播种面积的不断扩大，机械化水平也有了较大幅度的提高：汽车由1975年的54台增加到1981年的73台，拖拉机由1975年的61台增加到1981年的79台，联合收割机由1975年的33台增加到1981年的65台。1976—1981年，分配待业青年827人就业，牧场各项经济社会事业有了较大发展。

（二）青海省农林厅管理时期（1982—1999年）

1982年1月，隶属于青海省农林厅领导。此前，党委书记、场长李贞豪提任青海省畜牧厅副厅长；1982年春，提任副场长陈其元为党委书记、场长（1984年调农林厅工作）；1982年，提任农机科长高闻天为副场长，1983年提任为党委书记（1985年调离）；1982年，提任政工科长韩生彬为党委副书记（1985年调离）、供销科长王鹏尚为副场长；1983年，提任政工科长卢镛任副场长；1984年，调任曾科为场长，1985年改任党委书记（1990年调离）。

1985年，提任农机科长吕寿昌为代理场长，后任场长（1990年年底调青海省农垦局）；1985年，提任场办主任刘德文为党委副书记，后兼任第一副场长；1985年，提任计财科副科长毛祖荣和四分场场长董德智为副场长（二人先后于1986年和1990年调离）；

1987 年，调任肖俄力为副场长，1992 年兼任场党委副书记（1993 年调离）。

1990 年 12 月，刘德文任党委书记、场长（1995 年提任农林厅助理巡视员，调离）；1990 年 6 月，提任人事科长何晓林为党委副书记，后兼任副场长；1991 年 12 月，提任场长助理梁浩为副场长；1994 年 4 月，提任杨丰节为场党委副书记，后兼任副场长，加甲（藏族）为副场长。

1995 年 5 月，青海省农林厅副厅长肖俄力兼任贵南牧场党委书记、场长、农垦农工商公司总经理；1996 年 3 月，调任熊有国为党委副书记、常务副场长；1996 年 5 月，提任王军生为副场长，1997 年 11 月兼任农垦农工商公司常务副经理（2001 年调离）；1997 年 11 月，提任李发录、杨蜀为副场长；1999 年 12 月，提任熊有国为场长、董开保为场党委副书记、王章才为场纪委书记、孙四保为总工程师、高长江为总农艺师、李祥忠为总经济师。

在此期间，仍坚持“农牧结合，多种经营”的经营方针。在管理体制方面，经历了以下变动：

1984 年，场党委在企业整顿的基础上进行了经营管理体制的初步改革，农业全面推行联产承包责任制，工资浮动，超利分成；牧业实行大包干责任制，兴办家庭牧场；工副业全面推行联产承包。

1985 年，全面推行机构改革，撤销分场，归并部分科室。党委职能部门设党委办公室、工会、纪律检查委员会；企业经营管理部门设场长办公室、劳动人事科、保卫科、会计核算中心及农牧公司、商运公司、建筑公司、劳动服务公司。变三级管理为两级管理，兴办家庭农场 114 个、家庭牧场 102 个。

1990 年 10 月，恢复 4 个分场，撤销农牧、商运公司，成立政治处、计财处、生产处、供销处、保卫处、场长办公室、审计室。

1993 年 7 月，根据农林厅党委 7 月 31 日《会议纪要》，青海省农工商公司交由贵南牧场管理。

1996 年 6 月，组成专门工作组，对农工商公司一些长期亏损、扭亏无望的企业进行关、停、并、转。

1982—1999 年，产粮油 29907.78 万公斤。

六、三江集团公司管理时期（2000—2020 年）

1999 年 12 月，青海省实行政企分离改革，成立青海省国有农牧控股有限公司（三江集团前身），青海省农林厅、畜牧厅所属企业划归该公司管理，贵南牧场也位列其中。

2000年11月，肖俄力调离，任命蒋云龙为场党委书记、副场长，2002年1月兼总经理。熊有国调离。

1995年以来，连年严重的自然灾害给牧场造成严重的经济损失，企业负债累累，经营举步维艰，面临着严重的生存危机。企业只能给干部职工每月发放200元生活费和一袋面粉维持生活，职工大量外出务工，自谋生路。企业压缩非生产性开支，盘活资产，开展增收节支。同时，根据自身土地和耕地资源优势，紧紧抓住国家西部大开发、生态建设实施退耕还林（草）的战略机遇，在青海省政府及相关部门的大力支持下，实施了国家退耕还林工程，维持了企业正常的运转和职工的稳定。

2001年，当年实施国家退耕还林建设项目1万亩、荒山荒坡造林项目2.68万亩（不享受补助），职工享受国家退耕还林补助粮100万公斤，补助款20万元。

2001年11月27日，因企业资不抵债，经青海省高级人民法院裁定，贵南牧场依法破产。青海省国有农牧控股有限公司批准成立青海省贵南草业开发有限责任公司，蒋云龙任党委书记、总经理，董开保任党委副书记兼纪委书记，杨蜀、高长江、加甲、孙四保任副总经理。

2002年3月，贵南牧场破产后重组，贵南草业公司整体接收破产企业资产及在册职工3069人、离退休职工838人。

2002年，公司实施国家退耕还林建设项目7万亩，职工享受国家退耕还林补助粮800万公斤，补助款160万元。一届一次职工代表大会确定“在实施国家退耕还林建设项目的基础上，稳住企业和职工收入；加大产业结构调整，增强企业发展后劲”的发展战略。着力开展牛羊繁育和育肥工作，加快公司退耕还林工程后续产业建设。

2003年2月，高长江调离，加甲、孙四保退休，调任冉建和为副总经理。当年，完成国家退耕还林建设项目11.6万亩，3年累计完成22.28万亩，其中享受国家退耕补助政策19.6万亩，补助粮1960万公斤，补助款392万元，2.68万亩荒山荒坡造林不享受补助。2266名职工承包退耕还林地，人均年收入9000元左右。

2003年8月，青海省国有农牧控股有限公司与青海省商贸资产经营公司合并，更名为青海省三江集团有限责任公司，贵南草业公司隶属该公司。

2005年11月，蒋云龙调离，提任杨蜀为贵南草业公司党委书记、总经理，调任关定国为副总经理。2009年，冉建和调离，调任孙明德、曹国成为副总经理。

2006年4月，公司将退耕还林地全部划分给职工，自行管护经营。

2010年，公司抓住位于海南州生态畜牧业可持续发展实验区核心区域这一契机，推动畜牧业和草产业升级，充分利用退耕地人工牧草资源优势，鼓励和扶持职工舍饲圈养、牛羊育肥。到2012年年底，公司1370户职工家庭中开展“一户一业”的有1134户，占82.77%，户均年纯收入3万元左右，其中，从事牛羊养殖的职工家庭年收入在5万～30万元，职工自营经济逐步走向成熟。

2012年12月，杨蜀调三江集团公司，高长江任党委书记、总经理，提任三分公司经理旦正为副总经理。7月，孙明德为总经理（2014年7月调离），高长江任党委书记、董事长，2014年7月兼任总经理。2015年12月，提任周文书、李善龙为副总经理。2017年3月，调任牛建伟为党委书记、总经理，卡秀加改任党委副书记，旦正改任纪委书记。2019年4月，李善龙退休，提任宋玉波、马忠义为副总经理。

2012年，响应国有农垦企业“走出去”发展战略，与维克多利亚公司胜利农场签订了《中俄农业合作协议书》，在俄罗斯境内开展农作物种植、牲畜养殖等。

2013年1月，在俄罗斯联邦赤塔州普里阿贡斯克边疆区设立中俄三江有限责任公司。

2017年，提出打造青稞“育繁推”一体化示范基地、农机标准化服务示范基地、牦牛藏羊标准化养殖示范基地、优质牧草种植和抗灾保畜储备基地4个基地建设思路，并以此为基础申报过马营草产业园建设项目。2018年5月，过马营草产业园被青海省人民政府认定为第一批省级重点农牧业产业园。

2018年11月，与青海大学农林科学院签订（院企）科技合作框架协议。2019年4月，在二分公司建成占地200亩的高寒牧区农牧业科技试验站，构建科研支撑、科企协作创新模式，推进青稞“育繁推”一体化产业发展。按照三江集团公司“减油菜、增青稞、扩牧草”的种植结构调整思路，不断加大青稞、牧草种植面积。当年种植青稞9万亩，总产2300万公斤。至2019年年底，过马营草产业园建成仓储设施23栋、22600平方米，晒场21000平方米，围墙6600米，标准化舍饲暖棚6000平方米，改善了农牧业生产条件。同时，新建的标准化暖棚为职工群众提供了健康绿色的养殖场所，推动舍饲养殖业的健康发展。当年年底，公司被农业农村部授予“全国农业农村系统先进集体”。

中华人民共和国成立70多年来，公司及其直属单位曾先后被中国人民解放军总后勤部山丹军马局、农牧渔业部、青海省委省政府授予多项荣誉称号（表1-1-1）。

表1-1-1　荣获省部级表彰先进集体名录

序号	先进单位	年份	荣誉称号	批准机关
1	贵南牧场	1979	先进集体	农牧渔业部
2	贵南牧场中学	1985	先进集体	农牧渔业部
3	贵南牧场职工医院	1985	先进集体	农牧渔业部
4	贵南牧场	1987	丰收杯	青海省人民政府

（续）

序号	先进单位	年份	荣誉称号	批准机关
5	贵南牧场	1989	丰收杯	青海省人民政府
6	贵南牧场	1990	先进单位	农牧渔业部
7	贵南牧场	1992	“振兴农业”先进单位	农牧渔业部
8	贵南牧场	1992	“全国农垦思想政治工作”先进单位	农牧渔业部
9	贵南牧场医院	1995	全国农垦系统卫生先进集体称号	农牧渔业部
10	贵南牧场	1998	“粮油丰收竞赛奖”	青海省人民政府
11	贵南草业公司	2009	青海省模范集体	青海省人民政府
12	贵南草业公司	2019	先进集体	农业农村部
13	贵南草业公司	2020	创建民族团结进步先进区先进集体	中共青海省委、青海省人民政府

注：因年代久远，部分年份资料遗失。

第三节　机构设置

一、机构设置概况

1933 年，在鲁仓建立军牧场，因无文字资料，机构设置情况不详。1939 年 6 月 25 日，国民政府军政部公布了《贵德军牧场暂行组织规程暨编制表》，军牧场先后下设总务、牧务、农事、补训课，下辖过马营和鲁仓分场。

1953 年时，贵德军牧场设有办公室、会计室、总务股、生产技术股等机构，下辖鲁仓分场、莫曲沟分场、生产队等生产单位，建有卫生所 1 个。另外，在贵德县设有贵德办事处。

1960 年后，随着生产规模的扩大，场内组织机构调整为政治部（下设组织科、宣教科、保卫科、青工科）、工会，行政部门下设财务计划科、农业技务科、军马兽医科、供销科、行政科。场直单位有园艺场、拖拉机站、修配厂，下辖莫曲沟分场、鲁仓分场、三角滩分场、南滩分场、西滩分场。

1977 年，场机关机构设置为办公室、政治处、保卫科、畜牧兽医科、农机科、计财科、供销科，下辖一、二、三、四分场。场直单位有修配厂、综合加工厂、汽车队、基建队、林业队、青年队、服务社、职工医院、牧场中学。另外，还有西宁办事处、海南转运站和贵德转运站等机构。

1985 年，撤销分场，归并部分科室。党委职能部门设置为党委办公室、工青妇办公室和纪律检查委员会，生产经营管理部门设置为场长办公室、劳动人事科、会计核算中心以及农牧公司、商运公司、建筑公司、劳动服务公司。场直单位有修配厂、综合加工厂、汽车队、基建队、林业队、职工医院、牧场中学、商业经销部等。另外，还有西宁办事处、采购站、贵德办事处等。

1990年，撤销农牧、商运公司，恢复4个分场，机关设立政治处、计财处、生产处、供销处、保卫处、工会、场长办公室、审计室、法律顾问室。场直单位有修配厂、综合加工厂、汽车队、基建队、林业队、职工医院、牧场中学、植物精炼油厂、水电所、服务社、招待所。另有西宁办事处、采购站、贵德办事处、北山湾开发办等。

2002年，贵南草业公司成立后，职能部门设有企业发展策划部、财务部、劳动人事部、审计室、办公室、工会、事务局、周边关系协调办公室、计划生育办公室等，6个分场改称为分公司。场直单位有职工医院、中学、植物精炼油厂、水管队、招待所、林业队。另有西宁办事处等。

2020年，职能部室有综合管理部、财务供销部、党群工作部、劳动人事部、生产经营部、纪委办公室、工会、项目办公室、保卫科、武装部、周边事务协调办公室以及职工增收办公室等，下辖一、二、三、四、五、六分公司和西宁分公司。直属单位有油厂、林业站、宾馆、水管队、草加工厂、有机肥厂、牛羊养殖场等。子公司有贵南丰润草畜有限公司、中俄三江有限责任公司、贵南县青原农机标准化服务有限公司、西宁贵达物业管理有限公司、贵南县农达农机驾校有限公司以及贵南科环养殖有限公司。

二、公司总部及机关职能部室沿革

青海省海南藏族自治州贵南县过马营镇是贵南草业公司（原贵德军牧场、贵南军马场、贵南牧场）总部和过马营镇镇政府所在地。1939年8月，军政部贵德军牧场在过马营正式成立后，过马营一直是牧场政治、经济、文化、交通中心。

1. 综合管理部　综合管理部主要负责公司行政管理及后勤保障工作。1953年前为总务股，统管行政事务；1953年，贵德军马场设办公室，与总务股职责分开，之后一直沿用；1959年场内架设电话线路后，增设电话班；1999年成立过马营地区事务管理局后，将广播电视、房产管理、环境卫生等业务分离出去；2002年贵南草业公司成立后为公司办公室；2017年后，将信访、法务和招投标业务划归办公室管理；2019年改为综合管理部，分管水管队、草业宾馆、过马营林业站等单位。2020年年底，有职工23人，设部长1人、副部长2人。

2. 财务供销部　财务供销部主要负责公司财务和产品销售工作。1953年，贵德军马场成立会计室；1960年改为财务计划科；1961年改为财务科；1977年改为计财科；1985年改为会计核算中心；1990年改为计资财务处；1997年，在计资财务处增设财务核算中心（1999年撤销）；2002年改为财务部；2017年，将销售工作并入财务部，改为财务供销部；2019年，将草加工厂、牛羊繁育基地、有机肥厂等直属单位财务整合，在财务供销部内成立核算中心；2020年，将五、六分公司财务纳入核算中心。2020年年底，有职工13人，设部长、副部长、主管会计、核算中心主任各1人。

3. 劳动人事部 劳动人事部原为政工室、政治部、政治处、政工科、劳动人事科。1985年设立劳动人事科；1990年成立政治处；2002年改为劳动人事部，下设社保办公室和人事档案室。2020年年底，有职工8人，设部长1人、副部长2人。

4. 党群工作部 2017年，增设党群工作部，与劳动人事部合署办公。

5. 生产经营部 生产经营部即原生产处、企业发展策划部。1953年，贵德军牧场设生产技术股；1961年后设农机科、畜牧科；1985年撤销农机科、畜牧科，成立农牧公司；1990年改为生产处；2000年，内设农业科技中心，下辖旱作农业试验站和节水灌溉试验站；2002年改为企业发展策划部；2003年增设退耕办；2004年增设项目办；2017年，内设有机办和安全环保科技部；2019年更名为生产经营部，增设科技推广和应用中心。2020年年底，有职工10人，设部长1名、副部长2名。

6. 项目办 2016年单设，内设退耕办。2020年年底，有职工5人，设主任、副主任及退耕办主任各1名。

7. 周边关系协调办公室 2006年，成立周边关系协调办公室，负责公司与当地乡镇及牧民村社间的关系协调。2020年年底，有职工3人，设主任、副主任各1名。

8. 职工增收办公室 职工增收办公室成立于2017年，负责职工增收工作，设主任1名。

9. 保卫科 保卫科原为贵南牧场保卫科、保卫处，贵南县公安局贵南牧场治安派出所；1999年改为过马营地区林业派出所；2009年年初更名为海南州森林公安局过马营分局，机构及人员从公司划出；2017年，重新成立保卫科，与公司人民武装部合署办公。2020年年底，有职工4人，设科长兼部长1人。

第四节　辖属单位

公司辖属单位有分公司、子公司、合资公司、东科大队。

一、分公司

1. 一分公司 一分公司即原鲁仓分场、一分场，位于贵南县森多乡。“森多”系藏语，意为三岔口，距公司驻地过马营镇63公里。1933年，马步芳在现贵南县森多地区茫拉河畔建立鲁仓军牧场。1941年，由于马匹增加，设立鲁仓分场。1943年，国民政府又拨给贵德军牧场茫拉河流域原鲁仓部落森多、达布江一带草原，其中也合并了1933年建的鲁仓军牧场草原，约19万亩。1943年，由国民政府派员，会同场领导、部落头人划定边界，并垒标记。1949年后为贵德军牧场鲁仓分场、贵南军马场鲁仓分场、鲁仓工作站等，后改为一分场，主要从事粮油作物种植和为军马生产提供饲草饲料。1968年，在一分场成立林业队，时有农一队、农二队、马一队、一林队、卫生所等单位，还设有修配所、酿酒坊、豆腐坊、醋坊等，从事农业种植、军马养殖、农机修理、副食加工。1976年，一分场7个马群撤销，鲁仓地区养马结束，马一队改为农三队，另增设一羊队。1999年，农一队耕地被征占安置贵南县龙羊峡库区移民后，农一队撤销。2002年贵南草业公司成立后改为一分公司，辖农二队、农三队、一林队和一羊队，以农作物种植和草原畜牧业为主，是公司主要的粮油种植基地。2020年年底，有职工167人、农业机械16台（套），土地总面积6.25万亩，其中耕地2.44万亩、林地0.089万亩、牧草地3.21万亩、其他用地0.511万亩，存栏羊6710只、牛1319头。

2. 二分公司　二分公司即原二分场，位于过马营镇霞石铎滩，汉族人称之为三滩，距过马营镇11公里。1939年，宋涛在过马营兴建军牧场，过马营周围为放牧地，包括霞石铎滩，海拔3100～3400米。“霞石铎”是藏语的音译，霞即鸟，石铎是部分之意，因该滩的地形似鸟的上半部分而得名。贵德军牧场建立之前，这里是藏族日安部落的游牧地。军牧场建立后，大部分草原划归军牧场放养军马。1949年后，为军马场二分场所在地，曾分为南滩分场、西滩分场、三角滩分场等，主要从事粮油作物种植及为军马生产提供饲草饲料。1977年，二分场所有马匹按民马出售，开始以农业为主，下辖5个农业队和1个牧业队，即农四队、农五队（原莫曲沟分场，包括加莫寺蔬菜队）、农六队、农七队、农九队和二羊队。1990年，农五队撤销，加莫寺蔬菜队划给北山开发办管理。2002年贵南草业公司成立后改为二分公司。2002年和2003年，二分公司实施退耕还林工程1.8万余亩。2007年，青海省安置贵南县龙羊峡库区移民征占农四队、农六队土地后，两队撤销。2017年，农九队撤销。2019年，在农七队新建高寒牧区农业科技试验站，从事农作物新品种引种、繁育、推广试验工作。至2020年年底，有1个农业队和1个牧业队，有职工249人、农业机械7台（套）。土地总面积7.52万亩，其中耕地1.51万亩、退耕还林（草）和牧草地5.93万亩，其他用地0.08万亩，牲畜存栏近1.0万头（只）。主要从事农作物种植、草原畜牧业以及草产业等，是公司主要的粮油种植基地。

3. 三分公司　三分公司即原三分场，位于木格滩中东部，距过马营镇34公里。1956年，成立木格滩分场，初步利用木格滩（主要在现马一队、马二队地区）。1964年，重新划界，木格滩由贵南军马场开发利用。1966年成立三分场，下辖马三队、马四队、马五队和马六队。1968 年，在三分场部北建气象站。1976 年后，马匹逐步销售，至 1987 年年底，马群撤销完毕，养马工作基本结束，四个马队又改为马一队、马二队、马三队和马四队，同时设立畜牧十队（后改为三羊队），以农业为主。2002 年，改为三分公司，下辖 4 个农业生产队、1 个牧业队、农科站及东科大队，2002 年和 2003 年共完成退耕还林工程 5.9 万余亩。2020 年年底，有职工 536 人，农牧业机械 60 台（套），土地总面积 41.36 万亩，其中耕地 5.96 万亩，草原 29.4 万亩，退耕还林及人工牧草地 6 万亩，存栏牛 9370 头、羊 56000 多只，是公司主要的粮油和人工牧草生产基地。

4. 四分公司 四分公司即原四分场，位于木格滩中西部，距过马营镇 60 公里，成立于 1968 年，辖马七队、马八队、马九队、农八队。1976 年后，三个马队改名为马五队、马六队和马七队，增设十一队（后改为四羊队，1997 年划归六分场管理）、十二队（后改为五羊队）和四牛队 3 个畜牧队，主要从事农业和畜牧业生产。2002 年改为四分公司，辖马五队、马六队、马七队和五羊队。从 2001 年开始，在四分场实施国家退耕还林工程，至 2007 年，共完成国家第一轮退耕还林（草）工程 8.9 万余亩；2017 年，完成第二轮退耕还林（草）工程 0.41 万亩。2020 年年底有职工 432 人、农牧业机械 47 台（套），存栏牛 2036 头、羊 11022 只，退耕还林（草）和牧草地 10.1 万亩，是公司最主要的人工牧草生产基地。

5. 五分公司 五分公司即原北山开发办、五分场，位于贵德县黄河北岸尕让乡席芨滩村，距过马营镇 60 公里。1990 年成立北山湾开发办，1993 年改为五分场，初建时有北山湾农业队、果林队、机械队、养殖队、加莫寺蔬菜队和大沙滩农业队。2002 年，改为五分公司。2005 年，建蔬菜大棚 54 栋，由职工承包经营。2007 年，因青海省安置贵南县龙羊峡库区移民，征占五分公司北山湾土地 4355 亩。当年，贵德县在虎头崖建成大禹治水雕塑广场，交由五分公司管理。2019 年 7 月，因黄河库区泄洪，大沙滩农业队种植的农作物被淹没，住房全被冲毁，职工被迫分流。2020 年年底，五分公司有职工 62 人，土地面积 511 亩，耕地 282 亩，主要从事特色农业种植，同时管理贵南草业公司在贵德县的商业网点和房产等。

6. 六分公司 六分公司即原六分场，位于木格滩西部，距过马营镇 71 公里。原为四分场的农八队，于 1997 年 6 月改为六分场，辖一队、二队和四羊队，耕地面积 5.24 万亩，草原 3.71 万亩。2001—2003 年，全部耕地实施国家退耕还林（草）工程。2020 年年底，有职工 284 人、农牧业机械 23 台（套），存栏牛 465 头、羊 8076 只，是公司主要的人工牧草生产基地。

7. 西宁分公司 西宁分公司原为驻西宁办事处，初建于 1939 年，1964 年迁址于西宁市杨家庄，1981 年改扩建，成为集住宿、餐饮、商业为一体的服务机构。2017 年改为西宁分公司，主要业务包括资产管理、房屋租赁、物业管理、离退休职工管理等。2020 年年底，有职工 12 人。

二、子公司

1. 青海贵南丰润草畜有限责任公司　青海贵南丰润草畜有限责任公司成立于 2004 年 8 月，注册资金 1162.3 万元，主要从事牧草、饲料加工销售，牛羊饲养及销售等。2020 年年底，有职工 9 人。

2. 贵南县青原农机标准化服务有限公司　贵南县青原农机标准化服务有限公司成立于 2017 年 4 月，注册资金 400 万元，主要从事农机服务、农牧业项目建设、农畜产品购销等。2020 年年底，有职工 7 人。

3. 西宁贵达物业管理有限公司　西宁贵达物业管理有限公司成立于 2018 年 12 月，注册资金 70 万元，有员工 6 人，主要从事资产租赁、物业管理等。

4. 贵南县农达农机驾校有限公司　贵南县农达农机驾校有限公司成立于 2019 年 12 月，注册资金 10 万元，主要从事农机驾驶员技能培训，有员工 7 人。

5. 贵南科环养殖有限公司　贵南科环养殖有限公司成立于 2020 年 9 月，注册资金 600 万元，主要开展牛羊标准化健康养殖及销售。2020 年年底，有职工 7 人。

三、东科大队

东科大队位于木格滩中东部，牧民居住分散，居住范围覆盖马一队、马二队、马三队、马四队、马五队周边地区。1964 年，按照“六四协议”，贵南县莫合乡东科大队整体移交划归贵南军马场管理，属集体所有制牧业大队。移交时，全社 5 个队共 57 户、211 人，有耕地 953.9 亩、牲畜 10449 头（只）。东科大队队部坐落在三分公司马三队和马四队之间，草山与以上 5 个生产队的耕地和退耕还林（草）地接壤。东科大队牧民全为藏族，下设 3 个小队，建有幼儿园 1 所，有队委会干部 5 人、兽医 3 人、看水工 4 人。2020 年年底，有牧民 311 户、1296 人，牲畜 81225 头（只），放牧地 26.8 万亩，退耕还林（草）地 3842 亩。

四、合资公司

中俄三江有限责任公司　中俄三江有限责任公司成立于 2012 年 9 月，注册资本 100 万美元，中方占 95%的股份，俄方占 5%的股份。公司在俄罗斯后贝加尔边疆区赤塔州普利阿贡斯克区租赁土地 4.64 万亩，主要从事小麦、油菜、黄豆、蔬菜、水果种植，牛羊养殖等。2018 年，公司安排留守 2 名俄罗斯人负责看守资产，中方不再派员管理。

第二章　自然地理

青海省贵南草业开发有限责任公司的主体部分在贵南县境内，属于柴达木地块的东延部分——共和盆地。县境内高山连绵、挺拔高耸，为西倾山褶曲高原的一部分。高原滩地地势开阔平坦，黄河及其支流沙沟河、茫拉河切割所形成的台地和谷地或宽或窄，相对平坦，山地、滩地、谷地错落分布。气候属大陆性高原性气候，夏季短促，冬季漫长，常发生低温、干旱、冰雹等自然灾害。

第一节　自然概况

一、地貌

公司所处区域东南群山耸立，有琼门、直亥等山，皆系西倾山支脉，地势高峻。直亥山主峰海拔达 5011 米，境内主要河流水源均发源于此。南部边缘直旬恰洛、克日布等山脉，海拔 4000～4600 米，中为高原台地。由于黄河各支流水系的冲刷，切割形成大小不等滩、台、沟谷地。公司区域主要是草原滩地，有木格滩、霞石铎滩、森多滩、扎德滩，自西向东，海拔平均为 3000～3500 米，滩、台、沟落差 100～200 米。地形由东南向西北呈 13°倾斜。木格滩中部自西北向东南方向横卧大沙丘，面积 112.27 万亩，占木格滩面积的 56.99％，对木格滩及附近滩地影响极大。境内各滩台地起伏不平、沟谷纵横，地形复杂。

因地形三面环山，由河冲刷造成的河谷滩台的下垫面不一，气候生态不一，各种自然景观不一，植被也随之变化。有能生长各种作物、绿树成荫的干热深沟，有气候温凉、绿草如毯、牛羊成群的大草滩，有青稞展翠、油菜花香的农田区，有寸草不生的大沙丘，景观面貌十分壮观。

二、气候

公司所属区域属高原大陆性气候，其显著特征是大气稀薄，干旱少雨。气候温凉寒冷，气温年较差小，日较差大，四季气候不明显，仅有“寒季”与“暖季”之分，冬季漫长，夏季短促。10 月至次年的 4 月为低温、多风、雨雪稀少的季节，空气干燥；5—9 月为温暖、多雨的季节。全年降水量的 70%出现在 6—9 月，降水量十分集中。2—4 月多刮西北风，最大风速 20 米/秒以上。

（一）气温

1. 温度地域分布　年平均气温：木格滩地区为 1.1℃，过马营地区为 2.1℃，鲁仓地区为 1.3℃，三滩地区（南滩、西滩、三角滩）为 0.9℃。

2. 温度时间分布　1 月为平均气温最低月：木格滩地区为－12℃，过马营地区为－10.2℃，鲁仓地区为－11.2℃，三滩地区为－12℃。7 月为平均气温最高月：木格滩地区为 12℃，过马营地区为 13.3℃，鲁仓地区为 13℃，三滩地区为 12.4℃。

场区各地 4—10 月平均气温均为正值，11 月至次年 3 月平均气温均为负值（零下），7 月为峰值。5 月平均气温为 7.2℃，9 月平均气温为 7.1℃，大致相对称，各月之间的变化以 3—4 月和 10—11 月平均温度波动最大。旬平均最低气温，木格滩地区出现于 1 月中旬，其他地区出现在 1 月上旬。气温的年较差，木格滩地区为 24.3℃，森多地区为 24.2℃，过马营地区为 23.5℃。日较差绝大部分地区为 12～18℃。

木格滩地区历年各月气温情况详见表 1-2-1、表 1-2-2。

表 1-2-1　木格滩地区历年各月平均气温

单位:℃

月份	1	2	3	4	5	6	7	8	9	10	11	12
气温	－12	－7.7	－2.2	2.9	7.2	10.1	12.3	11.6	7.1	1.2	－5	－10
最高气温	－3	0.1	4.9	10	13	16	18	18	14	9	3	－1

表 1-2-2　木格滩地区历年各月最低气温

月份	1	2	3	4	5	6	7	8	9	10	11	12
最低气温（℃）	－18	－14	－9.4	－3.8	0.5	4	6.1	5.3	1.7	－4.1	－12	－17
≤0℃日数（天）	31	28.3	31	29	22.6	10	3.8	6.1	15.9	28.8	30	31
结冰日数（天）	31	28.3	30.6	25.4	9.7	2.6	1	2.8	8.3	25.6	29.9	31

根据气象资料统计，历年极端最高气温：木格滩地区 28.9℃（2008 年 6 月），过马营 29.2℃（1961 年 7 月）。历年极端最低气温：木格滩地区－31.3℃（1971 年 1 月），过马营地区－28℃（1965 年 1 月）。

木格滩地区大于等于 0℃活动积温为 1645℃·天，大于等于 5℃活动积温为 1502℃·

天，大于等于10℃活动积温为953℃·天（表1-2-3）。

表1-2-3　木格滩地区历年各月活动积温

单位：天

月份	1	2	3	4	5	6	7	8	9	10	11	12
≥0℃	0	0	14.5	98.8	217.6	302.6	379.7	359.5	213.2	59.3	0	0
≥5℃	0	0	0	64	190	299.7	379.6	359.2	190	19.4	0	0
≥10℃	0	0	0	12	68.1	193.7	343	285.4	49.9	0.8	0	0

（二）气压

公司平均海拔在3200米左右，年平均气压680百帕，为海平面的三分之二左右。空气密度0.87～0.96公斤/立方米，为海平面的71%～78%。含氧量0.20～0.22公斤/立方米，纯水的沸点为90.7～90.9℃。木格滩地区历年各月平均气压见表1-2-4。

表1-2-4　木格滩地区历年各月平均气压

单位：百帕

月份	1	2	3	4	5	6	7	8	9	10	11	12
数值	677	676	677	679	680	681	681	682	684	684	682	679

（三）地温

地面0厘米1月平均温度−11.1℃，7月平均温度16.8℃。地中5厘米1月平均温度−8.1℃，7月平均温度16.5℃。地中15厘米1月平均温度−7.3℃，7月平均温度16.2℃。地中20厘米1月平均温度−6.8℃，7月平均温度16℃。木格滩地区历年各月地面0厘米平均温度见表1-2-5。

表1-2-5　木格滩地区历年各月地面0厘米平均温度

单位：℃

月份	1	2	3	4	5	6	7	8	9	10	11	12
数值	−11.1	−6.5	−0.24	6.85	11.6	15.1	16.8	15.7	10.3	3.32	−4.7	−10.4

（四）降水

1. 降水地域分布　场区内降水分布因地形从东南向西北递减。年平均降水木格滩地区为364.1毫米，过马营地区为420毫米，森多、三滩地区为400～440毫米。木格滩地区降水量最大值520.4毫米（1989年），最小值215.9毫米（2000年）。木格滩历年各月平均降水量见表1-2-6。

表 1-2-6　木格滩历年各月平均降水量

月份	1	2	3	4	5	6	7	8	9	10	11	12
降水量（毫米）	1.6	2.3	5.1	14.2	45.6	66.7	82.6	73.6	53.7	16.4	2.4	1
降水天数（天）	2.1	2.3	4	5.2	11	14.4	15	13	11.2	5.9	1.5	1.2

2. 降水时间分配　冬季雨量最少，普遍干旱，历年平均降水为 3.9 毫米，仅占全年降水的 1.1%左右。春季次之，占全年降水总量的 18.2%。夏季降水最多，高度集中，历年平均降水为 229 毫米，占全年总降水量的 61%。秋季降水显著减少，雨季结束，历年平均降水为 74.5 毫米，占全年降水量的 19.7%。

（五）蒸发量

木格滩地区年蒸发量 1583.3 毫米，月平均蒸发量 131.9 毫米。木格滩地区历年各月平均蒸发量见表 1-2-7。

表 1-2-7　木格滩地区历年各月平均蒸发量

单位：毫米

月份	1	2	3	4	5	6	7	8	9	10	11	12
数值	53.7	73.6	133.4	190.2	203.6	181.7	166.4	162.5	122.9	101.6	72.2	55.8

（六）风向、风速

公司主体区域气候仅有“寒季”和“暖季”之分，较为代表性的风向速度变化亦只有两个。寒季以西北风占主导地位，风速较快，尤其 3—4 月，历年都要刮 4～6 次 8 级以上大风；暖季的主导风向为东南风，风速小，除雷阵雨过境时出现短时较大的阵风外，多为静风。木格滩地区历年各月平均风速见表 1-2-8。

表 1-2-8　木格滩地区历年各月平均风速

月份	1	2	3	4	5	6	7	8	9	10	11	12
平均风速（米/秒）	2.9	3.2	3.7	3.8	3.7	3.4	3.0	2.8	2.7	2.7	2.9	2.8
大风天数（天）	0.6	1.8	4	3.4	1.7	0.7	0.4	0.2	0.2	0.3	0.4	0.4
沙尘暴天数（天）	1.5	3.2	5.2	5	2	0.4	0	0	0	0.3	0.7	0.9
冰雹天数（天）	0	0	0	0.2	1.3	1.2	1	0.7	0.8	0.3	0	0

1. 风向变化及其频率　场区的主导风向为西北风，次多风向为南及东南风，最少为西南风向。

2. 风速及地理分布　木格滩地区平均风速 3.1 米/秒，最大平均风速 4.1 米/秒；过马营地区平均风速 2.5 米/秒。场区最大风速出现在每年的 2—5 月，9 月最小。1977 年 3 月 18—21 日和 1978 年 2 月 6—7 日，场区曾出现 10 级以上大风，风速达 27 米/秒。

（七）日照

1. 太阳辐射

（1）年辐射量的地域分布。由于云、雾、降水及空气湿润状况等多种原因，其分布由东南向西北递增。木格滩总辐射量在 110000 千瓦/平方米以上。

（2）辐射年变化。各月的太阳辐射随着太阳照射仰角不同而异，12 月仰角最低，各地区辐射量也最少。5—8 月辐射量最多，7 月出现最大值。

2. 日照时数与百分率 场区境内日照时数在全国来说属高日照区，在全省来说属中等水平。木格滩地区年平均日照时数为 2841.1 小时，最高达 3000 多小时，过马营为 2823.9 小时，森多为 2726.6 小时。日照百分率，木格滩为 65%，过马营为 64%，各月日照百分率为冬高夏低。木格滩地区历年各月日照时数见表 1-2-9。

表 1-2-9 木格滩地区历年各月日照时数

单位：小时

月份	1	2	3	4	5	6	7	8	9	10	11	12
数值	231	208	225	244	244	226	236	244	204	227	243	233

三、物候

在公司主体区域的滩地上，牧草 4 月中下旬开始萌芽；青草期为 5 月中旬至 9 月下旬，共 120～160 天；初眠期为 9 月中期；枯黄期从 10 月中旬到次年 4 月下旬，整个枯黄期 190～210 天，占全年天数的 52%～59%。

一年内牧业活动：12 月至次年 1 月产羔，4 月产春羔，6 月下旬冬春草场转入夏季草场，6 月下旬至 7 月中旬为剪毛的有利时期。

一年内农业活动：作物播种期随气候变化，不同年份有所不同。粮食作物的播种期在 3 月 20 日至 4 月 20 日，油菜播种期在 4 月 20 日至 5 月 25 日。

四、水文

场区水系属黄河流域的支流，一级支流有两条，即茫拉河和沙沟河。茫拉河上游茫曲河、达布江等水系发源于直亥山，上游部分多为潜流地下，至森多附近，以泉水形式流出地面汇集成再生性河流，经沙砾层调蓄，加之地势平坦开阔，水量较稳定，流经鲁仓一分公司地区，并引流发电，水流量约 3.21 米/秒。

沙沟河上游发源于过马营东部的昂欠山多石嘴沟，流至郭仁多村附近汇合，在场区的上游，以泉水形式流出，有季节性变化，水系顺地势汇集沙沟。上游多石嘴沟水流夏季平均流速0.08米/秒，主要以山区降水和泉水补充，是公司过马营场区和木格滩地区的重要水源地。

木格滩莫河沟沟深200余米，经沙砾调蓄的木格滩底部泉水夏季流量平均0.07米/秒，落差大，农牧业难以开发利用。

公司主体区域多年平均降水量300～550毫米，降水低值区分布于各沟谷和木格滩，高值区在大山区。每年11月至次年3月降水很少，5—9月的降水约占全年的90%，这给各山区沟谷补充了大量水量。蒸发量以各河谷下游为最高，山区最低，为900～1300毫米，自西北向东南方向递减。

场区山区与黄河之间是一片开阔的冲积倾斜平原，呈开敞V形倾向黄河，自成独立的水文地质单元。山区主要为地表水、地下水补给区，倾斜平原第四纪沙砾层深厚，多数地表水潜流地下，至东部以泉水形式呈露出来，河谷带状平原区由河床相砂砾层及河湖相砂砾岩、沙泥岩组成，具有上存潜水、下部承压水的双层水文地质结构。

过马营地区近处水埋深10.1米，渗透系数1.17米/日，矿化度小于1克/升，属重碳酸钙镁型。森多等地区由冲积洪砂砾层组成，潜水主要存在于漫滩，黄沙头至农一队潜水埋深15～60米，属重碳酸钙镁型。多石嘴沟下游中部及过马营沟（季节河）河谷两岸陡峭，处塔拉滩、木格滩和昂欠山的风沙线上，河谷水流含沙量很高。各河流结冻期在10月中旬后，解冻期在3月下旬。茫拉河及沙沟河年平均水温在4℃左右，3—4月水温为0.5～5℃，7—9月为7～9℃，最高水温出现在7月下旬至8月上旬。

五、土壤

公司主体区域土壤主要发育在第四纪黄土母质上，但由于地形、气候条件差异，各地区的土壤在发育过程中展现了不同的特性，形成了土壤多样性的特点，主要土壤类别有：

1. 淡黑钙土 淡黑钙土主要分布于场区木格滩等地，海拔3000～3300米，植被以针茅、蒿草、芨芨草为主，盖度为40%～95%，土层厚7～30厘米，有石灰反应，母质为黄土、冲积、沉淀物，表层多具5～7厘米草质垫层，上部无或弱石灰反应，通体无新生体，有的钙积层从80～150厘米出现中量假菌丝体，中下部呈碱性或强碱性反应，母质为黄土、冲积、沉淀物，腐殖质层厚度30～40厘米，表层有机质平均含量4.51%，全氮0.19%，全磷0.19%，全钾2.47%，碱解氮129毫克/千克，速效磷6毫克/千克，速效钾220毫克/千克，碳酸钙1.54%，pH 8.1～8.4。

2. 碳酸盐黑钙土 碳酸盐黑钙土分布于三滩、森多地区，剖面土层深厚，海拔

3100～3400 米，与暗栗钙土成复区，剖面土层深厚，质地均一，表层起即具石灰反应，从 10～50 厘米即出现假菌丝体或斑点状的新生体，钙积层一般为 50～90 厘米，植被以针茅、蒿草为主，盖度 50%～95%，母质为黄土、冲积、沉淀物，腐殖质层上部多具松软的 7～8 厘米的草皮层，表层有机质平均含量 4.32%，全氮 0.29%，全磷 0.22%，全钾 2.61%，碱解氮 132 毫克/千克，速效磷 6 毫克/千克，速效钾 225 毫克/千克，碳酸钙 4.81%，pH 8.1～8.4。

3. 耕种黑钙土 耕种黑钙土分布于森多、木格滩和三滩部分地区，海拔 3000～3700 米，植被以针茅、蒿草为主，盖度 50%～95%，母质为坡积、黄土、洪积、冲积、沉积物，土层深厚，土壤结构良好，为团粒结构，耕作层与腐殖质层近似，有石灰反应，无新生体，质地土壤为轻壤，耕层表层有机质平均含量 2.17%，全氮 0.21%，全磷 0.22%，全钾 2.51%，碱解氮 113 毫克/千克，速效磷 9 毫克/千克，速效钾 241 毫克/千克，碳酸钙 2.37%，pH 8.5～8.6。

4. 栗钙土 栗钙土在场区各滩地均有分布，海拔 2600～3250 米，栗钙土剖面发育完整，由栗色腐殖层、栗色或淡栗色的沉积层、灰黄色的母质层等构成，通体有石灰反应，中部常见菌丝体状灰白色石新生体，质地变为砂壤、轻壤和中壤，植被主要由耐旱的多年生草类组成，主要有针茅、蒿草、芨芨草等，盖度 60%，表层有机质平均含量 2.17%，全磷 0.28%，全钾 2.3%，碱解氮 8 毫克/千克，速效磷 8 毫克/千克，速效钾 226 毫克/千克，碳酸钙 6.67%，pH 7.9～9。

5. 风沙土 风沙土主要分布在木格滩南部一带及黄河沿岸海拔 2750～3420 米的滩地、台地、河岸坡地。风沙土多与栗钙土成复区，由于风吹蚀下砂石残留，细土飞扬，砂粒在地表流动，限制植物生长，只在半固定沙丘上有少量的耐旱植物沙蒿、固沙草以及小灌木。风沙土质地均为细砂及砂壤，无层次，颜色为淡棕黄，通体呈石灰反应，表层有机质平均含量 1.07%，全氮 0.07%，全磷 0.15%，全钾 2.05%，碱解氮 297 毫克/千克，速效磷 5 毫克/千克，速效钾 113 毫克/千克，碳酸钙 5.53%，pH 8.5～9。

第二节　自然资源

一、土地资源

公司现有土地总面积 101.43 万亩，其中天然草地 47.4 万亩、耕地 12.3 万亩、人工草地 21.77 万亩、其他用地 19.96 万亩。木格滩、鲁仓、三滩等地一般地势较平坦，土壤以栗钙土为主，有机质含量 3%～4%，土地肥沃，是公司以饲料、青稞、油菜为主的旱作农业的主要耕作区，特别是白菜型小油菜，长势良好，是一大资源优势。

公司在贵德黄河沿岸的北山湾、虎头崖、加莫寺有土地500余亩，光照充足，气候温和，适合特色农产品的种植和养殖。

二、水利资源

1. 地表水资源 场区内地表水有茫拉河、沙沟河。根据公司气象站降水资料统计，木格滩多年平均降水364.1毫米，每年5—9月降水占全年的90%，10月至次年4月降水占全年的10%。

2. 地下水资源 木格滩、三滩地下水埋深多在200米左右，无开发利用价值。过马营潜水埋深5～100米，单孔涌入量100～1000立方米/日；森多地区潜水埋深10～100米，单孔涌入量100立方米/日左右。

3. 水能资源 1974年，在一分场茫拉河建成一座125千瓦的小型水电站，1992年完成电站改造，解决了一分场地区的生产生活用电问题。

4. 黄河客水资源 公司的主要生产和生态建设基地木格滩位于黄河龙羊峡库区东南面，20世纪70年代和90年代，牧场就曾与青海省水利厅相关部门规划探索黄河水提灌工程，终因投资、技术等因素未能实施。

三、生物资源

1. 草场资源 场区草场面积69.17万亩，主要分布在山麓和盆地。草场类型丰富，山地草甸、高山草甸、山地草原、高寒草原、荒漠草原、草甸草原皆有分布。天然牧草种类多，由于昼夜温差大，日照时间长，有利于提高牧草的光合作用和蛋白质的合成，所产牧草粗蛋白、粗脂肪和无氮浸出物含量高，粗纤维低，营养丰富，耐牧性强。

各滩地势平坦开阔，土壤表层有良好的结构，有机质含量较高，适宜种植人工牧草。

2. 林业资源 场区大部分地区内海拔高，气候寒冷、干燥，适生树种少，天然林木仅为散生灌木，林业资源极其贫乏。

3. 野生动、植物资源 野生动物主要有金雕、高山兀鹫、大鵟、雕鸮、长耳鸮、大石鸡、雉鸡、岩鸽、角百灵、小云雀、灰喜鹊、灰斑鸠、狼、旱獭、野兔、猞猁、岩羊、赤狐、沙狐、狗獾等。

野生植物资源较为丰富，多具有药用、观赏、食用等经济价值。主要有蕨类植物、裸子植物、被子植物等，共100余种。

四、光能资源

公司所在地区光能资源丰富，全年日照时数 2638～2825 小时，年日照百分率 60%～65%。木格滩太阳总辐射量为 110000 千瓦/平方米（155 千卡/平方厘米），其余地区为 105000～108000 千瓦/平方米（150～155 千卡/平方厘米）。

各月的太阳辐射随着太阳高度角的不同而异，12 月太阳高度角最低，辐射最少。5—8 月辐射最多，月辐射为 10676～12072 千瓦/平方米，最大值出现在 7 月。

五、土特产

1. 发菜 发菜俗称“头发菜”，属藻类，素有“高原山珍”之美称。因发菜的谐音是“发财”，逢年过节常作为礼品馈赠亲友。在过马营等地干旱山坡的枯草根旁，每逢雨后，即可见到黑如漆、细如线、柔如棉而酷似头发的发菜。发菜不仅是名菜佳肴的原料，而且对高血压、腹泻等有一定疗效。

2. 蘑菇 蘑菇为草原所产，属真菌类，有棕、黄、白多种，以黄蘑菇为佳品。其香味独特，质地柔嫩，多在 7—8 月雨后生长。

3. 蕨麻 蕨麻雅称“人参果”，喜湿润，耐高寒，在田边、林间、山地、草原、河滩均有生长。其含糖量高，有丰富的维生素和钙、磷、钾等元素，既可作待客美食，亦可作药用，有健脾益胃、生津止渴、补血益气之功效。

4. 羊筋 羊筋即宰羊时剔取的四蹄韧带，拉直阴干备用，可久藏不坏。羊筋富含蛋白质，滋味鲜美，口感柔滑舒适，营养价值高。

5. 蜂蜜 场区有大面积无污染的油菜种植区，是蜂蜜的重要生产基地。蜂蜜是营养丰富的天然食品，淀粉酶含量高，葡萄糖、果糖含量在 30%以上，且含有多种人体所需的维生素和有机酸 。

6. 酥油 酥油系场区藏族同胞用传统手工艺从牛奶中提取的奶油，是牧民的常用食品。其营养价值很高，含有蛋白质、钙、磷、铁、维生素 A、核黄素等成分。

第三节 自然灾害

场区常见的自然灾害有干旱、冰雹、霜冻、山洪、风沙、雪灾、地震等。

一、干旱

场区每年春夏季均有程度不同的旱灾发生。春旱影响农作物的正常出苗和生长发育，夏旱会造成油菜落花落荚、青稞生长不良。

1973年，场区出现严重旱情，粮草歉收，天然草场牧草生长很差，给军马生产带来严重困难。1995年和1996年，因严重旱灾，农业生产损失严重。1999年，春夏连旱，粮油损失达50%以上。2000年，春旱情极为严重，直接损失1402.7万元。2001年7月，遭受严重旱灾及蝗虫灾害（东亚飞蝗），13.7万亩农作物 、12万亩草场受灾，直接经济损失约900万元 。2016年8月，因高温热风、干旱，受灾面积（油菜）8万余亩。

二、冰雹

场区冰雹主要出现在4—10月，年平均冰雹日数7.1天，以5—8月最多。危害场区的冰雹路线有两条：一条从兴海河卡山经贵南县森多等地影响一分公司；一条从共和县铁盖乡影响木格滩、过马营和三滩地区。2004年5月9日，场区遭冰雹袭击，受灾面积1万余亩，造成农作物严重减产。2009年9月4日晚10时30分，一分公司突降冰雹，强度大且集中，农作物受灾面积8470亩，经济损失220万元。2010年9月21日，三分公司遭受冰雹袭击，持续时间15分钟，导致春翻油菜3000亩、燕麦3000亩绝产。

三、霜冻

场区各滩台地区热量条件较差，海拔3100米以上地区没有绝对无霜期，在木格滩、森多、三滩等地区每年苗期均有霜冻发生。1990年5月3日，场区遭受严重霜冻灾害，18.3万亩油菜受灾。2008年8月30日发生严重早霜冻，6.4万亩油菜减产20%～30%。2009年8月29日凌晨，二分公司遭受严重霜冻，1.15万亩农作物减产幅度达30%～40%。

四、山洪

1995年9月6日，过马营地区和二分场遭受特大洪灾，暴雨持续30分钟，降水量达到37.5毫米，79户家中进水，冲毁房屋90间，涉及33户、115人，直接经济损失261.4万元。1996年8月19日、23日，人畜饮水水源地遭遇洪水袭击，造成140万元的经济损失。1997年8月5日，过马营地区、多石嘴饮水地、五分场北山湾、大沙滩等地遭遇洪水，经济损失560万元，职工个人财产损失25万元。2011年8月17日晚，二分公司三角滩地区遭受冰雹，直径最大达40毫米，降水量达45毫米，1.2万亩农作物绝产，人工草场1.9万亩、天然草场8万亩严重受灾。强降水引发洪涝灾害，致使过马营地区精炼油厂大量进水，设备损坏严重；职工住房18户、3栋、36间倒塌，60户、10栋、120间地基下陷，成为危房，直接经济损失1773万元。2014年7月6日23时10—30分，三分公司马一队出现强对流天气，降水量达50毫米，引发的山洪造成0.1万亩草原被泥石流覆盖，0.1万亩耕地表层冲毁，近10公里护青沟被淤泥填平，1000米网围栏冲毁，近3万亩粮油作物绝收，经济损失2187万元。2015年8月1日晚，过马营地区遭受暴雨袭击，降水量达40毫米，造成36户居民受灾（其中房屋进水30户、房屋倒塌6户），经济损失100多万元。

五、风沙

大风年平均出现天数为14天，沙尘日数19天，以春季最多。播种期持续大风会减少土壤水分，刮走表土和种子，降低出苗率。特别是以木格滩东南坎沿为主的沙漠区，在西北风的作用下，不断向东南方向扩展，使周围的农田、草原不断遭受严重沙化的威胁。

六、雪灾

雪灾多发生于春、秋季，春季雪灾易造成牲畜采食困难，秋季雪灾易造成农作物倒伏，给秋收工作带来极大困难。1989年10月，全场遭受特大雪灾，农作物全部倒伏，收割时间之长史无前例，直至次年1月。2012年4月9日，公司所在地突降暴雪，木格滩积雪厚度达到30厘米，局部达到1米，给公司畜牧业生产造成较大损失。

七、地震

1990年4月26日，塘河地区发生强烈地震。场区遭受不同程度影响，部分围墙倒塌，近2万平方米房屋出现裂缝。1994年10月10日、12日，贵南地区连续发生5.3级、5级地震，给牧场造成266万元的经济损失。

第四节　环境状况

一、环境概况

青海高原基本上是一个半农半牧区，依据自然环境的差异和农业地域分异现状，可将全区划分为柴达木盆地干旱荒漠农牧交错区、东祁连山地半湿润高寒草原农牧交错区、共和盆地半干旱草原农牧交错区。

公司地处共和盆地半干旱草原农牧交错区。共和盆地是一个东西狭长的新生代断陷盆地，西部以沙珠玉河谷地为主体，越向东越趋宽广。其行政区域包括青海省海南藏族自治州共和、兴海、同德、贵南4个县所辖区域，总土地面积37934平方公里，是以藏族为主的多民族聚居区，藏族等少数民族占全区人口的60%以上。

共和盆地属高原大陆性半干旱气候类型，黄河谷地年均温6～7℃，盆地中部年均温约3.3℃，东南部的贵南、同德、兴海河卡一带，海拔高于3000米的年均温仅0～2℃。全区年降水量310～400毫米，且季节分配不均，5—9月降水量占全年的80%以上，平均年变率达23.3%～37.2%，最少年降水量仅及最多年的1/4，形成明显的丰水年和枯水年。

共和盆地风成地貌发育亦很普遍，有活动沙丘和古沙丘分布，主要分布在盆地中部和东部，以及黄河东岸的木格滩等地区，沙区面积约1500平方公里，沙漠化是共和盆地半干旱草原农牧交错区农业开发需要重视的问题。共和盆地由于黄河及其支流的强烈切割，形成多级大面积平坦阶地，土地资源是一大优势，是青海省重要的畜牧业基地，种植业、光伏产业亦有广阔的发展空间和前景。贵南草业开发有限责任公司原系部队的军马场，以草地放牧经营为主，1976年移交地方后，面临着改变生产方向、继续发展求生存的境遇。依据农牧交错地区的实际，牧场的经营方针改为“以牧为主，农牧结合，多种经营”，选择了种植业适度开发、以农养牧、农牧结合的生态农业发展之路。

公司主体部分海拔3050～3350米，地势自东南向西北逐渐倾斜，有季节河分布，这些河流冲刷而成的深沟把地表切割成不同滩地。公司位于黄河东岸的主要生产基地木格滩是贵南县最大的滩地，土地资源丰富，已成为区域商品粮油生产和生态建设基地。

青海省农牧交错地区长年在风沙、干旱的危害之中，生态系统经常处于失调的状态。共和盆地半干旱草原农牧交错区面临的最大威胁是草原沙漠化，兰州沙漠研究所相关资料显示，共和盆地境内沙漠化面积达861万亩，其中严重沙漠化面积约206万亩，位于共和盆地黄河东岸的木格滩是严重沙漠化地区之一，沙化面积占总面积的75%。

二、环境特殊状况

木格滩位于黄河南岸，青藏高原东北边缘的共和盆地，环境状况特殊，隶属青海省贵南县，地处贵南县腹地，地理坐标北纬35°27′—35°47′，东经100°24′—101°22′。木格滩地势辽阔，呈长方形，西至龙羊峡库区，东与茫什铎草滩相连，北至沙沟河岸，南至茫拉河。该滩东西长52公里，南北宽约35公里，面积197万亩，地势东高西低，海拔3050～3350米，滩西北部丘陵较多，牧草生长良好。其南部和东南部为沙漠地带，即木格滩沙漠，面积约112万亩，由于西北风的作用，沙漠向东南方向延伸。20世纪90年代末期，贵南县开展木格滩沙漠黄沙头段治理，沙漠东进得到有效遏制。

木格滩沙化问题由来已久，《魏书·吐谷浑传》云：“阿豺立，自号骠骑将军、沙州刺史。部内有黄沙，周回数百里，不生草木，因号沙州”。《宋书·鲜卑吐谷浑传》有云：“其国西有黄沙，南北一百二十里，东西七十里，不生草木，沙州因此为号”。木格滩沙化成因有人类活动的影响，但主要是干旱的气候条件起了决定性作用。

木格滩荒漠区年平均气温 1.1℃，2010 年后平均气温呈现出极显著升高趋势，以每 10 年 0.32℃的速率升高，春、夏、秋、冬各季的平均气温气候倾向率分别为 0.24℃/10 年、0.23℃/10 年、0.38℃/10 年和 0.45℃/10 年。冬季和秋季增温对木格滩气候变暖的贡献较大，夏季和春季增温幅度相对较小。

气温分布变化规律对水分蒸发和荒漠化影响显著，冬季的气温最低，其潜在蒸发量最小。春季气温迅速回升，加之该地区在冬季主要受干冷冬季风的控制，降水量少，春季气温快速回升，造成气候干燥程度进一步加剧，土壤含水量大幅下降。此外，春季植被覆盖率较低，促进了荒漠化的发生。

1968—2010 年，木格滩荒漠区年均降水量 364.2 毫米。一年中夏季降水量最多，占全年总量的 61%；秋季次多，占全年总量的 19.7%；春季次少，占全年总量的 18.2%；冬季最少，仅占全年总量的 1.1%。20 世纪 60 年代和 90 年代为相对干旱时期，年降水量比多年平均值分别少 32.5 毫米和 45.1 毫米，90 年代偏少的幅度最大；20 世纪 70 年代、80 年代和 21 世纪前 10 年降水量为偏多时期，较多年值分别多 20.9 毫米、35.0 毫米和 10.1 毫米，降水量的年代际表现为少—多—少—多的变化趋势。2004 年以来降水量趋多，年降水量均在多年平均值以上。降水量最多年出现在 1989 年，为 520.4 毫米，最少年出现在 2000 年，为 215.5 毫米。进入 21 世纪，春季和秋季降水量明显增多，夏季和冬季微弱减少。

1968—2010 年，木格滩荒漠区蒸发量呈显著增加趋势，夏季蒸发量微弱减少，春、秋季和冬季蒸发量显著增多。木格滩年平均蒸发量 1583.3 毫米，春、夏季蒸发量较大，占年蒸发量的 35.6%和 32.3%；秋、冬季蒸发量较小，占年蒸发量的 19.9%和 12.2%。在木格滩蒸发量的年代际变化中，20 世纪 60—90 年代蒸发量低于多年平均值，其中，60 年代最低，80 年代次低，进入 21 世纪以来蒸发量明显增大，比 30 年平均值高 102.5 毫米。

近 43 年来，木格滩年日照时数呈极显著减少趋势，春、夏、秋、冬各季日照时数变化趋势与年日照时数变化相同，呈减少趋势，但春、夏、秋、冬季各减少幅度不尽相同，夏季减少最多，春季次之，秋冬季最少。从年代变化来看，20 世纪 60—90 年代为正距平，日照时数偏多，80 年代日照时数最多，远远高于多年平均值。进入 21 世纪以来，年日照时数明显偏少，较多年平均值分别偏少 104.9 小时。

从20世纪60年代至今，木格滩荒漠区四季及年平均风速总体上逐渐降低，尤其是夏、秋季、平均风速降低更为明显。20世纪80年代的年平均风速及四季平均风速最大，21世纪前10年的年平均风速及四季平均风速最小。一年中，春季平均风速最大，其次是夏季，第三是冬季，秋季的平均风速最小。

木格滩荒漠区年大风天数以每10年2.2天的速度减少。和1968—1970年相比，2001—2010年，大风天数减少14.3天，沙尘暴天数则增加8.3天。大风天主要集中在春季和冬季，分别占全年天数的63%和19.9%，夏季和秋季仅占10.1%和7%。沙尘暴天数春季和冬季占全年天数的62.8%和28.7%，夏季和秋季分别占2.9%和5.6%。

木格滩荒漠区大风天数及平均风速的季节分布变化规律对荒漠化存在深刻影响。3—5月的冬、春季，大风天数最多、风力最大，又因春季植被覆盖率较低，春季土壤的风蚀过程非常强烈。夏季大风天数少、风力较小，在西太平洋副热带高压影响之下多雨热同期。秋季大风天数和风力均为最小，对荒漠化的影响相对较弱。冬季大风天数和风力均为次高，但主风向为西北风大风，加之地表覆被较小，故仍对土地水分的散失影响明显。结合气温、降水、日照及蒸发量特征，可以认为，在降水偏少、气温快速回升以及长时间的西北大风等因素共同作用下，春季气候对荒漠化的影响极为显著。

21世纪以来，木格滩荒漠区降水量明显增多，大风天数逐年减少，并且伴随着气温的增高，草地牧草生长期延长，利于荒漠区生态环境的恢复与治理。20世纪80年代以来，各级政府和荒漠区人民提高了对草原生态平衡、防沙、治沙的认识，实施了大量的生态建设工程和一系列生态保护措施，用封沙育草、丘间造林和人工沙障等措施治理沙地。治理后，植被盖度、赖草盖度和多年生草本的物种丰富度明显提高，沙化土地的生态修复实验取得良好效果。加之近年来，在该地实施了人工增雨作业，有效增加了降水量，植被逐渐得到恢复，有利于牧草的生长发育，牧草干物质积累增加。

木格滩荒漠区气温、降水、蒸发和日照时数变化规律，春季气温回升快，日照充足，降水少，加之冬季雨雪稀少，空气干燥，其蒸发量最大，因此易出现春旱；夏季温度最高，降水量大，蒸发量在1年中居第二；秋季气温逐渐下降，降水量下降，其蒸发量明显小于春夏两季；冬季温度最低，是全年降水和蒸发量最小的季节。因此，冬季至春季降水的显著偏少和春季气温的急剧回升导致的干燥环境是土壤湿度显著下降的主要原因，这一过程的持续发展成为木格滩荒漠区荒漠化发生的主要原因。

43年来，木格滩荒漠区的降水量、蒸发量和日照时数均呈现出下降趋势，但进入21世纪以来，降水量明显增多，导致蒸发量增大，日照时数减少，温度明显升高的“暖湿”气候特征。木格滩荒漠区气候变化和全球气候变化趋势基本一致，气候变暖趋势明显，冬季升温幅度最大，其次是秋季，夏季和春季增温幅度最小；降水量总体趋势微弱减少，冬季降水量减少趋势显著；冬春季大风和沙尘暴天数占全年的82.9%、91.5%。特别是进入21世纪以来，荒漠区气温显著升高，降水量明显增多，日照时数减少，气候呈现出“暖湿”特征。同时，大风日数明显减少，蒸发量总体上呈显著减少趋势，加之近年来该地开展了人工增雨工作，对木格滩荒漠区生态环境的恢复和建设十分有利。

在目前的气候条件下，木格滩荒漠区可以逐步得到治理，但由于木格滩荒漠区地处生态脆弱带和环境变化敏感地带，人工治理和恢复的难度较大。木格滩沙漠土壤类型主要为流动风沙土亚类，以新月形沙丘链、沙丘群存在，随风向由西北向东南移动，沙丘表层土干燥、疏松。风沙土的成形过程就是风蚀沙压，使肥沃的表土消失，形成肥力很低的流动沙土，土层深厚120～150厘米，表层有机质平均含量0.49%，pH 9.6～9.9。在半固定的沙丘区内，生长着稀疏的羽毛草等植物群落，大面积随风漂移的沙漠中无植物生长，亦无水源。

木格滩草原退化的原因除生态环境脆弱、草原等级低、干旱少雨、风沙侵袭及鼠虫害等自然灾害外，过度开发利用、牲畜成倍增加、超载过牧也加剧了沙化作用。据调查，木格滩草场总覆盖度一般为40%，发育较差的草场总覆盖度一般为20%左右，平均亩产鲜草120公斤，可食鲜草占95%以上，约12亩草地可养一只羊。1965年贵南军马场修建木格滩引水管道，解决了人畜饮水问题，大量人员及牲畜拥上木格滩，草场超载过牧，引起草场退化，成为木格滩地区值得关注的严重问题。

木格滩为温凉性干旱草原气候型，降水集中在5—9月，雨热同季，宜农宜牧。1968年，在木格滩试验性垦殖2万亩，全部种植饲草饲料。1976年，军马场移交地方后，转变为以农业为主，木格滩耕地面积逐步扩大，最高峰达到24万余亩。因木格滩处在青海省风蚀荒漠化的重点区域共和盆地，自然生态脆弱，草地被开垦后，冬春季裸露的干松土壤受大风动力吹蚀作用，扬起大量沙尘，其中细小的物理性黏粒成为大气尘埃，随风飘走，颗粒较大的沙粒则沉降在下风面，造成土壤砾砂比降低，沙性增加，耕地荒漠化退化明显。

2001—2020年，贵南草业公司实施国家退耕还林（草）项目，木格滩80%的耕地退耕还草，极大地改善了木格滩的生态环境。

第二编

农业经济

中国农垦农场志丛

第一章　军马培育

从 1933 年建场到 1949 年 9 月，军牧场一直繁育军马，最高存栏数达到 4000 余匹。养马地点有过马营、周曲河、瓦什滩、扎德滩、鲁仓，饲养方法全靠放牧，配种全部为本交，品种为本地马（鲁仓马）。

在由西北军区马政处和总后马政局领导期间，仍以繁育军马为主。

1961 年 9 月第二次归军后，办场方针为“以养马为主体，农业为基础，农牧结合，多种经营”。1961—1976 年，牧场的军马养殖和农业都有较大的发展，马匹存栏数从 1961 年的 1818 匹上升到 1976 年的 9721 匹，耕地面积从 1961 年的 13 万亩达到 1976 年的 18 万亩。为了大量发展军马，在地方政府的大力支持下，1964 年，将贵南县的木格滩 83 万余亩草原划归马场，作为主要的养马基地。马场将瓦什滩全部 19 万亩，扎德滩南、北 4.5 万亩，三滩周曲河东部和麻什干西部 4.9 万亩，鲁仓二群台 4 万亩划给当地群众，全场总面积达 116.4 万亩。1965—1968 年，建成了木格滩饮水管道，4 年间，在木格滩建起了 7 个养马队（马三队至马九队，后改为马一队至马七队，名称沿用至今）和农牧结合的农八队。1971—1972 年，木格滩最高的马匹饲养数达到 8000 多匹。

第一节　品种渊源

1933 年建场时，主要饲养本地土种马（鲁仓马），育种方法是土中选优，群选群育。抗日战争胜利后，从美国引入过少数的摩尔根公马。

1950 年，从苏联引入了顿河、奥尔洛夫、弗拉基米 3 个品种的公马，并引入山丹马、伊犁马、河曲马、夸特马（美国产）、澳洲马、日本杂种马等。但引入的马种多不适应，除河曲和伊犁马外，对马匹后代影响不大。截至 1954 年，全场有含有伊犁马血统的马和土种马 2134 匹，其中母马 989 匹，但一直没有明确的育种方针。

1962 年，全军军马育种会议明确了几个关键问题：

1. 军马的五项标准

（1）驮 100 公斤，在山区持续行军。

（2）驮乘挽兼用，以驮为主，偏乘、偏挽适当发展。

（3）适应中国的饲养条件。

（4）能持久。

（5）成本比较低。

2. 军马育种的原则

（1）育种必须符合五项标准的要求，一个场最好搞一个类型的马。

（2）在保证中国马优点的基础上提高中国马的工作性能。

（3）以中国良种马的本品种选育为主，适当有目的地引进外血，外血以不超过50%为宜。

（4）用国产良种马能完成的，就不用杂种，用杂种能完成的就不用纯种。

（5）对纯种的进口马，今后要按五大标准选留和培育。

（6）驮挽乘兼用发展的比例为90%，其余10%搞专挽专乘。

3. 育种布局 总后军马部在军马育种计划中明确：四方山、牡丹江两马场搞偏挽，索伦马场搞偏乘，其他场搞挽乘兼用。山丹、贵南、黄城子三个马场，体高135厘米以上的中国良种马进行本品种繁育。

军马体尺标准见表2-1-1。

表2-1-1 军马体尺标准

用途	体高（厘米）	体重（公斤）	体长率（%）	胸围率（%）	管围率（%）
驮	135～140～145	350～400～450	101～103	118～120	13
偏挽	140～145～150	400～450～500	103～105	120～122	13.5～14
偏乘	135～140～145	350～400～450	100～102	114～116	12.5～13

按此布局，贵南军马场军马生产的重点是挽乘兼用马，军马培育以此为标准。

1964年8月，召开全场育种工作座谈会，初步制定出《军马育种（草案）规划》，明确了“以土为主，土洋结合”的育种方针。从1965年年初开始，陆续引进了河曲马、巴里坤马、一代顿杂马等，马匹的育种改良工作在这个基础上开展。

第二节 军马（贵南马）的培育过程

马场隶属关系几经改变，军马的培育过程可分为三个阶段。

一、"以洋改土"阶段（1955—1964年）

1961年以前，本场的基础母马以本地土种马为主体。土种马又称鲁仓马，历史上很有名，母马体高128厘米以上，公马体高132～135厘米，体质结实，善走，对当地干旱缺水的自然条件有良好的适应性，但其个体小，不能满足军马的要求。为了改变本地马体格矮小的缺点，以加大体尺为主要目的，于1954年引入顿河公马12匹，1959年又先后从苏联引入弗拉基米公马1匹、奥尔洛夫公马2匹，用于改良当地土种马。

1955年，开始进行杂交改良，杂种马体高迅速提高。顿土一代母马平均体高141.9厘米，公马平均体高146.6厘米。顿杂一代马体型偏轻，头长腿短，不耐粗饲，适应性差。弗杂一代体型重，行走笨拙，恋膘性差，饲养要求高。奥杂一代体型更为偏轻，适应性更差，上述三种杂种马因各自的性能缺陷，均不受军队欢迎。

二、"以土改杂"阶段（1965—1975年）

此阶段的杂交改良是按1962年全军军马选种会议制定的军马五项标准的要求进行的。1965—1973年，陆续从甘肃山丹军马场、武都军马场、新疆伊吾军马场、昭苏军马场等地引入大批蒙古、顿杂、巴里坤母马，还引进了一定数量的伊犁、河曲、当地土种公马，尤其是河曲公马。

1965年1月，军马科长周英明、丁福培、孙永太从甘肃武都军马场接回河曲马公驹70匹，主要为1～2岁公驹，还包括1匹3岁公驹，即被誉为"马王爷"的378号公马，该马后代在1000匹以上。这批马引进后，成为种公马的骨干。

1965年10月，从山丹军马场引入顿杂母驹（主要为一代）300匹，其中2岁一代198匹、2岁二代102匹，还引入公驴10匹。

1965年10月，从伊吾军马场引入巴里坤马274匹，其中2岁驹159匹、1岁驹115匹。

1966年10月，从山丹军马场引入2岁半一代顿杂母驹500匹、公驹20匹。从伊吾军马场引入1岁巴里坤母驹159匹、2岁公驹20匹。

1967年9月，从山丹军马场引进混血2岁半母驹361匹、公驹30匹。

1954—1970年种马进场情况见表2-1-2。

表 2-1-2　1954—1970 年种马进场情况

进场时间	品种	公马		母马		出马地点或单位	接马经办人	进场后饲养地点、单位
		年龄（岁）	数量（匹）	年龄（岁）	数量（匹）			
1954.12	顿河马	—	12	—	—	苏联	—	先在过马营，后在鲁仓
1959	弗拉基米马	—	1	—	—	苏联	—	—
1959	奥尔洛夫马	—	2	—	—	苏联	—	—
1962	伊犁马	—	15	—	—	新疆昭苏军马场	赵永昌	鲁仓
1963	蒙古马	成年	—	—	338	—	—	三滩、马二队
1965.1	河曲马	1～2	70	—	—	甘肃武都军马场	周英明 丁福培	—
1965.10	顿杂一代	—	—	2.5	198	山丹军马场	周英明	马四队
	顿杂二代			2.5	102			
1965.11	巴里坤马	—	—	1.5 2.5	115 159	伊吾军马场	孙永太 关仲绵	先马四队，后马六队
1966.10	顿杂一代	2.5	20	2.5	500	山丹军马场	周英明 谭仲仁	—
1966.10	巴里坤马	2.5	20	1.5	159	伊吾军马场	孙永太 杨应奇 施昌球	马六队
1967.9	混血马（土×顿×土）	2.5	30	2.5	361	山丹军马二场	谭仲仁	马八队
1969.8	河曲马	2.5	10	—	—	四川茂县军马场	王学平	马八队
1970.8	河曲马	2.5	10	2.5	5	甘肃河曲军马场	王学平	马八队
合计	—	—	190		1937	—	—	—

1965 年，开始进行第二阶段的杂交改良。为贯彻“以本国优良土种公马为主进行杂交改良”的方针，鉴于场里马匹品种复杂、某些品种适应性差以及繁育饲养管理不便等原因，先后将伊犁、蒙古、巴里坤、顿河、顿杂二代等公母马淘汰出场。从 1967 年起，主要选用国内优良的河曲公马进行杂交，杂交结果形成了两类血缘组合的混血马：一类含河曲血 50%，顿河、土种血各 25%；另一类含河曲血 50%、土种血 37.5%、顿河血 12.5%。到 1971 年，河曲、顿河、当地土种马的“杂交”混合后代母马达 800 多匹，平均体高在 134 厘米以上，比当地土种马高 10 厘米。性能方面，比河曲马轻快、灵活，性格温顺、听用，比顿杂马粗重有力，适应性能好，恋膘性强。实践证明，用河曲种公马配顿土一代母马，其后代比土种公马配顿土一代母马好，前者平均体高 138 厘米，后者平均

为 134.59 厘米。后来的种公马多用河曲马，土种公马逐步被淘汰。

为了提高马匹质量，1971 年 10 月，由副场长杨仁和主持，金国璠、吕发明、曲悌先等技术骨干进行了全场成年公母马大普查：普查母马 3351 匹、公马 166 匹（其中河曲马 59 匹），进行了严格的清群整群，淘汰了三类以下的劣质马，留下的母马在各队组建了核心母马群。同时，为留用繁殖的马匹建立了卡片，分类统计质量等级和体尺，全场逐渐形成了以河曲马血缘为主的混血马群。

经过 3 年的选育，到 1975 年，基础混血母马达 3000 多匹，毛色趋于一致（骝毛、栗毛、黑毛），体型整齐，平均体高在 138 厘米以上。混血马虽有较大体尺，展现了粗壮结实、适应性好、速度快等优点，但血缘结合不一致，部分个体体形尚不够理想，特别是杂种遗传力不稳，难以保持，因此必须要通过横交固定巩固和提高其质量。

贵南马体尺见表 2-1-3。

表 2-1-3　贵南马体尺

单位：厘米

类别	体高	体长	胸围	管围
公马	140.5	150	176	20
母马	137	145	167	18.5

三、横交固定阶段（1978—1986 年）

1977 年 10 月 10—15 日，青海省畜牧局作为东道主，在西宁召开了“全国马匹育种协作会议”。到会的有新疆、山东、吉林、云南几个省区以及青海的贵南、同德、门源 3 个场的代表。会后，贵南牧场邀请青海省牧医总站技师王铁权（养马专家，著有《养马学》一书等）到场查看马匹培育情况，在查看完马五队、马六队、马七队的母马和驹子群后，王铁权对马匹的质量、体形等比较满意，认为“贵南马”完成了杂交改良阶段，此种杂交组合的混血马是宝贵的，无须继续杂交，应进入横交固定阶段，以期将其培育成一个具有高原特色、乘挽兼用的新品种。1978 年，王铁权到场帮助制订了“贵南马”横交固定育种方案，主要内容为：

1. 技术指标

（1）混血马体高提高 3 厘米，成年母马提高 2 厘米。

（2）“贵南马”血缘中，当地土种马占 1/8～3/8，顿河马血占 1/8，河曲马血占 4/8～6/8。顿河马血少于 1/8 者不是“贵南马”。

（3）外貌要求实用美观。

（4）有良好的适应性，适合高原群牧饲养，恋膘性强。

（5）能力较强，速力胜于河曲马，挽用牧放为蒙古马的 1.3 倍，军用性能高于军马五级标准。

2. 组织及技术措施

（1）健全现有育种组织，定期总结，检查落实，每年召开一次育种会议。

（2）按规定原则配种。

（3）开展人工授精。

（4）培育体高 145 厘米以上、符合五项要求的优良公马。

（5）以五项要求为中心，全场统一鉴定。

（6）从优良横交公马中适度采用近亲法及中亲法固定后优选优延续，建立品系。

1986 年 10 月，时任场党委书记的曾科、主管畜牧业的副场长董德智邀请青海省畜牧兽医科学院院长杨仁和来场指导马匹整群工作。10 月 14—18 日，组织朱彦斌、刘长周、姚海春等十余人对马二队、马三队、马六队的生产马群进行检查，共检 1105 匹，测尺母马 488 匹、公马 34 匹。19 日，举行座谈会，确定了“控制数量提高质量”的原则，认为进行横交多年，马二队三岁群体形外貌较为理想，要坚持年年选育，做好公母驹的选留，加强冬春补饲，三四年后可邀请专家进行鉴定，数年后有望形成“贵南马”新品种。此次会议也成为最后一次马匹育种会议。

通过 40 多年的马匹杂交改良，逐渐形成了适应性能优良的青藏高原新型马种，1983 年暂定名为“贵南马”。20 世纪 80 年代中后期，全场经营方针改变，加之马价大跌，马匹大量出售，“贵南马”的横交固定工作没能按计划全面展开并坚持下去，“贵南马”亦未能正式命名。

第三节　马匹的人工授精

1955 年，由刘多仁、金国璠、吕发明、张自胜等在过马营组建人工授精室，开始进行马匹的人工授精工作，当年参配母马 152 匹，受胎率 25%。到 1959 年，受胎率达 77.8%。

1958 年，在鲁仓组建人工授精站，后又在三滩地区建站。1965 年后，组建木格滩各队，马二队、马三队、马六队（现名）分别建立人工授精室，进行马匹人工授精工作。

1965 年，首先在鲁仓开始大量配骡，以后配骡比例高达参配母马的 30%以上。

1966 年前，配种人员对母马洗涤子宫防止子宫炎的重视不够，洗涤子宫的操作以及药液、生理盐水用量不足（每次不到1000毫升），容易导致产后母马恶露蓄积，诱发子宫炎。1966年后，明确规定对产后马、未妊娠马和流产马进行洗宫治疗，生理盐水的用量在3000毫升以上，这是提高马匹受胎率的主要措施之一。

1966年以前，主要用葡萄糖稀释精液，由于葡萄糖质量不稳定，致使精液质量下降。1966年，时任军马科科长的周英明去山丹军马场开会，得知该场用马奶稀释精液效果好，便也开始推行用马奶稀释精液，各配种室养一匹哺乳母马，使受胎率大大提高。

1966年7月6—14日，在副场长杨仁和的亲自主持和参与下，在鲁仓马一队开展了“母马不同输精时机效果调查”。该队是马场的重点养马单位，有近十年的人工授精历史，受胎率多年为80%～85%。调查时，全队有生产母马723匹，约占全场的50%。从4月11日开始人工授精到7月10日结束，参加配种的母马共667匹，其中单纯人工授精的437匹，受胎的307匹，占70.25%，未受胎的130匹，占29.75%。307匹母马不同输精时期的结果为：排卵前输精的受胎率为79.63%，排卵后输精的受胎率58.55%，排卵前输精排卵后适时补精一次的受胎率96.34%，疑似排卵时输精的受胎率65.38%。

此次调查解决了当时存在的排卵前后何时输精受胎率最高的技术疑问，统一了认识。此后，全场都采取排卵前适时输精，排卵后酌情追补的方法，人工配种的受胎率得到了较大提升，多数马群的受胎率达到了90%以上，结束了受胎率长期徘徊在80%左右的局面。

1966年9月，贵南军马场编写了第一本《马匹人工授精讲义》，供配种人员参考学习，并利用冬闲时间举办了多次短期培训班。1972年又重新编写讲义，作为军马配种学习班教材。

20世纪60年代后期到70年代是马匹人工授精工作的黄金时期。这段时间，通过以师代徒和结合办学习班、到外单位学习等方法，培养了一大批配种技术人才。

第四节　马匹生产

1961年9月二次归军后，马匹生产得到了较快发展。特别是将木格滩作为主要养马基地，引水上滩后，规划建成了7个马队、2个羊队、1个农队。三分场马三队（后为马一队）养公驹1000匹左右；马四队、马五队、马六队（后为马二队、马三队、马四队）均养基础母马，每队4个群，有600匹左右。四分场马七队（后为马五队）养母驹1000匹，马八队（后为马六队）养基础母马5群、750匹左右，马九队（后为马七队）养公驹1000匹左右，农八队兼养马驹400匹左右。各马队种植饲草（主要为燕麦）3000～4000亩。到1970年年末，木格滩各队都达到了规划饲养的马匹数量，马匹数量和质量迅速提高，1976年，存栏数从1961年的1818匹上升到9721匹。1970年8月，马匹存栏数达到顶点，计10042匹。

1961—1979年，全场产成活马（骡）23723匹，出场军马（骡）5529匹，其中军骡1429匹，出场民用马（骡）13761匹，倒毙2834匹。平均年出栏马（骡）1016匹，出场率达20%～23%，达到全国军马场的中等饲养管理水平。

在1965—1979年出场的各类马匹中，混血马匹以其驮、挽、乘方面良好的性能和适应性大受欢迎。据不完全统计，贵南军马场生产的军马（骡）主要供给了成都军区十三军39师，0085部队（四川省军区骑兵二团），五十军149师、150师，福州军区，兰州军区，西藏军区，青海省军区黄南、果洛军分区及珍宝岛等。每年8月是军马场最热闹的时候，部队官兵来场选马接马，全场干部、职工、家属敲锣打鼓，燃放烟花爆竹欢送马（骡）入伍，其热闹程度超过了春节，是军马场一年当中最盛大的节日。

20世纪70年代初、中期，河北、河南、山东、山西等地民马需求量大增，对贵南军马场的混血马青睐有加。因此，在保证国防建设的同时，民马出栏数逐年增多，仅1974年就出栏民马6247匹，支持了地方经济建设。1956—1975年马匹出栏情况见表2-1-4，1982年马、骡出售价格见表2-1-5，1951年家畜价格计算标准见表2-1-6。

表2-1-4　1956—1975年马匹出栏情况

单位：匹

年份	出场军马（骡）数量	出场民马（骡）数量	小计
1956	165	—	165
1957—1960	2562	506	3068
1961	426	—	426
1962	80	—	80
1963	100	—	100
1964	126	—	126
1965	120	—	120
1966	276	50	326
1967	110	191	301
1968	880	238	1118
1969	504	340	844
1970	360	642	1002
1971	547	1070	1617
1972	707	1406	2113
1973	443	2336	2779
1974	600	6247	6847
1975	250	1241	1491
合计	8256	14267	22523

表 2-1-5　1982 年马、骡出售价格

单位：元

年龄	价格			
	马		骡	
	公	母	公	母
当岁	200	250	400	450
1 岁	300	350	500	550
2 岁	400	450	700	750
3～11 岁	450	500	—	—
12～13 岁	350	400	—	—
14～15 岁	200	350	—	—
16 岁以上	100	150	—	—

表 2-1-6　1951 年家畜价值计算标准

单位：元

畜品		体尺（厘米）	1 岁	2 岁	3 岁	4 岁	5～10 岁	11 岁以上
蒙古马	种公马	130～134	—	—	—	—	200	年 5%递减
	种公马	135～140	—	—	—	—	300	年 5%递减
	种公马	141～145	—	—	—	—	450	年 5%递减
	种母马	125～130	—	—	—	140	140	年 5%递减
	种母马	131～135	—	—	—	160	160	年 5%递减
	公　驹	—	30	50	100	150	200	—
	母　驹	—	25	40	90	140	—	—
	骟　马	—	—	—	—	200	200	年 5%递减
伊犁马	种公马	136～140	—	—	—	—	350	年 5%递减
	种公马	141～145	—	—	—	—	550	年 5%递减
	种公马	146～150	—	—	—	—	600	年 5%递减
	种母马	132～136	—	—	—	250	250	年 5%递减
	种母马	137 以上	—	—	—	350	350	年 5%递减
	公驹	—	35	60	200	300	350	—
	母驹	—	30	50	150	250	—	—
	骟马	—	—	—	—	—	350	年 5%递减
驴	种公驴	—	—	—	—	—	100	年 5%递减
骡	公母骡	130～135	—	—	—	—	250	年 5%递减
	公母骡	136～140	—	—	—	—	410	年 5%递减
	公母骡	141～145	—	—	—	—	600	年 5%递减
	骡驹	—	40	70	150	200	250	
英尔干马	种公马	—	—	—	—	—	5000	年 5%递减
	种母马	—	—	—	—	—	3000	年 5%递减
	公驹	—	300	800	2000	3500	5000	—

注：阿拉伯马与伊犁马同价，半血种马价格比伊犁马高 1 倍，二代高 1/2。

第二章　畜　牧　业

1933年至1949年9月，贵德军牧场为官办军牧场，以养军马为主。1952年，确定场经营方针为“以养马为主，牛羊为辅，兼营农事生产”，牧业生产得到恢复发展。1961—1975年，以培育军马为主，少量发展牛羊养殖。1976年后，贵南牧场提出“压缩马，控制牛，发展羊”的经营方针，畜牧业发展重点向养羊、养牛、养猪、养鸡业转型。1993年后，畜牧业从计划经济转向市场经济。1996年下半年开始实行畜牧业承包经营，全面向个体经济转型。从2001年起，人工牧草产业兴起，推动了舍饲圈养业的快速发展。2008年，响应青海省生态立省战略号召，推行放牧加舍饲快速出栏技术，促进畜牧业可持续发展。到2020年年末，全公司存栏绵羊115158只、牦牛2741头、黄牛7098头、马513匹，绵羊比2001年前增长了337.73%。

第一节　畜牧业发展概述

公司畜牧业生产在不同时期的发展重点不尽相同，大致可分为5个发展阶段。

一、第一阶段（1933—1949年9月）

中华民国时期为官办军牧场，以养军马为主。草场约40万亩，存栏马320匹、牛53头、羊510只。1943年，国民政府又拨给鲁仓族森多草场，包括现森多、达布江一带，约19万亩，合并了马步芳鲁仓军牧场草场。1945年，全场存栏马5000余匹、牛700余头、羊4000余只。

二、第二阶段（1949年9月—1975年12月）

这一阶段以养马为主，重点培育军马，并饲养牛、羊、猪等其他畜种。1949年9月20日，青海省军管会接管贵德军牧场，接收军马3216匹、牛600头、羊3000多只，马棚265间，草场59万亩。1952年的经营方针为“以养马为主，牛羊为辅，兼营农事生产”，牧业生产得到快速恢复发展，大家畜增至1431头（匹），仅马就增至536匹。1957—1961

年，出售军马2562、民马508匹。1962年，实行“以生产军马为主，农牧结合，相应发展多种经营，做到口粮、饲料、种子自给”的经营方针，1971年年末，存栏马达到9721匹。到1975年年末，存栏马8938匹、牛1150头、羊12202只、猪1860头。

三、第三阶段（1976—1992年）

这一时期，军马基本完成了历史使命，同时因机械化快速发展，民马需求量大幅度减少，牧场提出“压缩马，控制牛，发展羊”的经营方针。为了发展经济和解决职工家属吃肉问题，畜牧业发展重点向养羊、养牛、养猪、养鸡业转型。1978年后，允许牧工养自留牛。1980年后，允许牧工养自留羊，但有数量限制。

1976年1月后，军马变民马，销路不畅，马价大跌，当年，畜牧业亏损14万元。到1982年年底，马匹大量出售，全场存栏2194匹。1976年，一分场7个马群全部撤销，至此，鲁仓历时43年的养马历史结束。1977年，二分场各队马匹全部出售，其后主要在木格滩养马，其他队只有少量的役马。1978年，木格滩马二队、马三队、马六队共有10个生产母马群，马一队、马四队、马五队饲养育成群。1981年，马五队马群撤销，从事农业种植。1983—1984年，马一队、马四队马群先后撤销，从事农业种植。1987年12月，马二队、马六队生产母马群撤销，分别移交给三羊队160匹和五羊队783匹。1991年，只剩下少量放牧骑马和15匹生产母马，其余马匹全部出售，马匹生产全部结束。1992年年底，各队骑马作价归牧工，存栏各类牲畜51945头（只），其中绵羊48959只。

四、第四阶段（1993—2001年）

在这一阶段，畜牧业从计划经济转向市场经济，企业全面取消肉食品供应，放开肉食品供应价格。1993—1996年，实行《绵羊生产责任制方案》，1996年下半年，实行《贵南牧场畜牧业承包经营方案》，“牛羊作价归户，草场划分到户，畜牧设施和机械作价归户”，自主经营，养殖业全面转型，企办养猪场、养鸡场、养鱼场、养牛场陆续停办或承包经营。

五、第五阶段（2001—2020年）

从2001年起，陆续实施国家退耕还林（草）工程20.11万亩，年产草2万吨左右，牧草产业快速兴起，有力推动了草牧业快速发展。到2020年，全公司存栏绵羊115158只、牦牛2741头、黄牛7098头、马513匹，绵羊比2001年前增长了337.73%。2012年，肉羊舍饲养殖存栏64000多只。2020年，牦牛育肥养殖2600多头。从2008年开始，响应青海省生态立省战略号召，与科研院校进行技术合作，积极推行放牧加舍饲快速出栏技术，促进畜牧业可持续发展。

第二节　天然草原

一、草原面积

2020 年，公司天然草原面积 48.4 万亩，占土地总面积的 47.72%，可利用面积 47.4 万亩，占全草地面积的 97.97%，其他草地（未利用）9810 亩。草场主要分布在木格滩地区（三、四、五羊队，东科大队一、二、三队），三滩地区（二羊队），鲁仓地区（一羊队）。在全公司可利用草场面积中，木格滩占 83.53%，三角滩占 9.69%，鲁仓占 6.48%，过马营及五分公司占 0.3%。平均海拔 3050～3450 米，气候类型属高原大陆性气候。2020 年各分公司草场面积见表 2-2-1。

表 2-2-1　2020 年各分公司草场面积

单位：亩

分公司名称	总面积	天然牧草地	未利用草地
一分公司	31906	30715	1191
二分公司	46024	45920	104
三分公司	404424	395917	8507
四分公司			
六分公司			
东科大队			
五分公司	42	34	8
过马营	1395	1395	0
合计	483791	473981	9810

二、草原面积变化情况

1933 年，在鲁仓建立军牧场一所。1939 年，在过马营建贵德军牧场，草原面积约 40 万亩。1943 年，合并鲁仓军牧场，同时接管森多、达布江流域共 19 万亩草原，全场草原面积达到 59 万余亩，主要分布在三滩、瓦什滩、扎德滩、鲁仓地区。1952 年，一军入朝时移交贵德县新街地区草原 4.9 万亩，草原达到 64.4 万亩。

1964 年 12 月，划给木格滩草原 83 万余亩，同时从场区划出部分草原给地方。

1986 年，青海省草原总站勘测，贵南牧场有各类草原 88 万亩（不包括沙山和农田），可利用的草原约 86 万亩。

2002 年，土地确权草原面积 51.3 万亩。

2019 年，国有农牧场土地确权时草原面积为 48.4 万亩（其中未利用草地 9810 亩），有人工草地 21.8 万亩。

历年草原面积变化情况见表 2-2-2。

表 2-2-2　历年草原面积变化情况

单位：亩

年份	草原面积	减少或增加草原面积
1933	不详	鲁仓军牧场一所
1939	400000	过马营建立贵德军牧场，增加 400000 亩周边草原面积
1943	592600	鲁仓 190000 亩，过马营地区 400000 亩
1953	628600	增加一军莫曲沟草原 49000 亩，总土地面积 643600 亩
1957—1960	498600	开垦耕地 130000 亩
1964	964000	木格滩利用增加草原面积 83.7 万亩
1980	860222	
1981	882800	过马营地区划给过马营公社草原 81800 亩、耕地 42000 亩，鲁仓地区划给森多公社草原 20000 亩、耕地 10000 亩
1986	880000	1986 年青海省草原总站勘测，贵南牧场有各类草原 88 万亩（不包括沙山和农田），可利用的草原约 86 万亩
1992	650000	开垦耕地 230000 亩
2002	512995	过马营未确权
2020	483791	取得土地使用证面积

三、草原类型及分布

公司草场分 3 类：温性草原类、温性荒漠草原类、高寒草甸类。按照植被类型又可分为4 个草场亚类，即山地草原亚类、山地荒漠草原亚类、高山（亚高山）草甸亚类、灌丛草甸亚类。

（一）温性草原类

公司草场属该类型中的山地草原亚类，主要分布在木格滩、三角滩、鲁仓的滩地、台地或宽谷，地形平坦，禾本科牧草所占比重较大，营养丰富，适口性强，耐牧，是理想的冬春放牧草地。面积 44.4 万亩，占可利用草原面积的 93.6%。海拔 3050～3300 米，气候温暖干燥，春季干旱多风，降水量 280～395 毫米，蒸发量大，土壤干燥。土壤为栗钙土，土层厚 160 厘米左右，植被覆盖度 28%～65%，优势植物有禾本科的克氏针茅、短花针茅、青海固沙草、芨芨草、扁穗冰草等。莎草科植物有细叶苔草，豆科有野苜蓿，菊科有香蒿、洋蒿，百合科有野蒜。杂草有阿尔泰狗哇草、委陵菜属植物，占有很大比重。有毒植物有醉马草、粉团花、羽扁豆、狼毒等。

（二）温性荒漠草原类

公司草场属该类型中的山地荒漠草原亚类，主要分布在木格滩和鲁仓二群台（木格滩北坎沿和二群台北及沙漠边缘）的坡地，地形破碎，坡大且陡，适宜善攀登的藏系羊放牧。气候温暖干燥，降水少，蒸发强，冬春季干燥多风。地表风蚀严重，土壤瘠薄，植被稀疏，种类贫乏。草原面积 1.9 万亩，占可利用草原面积的 4%。海拔在 3200 米左右，土壤为风沙土，土层厚 130～156 厘米，表层黄棕色，植被总覆盖度 5%～30%。优势植物有盐爪、驼绒藜、青海固沙草、针茅草、针茅等，群落中以超旱生植物为主。

（三）高寒草甸类

1. 高山（亚高山）**草甸亚类** 主要分布于过马营镇多石嘴山区和达布江河沿边，草原面积 1896 亩，占可利用草原面积的 0.4%。海拔 3200～4000 米，植被总覆盖度 55%～90%。土壤为高山草甸土和山地草甸土，土层厚 60～184 厘米，呈暗褐棕色。主要优势植物有高山蒿草、矮生蒿草、线叶蒿草、早熟禾、针茅、珠芽蓼、黄帚高吾等。草场特点是植被覆盖度大，植株低矮，群落结构复杂，种类繁多。

2. 灌丛草甸亚类 主要分布在多石嘴山区阴坡。海拔 3600～4000 米，土壤为亚高山灌丛草甸土，土层厚 50～110 厘米，土体潮湿，表层含水 92%。草场面积约 9480 亩，占可利用草原面积的 2%。主要优势灌丛植物有杜鹃、金露梅、鬼箭锦鸡儿等。优势草本植物有线叶嵩草、台草等，常见伴生灌丛高山柳、高山绣线菊等。草场植被层次分布明显，分为三层，第一层为灌木灌丛，高 22～70 厘米；第二层为草本植物层，草群高 25 厘米；第三层为苔藓植物层，厚 4～5 厘米，无放牧利用价值。草场植被覆盖度为 65%～90%，灌丛下的草本植物枝叶茂盛，柔软多汁，营养丰富，各类牲畜均喜采食。

公司各类草场面积及产草量见表 2-2-3。

表 2-2-3 各类草场面积及产草量

草场类型	可利用草场		亩产青草（千克）
	面积（亩）	比例（%）	
山地草原草场类	443646	93.6	166.6
山地荒漠草场类	18959	4	58.72
高山草甸草场类	1896	0.4	109.88
灌丛草甸草场类	9480	2	120.66
合计	473981	100	—

四、人工草地

按照2019年国有农牧场土地确权数据和土地利用性质，把退耕还林草地定性为人工牧草地，面积约21.8万亩（表2-2-4）。主要种植有披肩草、老芒麦、细茎冰草、冷地早熟禾等多年生牧草。

表2-2-4　2019年各分公司人工牧草地统计

各分公司	人工牧草地（亩）	所占比例（%）
一分公司	1389	0.64
二分公司	13246	6.08
三分公司	203083	93.28
四分公司		
六分公司		
五分公司	0	0
合计	217718	100

五、放牧方式

公司草原均处于高寒牧区，气候干燥，太阳辐射强，日照时间长，有利于禾草、莎草生长，产量高而稳定，营养丰富，具有“三高一低”优势，各类家畜均喜采食，是各类草场中的优势种群，在牧草生产中占主导地位。

天然草场的利用形式有以下几种：一是定居放牧，辅以舍饲。公司大多数牧户草场面积小且集中在一个区域内，不能分季利用，只能划区轮牧。二是分冬春、夏秋两季牧场，这是一部分牧户的放牧方式。一般夏秋季去公共放牧区游牧，一分公司羊队去茫什铎游牧一个半月，至今仍有部分牧工去游牧。2000年以前，东科大队去多石嘴游牧，2000年以后，很少去游牧。至今，从多石嘴水管队一直向南至山顶（经幡处）向西（加曲亥）9000亩草场划为生态平衡区，森多乡、过马营乡、草业公司各3000亩，享受草原生态平衡区奖补款7500元。东科大队夏天在马一队南面草场放牧，冬季回冬季牧场放牧。1976年以前，二羊队去霞石铎放牧，后来该地划归地方后，只有从原部落查乃亥、洛家和麻什干招收的牧工可以去霞石铎（三角滩南山）放牧，期限1个月，在柳梢沟游牧一个半月，其余牧户在二羊队北山上放牧。2000年前，三分公司三羊队部分牧工去莫曲沟游牧；2000年以后，不去游牧，在夏季草场放牧2个月，冬季草场放牧10个月。四、五羊队均就地放牧。草场不够用的牧户，可租赁其他牧户草场，租赁费每亩 20～30 元。

六、草原生产能力

1. 产草量 中华人民共和国成立初期，草原牧草长势良好（一、二分场），牧草高度在 35～40 厘米，密度 40%～60%，亩产草量 100～150 公斤，草质好，杂草少。1960 年后，因马匹和绵羊数量增加，加上周边牧民抢牧，造成草原产草量急剧下降。1962 年 8 月，对鲁仓分场做了一次草原调查，牧草高度 10 厘米左右，占草原面积的 80%，牧草纯度仅占 40%～50%，亩产草量 43 公斤左右。

1959 年，根据分点测定，木格滩草场平均亩产草 202.4 公斤，牧草高度 50 厘米以上。1965 年第一条自来水管线通往木格滩，核心区域开始放马，产草量开始下降。1984 年测定平均亩产 116.59 公斤，1996 年测定平均亩产 102 公斤。2000 年测定冬春草场平均 14.6 亩可养羊 1 只，夏秋草场平均 7.6 亩可养羊 1 只。1980 年，全场有草原 86 万亩，共有各类牲畜 30604 头（匹、只），折合羊单位 51585 只，平均每只羊单位占有 16.68 亩草原。2000 年以后，因人工种草、草原改良、严重退化草场禁牧等措施，草原产草量一直保持在 70 公斤/亩左右。2020 年，据测定，产草量达到了 73 公斤/亩。

2. 草场资源等级 根据全国五等八级的统一标准，据 1984 年测定，公司草场可分为优、良、中、低、劣五等。以产草量划分草场为 4～7 级，4 级草场占全公司可利用草场面积的 3.51%，5 级占 13. 80%，6 级占 78.56%，7 级占 4.13%。

七、牧草

1. 牧草种类 公司天然草场常见植物共 200 余种，隶于 52 科中的优良牧草有 134 种，占主导地位。主要有禾本科、莎草科、豆科、菊科、蔷薇科、蓼科等。

禾本科优良牧草主要有克氏针茅、短花针茅、紫花针茅、青海固沙草、紫羊茅、早熟禾、扁穗冰草、细柄茅、藏异燕麦等；莎草科有高山蒿草、矮生蒿草、线叶蒿草、华扁穗草、细叶苔草等；菊科有小白蒿、茵陈蒿等；蓼科有圆穗蓼、珠芽蓼等。

2. 适口性 天然草场牧草无特殊气味，各类家畜都喜食，因此对绵羊有较好的适口性。牛对牧草的适口性大致与羊相似，马的适口性较牛窄，喜食高禾草和莎草。

3. 牧草营养成分 天然牧草中，禾本科牧草开花期含粗蛋白 7.84%～11.76%，莎草科含 7.66%～15.17%，豆科类含 18.31%～20.73%，杂草类含 14.10%～16.56%。粗脂肪含量为 1.84%～7.81%，无氮浸出物一般为 40%～52%，粗纤维含量在 40%以下（表 2-2-5）。

表 2-2-5　牧草营养成分表

单位：%

品种		粗蛋白质	粗脂肪	粗纤维	无氮浸出物	粗灰分
禾本科	重穗披碱草	11.76	2.3	33.84	40.61	6.03
	多叶老芒麦	7.84	2.07	29.13	51.34	4.56
	芨笈草	8.17	4.05	41.09	41.89	4.8
	青海固沙草	8.66	2.27	32.27	46.72	5.02
	冷地早熟禾	9.4	2.84	36.26	45.53	5.34
	紫花针茅	8.27	1. 97	34.26	46.16	3. 94
莎草科	矮生嵩草	7. 79	4. 36	32.29	49.73	5.83
	线叶嵩草	10.38	3. 56	33.21	46. 35	6.5
	高山嵩草	15.17	4.21	26. 59	47.79	6.24
	细叶草	7. 66	6.54	30.56	50.92	4.72
豆科	黄芪	18.31	1.84	25.75	36. 93	10.53
	杂花苜蓿	20.73	2.36	17.74	42. 52	11.3
杂类花科	黄花蒿	16.56	7.81	23.08	31.42	14.46
	阿尔泰狗哇草	14.1	4.83	20.74	39. 63	14.4

八、草原建设与保护

（一）草原建设

1. 草场围栏　1966 年，开始用打土墙的方法围建草库伦，实行小区轮牧，防止混牧。1966—1970 年，木格滩各生产队围建 6000～10000 亩不等的草库伦，是青海省最早围建草库伦的单位。

1979 年，夏秋季封育草库伦 4.8 万亩，划区轮牧，用于冬春季牛羊放牧，抗灾保畜。

1985 年，在四分场围建草场 6000 亩。

1989 年后，大量用网围栏围建草库伦。

1995 年，通过国家农业综合开发草原建设项目，购买网片刺丝各 7 万米，自制水泥立柱 4700 根，建围栏 4 万亩。2016—2018 年，利用退牧还草项目更换 48 万余亩草场网围栏。

2020 年，公司草库伦达 48 万亩。

2. 退化草场改良　1967 年，开始做草原改良试验，共试验了 40 个品种，其中禾本科 26 个、豆科 13 个、十字花科 1 个。

2001 年，在三分公司三羊队投资 120 万元，改良退化草场 2 万亩，其中天然草场施肥改良 5000 亩。2004 年，施肥改良天然草场 1 万亩，配套围栏 1 万亩。2016—2017 年，在一分公司退化严重草场用播种机划破草皮播下草种，三种草籽混播（披肩草、中华羊茅、冷地早熟禾），补种 1.6 万亩，当年封育，次年长势良好，产草量大幅度提高。

3. 圈窝种草 1992 年，实施草原四配套建设，实行圈窝种草。牧民各家各户房前屋后有近 9000 亩饲草地和圈窝地，可用于种植青干草，年可产草 1800 吨，是冬春抗灾保畜的重要保障，也可减轻草场放牧的压力。2009—2011 年，给羊队、东科大队等发放燕麦籽（10 公斤/亩），圈窝种植燕麦青饲草，解决了牛羊冬季补饲草料不足的问题。

4. 草带农业 1989 年，在马二队、马六队试搞“草带农田”2500 亩（草原和农田比例为 1∶2），对草带播施化肥，牧草生长良好，同时具有减轻农田沙化、防风蚀的效果，有较好的防风固沙作用。

（二）草原保护

1. 实施草原保护和生态奖补政策 根据国家《2011 年草原生态保护补助奖励机制政策实施指导意见》，对生存环境恶劣、退化严重、不宜放牧以及位于大江大河水源涵养区的草原实行禁牧封育。青海省贵南地区大部分被列为禁牧区，中央财政按照每年每亩 10.38 元标准给予禁牧补助。对禁牧区以外的可利用草原，根据草原载畜能力核定合理的载畜量，实施草畜平衡管理，中央财政对履行超载牲畜减畜计划的牧民按照每年每亩 1.5 元标准给予草畜平衡奖励。2011—2015 年，贵南草业公司每年禁牧 48 万亩，草畜平衡 3000 亩。

2016—2020 年，按照《新一轮草原生态保护补助奖励政策实施指导意见》，公司年禁牧面积 48 万亩，补助标准 12.68 元/亩；草畜平衡 3000 亩，草畜平衡奖励 2.5 元/亩。

公司对改良区实施一年半禁牧，生态脆弱区实施春、夏、秋季禁牧，其余草场有计划地划区轮牧。

2. 禁止草原采挖 2016 年后，禁止在草原上开挖壕沟、修筑土墙、采砂石等，对已遭破坏、裸露的地方实施补播修复。

第三节 牲畜品种

一、绵羊

绵羊是公司家畜中数量最多、分布最广、比重最大的畜种。2020 年年底，公司有绵羊 115185 只，占各类牲畜总数的 91.6%，优势品种是藏系绵羊（简称藏羊）。2000 年以前，主要饲养本地高原型藏羊；2000 年后，主要饲养欧拉型藏羊。

（一）高原型藏系羊

高原型藏系羊生长能力强，耐粗饲、宜远牧，行动敏捷，主要饲养在鲁仓、木格滩、三滩等地。1950年，军马场存栏藏系羊3000只；1965年，全场有藏系羊25750只，其中军马场15800只、东科大队9950只；2020年，高原型藏系羊存栏30000只左右。1985年以前，由于饲养量少，草原丰茂，出栏周期长，场内藏系羊的体格大、毛质佳，是西宁“大白毛”的主要产地之一。藏系羊的红细胞含量高，适应海拔高、缺氧寒冷的生态环境，喜凉、怕热，喜干燥、怕潮湿，繁殖能力极强，在−25℃的环境中可同样繁衍生息。唇薄而灵活，能采食低草，在缺草或厚雪覆盖草地后可啃食根和刨开积雪吃草。

1. 体质外貌　体格大、身躯长、胸深广，前胸发达开阔，背腰平直，整个体形似长方形。头部呈三角形，额部较宽，鼻梁隆起，多有角，母羊无角者仅占9.6%。公羊角粗大，长而扁平，呈螺旋形或捻曲状，尖端向外，向左右伸展；母羊角扁平，比公羊角稍小，多呈捻曲状，有的呈小柱角。四肢粗壮，筋腱发达，蹄黑色或深褐色，蹄质坚实。尾瘦短，圆锥形，母羊尾长（13.2±1.73）厘米。少数羊颈下有肉铃。

2. 被毛形状　躯体被毛多白色，头、四肢杂色毛较多且为短毛，藏系羊中黑藏羊及杂色羊占1%～5%。体侧平均毛长26.6厘米，被毛呈毛辫结构，毛丛平均长20厘米，全身覆盖长毛辫的粗毛被，属异质混型粗毛，富有弹性，光泽度强，拉力大，是制作地毯和长毛绒的优质原料，系粗毛中的上品。成年羊皮皮板结实，耐磨，毛长，含绒毛多，保暖性强，制成的皮袄是牧区人民不可缺少的御寒衣物。6～10月龄的羔皮毛较长，有一定的弯曲，皮板薄，制作的皮衣轻便美观，为牧区人民所喜爱。

3. 生产性能　藏羊是晚熟品种，肉毛皮兼用。

（1）产肉性能。在自然放牧条件下，从初生到对牙时期生长最快。2.5岁时体重仍在上升，5岁时生长停止。体重随牧草的变化而变化，四季营养不均衡，4—5月体重为最低水平，10—11月体重达到最高。10—11月，成年公羊平均活体重达到52.7公斤，成年母羊平均活体重达到43.2公斤。

中等营养状况下，屠宰率为42%～45%，阉羊屠宰率高于公、母羊，周岁羊与成年羊的屠宰率无显著差异。净肉率均在30%左右，有的可达37%。肉嫩味美，膻味小，是牧民的主要肉食品。

20世纪50—70年代，成年母羊胴体重18～22公斤，成年公羊28～32公斤，羯羊25～30公斤。20世纪80年代后期，由于牛羊数量增长过快，草原严重超载，出栏周期缩短，个体产肉量下降，1996年下降最为严重。2001年以后，人工牧草产业开始蓬勃发展，饲草饲料充足，通过企业“私建公助”、国家农发项目支持，给每家每户盖上了保暖羊舍，藏羊体格逐渐恢复正常。

（2）产毛性能。藏羊毛属粗毛型，毛粗有髓，每年6—7月剪毛一次，成年公羊和母羊的平均剪毛量分别为1.5公斤和0.88公斤左右。绵羊不同性别年龄平均产毛量见表2-2-6。

表2-2-6　绵羊不同性别年龄平均产毛量

单位：公斤

年龄	性别	只数	产毛量	
			范围	平均
一岁半	母	43	0.4～2	1.06
	母	44	0.5～1.9	1.26
成年	公	12	1.2～2.35	1.83
	羯	9	1.2～2.45	1.92

（3）繁殖性能。一岁左右性成熟，一岁至一岁半开始初配。母羊发情周期一般15～18天，发情持续期一般30～48小时，孕期5个月（152天左右），一年一胎，多为单羔。受胎率可达95%以上，繁殖成活率均在70%以上。公羊利用年限约6年，母羊利用年限约8年，一生产羔6～7只，寿命可达10年。种羊的公母比例为（1∶25）～（1∶30），或100只母羊配备3只公羊。高原型母羊发情的季节性强，集中在6—9月，牧民群众喜冬羔，故多在7—9月配种，12月至次年1月产羔。母羊在秋季营养丰富时配种，受胎率高，胎儿发育良好，初生重、个大，断奶后时值牧草生长期，成活率高。10—11月配种所产的春羔因胎儿期发育不良，死亡率较高。

（二）欧拉羊

欧拉羊是藏羊的一个类型，原产地主要在海拔3600米左右的青海省泽库县、河南县等地，对高寒草原的低气压、严寒、潮湿等自然条件有很强的适应性。欧拉羊是藏绵羊中的肉用羊，具有生长快、产肉量大等特点。

2000年以后，羊肉价格持续攀升（2001年10元/公斤，2004年14元/公斤），与本地高原型藏羊（羊毛肉兼用品种）相比，牧民更喜欢养殖生长快、产肉量大的欧拉型藏羊。2001年后，陆续引进欧拉羊公羊进行级进杂交改良；2008年，又从河南县引进150只欧拉种公羊改良本地藏羊。2020年，欧拉羊占比达到74%。

1. 体型外貌　欧拉羊体格高、体重大，成年公羊体高75厘米，体重70公斤，母羊体高70厘米，体重58公斤，远大于一般羊种。欧拉羊头稍长，呈锐三角形，鼻梁隆起，公、母羊绝大多数都有角，角形呈微螺旋状向左右平伸或略向前，尖端向外。四肢高而端正，背平直，胸、臀部发育良好，尾瘦短，呈扁锥形，尾长13～20厘米。

2. 被毛形状　欧拉羊被毛稀，被毛纯白者不多，除躯体白色外，头蹄等部位呈褐黄色、棕色。头、四肢杂色毛居多，纯种欧拉型公羊肩部长鬃毛，胸前着生较长的黄褐色胸毛。半数以上无毛辫结构，头、颈、尾、腹和四肢均覆盖短刺毛，毛无光泽和弹性，且干死毛多，产毛量低，品质差。尾根部多黄褐色桃形。

3. 生产性能　欧拉羊是优秀肉羊品种，表现出较好的产肉性能，是进行肉用方向杂交改良不可多得的种质资源。

（1）产肉性能。自然放牧状态下，6月龄公羊平均体重35.14公斤，母羊31.44公斤；1.5岁公羊平均体重48.09公斤，母羊42.53公斤；成年公羊平均体重66.82公斤，母羊52.76公斤。1.5岁羯羊胴体重18.05公斤，屠宰率47.81%；成年母羊胴体重25.83公斤，屠宰率48.1%；成年羯羊胴体重30.75公斤，屠宰率54.19%。

（2）产毛性能。在成年母羊的毛被中，无髓毛占39.03%，两型毛占25.44%，有髓毛占7.41%，死毛占28.12%。在剪毛量方面，成年公羊平均1公斤，成年母羊0.86公斤，净毛率76%。

（3）繁殖性能。欧拉羊繁殖率不高，自然放牧的情况下1.5岁性成熟，母羊发情周期一般15～18天，孕期5个月，一年一胎，多为单羔。牧民喜冬羔，在7—9月配种，12月至次年1月产羔。

（三）改良羊

1979年，二分场用细毛羊对藏系羊进行杂交改良，数量达到3000多只，产毛量得到提高。1987年，育成各类改良羊12000余只，占绵羊总数的37 %。主要饲养在二羊队、三羊队、四羊队，其中二羊队90%以上是改良羊，三羊队70%以上是改良羊。1994年以后，改良羊的比例逐年下降。

杂种改良羊毛产量高、品质好，公羊、母羊的平均产毛量为2.2公斤和1.9公斤。1994年，大白毛3.8元/公斤，改良毛4.3元/公斤；1997年，大白毛6.0元/公斤，改良毛6.8元/公斤。

（四）小尾寒羊

2002年，从平安、乐都、贵德引进小尾寒羊22只，从山东引进小尾寒羊母羊99只、公羊6只，小规模试养。2003年，在过马营建设养殖场一处，成立牛羊繁育基地，从山东引进小尾寒羊母羔1000只、种公羊50只。2004年10月，从山东购进小尾寒羊基础母羊3064只。

小尾寒羊主要产于山东省的西南部地区，具有成熟早、早期生长发育快、体格高大、肉质好、四季发情、繁殖力强、遗传性稳定等特性。

1. 体型外貌 鼻梁隆起，耳大下垂，短脂尾呈圆形，四肢高，健壮端正。公羊头大颈粗，有发达的螺旋形大角，母羊无角。全身白色。

2. 生产性能 早熟、多胎、多羔，6 月龄即可育肥出栏。6 月龄公羔体重可达 35 公斤，周岁公羊体重可达 60 公斤、母羊可达 40 公斤，成年公羊体重 80～130 公斤，成年母羊体重约 50 公斤。公羊年平均产毛 3.5 公斤，母羊年平均产毛 2 公斤。

2005 年 12 月，存栏小尾寒羊 3749 只。经过 2 年饲养，因气候寒冷、海拔高等原因，羊群体质弱化，易得胸膜肺炎，受胎率低，羔羊死亡率高。小尾寒羊不适应海拔 3000 米以上的自然环境，2006 年全部出售。

不同年份绵羊存栏数见表 2-2-7。

表 2-2-7　不同年份绵羊存栏数

单位：只

年份	羊队	东科大队	合计
1939	510	未统计	510
1943	4000	未统计	4000
1952	8755	未统计	8755
1955	15780	未统计	15780
1962	12202	未统计	12202
1964	15800	9950	25750
1980	26750	16991	43741
1994	23656	16900	40556
2001	16513	17593	34106
2020	39357	75828	115185

二、山羊

山羊是奶、肉、皮、毛多用型本地品种。1962 年存栏 578 只；1979 年存栏 1437 只；1985 年存栏 3089 只，其中五个羊队存栏 2660 只，东科大队存栏 429 只，占各类牲畜总数的 12.3%。

山羊适应性强，耐粗饲，食谱广而杂，可采食树枝落叶和灌丛枝条，爱攀登高山峭壁，喜干燥，体质结实。山羊的眼睛向外鼓起，借以利用边缘视觉，行动灵活，活泼爱斗，合群性强，抗病力强。体型较小，头清秀，公母都有胡须，耳薄呈水平，公母多数有角，体躯狭短。被毛可分内外两层，内层生长绒毛，外层生长粗长毛，主要以黑青色为主。20世纪80年代，山羊绒经济价值较高，每公斤绒80～90元，每只山羊可产羊绒0.1公斤。公山羊两岁开始配种，母山羊1.5岁发情配种，怀孕期150天左右，一年一胎，多为单胎，一生可产5～6胎，繁活率75％～80％。

1995年以后，开始大量围栏草场，划区轮牧，牧民定居。由于山羊喜欢钻围栏，不好管理，且刨食草根，破坏草原。2008年后羊绒价格下跌，利用价值降低，饲养数量锐减。2020年，存栏山羊182只。

三、牛

饲养的牛种主要有牦牛、本地黄牛，引进品种有新疆褐牛、西门塔尔牛和荷斯坦奶牛。

（一）牦牛

牦牛是环湖型牦牛，适应高寒地区，耐粗放。牦牛齿质坚硬，门齿齿面宽平，唇薄而灵活，能充分利用各类草场。四肢粗壮，蹄质坚实，在地势陡峭的高山上行走自如，是牧民的主要驮用工具。每头负重25～50公斤，可日行25～35公里，并可日夜兼程，边走边吃草，不必卸装，被誉为“高原之舟”。

1996年年末，牦牛存栏942头，占牲畜总头数的1.9％。2020年年末，存栏2741头，占牲畜总头数的2％。一羊队、三羊队、五羊队饲养量占牦牛总数的80％，二羊队、四羊队和东科大队饲养量占20％。截至1999年，企业饲养的牦牛共59头，全部作价给牧工。历年牦牛存栏数量见表2-2-8。

表2-2-8　历年牦牛存栏数量

单位：头

年份	存栏数量	年份	存栏数量
1939	53	1979	1481
1943	700	1980	1374
1949	600	1996	942
1952	895	2008	1502
1962	537	2015	1110
1963	773	2018	2600
1970	707	2019	2519
1975	912	2020	2741

1. 体型外貌　被毛多为黑色，部分为黄褐色或带有白斑。体格较小，体型紧凑，体躯健壮，头部近似楔形，大小适中，角细而尖，部分无角。背腰微凹，胸围大，四肢短

粗、蹄质结实。公牦牛头型短宽，肩峰较小，尻短，睾丸较小；母牦牛头型长窄，略有肩峰，前躯发达，后躯较差，乳房小，呈碗碟状，乳头短小，乳静脉不明显。被毛属混型毛，下层密生绒毛，并伴随粗毛生长，体躯下部着生密而厚的粗长毛，犹如穿筒裙，尾短并生蓬松长粗毛。其余部位均着生长毛和夹生绒毛，年产毛、绒1～2公斤，其长毛历来是牧民编织帐房（藏语“纳含包”）、口袋（藏语“尕毛”）、褡裢的最佳原料。

2. 生产性能

（1）体尺体重。成年公牛、母牛平均体高119厘米和110厘米，体斜长132厘米和121厘米，胸围171厘米和155厘米，管围18厘米和16厘米，体重为273公斤和210公斤。当地牦牛体型较小，生产能力低下。1962年，为提高牦牛生产能力，制订新的选育指标：体高119～127厘米，提高10厘米；体长132～142厘米；胸围177～180厘米；管围19～21厘米；年泌乳量450公斤（当时年泌乳量200公斤）；体重250～280公斤。

（2）产肉性能。天然草场放牧条件下，成年公牛、母牛平均屠宰率为52.7％和48.1％，平均净肉率39.7％和39.3％。1980年12月测定，成年阉牦牛平均体重325公斤左右，屠宰率53％；成年牦犍牛平均可宰肉130公斤左右。

（3）产奶性能。天然草场放牧条件下，冬春季不挤奶，夏秋季日挤奶一次。初产母牛153天产奶104公斤，平均日产奶0.68公斤；经产母牛153天产奶量192公斤，平均日产奶1.26公斤。产奶量随牧草质量而变化，8月为产奶盛期，奶汁较浓，乳脂率在7％左右。贵南地区6—9月为产奶盛期，平均可产奶150公斤左右。

（4）繁殖性能。牦牛属晚熟品种，公牛一般2岁左右性成熟，3岁开始配种；母牛2.5岁左右性成熟，3岁开始配种。一般6月中旬开始发情，7—8月发情盛期，发情周期14～28天，怀孕期250～280天，每年4—7月产犊，多数3年2胎，一生可产5～7头，使用年限10年。

（5）役用性能。20世纪50—60年代，牦牛主要用于牧场畜力开荒种地和驮运物资，为早期的农业发展做出了很大的贡献。经过训练的牦牛可拉车运输农用物资、饲草饲料，是牧民游牧转场时驮运生活物资的主要工具。

（二）黄牛

本地黄牛属于蒙古小型黄牛，中等体型，为晚熟品种，是牧民奶用型的主要家畜，主要用于产奶、耕地或拉车。夏秋季放牧，冬春季放牧加补饲。1962年，存栏本地黄牛238头、三河牛2头、秦川牛2头。1978年，从沙沟乡、茫拉乡等地收购当地黄牛200多头。

1996年年末，存栏2681头（含杂交牛）。2020年年末，存栏7898头，占全公司牲畜总头数的5.65%。历年黄牛存栏数见表2-2-9。

表2-2-9　历年黄牛存栏数

单位：头

年份	存栏数量	年份	存栏数量
1962	242	1994	835
1970	340	1996	2681
1975	613	2010	3318
1979	988	2015	8667
1980	1109	2018	9880
1988	638	2020	7898

1. 体型外貌　本地黄牛主要以黑色、黄色、黄褐色、花色为主，毛短。头部略粗重，公母都有角，角短，角根圆形。鬐甲低、平、长，前胸狭而深，腹圆大，四肢细，蹄质坚实。

2. 生产性能

（1）体尺体重。成年公、母牛平均体高110厘米和97厘米左右，体斜长123厘米和112厘米，胸围140厘米和120厘米，管围20厘米和16厘米。成年公牛活体重200～300公斤，母牛180～230公斤。

（2）产肉性能。天然草场放牧条件下，中等以上膘情，公、母牛屠宰胴体重为106～160公斤和86～110公斤。成年公、母牛平均屠宰率为53.3%和48.0%，平均净肉率为43.3%和37%。

（3）产奶性能。产奶量随牧草质量而变化，7—9月为产奶盛期，日挤奶一次。经140天产奶量测定，初产母牛平均年产奶量280公斤，日产奶量2公斤；经产母牛年平均产奶量420公斤，日产奶量2～4公斤，乳脂率5.6%。

（4）繁殖性能。公牛一般1岁左右有性行为，初配年龄2周岁；母牛2～3岁开始配种，7—8月为发情盛期，发情周期21天，持续1.5～2天，怀孕期260天左右，一年一胎，一生可产6～8头，使用年限10年。

（三）新疆褐牛

新疆褐牛是乳肉兼用型品种。1983年，从新疆伊犁尼勒克县农四师二牧场引进高代杂种褐牛110头。1984年，第二次从新疆伊犁尼勒克县农四师二牧场引进高代杂种新疆褐牛母牛4头、纯种公牛3头、杂种褐牛279头，在四分场牛队饲养。

1. 体型外貌　新疆褐牛体躯健壮，头清秀，公母都有角，角尖稍直，呈深褐色，向侧前上方弯曲呈半椭圆形。毛色呈褐色，深浅不一。成年公牛体高、体长、胸围和体重分别为 144.8 厘米、202.3 厘米、229.5 厘米、950.8 公斤，成年母牛分别为 121.8 厘米、150.9 厘米、176.5 厘米、430.7 公斤。

2. 产奶性能 天然草场放牧状态下 5—9 月为产奶盛期，平均日产奶 4～6 公斤，乳脂率 4.0%。

3. 适应性 该牛产自海拔 800 米左右，引进到海拔 3200 米的四牛队饲养后，海拔差异过大，适应性明显降低，抗病力弱化。对高海拔缺氧环境耐受性急剧下降，大量出现高原性肺心病（高山病），主要表现为心律不齐、肺动脉高压，呼吸道感染后诱发咳嗽、呼吸困难、水肿。随着病情发展，出现胸腹水、肝脏肿大、肝腹水，最终因心脏衰竭死亡。牛犊产后一个月开始出现胸腹水和肝腹水死亡。新疆褐牛在贵南牧场饲养了 5 年之后，停止饲养发展。

（四）西门塔尔牛

2008 年，从甘肃武威引进西门塔尔牛 117 头。2009 年，企业筹资 51 万元、职工自筹 113 万元，从甘肃武威购进西门塔尔种牛 396 头，其中母牛 391 头、公牛 5 头，分别在六个分公司和过马营饲养。

1. 体貌特征 该牛毛色为黄白花或淡红白花，头、胸、腹下、四肢及尾帚多为白色，皮肤为粉红色，头较长，面宽。角较细而向外上方弯曲，尖端稍向上。颈长中等，体躯长，呈圆筒状，肌肉丰满，前躯较后躯发育好。胸深，尻宽平，四肢结实，大腿肌肉发达，乳房发育好。成年公牛体重 800～1200 公斤，母牛 650～800 公斤。

2. 生产性能 西门塔尔牛为乳肉兼用型，高原上年产奶量 1200～1600 公斤，乳脂率 4.2%。体格大、生长快、胴体肉多，脂肪少而分布均匀，公牛体高 150～160 厘米，母牛体高 135～142 厘米，公牛育肥后屠宰率可达 65%左右。成年母牛难产率低，适应性强，耐粗放管理。西门塔尔牛在育肥期平均日增重 1～1.5 公斤，12 月龄可达 500 公斤左右，家庭规模养殖比较好。到 2013 年，存栏 650 头。

（五）奶牛

1962 年，引进荷斯坦奶牛 5 头，在过马营园艺场饲养；1963 年 8 月，从北京引进 6—8 月龄纯种荷斯坦母牛犊 8 头；1977 年，从北京、山丹军马场引进杂种黑白花奶牛 10 余头；1983 年，从格尔木、德令哈引进杂种黑白花奶牛 20 多头，在加工厂饲养，后交给家属队饲养，主要解决过马营地区的牛奶需求。1984 年年底，海华奶牛场建成，从德意志联邦共和国引进纯种荷斯坦奶牛 37 头，开始规模化、产业化饲养，最多时达到 230 头。1994 年，在五分场北山湾饲养黑白花奶牛 10 头。

1. 体型外貌　毛色多黑白花，额、腹、四肢下部、乳房和尾帚多为白色。后躯较前躯发达，腹部圆大，侧视呈楔形，乳房发达，乳静脉粗而弯曲。公牛体高 140 厘米左右，体重 800～1000 千克；母牛体高一般在 135 厘米左右，体重 450～750 千克。

2. 繁殖性能　母牛 15～18 月龄开始配种，25～28 月龄产犊。一般一年一胎。

3. 产奶性能　荷斯坦奶牛生产性能好，产奶量高，对饲料要求也较高，饲料的质量对其产奶性能有着明显的影响。最适宜温度是 0～24℃。母牛腹大而不下垂，胸部发育良好，乳头大小适中、分布均匀，泌乳性能良好。在海华奶牛场饲养管理条件下，按一个泌乳期 300 天计，高产奶牛产奶量每日 23 公斤左右，年产奶量可达到 7000 公斤；一般奶牛每日可产奶 12.5～15 公斤，年产奶量为 3750～4500 公斤，乳脂率 3.3％。

1985 年，海华奶牛场牛奶销售给西宁奶业公司、西宁康尔素乳品厂、青海西海乳品厂。1993 年 10 月 1 日后，牛奶交贵南牧场西宁乳品饮料厂加工酸奶，形成啤酒糟饲喂奶牛、牛奶加工酸奶等产品的产业链。

1984—1996 年部分年份海华奶牛场产犊、产奶量见表 2-2-10。

表 2-2-10　1984—1996 年部分年份海华奶牛场产犊、产奶量

年份	奶牛总数（头）	产犊（头）	产奶量（万公斤）
1984	37	—	—
1990	223	68	48
1993	224	87	48.4
1994	221	87	45.4
1995	217	49	47
1996	230	40	50

4. 产肉性能　淘汰母牛屠宰率 49.7％，净肉率 40.8％；营养良好的淘汰公牛屠宰率可达 58.1％，净肉率 50.1％。

1996 年，奶牛全部作价归户。

四、马

贵南军马场最早饲养的马种是鲁仓马，因分布于鲁仓十七族住地而得名。后曾引进过一些外种马对鲁仓马进行改良，经过多代选育，繁育出挽乘兼用型军马（贵南马）。贵南马耐粗饲、灵活善走、持久力强、轻快温顺、抗寒，是适应高原的良马，深受军队和当地牧民的欢迎。1975 年，存栏 8938 匹。部分年份马匹存栏数见表 2-2-11。

表 2-2-11　部分年份马匹存栏数

单位：匹

年份	存栏数量	年份	存栏数量
1939	320	1971	9721
1949	3216	1975	8938
1950	3116	1982	2194
1954	2221	1987	943
1958	1700	1988	2041
1959	1858	1993	15
1961	1800	1995	68
1962	2032	2005	123
1964	2157	2010	268
1969	7277	2015	326
1970	8324	2020	513

注：1992 年前数据为企业养马数，1995 年后数据为牧民养马数。

1. 体型外貌　外貌清秀，结构匀称。头稍粗重，鬐甲适中，背腰平直，前胸稍窄，尾础高而尾毛多，四肢粗短端正，蹄质坚硬，属挽乘役兼用型品种。毛色以青、栗、骝三色最多，花白、沙毛次之，驳毛较少。

2. 体尺体重　一般成年公马平均体高 133 厘米，体长 143 厘米，胸围 159 厘米，管围 18.5 厘米；成年母马体高平均 125.5 厘米，体长 129 厘米，胸围 153.5 厘米，管围 17.5 厘米。成年马体重 309 公斤左右。

3. 役用性能　主要用于骑乘、运输、农业劳役等，是高原牧区的主要交通工具。放牧畜群、往来交易都靠骑马，骑乘日行 40～50 公里，步伐轻快平稳，有一定持久力。长久以来，牧民群众在喜庆节日里组织赛马活动；运输拉木胶轮车，可拉 500～600 公斤，日行 30～35 公里；用两匹马一组拉犁翻地，每日可翻地 3 亩左右。

1956 年，有乘马 90 匹（总部 8 匹、分场和队 7 匹、放牧 75 匹），拉胶轮大车马 18 匹，拉犁铧、播种机、收割机马 59 匹。1962 年，有拉车马 68 匹、骡子 9 匹。

4. 繁殖性能　怀孕期 330 天，产后 8～10 天发情，多为两年一胎。公马可利用 14 年，母马可利用 17 年。母马一生可产驹 4～7 匹，繁活率 65%～82%。

五、驴

主要是本地驴，属“郭密驴”。个体中等，耳多前竖。采食量小，耐劳苦，耐粗放管理，抗病力强，气质迟钝，秉性温顺，老幼妇孺均可使用。被毛以灰、青、土褐色为最多，黑色者多具白嘴唇及白腹。1990年，存栏驴250匹左右，主要用于牧民驮水、拉水，游牧驮运帐篷，负荷40～50公斤。一般3岁配种，每两年产一驹，可生产到18岁。到2010年，随着自来水条件的改善和交通的日益便利，驴的饲养数量明显下降。2020年，牧民不再饲养。

1972年，引进关中种公驴8匹；1973年，从陕西澄城引进关中公驴12匹。引进的公驴主要用于与马杂交繁殖骡子。

六、骡

骡子是马和驴的杂交种。公驴和母马交配生下的后代叫“马骡”，公马和母驴交配生下的后代叫“驴骡”。骡子具有驴的负重能力和耐力，也有马的灵活性和奔跑能力，是非常好的役畜。骡子有雌雄之分，但不能生育。

马骡个体大，负重能力强；驴骡个体小，负重能力相对弱一些。贵南军马场培育的全是马骡，主要供军队使用，称“军骡”，一般用于山区、高原驮运军用物资。1962年，产军骡16匹，年底存栏46匹；1967年，产251匹，产活246匹；1979年，产176匹。1961—1979年，出售军骡1429匹。

七、猪

早期饲养的品种是“八眉猪”，为地方型土种猪，属中等猪种，群众称其为“大耳朵”。该品种的优点是产仔多、抗寒、耐粗饲、抗病力强，缺点是生长慢、个体产肉量低，在莫曲沟、鲁仓、三角滩、木格滩、过马营均有饲养。1957年，在莫曲沟分场兴建养猪场，饲养“大耳朵”猪及其他杂种猪，当年宰杀肥猪31头，年末存栏200头。截至1961年，共宰杀256头，年末存栏613头。20世纪70年代，每个分场成立专业养猪班（组），组织生猪生产，青草期白天以放养为主，割青饲料饲喂为辅，晚上回圈饲喂一顿，以降低饲料成本。

1. 体型外貌　早期饲养的“八眉猪”属中等体型，结构匀称，体躯皱褶少，头大小适中，额部具纵行倒八字纹，纹密较清晰，鼻嘴直长，耳大下垂，背腰窄、平直，腹大下垂，尻斜，有效乳头6对，四肢长短适中。全身被毛黑色，毛长并有短绒毛，鬃长8～12厘米，粗硬富有弹性。性情温顺，视力较差，行动不灵。一般成年母猪体重88公斤左右，体高60厘米左右，体长120厘米左右，胸围105厘米左右；成年公猪体重100公斤左右，体高65厘米左右，体长125厘米左右，胸围120厘米左右。

2. 繁殖和生产性能　4个月可达性成熟，即可配种。母猪发情周期为15～20天，持续3天，怀孕期113天，产仔一胎10个左右，1年可产两窝。母猪繁殖使用年限7～9年，一生产仔11～13次。其保姆性强，耐粗饲，饲养1年以上的猪可宰肉65公斤左右。屠宰率为62%～65%，育肥期日增重300克左右，每头产鬃70～150克。一般饲养粗放，多户外牧养，架子猪（壳郎猪）到10个月龄左右才加料催肥出栏。

3. 生猪生产 1959年，鲁仓建一猪队，主要饲养"大耳朵"母猪、巴克夏公猪及其杂种猪。1963年，鲁仓猪队撤销，猪交给过马营园艺场（农九队）饲养。到1961年，各生产队都饲养了一定数量的猪。

1973年，召开第一次养猪会议，制订了发展养猪业的方针措施，积极推广"种、粗、圈、防"四字养猪经验（即选择适合高原自然条件的好品种、多喂粗饲料吊架子、修建猪圈、分圈养、以防为主）和饲料发酵喂猪、品种杂交改良技术等，其中农三队、农五队、农六队、农八队、农九队饲养量较大。当年，全场存栏猪2300多头，创历史最高纪录。1975年，第九届职工代表大会通过"支持鼓励职工家属养猪"的决议案，并在饲料供应和防疫等方面给予优惠政策，职工家属养猪的积极性很高。各队食堂也全部养猪，以解决食堂的吃肉问题。

1976年12月，召开全场第二次养猪会议，提出的规划是：①全场到1980年实现1人1头猪；②各分场每年搞好1个生产队的养猪工作；③办一个种猪场。措施包括迅速发展母猪数量，见母就留，先留后选；建设简易猪圈，分群饲养。

1978年9月，召开全场第三次养猪会议，在总结上年养猪经验的基础上提出了减少成本，发展生猪生产的措施：①切实控制母猪配种期，避开寒冷季节产仔；②多收多购青草和粗饲料（包括块根饲料）。

1979年，农九队开始种植块根（莞根）饲料，最高亩产达9000公斤，平均亩产在5000公斤左右，基本解决了农九队猪的粗饲料来源，减少了精料比例，降低了生产费用。1976—1980年，是牧场归地方后养猪业发展的黄金时期。这段时间，各分场生产队、场直地区（包括农九队、加工厂等）都养猪。

1977年，由赵义斌设计并负责修建了农九队猪舍，设计饲养规模2000头左右。1979年，修建了一座804平方米的综合饲料加工车间，饲养生猪1000多头。1982年3月30日，经场办公会议研究决定，鼓励职工家属饲养生猪，企业收购屠宰，猪肉供应职工家庭，并按照收购的活体重标准供应饲料。

1984年，只有农七队和农九队饲养，其他各队已全部停止生猪饲养。1985年以后，只有农九队饲养。截至1991年年底，全场共存栏猪788头，为1979年年末存栏的三分之一，其中生产母猪只有58头。1995年，职工家庭饲养生猪200余头。

1993年，贵德北山湾猪场开始规模化饲养，年饲养量1000头左右。1995年，农九队生产仔猪582头，产肉1.99万公斤，年末存栏714头；五分公司购入仔猪907头，产仔猪286头，产肉1.575万公斤，年末存栏869头。

2008—2014年，职工刘春军等组建养猪合作社，主要在过马营和马五队饲养，饲养生产母猪50余头，生猪最大饲养量达到600头左右，年出栏300～500头。

各生产队的生猪生产因饲养条件、管理水平不同，差异很大。1979年，在仔猪成活率方面，加工厂副业队、农一队、农二队最高，在96%以上，最低的农八队只有34.8%。全场公斤肉成本平均为2.4～3.4元，最低的马六队只有1.62元/公斤，最高的马二队达7.58元/公斤。

虽然多年的生猪生产一直亏损，但养猪解决了全场职工家属的吃肉问题。历年生猪存栏数见表2-2-12。

表2-2-12　1956—2020年部分年份生猪存栏统计表

单位：头

年份	存栏数	年份	存栏数
1956	19	1980	2890
1959	1443	1983	2262
1961	613	1991	788
1962	799	1993	1300
1964	495	1995	1583
1968	702	1996	500
1970	1117	1998	188
1973	2300	2001	22
1975	1060	2015	330
1977	1451	2018	1153
1978	2582	2019	137
1979	2548	2020	11

第四节　家禽水产养殖

一、鸡

1985年，成立农九队养鸡场，开始规模化养鸡，饲养品种主要有来航鸡、星杂579、星杂288蛋鸡。到1986年年末，最高存栏8140只，以后饲养量逐年下降，到1991年年末，存栏2218只。最高产蛋率26.2%，最低产蛋率11.6%，平均18.7%。1986年开始孵化鸡苗，当年孵化出小鸡22554只，孵化率48%，1987年和1989年孵化率分别为59.4%和48%。由于孵化率低，雏鸡死亡率高，养鸡场一直亏损，1990 年停止孵化。3 年间，累计孵化蛋 88908 枚，孵化出小鸡 44457 只。1992 年，在北山湾建鸡舍一栋，1993 年养鸡 1500 余只，产蛋 6500 公斤。1994 年，农九队养鸡场撤销。1996 年，北山湾停止养鸡。

2008 年以后，农八队、马五队职工陆明文、卜春兴、余红伟等开始在木格滩饲养芦花肉鸡。春天购进鸡苗饲喂一段时间，夏季利用退耕还林（草）地里的草芽和昆虫饲养。2009 年后，马五队、马六队、马七队、农八队及羊场职工在羊舍内均有饲养鸡，数量 20～500 只不等。一只芦花鸡活体重为 3.5～4 公斤，年最高饲养量达 50000 多只。

二、鸭

1985 年 3 月，在过马营加工厂建养殖场，当年饲养蚯蚓，用于饲喂鸭子，饲养北京鸭 1200 只。1994 年 4 月，养殖场撤销。

1992 年年初，在北山湾建鸭舍一栋，面积 175.5 平方米，并建水塘 2 亩，饲养北京鸭 500 只，2 个月后平均体重 2.5 公斤左右，生长发育较快。1996 年，因企业改革，鸭场由职工承包经营。

三、鱼

1992 年，北山湾挖鱼塘 24 亩。1993 年，在 20 亩水面鱼塘放养鲤鱼、草鱼和鲢鱼苗 16 万尾，年终产鱼约 150 公斤/亩。1993 年产鲜鱼 5500 公斤，1994 年产鲜鱼 3500 公斤，1995 年产鲜鱼 4314 公斤，1996 年不再养殖。

1939—2020 年部分年份畜种统计见表 2-2-13，2020 年各类畜禽统计见表 2-2-14。

表 2-2-13　1939—2020 年部分年份畜种统计

年份	牦牛（头）	黄牛（头）	奶牛（头）	马（匹）	绵羊（只）	山羊（只）	猪（头）	鸡（只）
1939	53	—	—	320	510	—	—	—
1949	600	—	—	3216	3000	—	—	—
1952	895	—	—	536	8765	—	—	—
1956	550	—	—	1113	3032	—	19	—
1959	640	—	—	1858	6431	—	1443	230
1961	776	—	—	1800	8348	—	613	—
1962	537	242	—	2032	10848	578	799	68
1964	490	273	—	2157	12382	—	495	—
1966	637	263	—	5058	15800	—	850	—
1968	669	296	—	7277	7737	—	702	—

（续）

年份	牦牛（头）	黄牛（头）	奶牛（头）	马（匹）	绵羊（只）	山羊（只）	猪（头）	鸡（只）
1970	707	340	—	8324	15551	—	1117	—
1975	912	613	—	8938	12202	—	1860	—
1979	1481	988	—	3502	22881	1437	2548	—
1980	1374	1109	—	3683	24438	—	2890	—
1982	1353	1670	—	2194	28900	—	—	—
1988	970	638	—	2041	32505	—	—	—
1993	1353	1204	210	219	48959	—	1650	—
1993	978	898	224	15	54000	—	1300	1500
1994	956	835	221	34	40556	—	848	—
1995	1320	1269	217	68	36966	—	1583	—
2008	1502	2354	—	180	67287	—	—	3000
2009	2371	3267	—	136	68122	—	—	20000
2010	1929	3318	—	268	68101	—	—	50000
2014	1400	4600	—	196	70000	—	—	7500
2015	1110	8667	—	326	80000	420	330	5340
2018	2600	9880	—	332	116680	921	1153	6500
2020	2741	7898	—	513	115185	182	11	17070

注：畜种构成以羊为主，牛次之，山羊、马、驴、猪、鸡量较少。1978 年以前的统计数据不含东科大队数据，1979 年以后统计数据中含东科大队数据。

表 2-2-14　2020 年各类畜禽统计

单位	绵羊（只）	牦牛（头）	黄牛（头）	马（匹）	山羊（只）	猪（头）	鸡（只）
一分公司	6550	540	800	16	100	—	—
二分公司	9600	45	590	2	—	—	—
三分公司	7600	720	560	38	50	—	—
四分公司	8600	350	1745	50	—	—	—
五分公司	500	—	3	—	—	5	70
六分公司	6507	85	200	11	32	6	17000
东科大队	75828	1001	4000	396	—	—	—
合计	115185	2741	7898	513	182	11	17070

第五节　畜疫防治

1949 年前，畜牧业主要以养马为主，牛羊次之。全场有兽医人员 10 余人，大都是陆军兽医学校毕业，设有兽医室。1949 年后，以马、牛、羊、猪、鸡为主。1961 年二次归军后，在总场设畜牧兽医站，生产队设兽医室，配 1～3 名兽医和 1～6 名兽医卫生员，最多时有中等专业以上的畜牧兽医技术人员 80 多人。兽医卫生防治工作贯彻“预防为主，治疗为辅，防重于治”的方针，一些传染病、寄生虫病、多发病和常见病基本上得到了控制，保障了畜牧业的发展。

家畜疫病主要有 37 种，其中传染病 21 种、寄生虫病 12 种、中毒病 4 种。

一、传染性疾病

1. 布鲁氏菌病（简称布病）　布鲁氏菌病是一种人畜共患的慢性传染病，多发生在牛、绵羊、山羊、马、猪等牲畜中，牛的感染率最高，羊次之，主要是容易引起怀孕母畜流产，是重点防治的疫病之一。1978 年，全场牛羊母畜流产率达到 4.3%，对牲畜的危害严重。该病易对人造成接触性感染，以放牧员、畜牧兽医、屠宰人员居多。1979 年，在全场组织开展了羊布病检疫工作，抽检 940 只羊，检出 41 只，检出阳性率 4.36%。

此病多采取检疫、隔离、淘汰病畜以及为健康畜注射疫苗预防等办法来减少感染率。1975 年秋季，对全场羊进行布病 M5 号菌苗的气雾免疫 1 次，牛、马注射免疫 1 次，直到 1984 年，连续 10 年气雾和注射免疫 1 次。1986 年后，春季对牛羊注射疫苗 1 次，直到 2020 年。2010 年、2011 年贵南县防疫站对该病进行抽检，公司达到了国家控制标准 0.5%以下，防治工作取得了较好成果。

2. 羔羊痢疾（简称羔痢）　羔羊痢疾是以初生羔羊腹泻为主要特征的传染性疾病，由大肠杆菌引起，主要危害初生 7 日内的羊羔，可致产后 2～5 日的羔羊大批死亡。此病在牧场广泛流行，2020 年仍在初生羔羊中发生，晚冬羔、早春羔发病率最高。1980 年，羔羊死亡率达到 34%，是影响羔羊成活率的主要疾病之一。初生羔产后 12 小时以内口服抗生素或注射四联苗预防，发病后用土霉素、氯霉素、痢特灵、泻立停、氟氧沙星等药物治疗，亦可用大蒜酊治疗，效果较好。1983—2020 年，一直不间断地在春季注射羊四联苗一次进行预防。

3. 马腺疫　马腺疫的病原为马腺疫链球菌，为马属动物的一种常发性传染病。马腺疫病对幼驹育成危害极大，冬春季节多发。20 世纪 60—70 年代，几乎每年发生。此病尚无菌苗预防，加强营养，提高抗病力，早发现、早隔离、早治疗是降低发病率、减少死亡、控制疫源传播的最好办法。临床主要表现为下颌淋巴结肿胀，一般用青霉素治疗。1970—1971 年马腺疫发病统计见表 2-2-15。

表 2-2-15　1970—1971 年马腺疫发病统计

年份	畜龄	发病数（匹）	发病率（%）	死亡数（匹）	死亡率（%）
1970	幼驹	868	38.3	18	2.07
	1～3 岁	423	10.5	12	2.84
1971	幼驹	240	10.26	20	8.33
	1～3 岁	102	2.08	20	19.61

4. 马流行性感冒（马流感）　马流行性感冒只发生于马、驴、骡等动物中，是由马流感病毒引起的一种急性呼吸道传染病，无年龄、性别、品种的差异性，秋末冬初发生较多。1953 年和 1975 年发病较多，以抗生素治疗为主。

5. 牛羊腐蹄病　该病呈季节性流行，是由坏死杆菌、结瘤拟杆菌等病原微生物引起的，临床上以不同程度的跛行为特征。在夏秋季节易发，大圈大密度饲养也易发。长期以来，随天气连续降雨有零星发生。此病仍以治疗为主，清除脓包和坏死组织，用来苏尔、双氧水、高锰酸钾消毒，涂抹龙胆紫或松馏油进行包扎。保持畜圈干燥、清洁，及时处理蹄部外伤，常在干燥牧场放牧，是预防该病的有效措施。

6. 羊痘（绵羊痘）　其病原为绵羊痘病毒，多呈地方性流行。该病传播快，发病率高，羔羊易感，是一种烈性传染病，羔羊死亡率达 10%～20%。一年四季均可发生，冬春季节多见，绵羊痘和山羊痘互不感染。从 1958 年开始，连续 10 余年使用羊痘弱毒蛋白筋胶疫苗和羊痘弱毒冻干苗注射预防。1971 年后，剪毛时注射羊痘疫苗，很长一段时间没有发生。1991 年、2003 年两次零星发病。2003—2020 年，每年注射羊痘疫苗一次预防，羊痘免疫密度达到 98%。

二、基本控制的传染病

1. 炭疽　炭疽病是炭疽杆菌引起的人畜共患急性传染病，马、牛、羊均易发生。该病雨涝之年易发，严重威胁人、畜健康，流行方式多为零星散发。1954—1972 年，曾发生此病，1985 年后得到控制。治疗主要用青霉素、氯霉素、地塞米松。

2. 口蹄疫（五号病）　口蹄疫是由口蹄疫病毒引起的一种急性、热性、高度接触性传染病，发病率高，传播迅速，常大面积流行。此病特征是在口腔、乳房和蹄部出现水泡或烂斑。

1979 年 7 月 26 日，注射牛羊口蹄疫弱毒苗 O 型、A 型，用气雾、尾根皮下注射两种方法进行了安全试验。

1983 年 3 月 18 日，过马营地区家属饲养的 4 头猪疑似发生五号病，临床症状是鼻镜、口腔、四蹄冠部发生水泡和溃烂，呈现跛行，行走困难，高热，饮水多。3月下旬，在从综合加工厂收购来的猪群中又发现同样的症状，经多方会诊，确定为五号病。随即开始严格管控和封锁，共有75头猪发病，对58头发病猪进行了屠宰填埋处理，对全场2500多头猪进行五号病乙型疫苗紧急预防注射，对52815只羊、3150头牛全部注射五号病乙型疫苗，最终彻底扑灭了五号病。对被污染场所、圈舍及用具用2%氢氧化钠溶液、1%甲醛溶液进行了全面消毒，对粪便、病畜进行了专业处理，在发病区域内三个月禁止家畜饲养。4月17日，疫病得到控制。据查，病毒来源于1982年12月29日从西宁购进的5000余公斤冷冻猪肉，3月18日，家属饲养的4头猪最初感染。

1996年春季，在二羊队、五羊队绵羊中发现此病，经过紧急防治，很快扑灭。

1996—2020年，一直不间断地注射口蹄疫疫苗，春秋各一次。2007年和2010年，青海省兽医总站和县兽医站联合对全场牛羊进行检疫，口蹄疫血清检测阴性，该病基本得到了控制。

2005年疫病免疫规定：口蹄疫免疫密度达到100%。

2006年关于做好秋季动物免疫接种工作安排，口蹄疫100%强制免疫。

2009年，为86322只羊、4572头牛注射口蹄疫疫苗。

3. 羊败血性链球菌病 羊败血性链球菌病是由兰氏C群马链球兽疫链球菌亚种引起的传染病，发病率、死亡率都很高，只感染羊。1954—1963年的10年间，有9年发病，1964年开始使用链球菌疫苗，每年夏秋进行预防注射，发病率大大下降。1983年，一分场曾发生此病，此后连续多年对绵羊注射羊链球菌苗，该病基本得到控制。

4. 羊快疫、羊猝狙、羊肠毒血症 这三种病统称梭菌性疾病。这类疫病在临床症状上有很多相似之处，有单发，也有混发，但病原不同，容易混淆，且都会造成急性死亡，致死率高达50%～100%，多在春末夏初和秋末发病，对养羊业危害很大。1957—1980年比较严重，采用三联及四联疫苗预防注射后，发病数及死亡率显著降低，该病基本得到控制。

5. 猪瘟、猪肺疫、猪丹毒 猪瘟、猪肺疫、猪丹毒是危害养猪业的三大传染病，常混合感染或以继发出现。1963年，场及周边发病1030头，死亡677头，死亡率达65%，通过预防注射基本得到控制。1971年12月，在二大队、七连、六连、九连暴发猪瘟，造成大量死亡。此后，每年注射疫苗预防，其中1979年春季注射疫苗1749头（次），秋季注射疫苗1927头（次）。

1981年，由于放开家属养猪，12月在过马营地区发生了猪瘟，主要是加工厂家属从区域外购进仔猪时带入。经过严密封锁、隔离、消毒、治疗、紧急预防接种等措施，很快控制住了疫情。

6. 马副伤寒流产　这是一种由流产副伤寒杆菌引起的传染病，以马流产为主要特征。主要在秋末冬初和春季多发，孕马和幼驹易感。1970—1971年，一直存在马副伤寒流产。注射长春兽医大学制造的“副伤寒流产”疫苗后，仍有发生，影响马匹保胎。1982年3月，由于雪灾，天气寒冷，导致马匹副伤寒病暴发，流产144匹，流产高潮在4月20日—5月10日。加强营养、在夏秋季抓膘是减少该病的最好办法。

7. 传染性口膜炎　其病原为口疮病毒（属痘病毒群），幼龄绵羊、山羊羔和犊牛最易感染，多为群发，以唇黏膜发生炎性、丘疹、脓疮为特征。2004年，传染性口膜炎在公司发生。该病治愈率高，但影响羔羊生长，因嘴疼痛，羔羊采食量减少，掉膘严重。

8. 鸡瘟　鸡瘟是一种急性、败血性、高度接触性传染病。1971年，二大队、过马营地区发生鸡瘟，用鸡瘟Ⅰ系和Ⅱ系冻干苗注射后得到控制。

9. 其他病　猪气喘病、仔猪副伤寒、鸡霍乱等也曾发生过。

三、已消灭的疫病

1. 牛瘟　牛瘟系牛的烈性病毒性传染病，表现为急性、高热、接触性传染，牦牛最易感染。1950年，牛瘟曾在军牧场发生过，党和政府的高度重视，采取了有力的防治措施，全面使用高效低毒的兔化绵羊化牛瘟弱毒苗进行预防注射，对控制和消灭牛瘟起了关键作用。1953年，该病被彻底消灭。

2. 牛肺疫（牛传染性胸膜肺炎）　牛肺疫是由牛支原体引起的接触性传染病，临床表现为纤维素性肺炎和胸膜肺炎，出现肺肝变和胸积水，多呈慢性经过。1954年10月，在牧场发现此病后，对未发病牛进行疫苗注射，起到了预防作用，至年底，牛肺疫病的传染蔓延得到控制。1961年后，全面应用牛肺疫兔化绵羊化冻干菌苗，扑灭了疫情。至2020年，未发生此病。

3. 马鼻疽　马鼻疽主要传染马属动物，也是人畜共患传染病。1955—1958年，马鼻疽就有发生；1970—1971年尤为严重，共发病9030匹，发病率达50.4%，病畜死亡率3.5%。1970—1971年，对所有马匹进行定期的鼻疽检疫（春秋两次，每次两回，间隔5～7天），对病马采取检疫、隔离、扑杀、治疗等措施，此病已被消灭（表2-2-16）。

表2-2-16　马鼻疽发病统计

年份	牲畜数（匹）	发病数（匹）	发病率（%）	死亡数（匹）	总死亡率（%）	患病死亡率（%）
1970	8988	4806	53.47	260	2.89	5.41
1971	8919	4224	47.36	56	0.63	1.33

四、中毒病

由于草原退化，毒草丛生，农药杀虫、驱虫、灭鼠剂的广泛应用，家畜中毒时有发生。据调查，中毒病有10余种，主要有4种：

1. 有毒植物中毒 棘头中毒、醉马草中毒。

2. 饲料中毒 菜籽饼（粕）中毒（未脱毒）、食盐中毒。

3. 农药中毒 磷化锌中毒、六六六粉中毒、甲拌磷中毒。

4. 药物使用中毒 四氯化碳中毒、敌百虫中毒、硫酸铜中毒。

以上中毒病中，棘豆、醉马草中毒发生最多，危害最大，主要危害马、牛、羊。

五、寄生虫病

家畜寄生虫病种类繁多，危害家畜的寄生虫病有十几种，危害大的寄生虫有5种，给家畜造成了严重危害。

（一）寄生虫病的种类

1. 马焦虫病 马焦虫病是马属家畜（驴、马、骡）易感染的一种常见的寄生虫病，该病的传播媒介是蜱虫。成熟的蜱虫在叮咬马属动物吸吮血液时，病原体以孢子虫的形态随蜱的唾液进入动物体内，导致被叮咬的家畜出现一系列患病症状。焦虫病的发生具有地方性和散发性传播的特性。

最为严重的马焦虫病发生在1969年、1970年、1971年这三年（表2-2-17），1982年也曾发生过马焦虫病。

表2-2-17 1969—1971年发生焦虫病统计

年份	存栏数（匹）	发病数（匹）	发病率%	死亡数（匹）	死亡率%	病亡率%
1969	7169	196	2.73	25	0.35	12.76
1970	8192	1242	15.16	63	0.77	5.07
1971	8194	910	11.11	32	0.39	3.52

（1）临床症状。马焦虫病临床主要表现为高温高热、呼吸心率加速、眼结膜黄染、食欲减退、舌苔黄且厚、排尿黄褐色并有黏稠症状，同时会出现贫血的症状。

（2）预防措施。定期灭蜱。

（3）治疗。治疗常用药物有贝尼尔、黄色素、阿卡普林、阿托品。

1969年和1971年各分场马焦虫病发病统计见表2-2-18和表2-2-19。

表 2-2-18　1969 年马焦虫病发病统计

养殖单位		数量（匹）	发病数（匹）	发病率（%）	死亡数（匹）	病亡率（%）
一分场	马一队	406	25	6.16	4	16
	农一队	351	4	1.14	—	—
	农二队	306	2	0.65	—	—
	副业队	27	—	—	—	—
	小计	1090	31	2.84	4	12.9
二分场	农三队	213	—	—	—	—
	农四队	427	2	0.47	1	50
	农五队	137	1	0.73	—	—
	农六队	18	—	—	—	—
	羊队	194	—	—	—	—
	小计	989	3	0.30	1	33.33
三分场	马三队	840	60	7.14	4	6.67
	马四队	736	5	0.68	1	20
	马五队	727	31	4.26	5	16.13
	马六队	762	38	4.99	7	18.42
	草原队管道队	24	1	4.17	—	—
	小计	3089	135	4.37	17	12.59
四分场	马七队	612	11	1.80	1	9.10
	马八队	620	2	0.32	—	—
	马九队	392	2	0.51	—	—
	农八队	215	—	—	—	—
	小计	1839	15	0.82	1	6.67
过马营		162	12	7.41	2	16.67
合计		7109	196	2.73	25	12.76

表 2-2-19　1971 年各大队马焦虫病发病统计

养殖单位		马匹数量（匹）	发病数（匹）	发病率（%）	死亡数（匹）	病亡率（%）
一大队	一连	182	3	1.65	—	—
	二连	417	29	6.95	—	—
	三连	374	6	1.60	—	—
	四连	28	—	—	—	—
二大队	七连	207	1	0.48	—	—
	八连	145	4	2.76	—	—
三大队	十连	1143	105	9.19	4	3.81
	十一连	914	84	9.19	1	1.19
	十二连	795	124	15.60	13	10.48
	十三连	770	85	11.04	3	3.53

（续）

养殖单位		马匹数量（匹）	发病数（匹）	发病率（%）	死亡数（匹）	病死率（%）
四大队	十六连	789	50	6.34	4	8.00
	十七连	843	112	13.29	2	1.79
	十八连	1004	283	28.19	5	1.77
	十九连	490	22	4.49	—	—
过马营		93	2	2.15	—	—
合计		8194	910	11.11	32	3.52

注：1970 年 3 月，将各分场改为大队，各生产队改为连队。1974 年，恢复分场、生产队。

2. 马媾疫 马媾疫以外生殖器炎症、水肿、皮肤轮状丘疹和后躯麻痹为特征，可引起马属动物生理功能紊乱，生产性能下降，繁殖功能失常，是一种慢性接触性原虫病。世界动物卫生组织（OIE）将其列为 B 类动物疫病。

马属动物对媾疫锥虫易感。媾疫锥虫主要在动物的生殖器官黏膜寄生，通过病畜与健康畜交配感染，幼畜可经乳汁感染，也可通过未经严格消毒的人工授精器械、用具等传染，带虫马是马媾疫的主要传染源。

1970 年，共流产、夭亡、倒毙 574 匹，其中倒毙 260 匹。1971 年，共流产、夭亡、倒毙 336 匹，其中倒毙 148 匹。

3. 羊鼻蝇 羊鼻蝇即生活在草原上的羊狂蝇，属双翅目，狂蝇科。羊鼻蝇幼虫病是羊狂蝇所产幼虫在羊鼻腔活动引发的羊应激性反应，有摇头、甩鼻、流鼻汁、流泪、狂躁不安等症状。患病羊鼻腔内的幼虫在羊打喷嚏时会被喷到地面上，在土中或粪便中成长成蝇，继而再度侵袭感染羊群。每年 8 月中下旬是羊鼻蝇的感染期，用敌百虫肌注和口服两种方法治疗。

4. 马胃蝇 马胃蝇幼虫常寄生于马、驴、骡等家畜的消化道内，故称“胃蝇”。成虫外观似蜜蜂，成蝇活动的季节多在 5—9 月，8—9 月活动最盛。

马胃蝇在整个寄生阶段均有致病作用。寄生初期在口腔、舌部、咽喉部，引起局部水肿、炎症或溃疡；幼虫移行到胃、十二指肠，引起慢性胃肠炎或出血性胃肠炎；幼虫排出体外时，引起尾根和肛门部擦伤、炎症。病马表现为食欲减退、消化不良、贫血、周期性疝痛、多汗、消瘦，使役能力下降，严重的可因渐进性衰弱而死亡。

5. 吸虫病 主要为肝片吸虫和前后盘吸虫。

6. 绦虫蚴病 主要为棘球蚴病（又称包虫病）、多头蚴。

7. 绦虫病 主要为猪的囊尾蚴、猪蛔虫、羊莫尼茨绦虫。

8. 线虫病 以牛羊肠道线虫，牛羊肺线虫最为重点。

9. 外寄生虫病 主要有疥螨、虱子、蜱、蚤类。

很多寄生虫病是人畜共患的疾病，且会引起严重的危害，影响人体健康。特别是人的包虫病，1970—2020年，过马营周边出现1000多名包虫病患者，给牧场及周边人民的健康带来了巨大危害。

（二）寄生虫病流行及防治

1. 驱虫时间 一般具有地方性、季节性和自然疫源性特征。按照这一规律，驱虫时间为：

（1）马。第一次驱虫在2—3月，第二次驱虫在10—12月，焦虫病的预防在3—5月进行。

（2）羊。春季在2月底3月初，秋季在10月进行2次内寄生虫驱虫，7月进行药浴。2015年后，采用高压喷雾淋浴来驱除体外寄生虫。所用药物主要有伊维菌素、阿苯达唑、敌百虫、螨净。

（3）猪。在仔猪断奶后1个月进行第一次驱虫，间隔3个月进行第二次驱虫。

（4）牛。在秋季进行一次牛皮蝇幼虫驱虫。

2. 驱虫药物 绵羊肠道线虫主要用阿苯达唑，牛羊肝片吸虫用硫双二氯酚，马肠道线虫主要用敌百虫、硫双二氯酚，猪内寄生虫主要用敌百虫、四咪唑驱除，羊外寄生虫病驱虫用敌百虫。

3. 体外寄生虫防治 1962年，全场修建了5个羊药浴池。1980年，建了3个铁皮羊药浴池，用六六六粉药品进行药浴驱虫，驱虫效果非常好。1989年又修建了5个药浴池，绵山羊全部进行药浴。2008年后采用更加便捷的高压喷淋对体外寄生虫进行药浴，或采用口服或注射针剂来驱虫，按照驱虫计划要求，每年7月底剪毛后完成。药物主要有螨净、氯氰氢菊酯、六六六粉等。

4. 体内寄生虫防治 20世纪50年代用四氯化碳、二硫化碳驱虫。1964年，开始用敌百虫驱虫，成年马口服20克。1965年，建立了春秋两季驱虫制度。20世纪80年代后，全面严格执行驱虫计划，重点对放牧的牛羊进行1年2次的口服驱虫。2000年后，主要用针剂注射和口服药物驱虫。

5. 特殊寄生虫病（包虫病）**防治** 1985—1991年，一分场一羊队绵羊棘球蚴感染率为41%，经过多年发放包虫病防治宣传知识手册，增强人们对包虫病的防护意识，切断包虫病传染源，用药吡喹酮咀嚼片给狗驱虫，坚持月月驱虫。据2019年检疫结果，羊的包虫感染率下降到2.25%，控制在《2016—2020年青海省防治包虫病行动计划》的省级标准10%之内。

1984年制定的各类牲畜疫病防控项目见表2-2-20。

表 2-2-20　1984 年制定的各类牲畜疫病防控项目

畜别	防控项目	春季（次）	秋季（次）
马	鼻疽检疫	1	1
	内外驱虫	1	1
	焦虫病预防注射	2～3（3—4 月）	—
	破伤风疫苗	1	—
	副伤寒流产杆菌疫苗	—	1（9 月）
	炭疽芽孢苗	1	—
羊	三联苗	1（产羔前）	—
	布氏杆菌疫苗	—	1（气雾）
	五号病疫苗	1	1
	驱虫	1	1
	药浴	—	2（剪毛后）
	炭疽芽孢苗	1	—
牛	出败疫苗	1	—
	布氏杆菌疫苗	—	1
	五号病疫苗	1	1
	牛皮蝇	—	1（9—10 月）
	肺疫疫苗	1	—
	结核菌素	1	1
	炭疽芽孢苗	1	1
	驱虫	1	—
猪	猪瘟疫苗	1	1
	肺疫疫苗	1	1
	副伤寒疫苗	1	1
	五号病疫苗	1	1
	驱虫	1	1
鸡	鸡新城疫疫苗	1	1

第六节　畜　产　品

公司地处草原牧区，1976 年以前，主要以饲养军马为主，牛、羊、猪的饲养量较少，主要满足职工、家属生活所需，商品率较低。1992 年，有羊 48599 只、牛 2500 头、猪 1650 头。2001 年，实行退耕还林（草）项目，草产业得到发展，牛羊数量大幅度增加，畜产品（肉、毛、皮、乳以及牛羊的内部脏器）市场转化率加快，成为公司和牧民经济收入的重要来源。2020 年，存栏羊 115185 只、牛 9830 头，畜产品资源丰富，畜牧业产值占农业总产值的1/3左右。

2020年，从天然草场与畜产品产出比来看，每100亩草原产毛8.56公斤，产肉88.1公斤，提供产值6210元左右，产值62元/亩（1958年产值0.64元/亩），草原生产能力比1958年以前大幅度提高。1962—2020年部分年份畜牧业产量见表2-2-21。

表2-2-21　1962—2020年部分年份畜牧业产量

项目		年份											
		1962	1967	1979	1980	1990	1991	1992	1993	1994	1995	1996	2020
产仔数	产活羔羊（只）	3834	—	6353	6979	2646	2773	5341	5990	5384	4235	3450	5437
	产活牛犊（头）	145	—	273	283	64	72	156	129	79	87	68	934
	产活马驹（匹）	391	1261	1065	1061	51	33	633	—	—	—	—	—
	产活仔猪（头）	618	—	2242	—	654	720	—	546	793	868	800	—
产品	产牛羊肉（公斤）	—	—	—	—	86100	189426	—	81300	61000	62400	87000	419673
	产猪肉（公斤）	—	—	81160	82200	—	—	—	33500	20650	35650	—	—
	产蛋（公斤）	—	—	—	—	4373	1405.8	—	6500	1543	—	—	—
	产羊毛（公斤）	—	—	22597	40805	64100	—	—	20530	20530	20505	20877	88358
	产牛奶（公斤）	—	—	—	—	396850	480000	—	484000	540000	470000	508000	—
	产活鱼（公斤）	—	—	—	—	—	—	—	—	3500	4314.5	—	—

注：1995年销售活羊4160只，折合羊肉62400公斤。

一、肉产品

肉产品主要有羊肉、牛肉及牛羊内脏（下水）、猪肉、鸡肉、鱼肉。

1. 菜羊　1995年以前，每年秋季，总场按计划调拨活羊，其中50%活体分配到各个生产队，50%在过马营集中屠宰，每人供应5公斤冬肉。1980年调拨活羊4100只，1985年调拨4680只，1990年调拨4276只，1995年调拨4160只。1996年以后，羊作价归户，不再按计划调拨菜羊，羊只按市场化交易。

2. 菜牛　年收购200头左右。1985年调拨价200～300元/头，市场价格500元/头左右。1988年调拨83头，1989年调拨160头，1990年调拨189头，1991年调拨220头，1992年调拨102头。

3. 副产品（牛羊下水）　副产品指头、蹄、心肝肺、肚、大肠及小肠（也叫米肠）。年产羊下水2000副左右、牛下水200副左右。一般十月开始屠宰牛羊，牛羊下水自然冷冻保管，不经过加工，整套出售给职工家庭食用，选择头、肚、心、大肠、蹄，经过特别加工处理，除去异味制作成杂碎美食。1971年，羊下水0.5元/副，牛下水4元/副，米肠0.68元/盘。1989年，羊下水2元/副，牛下水30元/副，米肠10～25元/盘。

4. 猪肉　牧场饲养的肉猪屠宰后供应职工及家属，按粮油本每月供应1～2次。1979

年，产猪肉81160公斤，每公斤猪肉成本2.87元，每月人均供应0.8公斤。

1991年，猪肉供应逐步实现市场化。1995年以后，随着市场经济的进一步开放，饲料供应充足，家庭养猪业快速增长，市场猪肉交易活跃，可完全满足市场需求。1962—1991年部分年份猪肉产量和仔猪产量见表2-2-22。

表2-2-22 1962—1991年部分年度猪肉产量和仔猪产量统计

年份	产猪肉（万公斤）	产仔猪（头）	年份	产猪肉（万公斤）	产仔猪（头）
1962	—	618	1993	3.35	546
1979	8.12	2242	1994	3.44	793
1980	8.22	1998	1995	3.66	868
1990	8.61	654	1996	4.56	800
1991	6.94	720	1997	—	—

5. 鸡、鱼 1985—1994年，年出售活鸡1000～3000只。因产量有限，没有纳入供应范围，职工按市场价购买。

1993—1995年，五分场养殖的鱼按照市场价格销售。

二、毛产品

1. 藏羊毛（西宁大白毛） 藏羊毛是制造地毯、毛毯、长毛绒的上好原料，全年可产毛5万公斤左右，是企业和牧民的部分收入来源。1955年后，为提高羊毛产量，进行绵羊改良，生产了部分改良半细毛，产毛量达到2万公斤，为毛纺工业提供了优质原料。1993年，白毛收购价7元/公斤，黑花毛3.4元/公斤。

2000年以后，经过级进杂交改良本地藏羊。2020年，全公司80%为欧拉型藏羊，羊毛产量、品质下降，只能用作一般地毯毛。

2. 山羊绒、毛 山羊每年抓绒和剪毛一次，山羊绒纤维细而柔软，为高级纺织品原料。山羊绒分为白绒、青绒、紫绒三种，其中白绒价值最高。2015年产量50公斤左右，2018年产量100公斤左右。

山羊毛具有毛纤维长、拉力大、弹性强等特点。

山羊胡子是制作毛笔和各种化妆用刷的主要原料。

3. 牦牛绒、毛 牦牛绒纤细、柔软而有光泽，是纺织制服呢、长格绒、牛绒衫的原料。牦牛绒比毛价高40%，生产季节在4—6月。2018年，牦牛绒产量2000公斤左右。

牦牛毛纤维长，具有弹性好、拉力大、耐磨而富有光泽等特点，是牧民制作毛绳、毛毡、口袋、帐房等的主要原料。2018年，牛毛产量3000公斤左右。

三、皮产品

1. 羊皮 牧场生产的老绵羊皮多为藏羊皮，张幅大，板质厚实，弹性好，有光泽，年产 2 万张左右，在 20 世纪 60—80 年代，是场综合加工厂制革车间加工皮大衣、皮卡衣等劳保用品的主要原料。藏绵羊羔皮毛长 3.3 厘米左右，有黑、白、花三种，黑色羔皮称“紫羔皮”，毛根呈紫色或黑色，毛中尖部纯黑，毛细软、空疏，花弯多，有圆花，花口小坚实，板质良好，花纹均匀者为上选，青根次之，牧民用来制作皮衣、皮帽、皮马甲、手套等。1964 年，羔皮 10 元/张。

2. 牛皮 年生产黄牛皮、牦牛皮、犏牛皮等 2000 张左右。黄牛皮真皮层的网状厚度大（占总厚度的 60%），其皮板纤维编织紧密、细致、拉力强、有弹力，制成革后坚固，抗断性强。牦牛皮板质厚壮，粒面粗糙，皮板纤维编织松弛，乳头层厚（占真皮 1/2 以上），张幅较小。犏牛皮皮板较厚壮，粒面较粗糙，纤维编织较紧密，网状层较厚，质量比牦牛皮好。20 世纪 60—80 年代，场综合加工厂制革车间用牛皮制作皮带、挽具等。

第七节 畜产品的收购与价格

一、畜产品的收购

1990 年以前，畜产品由企业统一收购，羊毛收购价格参照当地政府指定的畜产品指导价执行。畜产品收购价格进行过 3 次调整。1979 年，每 100 公斤二级去骨牛肉比 1975 年提高 74.42%，每 100 公斤二级羊肉提高 31.93%。20 世纪 80 年代后期，随着经济的发展，畜产品价格提升很快。1996 年，牛羊作价归户，草原承包到户，畜产品随行就市。2020 年，活羊市场价格 1200～1500 元/只，活牛市场价格 6000～10000 元/头，折合羊肉 68 元/公斤，牛肉 66 元/公斤。

二、畜产品购销价格

20 世纪 50—60 年代，企业饲养的羊比较少，淘汰母羊和羯羊除给羊队牧工分配（牧民禁止饲养自留畜，夏季每户 2 只羊、冬季每户 3 只羊供食用）外，职工一般 2 人一只羊或一户一只羊，其余羊分配给各队食堂。母羊作价 8 元/只，羯羊 12.5 元/只，后期母羊涨到 13.5 元/只，羯羊 16.5 元/只；三等活牛 60 元/头，二等 90 元/头，一等 130 元/头。从东科大队收购的菜羊价格略高于企业羊只价格。由供应科负责分配，以调拨单的方式领取菜羊或菜牛，年底统一核算。1951 年家畜价值计算标准见表 2-2-23。

表 2-2-23　1951 年家畜价值计算标准

价格：元

畜品		价格					
		1岁	2岁	3岁	4岁	5～10岁	11岁以上
牛	黄牛	—	—	—	40	40	40
	黄牛犊	7	15	30	40	—	—
	犏牛	—	—	—	80	80	80
	犏牛犊	10	20	50	80	—	—
	牦牛	—	—	—	40	40	40
	牦牛犊	7	15	30	40	—	—
羊	绵羊	1.5	6	6	6	6	—
	山羊	0.75	3	3	3	3	—
	种羊	3	8	8	8	8	—

1964 年，土种藏羊毛 2.2 元/公斤，土种羔毛 1.6 元/公斤。

1969 年，开始大批屠宰活羊，供应全场职工家属，各生产队仍然按照活羊分配给职工，分配办法为按照粮油供应证上的人口数供应。

1971 年贵南军马场活畜、肉类内部供应价格调整见表 2-2-24。

表 2-2-24　1971 年贵南军马场活畜、肉类内部供应价格调整

名称	标准	调整前	调整后
生猪	活重 50 公斤以上	1.06 元/公斤	1.06 元/公斤
仔猪	活重 10 公斤以下	1.6 元/公斤	1.8 元/公斤
	活重 10.5～30 公斤	—	1.3 元/公斤
	活重 30.5～50 公斤	—	1.1 元/公斤
猪肉类	肥肉膘 3 厘米以上	1.84 元/公斤	1.58 元/公斤
	肥肉膘 3 厘米以下	1.56 元/公斤	1.4 元/公斤
	公、母猪肉	1 元/公斤	0.6 元/公斤
	猪板油	2.4 元/公斤	2 元/公斤
	猪下水	0.6 元/副	0.5 元/公斤
活牛	一等（肉 100 公斤以上）	按质论价	100 元/头
	二等（肉 75 公斤以上）	按质论价	70 元/头
	三等（肉 75 公斤以下）	按质论价	40 元/头
牛肉类	牛肉	0.9 元/公斤	0.8 元/公斤
	一等牛下水	6 元/副	4 元/副
	二等牛下水	5 元/副	4 元/副
	三等牛下水	4 元/副	4 元/副
	牛剔骨	0.1 元/公斤	0.08 元/公斤

（续）

名称	标准	调整前	调整后
活羊	单个调出	18.5 元/只	18.5 元/只
	成群调出	18.5 元/只	16.5 元/只
	淘汰公、母羊	13.5 元/只	13.5 元/只
羊肉类	羯羊肉	0.76 元/公斤	0.64 元/公斤
	淘汰母羊肉	0.72 元/公斤	0.6 元/公斤
	淘汰公羊肉	0.72 元/公斤	0.5 元/公斤
	羊下水	0.5 元/公斤	0.5 元/副

1983 年，企业养殖的菜羊核算价 25～65 元/只。1984 年，牛皮 12～15 元/张，羊皮 4～7 元/张。1985 年，羊皮计划收购价在 10～20 元/张，市场价在 25～35 元/张。

1989 年，东科大队菜羊羯羊收购价 43 元/只，母羊 37 元/只。

1990 年，羯羊收购价格 90 元/只，母羊 65 元/只。冬肉供应活羊羯羊 75 元/只，母羊 50 元/只，差价由企业承担，每 3 人分配一只活羊，市场价格约 100 元/只。牛肉供应价格为 3.6 元/公斤，羊皮市场价 100～120 元/张，羊下水 2 元/副。

1992 年，母羊供应价格 50 元/只，羯羊供应价格 65 元/只，市场羊皮销售价 85 元/张，牛皮 260 元/张。1992—1993 年，生产队每 2 人供应 1 只活羊，过马营地区供应羊肉 3.5 公斤/人，供应价格 4.8 元/公斤。1992—1993 年规定指标和收购价格见表 2-2-25。

表 2-2-25　1992—1993 年规定指标和收购价格

类别	产品	指标	供应	收购价格
企业	活羊（羯羊）	65 元/只	65 元/只	一级肉 2.8 元/公斤、二级 2.6 元/公斤、三级肉 2.2 元/公斤、等外 1.2 元/公斤、下水 2 元/副
	活羊（母羊）	50 元/只	50 元/只	
	羊毛（成年）	1～1.4 元/公斤	—	大白毛 3.5 元/公斤
	羊毛（1 岁）	0.9 元/公斤	—	黑花毛 1.7 元/公斤
	杂种毛	1.5～2 元/公斤	—	—
东科按照基数上浮 10%	菜羊（羯羊）	70 元/只	65 元/只	企业补贴 5 元
	菜羊（母羊）	70 元/只	50 元/只	企业补贴 20 元
	羊毛（成年）	1～1.4 元/公斤	—	半细毛 4.3 元/公斤、大白和白改毛 3.8 元/公斤、黑花毛 1.75 元/公斤
	羊毛（1 岁）	0.9 元/公斤	—	
	杂种毛	1.5～2 元/公斤	—	

注：当时畜产公司的价格为半细毛 6.8 元/公斤、大白毛 6.0 元/公斤、黑花毛 3.0 元/公斤、羔毛 3.6 元/公斤，收购数量按照每只羊 0.75 公斤计划收购。收购羊活体重羯羊 52.5 公斤以上，母羊 45 公斤以上。

1996年，羊毛收购价格参照当地畜产公司的价格，半细毛6.8元/公斤，大白毛6.0元/公斤，黑花毛3.0元/公斤，羔毛3.6元/公斤，按照0.75公斤/只收购。1998年，按1公斤/只收购。

2000年，羊下水5元/副；2010年，羊下水15元/副。

2020年，羊活体重32元/公斤，牛活体重35元/公斤；牛皮30～50元/张，羊皮5元/张；羊下水50元/副，牛下水约300元/副。

1951—2020年部分年份畜产品价格见表2-2-26。

表2-2-26 1951—2020年部分年份畜产品价格

年份	牛肉（元/千克）	活羯羊（元/只）	活母羊（元/只）	羊毛（元/公斤）	猪肉（元/公斤）
1951	—	6	6	—	—
1964	—	—	—	1.6～2.2	—
1972	0.9	18.5	13.5	—	1.58
1984	2	25	20	4～5	2.1
1989	3.4	65	50	—	3.4
1990	3.6	90	65	—	4
1992（企业）	4	65	50	—	6
1992（东科大队）	—	70	70	—	—
1994	9.2	135	115	7.6～8.6	10
1998	12	180	160	6	10.6
1999	14	200	170	6	11
2000	16	260	240	5.5	11
2005	20	300	260	5	12
2010	30	600	500	5	16
2020	66	1200	1000	6	52

第八节 畜种改良

一、绵羊改良

1. 半细毛改良 根据青海省家畜改良区域规划，贵南属于半细毛羊改良区和高寒草原绵羊区。20世纪50年代，贵德军牧场开始开展绵羊改良工作。

1955年，从新疆引入纯种新疆细毛种公羊8只，对藏羊进行杂交改良。之后断断续续进行了40多年的改良工作，先后引进了1700多只细毛和半细毛种公羊、2300多只种母羊。

1956 年，由金国璠等在三滩和过马营地区开展绵羊的人工授精工作。杂种一代具有明显的生长速度优势，但由于自然环境严酷，杂交后代羔羊被毛短，对气候的适应性差，无自身保暖能力，群众仍按照传统方式管理杂交羊，冻死的较多，成活率低。1958 年，绵羊人工授精工作结束。

1962 年，绵羊以细毛羊杂交改良为主、土种选育为辅，培育指标为活体重 50～60 公斤，个体剪毛量 4～5 公斤，毛的细度 48～58 支纱，毛长 8～9 厘米。

1966—1968 年，再次在二羊队开展绵羊人工授精工作，因杂种后代对气候的适应性差再度停止改良工作。之后，从外地购入大量种公羊，进行本交改良。

1977—1978 年，召开两次养羊会议，明确实行绵羊改良计划。

1977—1984 年，先后从青海省湖东种羊场、青海省河卡种羊场、青海省三角城种羊场购入青海细毛羊、茨盖羊、罗姆尼羊和杂种公羊。

1979 年，制订的改良计划是：一分场羊群开展藏系羊本品种选育，提高大白毛的纯度、质量；二、三、四分场和东科大队的羊群用青海细毛羊、新疆细毛羊、茨盖羊进行杂交改良，提高产毛量和毛的品质。

1993 年，从青海省三角城种羊场引进半细毛羊 500 只，从甘肃省皇城种羊场引进细毛羊 67 只，对本地藏系羊进行杂交改良，始终未能取得预期效果。至 1997 年，杂种细毛羊存栏 4000 余只。随着牛羊作价归户，因改良羊适应性差、羔羊成活率低、管理劳动强度大等原因，牧民对养殖改良羊积极性不高，倾向于养殖高原藏系羊，绵羊改良计划停止。

1955—1995 年部分年份引进种羊品种及数量见表 2-2-27。

表 2-2-27　1955—1995 年部分年份引进种羊品种及数量

单位：只

<table>
<tr><th>年份</th><th>品种</th><th>数量</th><th>年份</th><th>品种</th><th>数量</th></tr>
<tr><td>1955</td><td>新疆细毛羊（公）</td><td>8</td><td>1985—1987</td><td>贵德常牧、贵南沙沟、泽库、同德藏羊</td><td>5000</td></tr>
<tr><td rowspan="2">1962</td><td>新疆细毛羊（公）</td><td>46</td><td rowspan="2">1989</td><td rowspan="2">三角城细毛羊（公）</td><td rowspan="2">60</td></tr>
<tr><td>半细毛羊</td><td>2330</td></tr>
<tr><td>1968</td><td>茨盖羊（公）</td><td>不详</td><td>1991</td><td>三角城细毛羊（公）</td><td>150</td></tr>
<tr><td>1976</td><td>高代杂种（公）</td><td>不详</td><td rowspan="2">1993</td><td>三角城细毛羊（公）</td><td>500</td></tr>
<tr><td>1977—1979</td><td>湖东藏羊（母）</td><td>5300</td><td>甘肃皇城细毛羊（公）</td><td>67</td></tr>
<tr><td>1980</td><td>河卡茨盖羊（公）</td><td>30</td><td rowspan="2">1994</td><td>三角城细毛羊（公）</td><td>100</td></tr>
<tr><td>1983</td><td>英德尔罗姆尼（公）</td><td>10</td><td>甘肃皇城细毛羊（公）</td><td>87</td></tr>
<tr><td rowspan="2">1983—1984</td><td rowspan="2">河卡半细毛 500、三角城半细毛 250</td><td rowspan="2">750</td><td rowspan="2">1995</td><td>甘肃皇城细毛羊</td><td>460</td></tr>
<tr><td>三角城细毛羊（公）</td><td>500</td></tr>
</table>

2. 欧拉羊改良 2001年，牧民自行购入欧拉羊种公羊，通过本交对自家藏系羊进行改良。2010年，公司从青海省河南蒙古族藏族自治县购进欧拉种公羊150只，分配给牧民，对本地藏系羊进行级进杂交改良，至2020年，存栏欧拉羊8万余只。

二、牛品种改良

1. 黄牛改良 1979年，用海福特牛冷冻精液对马一队黄牛群进行配种试验，输精4头，怀孕3头。四分场羊队用黑白花公牛与黄牛进行杂交改良，产犊7头。据测定，9月龄杂种牛体重124公斤，体高95厘米，而同龄土种黄牛体重76公斤，体高84厘米，效果明显。

1980年夏，由黄应雪等选用海福特、黑白花、西门塔尔牛冻精液对四分场黄牛进行人工授精，随后配种点发展到2处。

1983年5—6月，从新疆引进高代杂种褐牛110头，用于改良当地黄牛。

1984年，四羊队引进新疆褐牛及其冻精，以后均用褐牛精液杂交改良，同时，对新疆褐牛母牛也进行人工授精。

1986年，四羊队人工授精工作结束，改用褐公牛本交改良。10年间累计参配母牛3000多头，受胎率达80%以上。

2. 牦牛改良 1962年，开始做牦牛纯种选育。选育指标为：体高119～127厘米，比原有品种提高10厘米，体长132～142厘米，胸围177～180厘米，管围19～21厘米，泌乳量450公斤，体重250～280公斤。2010年，从青海省大通种牛场购进40头四分之一野血公牦牛对本地牦牛进行改良和复壮。

三、生猪改良

1957年，引进内江猪。1959年，引进巴克夏猪。20世纪70—80年代，引进内江、巴克夏、苏白、长白公猪为父本与当地母本杂交。1973年，召开全场第一次养猪会议，制订了发展养猪业方针措施，积极推广“种、粗、圈、防”四字养猪经验和发酵饲料喂猪，把品种改良工作排在了第一位。1976年12月召开全场第二次养猪会议，1978年9月召开全场第三次养猪会议，两次会议都强调抓好猪品种改良工作。1977年，农九队猪场成立后，引进约克夏、长白、汉普夏、杜洛克等优良品种猪，对本地土种猪进行杂交改良。杂种猪适应性强，产肉量明显增加，土种猪逐步被淘汰，1985年以后饲养的猪全部为杂交猪种和新品种猪。

第九节　现代畜牧养殖

一、生态畜牧业

公司地处高寒牧区，草地生态系统非常脆弱，2008 年，超载 72%，草畜矛盾严重，长期处于恶性循环之中，已严重威胁草地生态系统及牧民的生产生活。从 2008 年起，青海省政府率先提出以转变畜牧业发展方式为核心的草地生态畜牧业建设理念，启动海南藏族自治州生态畜牧业可持续发展实验区，公司被列为生态畜牧业可持续发展实验区核心区域。2011—2020 年，青海省制定《国家可持续发展实验区海南藏族自治州生态畜牧业发展总体规划》和《青海省海南州生态畜牧业可持续发展实验区》，公司按照省州规划，大力发展草地生态畜牧业，实现草畜平衡、产业链升级，探索出了“公司＋养殖基地＋合作社”的可持续发展模式。

重点建设内容和技术应用有：对退化人工草地进行改良，每年达到 3 万～4 万亩；完成人工牧草收割、运输、储藏、加工；优质牧草高效利用；建设高标准养殖场、有机肥加工厂，牛羊健康养殖，有机肥无害化处理循环利用。

二、有机畜牧业

2012 年，开始制订有机产品创建方案：有机养殖业以高原牦牛、藏系羊为主，重点依托鲁仓、三角滩、木格滩有机天然草地发展放牧养殖业；利用有机青稞秸秆、有机人工草地饲养，建设标准化集中养殖小区，发展舍饲牛羊养殖，舍饲有机养殖量占有机养殖总量的 30%。有机产品认证目标是养殖有机牦牛 10000 头、藏羊 30000 只，生产有机草产品 30000 吨、有机肥 60000 吨。

2015 年，木格滩和鲁仓面积 9.25 万亩，取得有机产品基地认证，牦牛、藏羊有机认证工作开始。

2018 年，燕麦 2 万亩、牦牛 1 万头、藏羊 2 万只通过有机产品认证。

2020 年，牦牛 1 万头，藏羊 2 万只，燕麦 0.5 万亩、80 万公斤通过有机产品认证。

三、活畜储备

2003 年，开始申请商务部活畜储备任务。

2004 年，完成商务部活畜储备藏系羊 1800 只，之后逐步增加到 3000 只。2009 年，活体羊储备任务结束。

2008年，完成商务部活畜储备活牛1200头。

2009—2016年，每年完成商务部活畜储备牦牛、黄牛任务1500～1800头不等。2017年，活体牛储备任务结束。

第十节　饲草饲料

一、谷物饲料

公司生产的谷物饲料主要有燕麦、青稞、大麦、豌豆等 。

1. 燕麦　在饲养军马期间，主要种植燕麦作为精饲料，平均亩产在160公斤左右，供军马补饲。1970—1971年，马匹养殖高峰期，燕麦种植面积近2万亩。军马场归地方管理后，燕麦种植面积逐年减少，到1992年，种植600亩，产量7.5万公斤左右。1994年，种植黄燕麦900亩、青饲燕麦800亩。2003年，随着牧草产业的兴起，燕麦种植面积大幅度增加，当年种植黄燕麦1000亩、青饲燕麦5370亩。2004年，种植籽燕麦1000亩，青燕麦套种箭舌豌豆900亩。2012年，种植籽燕麦6.17万亩，主要用于制作燕麦片和饲料。

2. 青稞　20世纪30年代，场内种植青稞面积较小，主要用于军马补饲饲料。之后，随着军马养殖规模的不断扩大，种植面积相应增加。到1976年后，大部分青稞作为职工口粮，少部分为牲畜饲料。

3. 大麦　1979年，种植大麦500亩。1987年后，年种植面积均在2万亩左右，主要用于牛、羊、猪的精饲料。1996年后，不再种植大麦。

4. 豌豆　在军牧场时期，种植豌豆用作军马饲料。2003年，在一分公司农三队试种豌豆164亩。2004年，在一分公司农三队和农二队种植豌豆草1万余亩，产豆草298万公斤，亩产草（含籽粒）281公斤。2005年，在二分公司农七队种植豌豆5400亩，产豆草约100万公斤（含籽粒），全部由草产品加工厂加工成草颗粒用作饲料。

5. 粮油下脚料　1976—2003年，全场种植粮油作物6万～30万亩不等，每年产生的次产品、篦壳类、杂草籽等副产品（下脚料）有100万～300万公斤，是牛羊冬季补饲的优质饲料。2003年后，因大面积采取灭草技术措施，杂草籽明显减少，下脚料数量逐年下降。

6. 混合饲料　1977年，农九队建有饲料加工车间，生产配合猪饲料，年产1100吨左右。1987—1996年，综合加工厂生产混合饲料和配合饲料，用于场内牲畜、家禽养殖。1995年，生产饲料16.3万公斤。1997年后，不再生产混合饲料。2005年以前，主要以场内加工饲料为主。2006年以后，市场对牛羊肉的需求大幅提高，牛羊育肥业快速发展，养殖户开始外购玉米、豌豆、豆粕、麻渣等。2012年，外购玉米等饲料300万公斤，育肥肉羊 42000 只、牦牛 800 头。

二、工副业副产品饲料

公司工副业副产品主要有麸皮、菜粕（麻渣）及啤酒糟等，用于牛羊饲料的加工。20 世纪 60 年代，加工厂生产面粉，年产麸皮 30 万公斤左右。1990—2003 年，植物精炼油厂年产菜粕 250 万公斤左右。1986—1998 年，海华啤酒厂年产酒糟 100 万公斤左右。

三、块根类饲料

从 1977 年开始，在农九队种植饲用甜菜、蔓菁、莞根，后因甜菜、蔓菁产量低，停止种植，只种莞根，种植面积 200 亩左右，最高亩产达 9000 公斤，年均产量在 80 万公斤左右。1996 年后，因养殖业改制，不再种植莞根。

四、干草

公司种植的干草主要有青燕麦草、披碱草、老芒麦、冷地早熟禾、农作物秸秆。

1. 青燕麦草 1960 年以前，青燕麦草年产在 7.5 万公斤左右。二次归军期间，青燕麦草年产量在 165 万公斤左右，最高总产量达 350 万公斤，主要用于军马及牛羊补饲饲料。2009 年以后，因养殖业需要，年种植 0.6 万～2 万亩不等。

2. 禾本科牧草 从 2003 年开始，公司退耕还林草地大量产出披碱草、老芒麦、冷地早熟禾等牧草，年产草 2000 万公斤左右，是冬季牛羊的主要饲草。

3. 农作物秸秆 主要包括青稞、油菜、大麦、豌豆等作物的秸秆（茬子地越冬）。1976 年之前，因种植面积较小，作物秸秆产量较低。1985—1996 年，随着种植面积的增大，可利用的秸秆总量在 4100 万公斤左右，2001 年以后，秸秆总量在 2000 万公斤左右，用于冬春季节牛羊放牧。

五、青贮草

主要是将初熟期的玉米秸秆、青燕麦秸秆，成熟期的莞根收获后切碎装入青贮池（窖或塑料包膜包裹）压实排出空气，在无氧条件下保存，保持牧草新鲜。

1. 玉米青贮 海华奶牛场年种植青贮玉米 390 亩，制作青贮玉米 118 万公斤。

2. 青燕麦青贮 2004 年，种植青燕麦 6000 亩，经打捆包膜后储藏。当年制作青贮包 4500 个，约 30 万公斤。之后，牛羊育繁基地年贮青燕麦 1000 立方米左右。

3. 莞根青贮 将莞根粉成块装入青贮池，压实密封保存。1978—1995 年，农九队猪场年青贮莞根 80 万公斤左右。

第十一节 畜牧设施与机械

一、畜牧设施

（一）供水设施

1965 年前，牲畜饮水全部依靠自然河流与泉水。1965 年，二分场自铺管道 1400 米，供人畜饮水。1967—1968 年，木格滩人畜饮水管道铺设至农八队，设人畜饮水点 15 个。1976 年，从多石嘴水源地向过马营、麻什干铺设一条供水管线，供过马营和麻什干人畜饮水。1985 年，二分场二羊队修建了 6 公里供水管线，建蓄水池 2 个，设人畜饮水点 3 个。1988 年，在四分场埋设供水管线一条，在四羊队、五羊队各建蓄水池 1 个，东科大队建蓄水池 3 个，设饮水点 5 个。2007 年，从卡加水库引往贵南县城的管线经过一分公司时，在一羊队队部附近留出水口 1 个，通过电泵向蓄水池泵水，供分公司部、农三队、林业队、一羊队人畜饮水。2007 年，随着木格滩人口及牲畜数量的增加，原管线供水不足，增设第三条管线。2017—2018 年，通过贵南县扶贫项目，为东科大队 12 户贫困户修建供水管线 35 公里、蓄水池 2 个、饮水点 1 个。至此，全公司各畜牧队都有了牛羊专用饮水点。

（二）养殖场建设

1. 海华奶牛场 1983 年，青海省农林厅从青海省小寨良种繁殖场划拨土地 450 亩，用于贵南牧场开办养牛场及饲草料种植基地，3 月 15 日，在青海省农林厅的主持下，签订了《关于小寨良种繁殖场划拨土地给贵南牧场建设海华食品综合加工厂议定书》。当年，开始筹建海华奶牛场，占地面积 63 亩，建牛舍 2 栋、贮草棚 1200 平方米、青贮池 1 处、饲料基地 258 亩。1984 年年底，奶牛场投入使用。12 月，从德意志联邦共和国引进纯种黑白花奶牛 37 头。1996 年，存栏 230 头，年奶产量达 50 万公斤。

2. 四牛队 1983 年，在农八队东成立四牛队，建成年母牛舍 4 栋，面积 2400 平方米，犊牛舍、公牛舍和配种室各 1 栋，配套管理用房 2 栋、兽医室 5 间、病畜隔离室 1 栋、青贮池 1 座、500 吨蓄水池 1 座、切草机 2 台、拖拉机 1 台，有管理及技术人员 10 人。组建了 4 个成年群、1 个犊牛群，另在马五队有 2 个黄牛群，每群 100 多头，最大存栏牛 800 多头，有饲养员 14 人、草场 1 万亩。

3. 农九队猪场 成立于 1977 年，占地 130 亩，建有猪舍 8 栋、饲料库 1 栋、饲料加工车间 1 栋，共 804 平方米，有青贮池 2000 立方米。当年养猪 174 头，1979 年饲养 465 头，1980 年最大饲养量 2890 头。1997 年，猪场因企业改制停办。

4. 北山湾养殖场　北山湾养殖场于1991年筹建，1993年建成。占地20余亩，建有猪舍4栋、571平方米；建鱼塘20余亩。1993年，购入互助肉猪98头、种猪22头。1996年，最大存栏猪800多头。同时，还饲养奶牛、鸡、鸭和鱼，有管理人员10人。1996年，猪场、鱼塘等全部承包给职工经营。

5. 牛羊繁育基地　2003—2005年，在过马营新建规模化养殖场，占地230亩。建有150平方米的暖棚羊舍90栋，400平方米的运动场90个；有200平方米牛舍1栋，200平方米运动场1个。配套兽医室、消毒室各两间，办公室8间，设有净道和污道值班室，主要养殖小尾寒羊。2006年后，陆续建饲料库房450平方米、饲料加工车间160平方米、青贮池2000立方米，羊舍承包给职工经营，共有职工103人，从事牛羊育肥、贩运相关工作。2015年，改建标准化羊舍11栋、6600平方米，年育肥牦牛2000头左右、藏羊1万～2万只。公司安排管理及兽医人员6～8人，负责养殖小区内的疫病防控、供水供电以及给养殖户提供银行贷款担保等工作。

6. 四分公司养殖小区　2019年，在四分公司马六队新建养殖小区，占地72亩，建标准化暖棚羊舍10栋、6000平方米，活动场6000平方米，饲料加工车间700平方米，饲料库房1000平方米，兽医室60平方米，消毒室2处、40平方米，以及围墙、大门、门卫室等设施。配置全混合日粮饲喂机2台、饲料投喂车2台，有管理人员3人、专职饲养员2人。2020年，开始养殖藏羊。

（三）棚圈设施

1949年9月接收旧军牧场时，有马棚265间。1952年后，各生产马队建有兽医室。1955年，在过马营、鲁仓分场建配种室，之后，陆续建产棚、人工授精室、种马厩等。1976年后，种马厩、人工授精室、产棚等设施相继改为他用。

1994年，在各羊队新建单坡式和暖棚羊舍26栋、4032平方米。

2002—2003年，在四分公司马五队、马六队、马七队新建暖棚羊舍100栋，120平方米/栋，建运动场100个，400平方米/个。羊场新建暖棚羊舍91栋，200平方米/栋；运动场91个，400平方米/个。

2007年，在三分公司新建暖棚羊舍40栋，120平方米/栋；建运动场40个，400平方米/个。

2008年，通过私建公助，在各农队建羊舍160栋，面积为100～250平方米。

2015年，在四分公司、六分公司建暖棚羊舍125栋、23000平方米。

2014年和2015年，通过私建公助、农发项目，为各羊队牧户修建暖棚羊舍324栋、59030平方米。所有牧民户均有暖棚羊舍1～2栋，牛羊冬季不再遭受低温、雪灾、大风袭击，羔羊繁活率得到大幅度提高，死亡率明显降低。

历年修建暖棚羊舍情况见表 2-2-28。

表 2-2-28 1994—2020 年修建暖棚羊舍情况

单位	1993—1994 年	2002—2003 年	2007—2008 年	2014 年	2015 年	2019—2020 年
一羊队	—	—	—	18 栋、86 间、2580 平方米	7 栋、41 间、1230 平方米	—
二羊队	9 栋、54 间、972 平方米	—	—	15 栋、66 间、1320 平方米	29 栋、148 间、2960 平方米	—
三羊队	13 栋、78 间、2340 平方米	—	—	20 栋、96 间、2880 平方米	22 栋、138 间、4140 平方米	—
四羊队	4 栋、24 间、720 平方米	—	—	16 栋、86 间、2580 平方米	8 栋、41 间、1230 平方米	—
五羊队	—	—	—	7 栋、42 间、1260 平方米	11 栋、54 间、1620 平方米	—
东科大队	—	—	—	90 栋、689 间、20670 平方米	81 栋、552 间、16560 平方米	—
马五队、马六队、马七队	—	100 栋、600 间、12000 平方米	—	—	100 栋、600 间、20000 平方米	标准化 10 栋、60 间、6000 平方米，2 栋、12 间、1350 平方米，配办公房 5 间、100 平方米
六分公司	—	—	—	—	25 栋、150 间、3000 平方米	
马二队	—	—	40 栋、280 间、8000 平方米	—	—	2 栋、24 间、3900 平方米
过马营羊场	—	91 栋、637 间、18200 平方米	—	—	标准化 11 栋、66 间、6600 平方米	—
分散各户	—	—	160 栋、800 间、约 20000 平方米	—	—	—
合计	26 栋、156 间、4032 平方米	191 栋、1237 间、30200 平方米	200 栋、1080 间、28000 平方米	166 栋、1065 间、31290 平方米	294 栋、1790 间、57340 平方米	14 栋、101 间、11350 平方米
总计	891 栋、5429 间、162212 平方米					

（四）储草棚

2014 年，开始修建储草棚。至 2020 年，共建储草棚 11 栋、13700 平方米。其中马三队 1 栋、1000 平方米，马五队 2 栋、1700 平方米，马六队 2 栋、3500 平方米，马七队 2 栋、3500 平方米，农八队 4 栋、4000 平方米。

（五）药浴池

1962 年，修建 5 个药浴池；1980 年，制造 3 个铁制移动式药浴池；1989 年，在一羊队、二羊队、三羊队、五羊队夏季草场各建 12～25 吨的标准药浴池 1 座。

2014 年，各畜牧队配备便携式喷雾驱虫设备。

二、畜牧机械

1953 年，开始使用马拉牧草收割机、马拉集草车等畜牧机械。

1960 年，购进剪毛机、奶油分离器、不同类型的粉碎机等。

1963 年，有饲料粉碎机 1 台、青饲料切割机 3 台、割草机 10 台、饲料切片机 3 台、畜力胶轮大车 124 辆、架子车 87 辆。

1988 年，综合加工厂购入 1 套年加工 2000 吨的饲料加工设备，开始加工混合饲料。

1992 年，引进割草机 2 台、捡拾打捆机 2 台，自行改装莞根切碎机、压扁机、平板车等。

2002—2005 年，购进牧草割晒机 11 台、田间固定式高密度打捆机 11 台、集草车 10 台、捡拾打捆机 8 台、搂草机 4 台、四轮搂草车 4 台、青贮揉搓机 20 台、滚草包膜机 20 套、2 次加压高密度打捆机 4 台。

2003 年，建草加工厂，引进草颗粒、草块、草粉生产线一条，年产 2 万吨。

2003—2005 年，购进 TMR 搅拌机一台、活畜吊称一套，自行研制谷物蒸煮压扁生产线一条（谷物预泡—料输送—蒸汽半熟化—下料输送—压扁—装袋饲喂）。

第十二节　畜牧管理

一、管理机构

1. 旧军牧场时期（1949 年以前）　1949 年 9 月以前，军牧场设有牧务课和补训课。下辖过马营、鲁仓分场，分场下辖放牧站。

2. 贵德军牧场时期（1949—1956 年）　1949 年 9 月 20 日，青海省军管会接收旧牧场后，取名为中国人民解放军贵德军牧场，设立总务、牧务两课。1950 年，设畜牧股、兽医股，以军队编制级别管理。1953 年，设生产技术股，具体管理畜牧生产工作。生产技术股直辖 1 个改良马群、1 个种马厩、5 个羊群，鲁仓分场直辖 7 个马群。

3. 国营贵南牧场时期（1957—1960 年）　1957 年，牧场交给中央农垦部，由青海省农垦厅具体领导，更名为国营贵南牧场，设畜牧科。

4. 贵南军马场时期（1961—1975 年）　1961 年 9 月第二次归军，设军马兽医科。

5. 贵南牧场时期（1976—2001 年）　1976 年 1 月移交青海省，场名改为青海省贵南牧场，设畜牧科。1985 年，改为农牧公司。1990 年 10 月，撤销农牧公司，设生产处。

6. 贵南草业公司时期（2002 年以后） 2002 年，更名青海省贵南草业开发有限责任公司，设企业发展策划部；2019 年，改为生产经营部。

二、经营管理

（一）生产经营

1. 生产管理 旧军牧场时期，分场下设放牧站，每站有马群若干，每群有公马 20 匹、母马 200 匹。设牧务员（中尉或少尉），负责一群的管理，并设牧长，为士官，带领牧兵放牧。马匹死亡须由兽医和牧务员开具证明上报，否则由牧长和牧兵赔偿。1946 年，设补训科，由调教员负责调教幼驹。

1953 年 2 月 1 日，军委总后马政局颁布《军用牧场暂行工作条例（草案）》，详细列出了军马的繁殖改良、饲养管理、运动标准、饲料日粮搭配标准、受胎率、育成率、疫病治疗等生产过程中的管理规范和工作制度。

1954 年，制定指标：母羊产羔率 80%以上，成活率 73%以上，每只公羊配种母羊 20 只，繁殖群每群母羊 2500 只左右，育成群每群 3040～4700 只，一般由 5 人负责放牧。

1956 年马群补饲标准见表 2-2-29，受胎、成活等指标见表 2-2-30。

表 2-2-29 1956 年马群补饲标准

畜群	补饲率（%）	补饲天数（天）	日补饲量（公斤）					兽药［元/（匹·年）］
			燕麦	豌豆	黄干草	食盐	蛋、胡萝卜、麸皮	
第一群	30	182	1	0.5	4	0.02	—	3
第二、三群	13	182	1	0.5	4	0.02	—	3
第四群	20	182	1	0.5	4	0.02	—	3
第五、六群	10	182	1	0.5	4	0.02	—	3
第七群	20	182	0.5	0.5	3	0.02	—	3
第八群	20	152	0.5	0.5	3	0.02	—	3
第九、十群	20	182	0.5	0.5	3	0.02	—	3
第十一、十二群	20	31	0.5	0.5	3	0.02	—	2
乘马（15 匹）	100	总场 365、分场 212	1.25	1.25	4	0.02	—	6
牧马（75 匹）	100	总场 303、分场 134	0.75	0.75	2	0.02	—	6
挽马（18 匹）	100	365	1.5	2	5	0.02	—	6
农马（59 匹）	100	182	1.5	1.5	5	0.02	—	6
种公马配种期	100	120	3	1	8.5（青）	0.03	6、3、1	24
种马非配期	100	245	2.5	0.5	8.5（青）	0.03	0、3、0.5	24

表 2-2-30　1956 年制定的养马受胎、成活等指标

群别	母马及育成马（匹）	受胎率（%）	受胎数量（匹）	产驹率（%）	产驹数量（匹）	成活率（%）	成活数量（匹）
第一群（蒙古马）	152（人工交配）	70	106	—	25（杂种）	100	25
第二、三群	300（本交）	70	210	73	219（土种）	97	213
第四群	148（本交）	70	104	70	104（土种）	97	101
第五群	150	—	—	70	105	97	102
第六群	154	—	—	65	100	97	97
第七群	193（2 岁公驹）	—	—	—	—	99	192
第八群	216（3 岁公驹）	—	—	—	—	99	214
第九群	164（2 岁母驹）	—	—	—	—	99	163
第十群	237（3 岁母驹）	—	—	—	—	99	235
第十一群	260（1 岁公驹）	—	—	—	—	99	258
第十二群	292（1 岁母驹）	—	—	—	—	99	290

1962 年，畜牧业主要是饲养马、牛、羊、猪及少量的家禽。马以顿河马、蒙古马与当地马杂交品种为主，牛以牦牛、犏牛为主，羊以当地绵羊和部分改良羊为主，主要集中在鲁仓、莫曲沟、三角滩等分场。

1964 年，按照 1962 年全军军马育种会议要求，制订《军马育种（草案）规划》，明确“以土为主，土洋结合”的育种方针，体高达到 135 厘米以上的中国良种马进行本品种繁育。中国人民解放军总后勤部青藏办事处司令部、政治部、军马部通知《学习山丹二分场马三队畜牧管理上的几点经验》，放牧人员做到“十会”（会养马、膘情好、疾病少，会识别病马和发情马，会保胎、流产少，会接产、助产、护理幼驹，会护理病、弱、瘦马等），放牧中做到“五勤”“五要”“四季放牧要领”，总结出了放牧、保膘、补饲、饮水、防灾等方法。制订马匹产驹率指标 67%、成活率 62%以上、初产群 45%，每匹公马配种 10 匹母马的标准。每群编群母马 150～200 匹，每群总马数 235～400 匹，放马工人依不同群种，每群 5～9 人不等。

1972 年 5 月，参照农垦部、总后勤部军马局编印的《军马场养马技术管理办法》《兽医工作办法草案》，制订出贵南军马场《军马生产管理办法（草案）》。在此基础上，制订了贵南军马场《牛羊猪生产管理办法（草案）》。

1979 年，养马实行严格的定额管理和实行奖赔办法，对马匹生产“定匹数、定繁成率、定死亡率、定生产费用”。当年计划产成驹 841 匹，马匹产驹成活 1061 匹，平均繁成率 78.24%，个别队繁成率达到了 80%。生猪生产实行“定产仔存活、定出栏肥猪、定年末存栏数及定精饲料计划，按标准供应精饲料”，当年宰杀肥猪 823 头。牛羊生产按不同种群实行定额管理，完成各项定额，年终奖励牛群 60 元、羊群 40 元，少死一头牛奖励 7

元，少死一只羊奖励3元。当年绵羊成活6361只，繁成率70.72%；牛产犊成活265头，繁成率42.88%。这是畜牧业生产的历年最好成绩。

1979年，根据农垦部《关于颁发〈国营农场工作条例〉试行草案的通知》精神，逐步放宽自留畜的饲养限制，在一定条件下允许职工家属适当饲养自留畜，可养奶牛、山羊、黄牛、牦牛。自留畜由企业收购，母牦牛135～150元/头，母犏牛150～180元/头，母黄牛100～120元/头，尕力巴母牛100～120元/头；一岁母山羊7元/只，当岁母山羊4元/只。养猪上交猪肉一斤给精料3斤。

1984年，出台《贵南牧场畜牧业大包干责任制实施方案》，核心是“三定一奖，联产承包”，包畜到户，分户核算，按畜提留。实行统一生产财务计划、统一调配大宗生产物资、统一处理计划内产品、统一安排基本建设的“四统一”管理。帐房按140元/顶、驮牛按250元/头作价归户，三年还清，其他设施设备按折旧承担费用。同时，执行《贵南牧场畜牧兽医技术承包责任制试行方案》，统一技术措施、统一管理药械疫苗、统一安排畜群。兽医技术人员实行“定受胎率、定繁成率、定育成率、定治愈率”五定管理，与工资挂钩。

1984年受胎率、繁成率、死亡率管理标准见表2-2-31。

表2-2-31　1984年受胎率、繁成率、死亡率管理标准

单位：%

畜种		受胎率		繁成率		死亡率				
		成年	初产	成年	初产	当岁	一岁	二岁	三岁	成年
马	本交	85	78	70	63	—	4	2.5	2	2
	人工授精	80	70	34/30	29/25	—	4	2.5	2	2.5
羊	土种绵羊	95	80	76	37	5	5	公3.5/母5	公3.5/母5	5
	青海细毛	85	60	60	25	10	8	公4/母5	公3.5/母5	5
牛	褐牛杂种	90	85	70	60	—	5	3.5	公2/母3.5	公2/母3.5
	黑白花	90	85	70	60	—	5	3.5	公2/母3.5	公2/母3.5
	黄牛	90	85	55	40	—	4	3	3	公2/母3
	牦牛	—	—	50	—	—	4	3	3	公2/母3

注：繁育率中“/”前数据表示骡，“/”后数据表示马。

1992—1993年，绵羊生产责任制方案实行“四统一”（统一计划任务指标、统一畜产品处理、统一品种改良和生产技术措施、统一承包核算价格），实行等级工资制。

1994—1996年，与职工签订承包合同，承包经营。

1997年，牲畜作价归户，草场划分到户，职工和牧民自主经营（表2-2-32）。

表 2-2-32 1997 年绵羊承包及草场划分明细

单位	承包户数（户）	承包人口（人）	承包绵羊数（只）	划分草场（亩）	饲草地面积（亩）
一分场一羊队	26	127	4119	18328	504.2
二分场二羊队	41	198	3753	25800	0
三分场三羊队	34	162	3437	20807	435.77
四分场五羊队	30	160	3044	36590	0
六分场四羊队	24	129	2160	22054	0
小计	155	774	16513	124519	939.97
东科大队一队	56	333	5790	51985	—
东科大队二队	46	282	6117	47522	—
东科大队三队	33	196	5656	36210	—
小计	135	811	17563	135717	—

2. 经营形式 畜牧业主要有企业组织经营、承包经营两种形式。1985 年前，畜牧业全部由企业经营。1985 年，实行家庭承包经营。1997 年，实行《贵南牧场畜牧业承包经营方案》，草畜分离，牛羊作价归户，冬季草场划分到户。2000 年，夏季草场划分到户，养殖业全面转向家庭经营。

1997 年前，养猪场、养鸡场、养鱼场、养牛场由企业经营。1997 年后，企业改革，全面转向职工承包经营。

1949—1982 年，东科大队牲畜集体经营。1983 年，实行联产承包责任制。

（二）经费与投资

旧军牧场时期，所需经费由军政部马政司直接汇拨。除人员薪饷及办公费外，另有马干费若干。

1949 年后，部队管理时期，按照“以军马为主、农牧结合、多种经营”的经营方针，主要建设费用由总后划拨，军马场内部实行企业管理，内部核算。

1951 年，军牧部召开联席会议，决定给各军牧场投资，大力发展畜牧业。当年，贵德军牧场购入马 322 匹、牛 588 头、羊 2651 只。

1957—1959 年，畜牧业生产三年投资 248.18 万元。

1962 年，畜牧业投资 70 万元，占总投资的 46%，其中用于军马生产 56 万元，占总投资的 36.8%，占畜牧业投资的 80%。1963 年，畜牧业投资 28 万元，占总投资的 25%。当时以军马为主，一切为军马服务。

1976 年移交地方后，经营方针为“以牧为主、农牧结合、多种经营”，畜牧业生产投资以企业自筹为主。20 世纪 90 年代，有少量的财政专项投资，用于棚圈建设、良种引进等。

1994 年，畜牧业投资 360 万元。

2002—2003 年，总投资 558 万元，建羊舍 110 栋，建植人工草场 3.9 万亩，天然草场施肥 1.1 万亩。

2015 年，通过“私建公助”的形式，帮扶 112 户养殖户建成暖棚羊舍 13440 平方米，补助资金 672 万元。

（三）各项税费收取标准

1950—1983 年，畜牧业由企业组织经营，企业按照占用的草原面积和饲养的牲畜数量，向当地政府上缴草原使用费、牧业税、羊毛特产税。

1984 年，实行《畜牧业大包干生产责任制方案》后，按规定，马、牛每匹（头）年上交水费 4 元、税金 2 元，羊每只年上交水费 0.8 元（只限三、四分场）、税金 0.4 元。

1993 年，羊保健费 0.9 元/只、水费 0.8 元/只、牧业税 1.2 元/只，饲草饲料费羔羊 0.50 元/只、母羊 1 元/只、羯羊 1.2 元/只。

1997 年作价归户以后，收取管理费羊 2 元/只、水费 1 元/只、牧业税 1.2 元/只，草原使用费 0.70 元/亩，羊屠宰费 0.3 元/只，羊毛特产税 0.4 元/只。

2011 年，国家全面取消牧业税和草原使用费。

第三章　农　　业

公司的农业生产最早可追溯至20世纪40年代军牧场时期，1943年种植业开始起步，至1945年，耕地为0.1万余亩，主要种植马匹饲料和粮食。20世纪50年代末，农垦管理时期，耕地面积逐渐扩大到10多万亩。20世纪60年代初，二次归军后，以军马生产为主业，种植业为军马生产服务，大部分耕地种植饲草饲料，少部分种植粮食。20世纪70年代中后期，省厅管理时期，产业向粮油种植和牛羊养殖转变，耕地增加至20多万亩。20世纪80—90年代，耕地开垦面积逐年增加，最多时达到34万多亩，粮油作物种植面积和产量稳步提升，为公司主业。进入21世纪，随着国家退耕还林（草）项目的实施，耕地面积逐渐减少至10多万亩，农机装备水平的提高和农业新技术的推广应用促进粮油生产稳产丰产，粮油生产和草业成为公司支柱产业。

第一节　农业区划

根据1985年农业区划及青海省海南藏族自治州贵南县和贵德县地方农业分区，公司农业分处两个区：贵南高寒滩地油菜、青稞、饲料、牧草轮作区和贵德中部河谷台地粮、果、蔬菜、畜、禽、工副区。

一、高寒滩地油菜、青稞、饲料、牧草轮作区

高寒滩地油菜、青稞、饲料、牧草轮作区位于高寒滩地，包括一、二、三、四、六分公司，地处青海省海南藏族自治州贵南县境内，一分公司地处贵南县森多镇鲁仓地区，二分公司地处贵南县过马营镇三角滩，三、四、六分公司地处贵南县过马营镇木格滩。海拔3050～3350米，热量条件差，年平均气温0.7～1.6℃，作物生长期短，一般为130～160天，无绝对无霜期，通常无霜期37～54天，生长季0℃以上的积温1558.9～1751.4℃。光辐射量177千卡/平方厘米，年日照时数为2727.6～2900.9小时，日照百分率为62%左右，年降水量400毫米左右。由于海拔较高，气候寒冷，热量不足，农作物只有油菜、青稞、大麦、燕麦、牧草等。2020年年底，土地总面积101.38万亩，占公司土地面积的

99.95%；耕地12.27万亩，占全公司总耕地面积的99.75%；天然牧草地47.40万亩，占公司牧草地68.52%，人工牧草地21.78万亩，占公司牧草地的31.48%。该轮作区是公司粮油、牧草的主要产区，春油菜、青稞、大麦、燕麦和多年生牧草占公司播种面积的99.9%，是油菜、青稞和牧草生产的绝对优势区。

二、贵德中部河谷台地粮、果、蔬菜、畜、禽、工副区

贵德中部河谷台地粮、果、蔬菜、畜、禽、工副区位于青海省海南藏族自治州贵德县域中部，包括五分公司部、果林队、大沙滩、加莫寺蔬菜队以及早期的莫曲沟分场等地。海拔高度2175～2600米，年平均气温5.4～8.4℃，年降水量126.5～291.5毫米，作物生长期226天，无霜期140～166天。2020年土地总面积511亩，占公司总土地面积的0.05%；耕地面积282亩，占全公司耕地面积的0.25%。适宜种冬春小麦、大麦、春油菜、蚕豆、马铃薯等作物，栽植梨、苹果、桃、杏、花椒等经济树种，种植萝卜、白菜、甘蓝、胡萝卜、茄子、辣椒、人参果等各类蔬果等。种植一季作物积温有余，可以套、间、复种油菜、蔬菜、饲草饲料、绿肥等作物，是公司粮食果蔬品生产地区。

第二节　粮油生产

一、军管马场时期

1952年，在“以养马为主，牛羊为辅，兼营农事生产”的办场方针下，农事生产只是辅助马料供应。1954年以前，种植业主要生产青稞、燕麦等喂养军马所需的粮食饲料。

1955年，开始小面积试种白菜型小油菜，但仍以种植饲草饲料为主。

1957年，移交中央农垦部，归青海省管理，实行企业管理和经济核算制。确定“勤俭办场”“以牧为主，农牧结合，因地制宜，多种经营”的方针，提出“大力开发粮食饲料基地，达到粮食、饲料、饲草三自给”的生产目标，大力推进开荒造田工作。由于农业生产力水平低下，开荒种地主要依靠人力畜力，少量用双轮双铧犁，主要用二牛抬杠和镢头。当年，开荒3450亩，耕地面积开始增加。

1958年，开荒7000亩。

1959年，贯彻“以开荒为纲，带动其他工作”的方针，在鲁仓、南滩、莫曲沟分场、技校、过马营农队和场部完成开荒81184亩，播种面积2.6万亩。其中，种植粮食作物青稞10200亩、小麦4800亩、洋芋600亩、豌豆700亩、蚕豆80亩、大麦1200亩；种植经济作物小油菜5200亩、甜菜230亩、大麻22亩、烟草20亩；种植蔬菜330亩、饲料

4400 亩。兴修水库，引水灌渠，冬灌春灌面积达到 14000 余亩，普遍浇水 2～3 次。当年，职工人数急增至 4700 余人，比 1957 年的 350 人增长了 12 倍，开荒面积和粮油播种面积大增。

1960 年，耕地增加到 13 万亩。粮食作物种植面积达到 9.6 万亩，其中青稞 71315 亩、小麦 8000 亩、洋芋 12620 亩、豌豆 1160 亩、蚕豆 850 亩、大麦 2105 亩；经济作物播种 24815 亩，其中小油菜 12270 亩、甜菜 2095 亩、大麻 9450 亩、烟草 1000 亩；种植蔬菜 2000 亩；种植饲料 6625 亩，其中籽燕麦 2400 亩、青饲燕麦 4225 亩。随着职工人数增加及拖拉机的使用，小油菜播种面积首次超过万亩，农业开荒种植规模大增。

1955—1960 年开荒、播种面积见表 2-3-1。

表 2-3-1　1955—1960 年开荒、播种面积

年份	开荒面积（亩）	播种面积（亩）	粮食总产（公斤）	粮食单产（公斤/亩）
1955	0	3181	279072.5	108
1956	1253	3877	202567	80
1957	3450	5939	487474.5	104
1958	7000	11073	859223	98.5
1959	81184	24363	1785500	105
1960	49520	108418	2290223	27

1961 年二次归军后，播种面积 8 万亩，其中粮食 6 万亩。

1962 年，播种面积 12 万亩，其中鲁仓 4 万亩、南滩 3 万亩、三角滩 2.5 万亩、西滩 1.5 万亩、莫曲沟 0.7 万亩、园艺场 0.3 万亩。播种粮食 9 万亩、饲料 1 万亩、油料 1.5 万亩、其他 0.5 万亩。

1963 年，耕地面积增加至 17.8 万亩，农业种植规模随着马匹数量的增加而增加。

1964 年，军马场重新划界，木格滩粮草基地开始建设。

1965 年，粮油播种面积 5.96 万亩，马匹每年成千匹递增，播种面积随之增加。

1966 年，粮料播种面积 5 万亩，亩产 72 公斤。

1971 年，马匹数量达顶峰，播种面积增加到 11.67 万亩。

1975 年，粮料播种面积 5 万亩。

1949—1975 年，共产粮油 6699 万公斤。

1967—1974 年粮油耕种情况见表 2-3-2，1968 年各队农作物种植面积见表 2-3-3，1945—1975 年耕地面积见表 2-3-4。

表 2-3-2　1967—1974 年粮油耕种情况

年份	播种面积（万亩）	粮料作物面积（万亩）	粮料亩产（公斤）	油料作物面积（万亩）	油料亩产（公斤）
1967	7.63	5.76	69	0.27	11.5
1968	10	7.88	45	0.59	14.5
1969	10.49	7.44	45.5	0.72	29.95
1970	10.84	6.2	69.5	0.72	47
1971	11.67	7.22	70.7	0.51	25.15
1972	9.52	5.92	93.5	0.62	47
1973	8.55	5.41	57.05	1	51.25
1974	8.2	4.52	86.4	2.04	57

表 2-3-3　1968 年各队农作物种植面积

单位：亩

队别	小麦	青稞	燕麦	大麦	豌豆	蚕豆	油菜	青干草	土豆	胡萝卜	合计
农一队	3500	3450	4675	0	250	0	600	2000	20	5	14500
农二队	0	5500	5375	1000	0	0	600	2000	20	5	14500
马一队	0	3550	2175	0	250	0	500	2500	20	5	9000
农三队	0	3160	10000	0	0	0	500	1310	30	0	15000
农四队	0	4000	8220	0	0	0	2000	1250	30	0	15500
农五队	3000	370	200	0	100	100	200	300	30	0	4300
农六队	0	4370	1280	0	0	0	600	720	30	0	7000
农七队	800	2800	475	0	400	0	0	500	25	5	5005
草改队	0	0	5000	0	0	0	0	10200	0	0	15200
总计	7300	27200	37400	1000	1000	100	5000	20780	205	20	100005

表 2-3-4　1945—1975 年耕地面积统计

单位：亩

年份	耕地面积	年份	耕地面积
1945—1948	1000	1957	17600
1950	3546	1958	48600
1951	3969	1959	93000
1952	10000	1960	130000
1953	1138	1961	130000
1954	4000	1962	150000
1955	4000	1963	178000
1956	10900	1964—1965	99000

（续）

年份	耕地面积	年份	耕地面积
1966	98600	1970	171100
1967	129600	1971	182100
1968	148600	1972—1974	178200
1969	169200	1975	188573

二、省厅管理时期

1. 耕地面积及产量稳步提升 1976 年，移交青海省管理，更名为青海省贵南牧场。其间，机械力量逐渐增强，耕地面积增长较快，播种面积也大幅增加。当年，调整了产业结构，实行农牧结合，调整了粮油作物种植比例，逐步推行药剂灭草、深耕改土、耕二休一等农业科技措施，产量稳步上升。

1978 年，开垦耕地 3 万亩，总耕地面积达 21.82 万亩。

20 世纪 80 年代初，大面积推广化学药剂灭草，同时将品种选育、配方施肥等试验成果应用于生产，逐步调整、完善了农业技术措施。到 1984 年，总结出了一套行之有效的旱作农业技术规范。

1977—2000 年耕种情况见表 2-3-5。

表 2-3-5 1977—2000 年耕种情况

年份	耕地面积（万亩）	粮油播种面积（万亩）	粮油总产（万公斤）
1977	18.8	8.7684	538.2
1978	21.82	9.77	637.5
1979	21.82	10.56	947.56
1980	21.56	12.07	750.2
1981	16.56	12.44	589.91
1982	16.56	9.92	637.55
1983	17.47	10.44	1025.5
1984	20	13.56	1136.95
1985	24.31	15.12	1306.99
1986	24.31	16.19	1190.6
1987	25.78	17.58	1638
1988	25.78	17.87	1006.8
1989	28.39	20.57	1605.3
1990	30.01	22.86	1868.7

（续）

年份	耕地面积（万亩）	粮油播种面积（万亩）	粮油总产（万公斤）
1991	31.2	23.9	1633.5
1992	32.88	25.27	2022.4
1993	32.88	24.5	2300
1994	32.88	32.3	2400
1995	32.88	28.65	529.5
1996	32.88	28	418
1997	34.65	26.62	1250
1998	34.65	26.3	675.85
1999	34.65	28.1	1620
2000	34.65	14.87	7.8

20 世纪 80 年代末至 90 年代初，随着国家商品粮基地建设项目的实施，在木格滩宜农地区开垦耕地，耕地面积进一步增加。至 1992 年年末，耕地面积达 32.89 万亩（表 2-3-6）。

表 2-3-6　1992 年耕地面积统计

单位：亩

单位		耕地面积	小计
一分场	农一队	14841	37991
	农二队	10450	
	农三队	12700	
二分场	农四队	7600	41890
	农六队	3840	
	农七队	15000	
	农九队	4300	
	二羊队	11150	
三分场	马一队	27250	107570
	马二队	30400	
	马三队	27500	
	马四队	19170	
	三羊队	3250	
四分场	马五队	29880	139477
	马六队	34500	
	马七队	27040	
	农八队	48057	
北山开发办	—	2000	2000
合计			328928

1996年，按“分场序号＋生产队序号＋耕地序号”组成四位阿拉伯数字，对一、二、三、四、六分场的168块耕地进行了统一编号，初步实现了标准化管理。在青海省林业勘察设计院的协助下完成了对各地块的测量，耕地面积达34.65万亩（表2-3-7）。

表2-3-7 1996年各单位耕地面积

单位：亩

单位		耕地面积	小计
一分场	农一队	14938	40829
	农二队	12345	
	农三队	13246	
	一羊队	300	
二分场	农四队	9255	44217
	农六队	3931	
	农七队	15270	
	农九队	4075	
	二羊队	11686	
三分场	马一队	30478	110574
	马二队	30779	
	马三队	31087	
	马四队	15005	
	农科站	3225	
四分场	马五队	32597	100737
	马六队	39021	
	马七队	29119	
六分场	一队	23019	50127
	二队	27108	
合计			346484

2. 农业生产经营机制改革 1979年以前，实行计划经济，农业生产由农机科统一管理。

1979年，落实经济责任制，实行“三定一奖赔责任制”，即定人员、定费用、定产量、超产奖励、减产赔偿，生产指标层层分解到组，把职工利益和企业经营联系起来，调动了职工的生产积极性。

1985年，撤销分场，成立农牧公司，由三级管理变两级管理，农业生产实行家庭农场承包责任制。全场兴办142个家庭农场，形成家庭农场承包形式的经营机制。

1990年，恢复分场，成立生产处，实行三级管理，经济责任分解到分场、生产队、车组，实行单车班组核算。

1996 年，实行农业“两费自理”经济承包责任制。

1997 年，出台土地租赁改革方案，农业生产逐步落实“两田制”“两费自理、四到户”的农业经营体制改革。

1998 年，实行“土地租赁制”，耕地开始对外租赁承包，收取租金。管理人员以外的职工划分 30 亩生活田，其余耕地为承包田，实行租赁承包。划分给职工生活田 5 万多亩，其余 20 多万亩耕地实行租赁经营和自主经营（企业田），当年实现生活费和生产费用自理。制订人工劳务费标准。

1999 年，农业机械实行作价归户，由职工自主经营农机作业服务。企业和农机户共同协商制订农机作业费标准。

1995—2001 年，除 1998 年略有盈利外，7 年间连续遭受特大旱灾，尤其是春旱、夏旱频繁出现，年降水量只有常年的 46%左右，且分布极不均匀，使农业生产遭受毁灭性打击，累计净亏损 8937.71 万元。职工生产生活极度困难，牧场经营举步维艰。

三、三江集团公司管理时期

2001 年 12 月 11 日，贵南牧场依法破产重组，成立青海省贵南草业开发有限责任公司，接管原贵南牧场人员、土地、机械等，继续开展农业生产。2006 年，耕地不再对外租赁。

1. 粮油耕地面积减少，单产显著增加 2001 年，争取到国家退耕还林草项目，在木格滩四分公司实施退耕还林 1 万亩。此后，在三、四、六分公司沙化严重的地块实施国家退耕还林草项目，耕地面积减少到 10 多万亩，主要种植青稞和油菜。此后，随着国家政策的扶持和木格滩气候状况的改善，企业逐渐恢复活力，农业生产稳步发展。

2003 年，对部分耕地整合归并，对耕地编号进行了调整。采用 GPS 对耕地和退耕还林草地进行测量，测得农用耕地面积 13.89 万亩（表 2-3-8）。

表 2-3-8 2003 年农业用地面积

单位：亩

单位		面积	小计
一分公司	农一队	7161	39715
	农二队	12923	
	农三队	19631	

（续）

单位		面积	小计
二分公司	二羊队	2158	29924
	农四队	9240	
	农六队	4495	
	农七队	14031	
三分公司	马一队	29878	59803
	马二队	20171	
	马三队	7939	
	马四队	1815	
四分公司	马五队	2336	9096
	马六队	2528	
	马七队	4232	
六分公司	—	316	316
合计			138854

2006 年，青稞平均单产 225.9 公斤/亩。

2008 年，油菜平均单产 126 公斤/亩，为历年最高产量。

2018 年，青稞平均单产 324 公斤/亩，为历史最高产量。青稞高产田有：3208 号地，424 公斤/亩；3108 号地，394 公斤/亩；2211 号、2212 号、2703 号（二分公司老虎口）地，375 公斤/亩。

2019 年，引种昆仑 14 号、昆仑 15 号、黑青稞品种，平均单产 273 公斤/亩。最高单产 3106 号夏翻地亩产昆仑 15 号 501.50 公斤，创历史新高。青稞总产 2237.1 万公斤，为 1977 年来青稞总产最高年份。

2001—2020 年，向市场提供商品青稞 10351.3 万公斤、商品油菜籽 7129.9 万公斤。

2. 粮油种植比例变化情况　2001—2013 年，以油菜种植为主，年种植面积为 5 万～10 万亩，占耕地面积的 60%～80%。2015 年以后，青稞比例逐渐增加，2019 年达到 8.56 万亩，占耕地面积的 90%。2001—2020 年粮油播种面积及产量见表 2-3-9。

表 2-3-9　2001—2020 年粮油播种面积、产量

年份	播种面积（万亩）	总产（万公斤）
2001	13.71	75.92
2002	10.60	340.00
2003	6.25	160.55
2004	6.10	522.58

（续）

年份	播种面积（万亩）	总产（万公斤）
2005	7.21	214.19
2006	6.34	554.13
2007	7.54	962.50
2008	6.50	819.50
2009	7.39	768.38
2010	7.67	662.97
2011	7.86	776.90
2012	10.18	1880.00
2013	9.37	776.56
2014	10.45	1210.00
2015	9.71	1403.20
2016	10.18	1166.25
2017	5.93	487.00
2018	6.07	2051.50
2019	8.76	2353.92
2020	6.17	926.75

3. 农业生产目标和成本核算 2004 年，核定了生产目标（单产）和生产成本。

2005 年，实行“三定一奖一罚”管理制度，即定任务、定指标、定费用，完成任务指标予以奖励，对未完成任务指标的，扣罚管理人员岗位工资。生产成本、管理费用、岗位工资与经济效益挂钩，形成“自主经营、自负盈亏、自我养活”的生产经营管理机制。

2007 年，按照制订的《生产任务、目标和生产费用核定及奖惩办法》，各农业生产单位获得超产和费用结余奖金，共计 637.28 万元，2007 年实际兑现奖金 336.87 万元，其余作为来年的以丰补歉资金。

2008 年，油菜单位面积成本 183.72 元/亩，单产 126 公斤/亩，部分高产地块达到了 187.5 公斤/亩。发放超产奖金 669.81 万元。

4. 农业生产劳务费调整 2006 年、2011 年、2013 年，以市场为导向，多次调整人工劳务费和机械作业费标准，实行动态管理，逐渐形成与市场相适应的劳务薪资，基层职工劳务收入逐年提高。

2008 年及 2011 年机力费、劳务费标准见表 2-3-10、表 2-3-11，2020 年春播及秋收机力费、劳务费标准见表 2-3-12、表 2-3-13，2013 年粮油种植成本见表 2-3-14。

表 2-3-10　2008 年机力费、劳务费标准

单位：元

作业项目	作业标准	折合系数	计量单位	付费标准
耕熟地	25～28 厘米	1.45	标准亩	8.78
	28 厘米以上	1.65		8.78
耙地	夏翻前灭草	0.25		8.78
	耙熟地	0.35		8.78
	带木耢子作业	0.4		8.78
重耙	—	0.7		8.78
播种	春翻地	0.35		8.78
	夏翻地	0.3		8.78
草地施肥	—	0.2		8.78
镇压	带配重	0.2		8.78
喷药	—	0.3		8.78
收获油菜	75 公斤以下		亩	13
	75～90 公斤			15
	90～105 公斤			17
收获青稞	190～240 公斤			18
	240 公斤以上			20
收获草籽	—			14
收获牧草	—			8
春播田间运输	—		公斤	0.06
秋收田间运输	—			0.04
长途运费	—		吨·公里	0.65
短途运费	—			0.8
打捆	—		捆	2
喷药拉水	—		亩	0.6
拌加种	—			0.85
秋收卸粮	—		公斤	0.006
清选灌袋上垛	清选两遍以上			0.04
清选机租赁	清选两遍以上			0.007
清选电费	—			0.01
种子精选	—			0.04
农机工补贴	履带式拖拉机		标准亩	0.3
	轮带式拖拉机			0.2
	联合收割机		亩	0.2
燃油补贴	履带式拖拉机		标准亩	1
燃油补贴	轮带式拖拉机			0.75

表 2-3-11　2011 年机力费、劳务费标准一览表

作业项目	作业标准	折合系数	计量单位	付费标准（元）
浅翻（带压）	15～20 厘米	1	标准亩	9.78
	25～28 厘米	1.45		9.78
耕熟地	28 厘米以上	1.65		9.78
耕草地	28 厘米以上	1.85		9.78
耙地	夏翻前灭草	0.25		9.78
耙地（轻耙）	耙熟地	0.3		9.78
	带木耪子作业	0.35		9.78
耙地（中型耙）	耙熟地	0.45		9.78
	带木耪子作业	0.5		9.78
重耙	第一遍	0.7		9.78
	第二遍	0.5		9.78
播种	春翻地	0.35		9.78
	夏翻地	0.3		9.78
草地施肥	—	0.2		9.78
镇压	带配重	0.25		9.78
喷药	—	0.3		9.78
收获油菜	75 公斤以下		亩	13
	75～90 公斤			15
	90～105 公斤			17
收获青稞	190～240 公斤			18
	240 公斤以上			20
收获燕麦	150 公斤以下			17
	150 公斤以上			19
收获草籽	—			14
收获牧草	—			8
春播拌加种田间运输	青稞			7
	油菜			6
秋收田间运输	—		公斤	0.04
长途运费	—		吨·公里	0.65
短途运费	—			0.8
打捆	—		捆	2
喷药拉水	—		亩	0.6
秋收卸粮清选、灌袋上垛	清选两遍以上		袋	7.5
清选机租赁费、电费	清选两遍以上		袋	4.5
种子精选	—		公斤	0.04

（续）

作业项目	作业标准	折合系数	计量单位	付费标准（元）
农机工补贴	履带式拖拉机		标准亩	0.3
	轮带式拖拉机			0.2
	1454 轮式拖拉机			0.25
	联合收割机		亩	0.2
燃油补贴	履带式、1454 轮式拖拉机		标准亩	1
	轮带式拖拉机			0.75

注：青稞 7.5 元/袋、油菜 4.5 元/袋，包括田间运输、围栏拆卸、工具购置场院清理等；燃油补贴按 6250 元/吨，超出部分按 8200 元/吨。

表 2-3-12　2020 年春播机力费、劳务费标准

作业项目	作业标准	折合系数	计量单位	付费标准（元）
浅翻（带压）	15～20 厘米	1.15	标准亩	9.78
耕熟地	22～24 厘米	1.6		9.78
	24～26 厘米	1.8		9.78
耕（4 米）草带地	22～26 厘米	2		9.78
耕草地（大面积）	22～26 厘米	1.8		9.78
耙地	夏翻前灭草	0.4		9.78
耙地（轻耙）	耙熟地	0.45		9.78
	带木耢子作业	0.5		9.78
耙地（中型耙）	耕熟地	0.6		9.78
	带木耢子作业	0.65		9.78
重耙	第一遍	0.7		9.78
	第二遍	0.9		9.78
带小耙作业	轮式拖拉机	0.1		9.78
带耢子作业		0.05		9.78
深松	30～50 厘米	1.15		9.78
播种	春翻地	0.5		9.78
	夏翻地	0.45		9.78
草地、青稞追肥	—	0.35		9.78
免耕播种	免耕播种机	0.85		9.78
撒施有机肥	翻地前	0.4		9.78
	翻地后	0.45		
镇压	带配重	0.4		9.78
喷药	大面积	0.45		9.78
	4 米草带地	0.6		9.78

（续）

作业项目	作业标准	折合系数	计量单位	付费标准（元）
喷药拉水	企业罐		亩	0.6
	个人罐			0.8
田间秸秆处理费	—			1
春播拌加种、田间运输、围栏拉设、护青及其他	青稞、燕麦			11
	油菜			10
	草籽		公斤	0.07
春播加有机肥	—		吨	45
倒袋	青稞种子		吨	45
田间运输	散装有机肥		吨	10

表 2-3-13　2020 年秋收机力费、劳务费标准

作业项目	作业标准	计量单位	付费标准（元）	备注
收获油菜	75 公斤以下	亩	17	
	75～90 公斤		19	
	90 公斤以上		21	
收获青稞	190～240 公斤		22	240 斤以上，每超 0.5 公斤按 0.1 元计算收割费
收获燕麦	150 公斤以下		21	
	150 公斤以上		23	
收获草籽	25 公斤以上		18	
割晒	—		12	
草籽捡拾	—		18	
收获牧草	—		12	
田间运输	秋收粮油	公斤	0.04	
	秋收草籽		0.08	
长途运输	—	吨．公里	0.7	
短途运输	—		0.8	
打捆	—	捆	2.5	
草捆装卸	—		2	
草捆拉运	—		1	
卸粮清选、灌袋码垛	清选 2 遍以上	袋	7.5	青稞
			8.5	油菜
			8	燕麦
			6	草籽
清选机租赁费、电费	清选 2 遍以上	袋	4.5	包括田间运输、围栏拆卸、工具购置场院清理等

（续）

作业项目	作业标准	计量单位	付费标准（元）	备注
种子精选	—	公斤	0.04	
装车费	—	吨	25	
卸车费	—	吨	20	
装载司机劳务费	—	天	100	
挖机司机劳务费	—		150	
农机工补贴	130 马力①以下拖拉机	标准亩	0.2	
	130 马力以上拖拉机		0.25	
	联合收割机	亩	0.2	
燃油补贴	130 马力以下拖拉机	标准亩	0.6	
	130 马力以上拖拉机		1.1	

表 2-3-14　2013 年粮油种植成本

分项	单价（元/公斤）	春翻油菜		夏翻油菜		青稞	
		数量（公斤）	金额（元）	数量（公斤）	金额（元）	数量（公斤）	金额（元）
一、种子	油菜 7 元，青稞 3 元	3	21	3	21	20	60
二、肥料	—	—	112.6	—	95.6	—	113.7
1. 磷酸二铵	3.4	15	51	10	34	15	51
2. 尿素	2.2	2.5	5.5	2.5	5.5	3	6.6
3. 磷肥	0.85	6	5.1	6	5.1	6	5.1
4. 钾肥	2.7	5	13.5	5	13.5	5	13.5
5. 有机肥	0.5	75	37.5	75	37.5	75	37.5
三、机械费	—	4.6	44.99	2.35（标准亩）	22.98	3.75（标准亩）	36.68
1. 翻地＋镇压	9.78（元/标准亩）	2.2	21.52	—	—	2.2（标准亩）	21.52
2. 播肥＋镇压		0.65	6.35	0.65（标准亩）	6.36	0.65（标准亩）	6.35
3. 播种＋镇压		0.9	8.8	0.85（标准亩）	8.31	0.9（标准亩）	8.8
4. 耙地＋镇压		0.85	8.31	0.85（标准亩）	8.31	—	—
四、拌加种	—	—	6	—	6	—	7
五、加有机肥	0.03	75	2.25	75	2.25	75	2.25
六、喷药	9.78	—	—	—	—	0.3	2.93
七、喷药拉水	0.6	—	—	—	—	—	0.6
八、燃油补贴	1.75	4.6	8.05	2.35	4.11	3.75	6.56
九、农机工补贴	0.25	4.6	1.15	2.35	0.58	3.75	0.93
小计	—	—	196	—	152	—	230

① 马力为非法定计量单位，1 马力≈735 瓦。——编者注

5. 修订农业技术规程和制度 2017 年，修订了《公司农机管理制度》《公司退耕还林草地和耕地管护制度》《公司产品销售管理制度》等。

2018 年，修订了《公司旱作农业机械化栽培技术规范》。

6. 产品拓展及品牌宣传 2006 年，注册“雪域丰润”商标，产品包括草块、草颗粒、草粉等。

2011 年，注册“加杨”人参果果蔬商标。

2018 年，注册“贵牧”有机肥商标。

2020 年，“雪域丰润”商标产品又拓展了油菜、青稞、牦牛、藏羊等。同年，“雪域丰润”牌青稞、油籽荣获青海省绿色有机农畜产品“百佳优品”称号。同年，开展青稞米代加工，加工青稞米 5.885 吨，拓展青稞产品。

第三节 作物种类和品种

一、作物种类

公司种植的作物种类主要有粮食作物、经济作物、饲草及少量果蔬。

粮食作物主要有裸大麦（青稞）、皮大麦、小麦、马铃薯、豌豆、蚕豆等。

经济作物主要是白菜型小油菜、甜菜、莞根、大麻、烟草、中药材等。油菜品种主要有小日期、宁交 5 号、浩油系列号，以及青杂 4 号等特早熟杂交油菜。

饲草主要是一年生和多年生禾本科牧草，如一年生禾本科牧草加拿大燕麦、林纳、甜燕麦、青引 6 号、白燕 7 号等，多年生牧草品种青海垂穗披碱草、同德短芒披碱草、青海多叶老芒麦、青海冷地早熟禾、草地早熟禾、青海中华羊茅等。

果蔬主要有苹果、梨、桃、萝卜、白菜、胡萝卜等露地果蔬，以及辣椒、茄子、人参果等温棚果蔬。

历年作物搭配见表 2-3-15。

表 2-3-15 历年作物搭配

年份	主栽作物	搭配作物	其他
1955 年以前	青稞、燕麦	小麦	豌豆、马铃薯、大麻、烟草、萝卜、白菜、胡萝卜
1955—1975	青稞、燕麦	油菜、小麦	豌豆、马铃薯、大麻、烟草、萝卜、白菜、胡萝卜
1976—1992	油菜、青稞	大麦、燕麦	豌豆、马铃薯、甜菜、莞根、萝卜、白菜
1993—2001	油菜	青稞、大麦、燕麦	苹果、梨、马铃薯、白菜、萝卜

（续）

年份	主栽作物	搭配作物	其他
2002—2005	油菜	青稞、燕麦、牧草	豌豆、白菜、萝卜
2006—2011	油菜	青稞、燕麦、牧草	油桃、大棚果蔬
2012—2015	油菜、青稞	燕麦、牧草	人参果、油桃、大棚果蔬
2016—2019	青稞	油菜、燕麦、牧草	
2020	青稞、油菜	燕麦、牧草	

二、作物品种

1. 油菜　1974年前，油菜主栽品种为农家品种——小黄油菜。1974年以后，主栽品种为白菜型小油菜宁交5号，搭配有83-104及门油系列、澳大利亚等白菜型小油菜品种。1990年，主栽品种为宁交5号、浩油11号。

2000年以后，主栽品种为浩油11号、浩油21号等浩油系列油菜。2006年、2010年、2015年、2019年，从门源等地多次引进浩油系列小油菜进行引种换种。

2020年，主栽品种为浩油系列，引种青油21号、青杂4号。

1977—2020年油菜播种面积及产量见表2-3-16。

表2-3-16　1977—2020年油菜播种面积及产量

年份	播种面积（万亩）	总产（万公斤）	单产（公斤/亩）	年份	播种面积（万亩）	总产（万公斤）	单产（公斤/亩）
1977	6.18	336.9	54.5	1993	21.6	1950	90.3
1978	5.66	338.3	59.8	1994	29.2	2000	68.5
1979	8.35	714.73	85.6	1995	24.24	432	17.8
1980	9.8	610.89	62.3	1996	21	198	9.4
1981	10.5	454.12	43.2	1997	20.6	850	41.3
1982	7.59	430.2	56.7	1998	24	480.65	20
1983	8.6	761	88	1999	28.1	1620	57.65
1984	11.5	874	76	2000	14.87	7.8	0.52
1985	13.25	1040.43	78.5	2001	12.96	35.26	2.7
1986	14.08	972.25	69.1	2002	10.6	340	32.1
1987	14.18	1191.84	84.1	2003	6.25	160.55	25.7
1988	13.95	634.99	45.5	2004	6.1	522.58	85.7
1989	16.37	1044.86	63.8	2005	7.21	214.19	29.7
1990	18.6	1333.65	71.7	2006	5.84	441.17	75.5
1991	18.09	1128.5	62.4	2007	6.56	374.51	57.1
1992	20.75	1646	79.3	2008	6.5	819.2	126

（续）

年份	播种面积（万亩）	总产（万公斤）	单产（公斤/亩）	年份	播种面积（万亩）	总产（万公斤）	单产（公斤/亩）
2009	7.05	689.16	97.7	2015	5.47	397.98	72.8
2010	7.25	561.21	77.5	2016	2.26	151	66.9
2011	6.63	475.7	71.7	2017	1.9	60.5	31.8
2012	5.16	575.5	111.6	2018	0.24	16.23	67.8
2013	8.72	603.31	69.2	2019	0.19	16.82	89.5
2014	6.22	440	70.7	2020	2.93	235.05	

注：1999年、2000年和2001年，因天气干旱，作物严重受灾减产，部分土地撂荒。

2. 裸大麦（青稞） 1970年以前，主栽品种为农家品种。

1970—1984年，主栽品种为白浪散。

1984年后，主栽品种为福八-4。

1992年，引进北青2号、北青3号两个青稞新品种，逐渐形成福八-4、北青系列青稞搭配种植的模式。

2006年，引进北青6号、北青3号系列为主栽品种，与肚里黄搭配种植。

2010年，引进昆仑12号、昆仑15号；2017年，引进昆仑14号、昆仑17号，主栽品种为昆仑系列青稞。

2020年，主栽品种为昆仑14号、昆仑15号，少量搭配昆仑17号、黑老鸦、瓦蓝等品种。

1977—2020年青稞产量见表2-3-17。

表2-3-17 1977—2020年青稞产量

年份	播种面积（万亩）	总产（万公斤）	单产（公斤/亩）	年份	播种面积（万亩）	总产（万公斤）	单产（公斤/亩）
1977	2.37	166.3	70.2	1989	2.02	275.05	136.4
1978	3.82	254.2	66.6	1990	2.09	190.8	91.4
1979	2.04	207.08	101.5	1991	2.31	505	219.1
1980	2.16	124.55	57.8	1992	3.27	376.35	115.1
1981	1.83	119.79	65.3	1993	2.9	350	120.7
1982	2.19	187.1	85.4	1994	2.75	400	145.5
1983	1.8	264.5	146.9	1995	4.3	97.5	22.7
1984	1.66	220	132.4	1996	7	220	31.4
1985	0.97	171.08	176.5	1997	5.2	400	76.9
1986	1.26	132.43	105.1	1998	1	195.2	195.2
1987	1.18	219.2	185.8	1999	0	0	0
1988	0.84	75.75	90.2	2000	0	0	0

（续）

年份	播种面积（万亩）	总产（万公斤）	单产（公斤/亩）	年份	播种面积（万亩）	总产（万公斤）	单产（公斤/亩）
2001	0.48	40.85	85.1	2011	1.23	301.2	245.1
2002	0	0	0	2012	5.03	1304.5	259.6
2003	0	0	0	2013	0.65	173.25	267.8
2004	0	0	0	2014	4.23	770	181.8
2005	0	0	0	2015	4.24	1005.22	237.1
2006	0.5	112.96	225.9	2016	7.92	1015.25	128.2
2007	0.98	102.59	104.8	2017	4.04	426.5	105.6
2008	0	0	0	2018	5.83	1889.2	324.0
2009	0.34	79.22	233.0	2019	8.56	2337.1	273.0
2010	0.42	101.76	242.9	2020	3.24	691.7	213.5

3. 皮大麦（啤酒大麦） 1986年前，种植品种为早熟三号二棱啤酒大麦。

1987年，从甘肃引进蒙克尔、208两个四棱啤酒大麦品种，兼种早熟三号。

20世纪90年代，有208、早熟三号、莫特B-23等品种。

1996年后，停止种植皮大麦。

4. 小麦 20世纪80年代以前，主要在莫曲沟分场（农五队）种植春小麦，主栽品种为阿勃等地方品种。

20世纪80年代后，在农五队引进高原338、青春533等春小麦品种。

2000年后，在五分公司大沙滩等地引种京437、中麦175等冬小麦品种。

历年皮大麦及小麦播种面积、产量情况见表2-3-18。

表2-3-18 1977—1993年皮大麦、小麦产量统计

年份	皮大麦		小麦	
	播种面积（万亩）	总产（万公斤）	播种面积（万亩）	总产（万公斤）
1977	0	0	0.21	35
1978	0	0	0.3	45
1979	0.05	3	0.12	22.75
1980	0.04	3.2	0.075	11.5
1981	0	0	0.1	16
1982	0.03	2.75	0.11	17.5
1983	0.04	8.9	0.11	19.07
1984	0.27	42.95	0	0
1985	0.72	95.49	0	0
1986	0.77	85.94	0	0

（续）

年份	皮大麦		小麦	
	播种面积（万亩）	总产（万公斤）	播种面积（万亩）	总产（万公斤）
1987	2.04	227.01	0	0
1988	2.97	296.12	0	0
1989	2.01	285.36	0	0
1990	2.04	282.14	0.01	2.38
1991	2.38	—	0.11	12
1992	—	—	0.16	15
1993	0.06	8.25	0.1	14.83

第四节　耕作技术

1952年以前，主要以撒播为主。1952年7月接管了莫曲沟农场后，用畜力耕翻，由马拉播种机实施条播作业。1957年后，随着机械力量的加强，逐步实行机械耕翻、机械条播。1960年使用拖拉机在三滩地区开荒种地，之后，逐年引进各类农业机械，开展机械化规模生产，经过不断积累和总结，逐步形成了一套完整的旱作农业机械化耕作技术。

一、耕作制度及选种

1. 耕作制度　1960年以前，耕作制度实行少耕多休制。1961—1975年，采用耕一休一轮作制。1976—1986年，实行耕二休一轮作制。1987年后，实行耕三休一，甚至耕四休一。2002年后，恢复到耕一休一和耕二休一的种地养地模式，地力得到了恢复。

轮作制度通常采用粮油轮作模式。为了合理轮作，会根据耕地的实际状况和市场需求，合理调整粮油作物种植面积，年播种面积控制在65%～70%，适时调整休闲地比例，使耕地真正达到休养生息。

2000—2020年耕地轮作情况见表2-3-19。

表2-3-19　2000—2020年耕地轮作情况统计

年份	粮油作物				当年休闲地		总面积（万亩）
	青稞		油菜				
	面积（万亩）	占比（%）	面积（万亩）	占比（%）	面积（万亩）	占比（%）	
2000	0	0	29.02	100	0	0	29.02
2001	0.48	4	12.96	96	0	0	13.44

（续）

年份	粮油作物				当年休闲地		总面积（万亩）
	青稞		油菜				
	面积（万亩）	占比（%）	面积（万亩）	占比（%）	面积（万亩）	占比（%）	
2002	0	0	10.6	81	2.45	19	13.05
2003	0	0	6.25	64	3.47	36	9.72
2004	0	0	6.10	77	1.85	23	7.95
2005	0	0	7.21	67	3.55	33	10.76
2006	0.50	4	5.84	46	6.37	50	12.71
2007	0.98	8	6.56	57	4.05	35	11.59
2008	0	0	6.50	55	5.42	45	11.92
2009	0.34	3	7.05	64	3.57	33	10.96
2010	0.42	4	7.25	66	3.24	30	10.91
2011	1.23	11	6.63	61	3.03	28	10.89
2012	5.03	47	5.16	48	0.55	5	10.74
2013	0.65	6	8.72	80	1.50	14	10.87
2014	4.23	41	6.22	59	0	0	10.45
2015	4.24	40	5.47	51	0.98	9	10.69
2016	7.92	74	2.26	21	0.59	5	10.77
2017	4.04	39	1.90	18	4.51	43	10.45
2018	5.83	59	0.24	2	3.8	39	9.87
2019	8.56	90	0.19	2	0.76	8	9.51
2020	3.24	34	2.93	31	3.30	35	9.47

公司主要耕地处青藏高原腹地贵南县鲁仓、三角滩、木格滩地区，各地区有着迥然不同的“小气候”和“小环境”，表现在以下几个方面：

（1）一分公司（鲁仓地区）土地开垦较早，土壤养分较差，与其他分公司相比，降水偏多，温度较高，作物生长及产量相对有保障，适宜种植粮食作物。一分公司耕地以省道S303公路为界形成地区差异：公路以南的土地潮湿，产量较稳定；公路以北的土地沙化严重，温度偏高，特别是在种植油菜的情况下，应适当晚种，以达到保苗的目的。

（2）二分公司（三角滩地区）耕地相对比较冷凉，春季土地解冻慢，作物生长期短，应适当晚种，加大播种量，以保证其田间苗数。

（3）三分公司（木格滩东部地区）马一队3109号地、3110号地海拔较高，气温较低，作物生长较慢，在播种时需考虑早播。马二队公路以南的3108号、3111号、3221号、3217号、3219号地，特别是马二队草带地播种要考虑避免早霜危害，施肥要适当减氮增磷，促进作物早熟。

2. 选种 种子选留标准为：

(1) 种子的纯净度在99.8%以上。

(2) 选留粒大、饱满、整齐一致的籽种。

(3) 籽种具有较强的发芽能力，发芽率应在85%以上，发芽率在80%以下不留作籽种。

(4) 选留健康而无病害的籽种，防止作物病虫害。为有效控制籽种的带病传播，可在播前进行药物拌种。

(5) 对留种要彻底检验检查，进行发芽试验，严把籽种关。

二、整地作业

1. 夏翻 夏翻作业是实行轮作休耕制度的重要方式，在20世纪60年代以前面积较小，20世纪70年代后面积逐渐扩大。夏翻时阳光强、气温高、雨水多，翻后耕地蓄水保墒能力强，可有效改善耕作层的物理化学及微生物状况；翻埋杂草，可消灭病虫害，提高土壤养分含量。夏翻前（5月20日左右）进行一次对角耙地作业，耙深15厘米。在7月上旬（小暑前后2～3天开始，大暑初期结束），杂草基本出苗、未形成块根时进行，带小铧深翻，耕深24～26厘米以上，翻垡整齐，扣垡严密，保证晒垡良好。

2. 春翻 春翻作业是建场以来农业生产耕作的主要方式。公司地处高海拔地区，春季干燥多风。春翻时，为了保证土壤墒情，须做到随翻随压随播种。春翻采取栅条犁带小铧带镇压器复式作业（种植青稞时耕翻时间宜早不宜迟，尽量在土壤基本解冻后开始耕翻作业，以耕翻后没有较大的冻土块为宜），一般耕深22～24厘米，压实土层，即可进行播种。

3. 秋翻 秋翻作为春夏翻的补充方式，耕作面积较小。1988年以前，有少部分耕地实行秋翻；2015年后，个别耕地实行秋翻。秋翻的耕深介于春夏翻深度之间。

4. 耙地 2005年前，采用小型圆盘耙熟地作业，中型钉齿耙多用于生荒地。之后引进中型缺口耙，2010年后引进大型重耙，多用于人工草地翻地前耙地。

(1) 耙地的主要作用是疏松表土，切断土壤中的毛细管，防止水分蒸发，以利保墒。另外，切碎杂草萌发芽茎可阻止杂草萌发出土，为播种创造良好的条件。一般耙地和镇压联动进行，耙后面联结镇压器，既提高了工作效率又可保障作业质量。

(2) 耙地主要采取顺耙法和对角斜耙法两种。耙地作业时要耙透土层，将土块耙碎，耙深一般为15厘米（休闲地），耙过的地面要平坦，不出现堆土，垄间不漏耙。

(3) 夏翻地秋耙两遍，第一遍在翻耕后一个月左右（8月中旬）待杂草充分发芽生长后进行，采取对角斜耙，耙深15厘米，使土壤细碎，起到二次灭草的作用。第二遍在上冻前（10月上旬）进行，采取对角斜耙，角度与第一次耙地作业相反，耙深15厘米，带镇压器复式作业，压实地表，以利蓄水保墒，土地平整。公司耕地不宜木耢作业。

（4）播前耙地，要求随耙随压复式一次性耙压作业，保持直耙，要求地表平坦、碎土良好，以利蓄水保墒，达到播种前的最佳整地要求。

（5）耙地灭草。机械耙地灭草依据气候、雨水、土壤墒情和杂草萌发的情况确定（杂草发芽后至出土时间为佳），采用轻耙对角斜耙，耙深8～10厘米，不带木耢子作业。

5. 镇压　镇压通常与耙地或播种联动进行，主要使土块破碎，创造上松下实的土层，使播种深度处的土壤紧密，有利于种子吸水发芽和扎根，利于播种限深。播后镇压，可缩小土壤空隙度，促进及时返墒，使种子与土壤紧密结合。

2019年前，采用铸铁环形镇压器，镇压轮与轮间隙不大于7毫米，根据镇压作业项目、土地墒情等具体情况，调整镇压器的配重，作业行驶速度控制在二档以下。2019年引进精量播种机后，采用精量播种机自带的微型橡胶镇压轮镇压。

三、播种作业

（一）播种技术

1. 播种时间　小油菜播种期在4月20日—5月25日之间，根据当时气候和土壤墒情情况，以在5月1—15日之间播种较为适宜。

粮食作物的播种期在3月20日—4月20日范围内，以4月1—10日播种较为适宜，宜早不宜迟。

2. 保苗株数　油菜、青稞、燕麦属密植性作物，适当增加密度，可减少分枝（分蘖），促进作物早熟，提高单位面积产量。密度小，分蘖多，个体旺盛，生长期延长，易受霜冻危害，影响作物成熟；密度过大，作物茎秆细，易倒伏，会造成减产。

3. 田间出苗率　通常油菜、燕麦出苗率按75%计；青稞春翻地出苗率按75%计，夏翻地出苗率按80%计。

4. 播种量　1986年前，油菜播种量均在2.5～3公斤/亩；1987年后，因受局部试验结果的影响，油菜播种量下调到1.5～2.75公斤/亩；1988年遭受较大旱灾，造成大面积缺苗。1989年开始逐步增加播种量，到1992年，油菜播种量调整到2.25～3公斤/亩；2001年后逐步稳定在2.5～2.75公斤/亩。2010年春翻地油菜播种量3公斤/亩，夏翻地油菜播种量2.75公斤/亩。

20世纪60年代，青稞播种量15公斤/亩；到20世纪90年代逐步提高到22.5公斤/亩；

2009年，青稞播种量20公斤/亩；2010年后，青稞播种量基本稳定在18～20公斤/亩。

5. 播种行距 以播种机械确定，行距为15厘米。

6. 播种深度 青稞、燕麦播种深度5～6厘米，油菜播种深度2～3厘米，小草籽播种深度0.5～1.0厘米，大草籽播种深度2～3厘米。青稞、籽燕麦采取顶凌播种是控制播种深度的有效办法。

7. 播种方法 2003年以前，种肥混合，用播种机混播。2004年后，采用双箱分层施肥播种，将肥料按比例混合均匀过筛后加入肥料箱，种子加入种子箱，准确调整播种量和肥量。

（二）青稞种植

1. 夏翻地种植 在3月20日前后、土壤解冻约8厘米时开始耙地作业，耙深6～8厘米，带镇压器复式作业。耙地作业完成后随即开始播种，缩短耙地与播种的间隔时间，防止跑墒，亩保苗数以22万～23万株较为合理。

2. 春翻地种植 翻耕深度一般为22～24厘米，带镇压器复式作业。翻耕时间宜早不宜迟（一般在3月中下旬），尽量在土壤基本解冻后开始，以翻垡中没有较大的冻土块为宜。播种在镇压完成后及时开展，尽量缩短翻耕与播种的间隔时间，防止跑墒。播种机带镇压器复式作业，亩保苗数以26万～28万株为宜。

（三）油菜种植

1. 夏翻地种植 一般5月初开始耙地，耙深10厘米以上以充分灭草，耙后及时镇压保墒。播种带镇压复式作业，尽量缩短从耙地到播种的间隔时间，田间保苗数30万株左右。

2. 春翻地种植 翻耕深度22～24厘米，耢地、播种、镇压复式作业，亩保苗数30万～35万株。

（四）施肥

施肥主要以种肥为主，兼施麻渣和羊板粪。1969年以前，作物肥料主要以人畜粪肥、土杂肥、灰肥为主。

1969年，开始少量施用化肥，先施用硫酸铵、硫酸氢铵、碳酸铵、尿素等氮肥，过磷酸钙、三料过磷酸钙等磷肥，后使用磷酸二铵等复合肥。

20世纪70—80年代，种肥以化肥为主。油菜的亩施肥有效量不足3公斤，氮磷比例1∶2.5左右。粮食作物的有效量3～3.5公斤。

1990年后，种肥主要用化肥，底肥配施少量麻渣。油菜的施肥有效量提高到每亩5～6公斤，氮磷比例调整为1∶（1.5～2）；粮食作物施肥有效量提高到6～7公斤，氮磷比例为1∶2左右。1992年，青稞亩施有效量为5.83公斤，氮磷比例为1∶1.2，亩施尿素5

公斤、磷酸二铵 2 公斤、三料过磷酸钙 5 公斤、麻渣 6 公斤；油菜亩施有效量为 6.05 公斤，氮磷比例为 1∶1.25，亩施尿素 2 公斤、磷酸二铵 4.5 公斤、三料过磷酸钙 5 公斤、麻渣 2 公斤。

20 世纪 90 年代，麻渣的年使用量达到 100 万公斤左右。

1993—1996 年麻渣使用量见表 2-3-20。

表 2-3-20 1993—1996 年麻渣使用量

单位：万公斤

队别	1993 年	1994 年	1995 年	1996 年
农一队	5	4.5	4.5	4
农二队	5	3.5	3	3
农三队	5	4	4	3.5
农四队	3.5	2.5	2.5	2.75
农六队	2	1.5	3	1
农七队	5	4.5	4	4
二羊队	4	3.5	3	3
农九队	3.5	2	2	1.25
马一队	3.5	5	8	7
马二队	4	5.5	8.5	8
马三队	6	6	8	8
马四队	5.5	4.5	6	5.5
三羊队	1.5	1	1	1
马五队	7.5	6	9	8.5
马六队	8.5	7.5	10	10
马七队	7.5	7	8	8
农八队	4	7.5	13	11
四羊队	4	0	0	0
北山湾	10	11	11.5	2.5
加莫寺	2	0	0	0
蔬菜队	0	2.5	0	0
合计	97	89.5	109	92

2000—2010 年，种肥主要使用化肥。

2000 年，油菜施肥有效量为 7.5 公斤左右，氮磷比为 1∶1.5 左右；青稞施肥有效量 7.5 公斤左右，氮磷比 1∶1.3 左右。

2009—2010 年，油菜亩施磷酸二铵 7～8 公斤、尿素 2.5 公斤、磷肥 6 公斤（有效量 12%）、钾肥 5 公斤；青稞亩施磷酸二铵 8 公斤、尿素 3 公斤、磷肥 3 公斤（有效量 12%）。

根据2010年测土配方检测结果，公司大部分耕地的土壤有机质和氮、磷、钾等含量较低。特别是有机质含量，最高为36克/千克，最低为12.39克/千克，平均不到30克/千克，与肥沃土壤相差甚远。为培肥地力，改良土壤，达到增产增收的目的，2011年，采取了增施有机肥的措施。当年建成生物有机肥厂，生产有机肥5000多吨，全部用于公司耕地。

2012年，亩施颗粒有机肥50公斤，分两遍播施，作底肥。种肥采用磷酸二铵9～10公斤/亩、尿素2.5～3公斤/亩、磷肥3公斤/亩、钾肥3公斤/亩。

2015年，亩施有机肥75公斤，种肥采用配方肥。

2017年后，加大有机肥用量，亩施100公斤为底肥；配方肥做种肥，苗期喷施叶面肥。

2018年，有机肥（粉状）施用量加大到200公斤/亩。

2011—2020年，收储羊板粪20.79万立方米，加工生产有机肥6.84万吨，全部用于耕地，地力状况得到了改善。2011—2020年有机肥生产情况见表2-3-21。

表2-3-21　2011—2020年有机肥生产

年份	收储羊板粪（立方米）	生产有机肥（吨）	备注
2011	9000	1500	颗粒
2012	11123	3233	颗粒
2013	28441	11330	颗粒
2014	24258	8754	颗粒
2015	37131	4650	颗粒
2016	6742	3370	颗粒
2017	714	600	颗粒
2018	0	1982	粉状
2019	26448	11116	粉状
2020	64137	21900	粉状
合计	207994	68435	—

四、病虫草害防治

（一）病害

公司病虫草害受高原气候特点的影响，危害并不严重。青稞、大麦的病害有条纹病和云纹病等，在青稞抽穗期高温高湿环境中容易发生。

1984—1985年，发生青稞黑穗病，采用克菌单拌种防治，得到控制。

1986年，发生小面积油菜根腐病。

1987 年，用萎锈灵和 402 酊菌剂拌种预防青稞、大麦条纹病，防效达 70%以上，增产效果达 12%～24%，基本控制了条纹病危害。

（二）虫害

历史上发生过三次较大的虫害：1977 年，四分场发生蝗虫灾害，在中国民航青海省局的协助下，飞机灭蝗 12.49 万亩，虫害得到了有效控制。1988 年，在四分场发生菜青虫危害，大面积油菜受灾。1991 年，马五队发生蛴螬危害，4 万亩油菜受灾，先后施用六六六、辛硫磷、乐果、甲拌磷等除虫剂。

（三）草害

杂草蔓延是制约单位面积产量、影响农业经济效益的致命因素。公司耕地中的杂草主要有阔叶杂草（藜、香薷、野萝卜、微孔草、红根草等）、禾本科杂草（野燕麦、赖草等），主要采用物理除草和化学除草两种方式。20 世纪 80 年代以后，以化学除草为主。用燕麦畏、氟乐灵进行土壤处理，防除野燕麦；2,4－D 丁酯乳油叶面喷雾除草效果比较显著。油菜田阔叶杂草通常采用以耕翻耙地灭草为主的机械灭草和轮作倒茬的综合措施，防除效果比较显著。

从 2005 年开始，公司通过各种灭草措施，有效地控制了杂草的滋生蔓延，杂草明显减少，单位面积产量有了显著提高。

1. 杂草的预防　不从杂草严重的地区调拨籽种，不在杂草严重的地块选种。为提高种子的纯净度，精选上年选留的籽种。青稞、燕麦籽种一般用风选 1～2 遍或种子精选机精选，油菜籽种用种子精选机精选，纯净度均达 99.8%以上。

2. 机械灭草

（1）深翻灭草。间歇性地进行土壤深翻是控制杂草出苗的有效措施之一，翻耕深度达到 24～26 厘米以上时，对杂草灭除有一定的效果。2003 年以前，耕深 18～22 厘米；2003 年后，耕深达到 24～26 厘米。2017 年引进栅条犁后，灭草效果进一步提高。

（2）休闲地灭草。夏翻前，根据土地墒情和降水量的多少，以及杂草的发芽出苗情况，采取耙地浅翻灭草，使发芽的杂草移位，暴晒干枯。通过耙地浅翻，促使杂草籽种发芽，在杂草发芽尚未形成块根前及时翻耕，对 0～20 厘米土层中的杂草灭效达 93%～98%，可有效防止微孔草、野萝卜在夏翻前形成块根。夏翻后结合整地保墒进行 2 遍耙地，以达到最佳的灭草效果。

（3）播种前耙地灭草。播种前根据杂草的萌芽及分布情况，进行耙地灭草。耙深 5～8 厘米，耙后 1～2 天播种，可将播种层 30%～40%的杂草种子消灭在萌芽状态，减少微孔草、野萝卜等块根杂草的数量，对其他杂草灭效显著。

3. 药剂灭草

（1）青稞地、牧草地杂草一般多为灰条、香薷、野萝卜等，用2,4－D丁酯（或钠盐）＋杰效利＋苯磺隆叶面喷雾可防除；个别土地块微孔杂草、大叶草、红根草等可用锐超麦叶面喷雾防除。作业时间在分蘖后和拔节期前进行，一般在5月20日至6月10日。喷药一般在早上9：00至下午19：00天气晴好时进行，不在阴雨天和大风天作业。

（2）牧草地药剂防除赖草。用赖草优化剂＋高效盖草能（选配）喷施两遍，第一遍喷施后3～5天进行第二遍喷施。喷药以晴天为宜，在赖草分蘖后期和拔节前期灭草效果最佳。

五、收获作业

1. 收获时间 根据作物成熟情况，成熟一块收割一块，在不造成浪费的前提下采用联合收割机适时收获。

（1）油菜收获。油籽含水量在12%以下时进行。收获过早，油籽含水量高，易发生霉变；收获较晚易遭受冰雹、雪灾等侵袭。2020年，油籽收获采用割晒、捡拾分段进行，籽粒后熟佳，田间损失小，收获质量好。

（2）青稞、籽燕麦收获。收割期在成熟籽粒含水量18%以下进行。

（3）草籽收获。割晒、捡拾分段进行。草籽成熟中期为割晒最佳时间，即籽粒成面状、茎秆与穗头连接部发黄、大面积穗头发黄。

2. 收获作业要求

（1）割茬。油菜、人工牧草8厘米以下，青稞、燕麦10厘米以下。

（2）脱粒。根据作物长势、干湿程度，现场调整凹板间隙和滚筒转速。脱净率控制在99%以上，最大限度地减少破碎损失，破碎控制在5%以下。

（3）作业速度。根据作物种类和长势严格控制收割机行驶速度，杜绝因喂入量过大、筛选不及时造成的跑粮和车速过快造成漏割。

六、产品入库

1. 水分 油籽水分不超过11%，青稞、燕麦、草籽水分不超过17%。

2. 纯净度及破碎率 一等油籽纯净度在99.5%以上，杂质不超过0.5%，破碎率不超过2%；二等油籽纯净度在99%以上，杂质不超过1%，破碎率不超过5%；三等油籽纯净度不低于97%，破碎率不超过7%；次品油籽杂质不超过15%。青稞、燕麦的纯净度达到99.8%。

3. 入库管理 粮油按每袋 51.5 公斤、草籽 25 公斤包装。码垛以“竖四横二”为一层，交替整齐压缝叠加，根据实际情况，在保证安全的前提下充分利用库房空间。每垛留 1 米的通风道和安全通道，垛下铺垫防潮设施。产品分品种、地块分别堆放和标记。种子单选单放，严防混杂。

第五节 农业科技

一、机构和人员

1966 年，贵南军马场在农六队设立农业试验组，农业试验开始起步。1968 年，从北京农业机械学院、北京农业学院、甘肃农业大学、湖南农学院等院校分来韩生彬、韩春林、赵义斌、董德智等 40 余名大学生，基层农业技术人员得到充实。当年，农业试验组扩建为农业试验站。

1980—1981 年，牧场技校农业班（学制 2 年）培训学员 36 人，全部分配到基层，农业专业技术力量逐步增强。

1985 年，试验站从农六队迁至二分场部，有试验田 500 余亩。

1986 年前后，试验站有工作人员 20 余人，1992 年达到 36 人。

20 世纪 80—90 年代，先后从青海工农学院、西北农业大学、青海省农林学校等大中专院校分来尚忠临、车国仙、李发录、侯万宏、张丙苍等农学专业毕业生，在总农艺师李成元的带领下，农业试验科技推广工作得到了加强。

1996 年，农业试验站减员分流，与三分场气象站合并为农科站，8 名技术人员随迁。时有技术人员 15 人，试验田 100 余亩，设农业实验组和气象观测组，分别开展农业试验和气象观测业务。农科站行政管理归三分场，业务管理归生产处。

2000 年，成立农业科技中心，设旱作农业试验站和节水灌溉试验站。三分场农科站改为农业科技中心旱作农业试验站，有技术人员 7 人，开展旱作农业技术试验、气象观测业务。在一分场成立节水灌溉试验站，抽调侯万宏等 4 名技术人员开展节水灌溉技术试验。两个试验站行政、财务和业务归生产处农业科技中心管理。

2008 年，节水灌溉试验站撤销，并入旱作农业试验站，称农业试验站。时有技术人员 9 人，试验田 300 余亩，开展粮油作物试验、牧草试验、气象观测等业务。

2019 年，农业试验站迁至二分公司农七队，改名为农业科技试验站。新建 200 亩高标准试验基地，主要开展粮油及牧草试验，业务归生产经营部。

2020 年，设科技推广和应用中心，开展农业试验、科技推广等工作。

二、农业科学试验与技术推广

1966 年以来，在不同的历史时期坚持青稞、油菜、大麦、小麦以及牧草等作物的品种选育、良种引进、区域试验、地力测定、播期播量、病虫草害防治等试验研发工作。通过单株选育，选出 83-104、83-1 等优良油菜新品系，在生产中推广；选育出的贵青 18 号、贵青 20 号等青稞品系优于福八-4，在生产中推广。

1985 年，在全面科学分析场区气象因素与产量水平相关关系的基础上，重新调整、完善了农业技术措施，形成以蓄水保墒、用地养地为中心的旱作农业技术体系。经 1985—1986 年两年的生产示范试验，效果显著。1987 年，全面推广这项技术措施，种植油菜 14.37 万亩，总产 1226.44 万公斤，单产 85.35 公斤/亩，比 1986 年平均单产提高 17.7%，比前三年平均单产提高 14.43%，比全省 1986 年平均单产（包括川水地区产量较高的甘蓝型油菜）高 27.85%。1988 年，“粮油丰产栽培技术推广”项目获农业部丰收奖三等奖。

1987 年，与青海省农林科学院植物保护所合作，进行了青稞条纹病的防治试验。经过三年的试验和推广，利用萎锈灵和 402 酊菌剂拌种防治青稞、大麦条纹病获得成功。

1991 年，农业科技中心大楼建成，土化室、育种室、作物栽培室等基础设施得到完善。当年粮食作物旱作栽培技术推广 4 万亩，其中青稞 2 万亩、大麦 2 万亩，平均单产 165 公斤/亩。试验站开展育种和原种繁育，各种子生产队开展良种扩繁，良种繁育二级体系基本形成。宁交 5 号小油菜品种经过多年的提纯复壮，通过了海南州科学技术委员会的审定，在海南藏族自治州、海北藏族自治州及甘肃部分地区的推广面积达到 30 万亩。旱作农业体系、科技推广体系逐步建立和完善，引进了新的农业增产技术，培育了丰产抗倒伏的优良品种，旱作农业技术措施进一步完善。

2002 年，开展油菜引种试验，对青杂 3 号、E144、E309、绵油 11 号、紫主茎等油菜做品种比较小区实验，青杂 3 号成熟率 90%，绵油 11 号成熟率 80%以上。当年，从北京引种菊芋，在一、三分公司各试种 30 亩，第二年年底收获，亩产分别为 66.5 公斤、16.5 公斤。

2004 年，在三羊队沙地试种菊芋 100 亩，全部成活。

2005 年，引种黄油菜、青杂 3 号、美国黑麦种植试验。

2006 年，开展油菜分期播种、专用肥对比、筛选等小区实验，同时进行油菜大田繁殖试验。大田繁殖试验结果见表 2-3-22。

表 2-3-22 2006 年小油菜大田繁殖试验产量结果

品名	株数（万株/亩）	面积（亩）	总产量（公斤）	亩产（公斤/亩）	产量位次
宁交 5 号	9.7	80	6920	86.5	2
贵油 25 号	6.9	80	6920	86.5	2
贵油 28 号	8.8	80	7120	89	1
主选 1 号	10.3	45	3780	84	4

2007 年，开展油菜新品种选育及品种比较试验、大田繁殖和提纯复壮种植。在一分公司扩繁提纯复壮宁交 5 号小油菜 1800 亩，在三分公司马一队扩繁贵油 25 号 1376 亩，在马四队扩繁贵油 28 号 1815 亩，在四分公司马六队扩繁主选 1 号 900 亩。

2007 年，重新编制了公司《旱作农业生产技术规范》。开展小区油菜播期和品比试验、青稞播期和氮磷配方及密度试验、油菜各品种大田繁育推广试验。油菜最佳播种期为 5 月 1—10 日，从播种到出苗，气温、湿度相对稳定，可充分利用光、热、水分等气候资源，增产潜力大；青稞最佳播种期为 4 月 1—10 日，苗齐苗壮、长势优良，增产潜力大。青稞播量以 20 公斤/亩为最佳，其有效分蘖、单产、千粒重都高于其他播量。油菜品种大田繁育推广育成的贵油 25 号、贵油 28 号、主选 1 号及提纯复壮的宁交 5 号等品系在扩繁中总体表现较好，主选 1 号等个别品系性状优越。油菜品种（系）比较试验产量结果见表 2-3-23。

表 2-3-23 2007 年油菜品种（系）比较试验产量结果

品名	小区产量（公斤/15 平方米）					折合亩产（公斤/亩）	产量位次
	Ⅰ	Ⅱ	Ⅲ	合 计	平 均		
93-11 号	3.9	3.85	3.95	11.7	3.9	173.35	3
贵油 6 号	4.3	4.3	4.35	12.95	4.3	191.8	2
浩油 11 号	4.8	4.7	4.8	14.3	4.75	211.8	1
青杂 4 号	3.75	3.75	3.65	11.15	3.7	165.1	4

2009 年，开展特早熟油菜区域、油菜品种筛选、油菜增施有机肥、小草籽引种繁育、油菜药剂拌种、药剂灭草以及燕麦品种选育等试验。引种青油 303 高秆油菜 140 亩，平均单产 101 公斤/亩。青稞引种对比试验产量结果见表 2-3-24。

表 2-3-24 2009 年青稞引种对比试验产量结果

品名	小区产量（公斤/15 平方米）					折合亩产（公斤/亩）	与对照百分比	产量位次
	Ⅰ	Ⅱ	Ⅲ	合计	平均			
昆仑 12 号	2.8	2.35	2.65	7.8	2.6	115.5	96	4
肚里黄	3.2	3.3	3.75	10.25	3.4	151	126	2
柴青 1 号	4.2	3.55	2.65	10.4	3.5	153.5	128	1
北青 3 号	3.45	2.45	2.15	8.05	2.7	120	100	3
合计	13.65	11.65	11.2	36.5	—	—	—	—
平均	3.4	2.9	2.8	—	3.7	—	—	—

2010年，开展油菜测土配方、油菜播种期观察、青稞免耕播种示范、青稞提纯复壮以及大田引种试验。采用免耕播种机进行青稞免耕播种试验10亩，开展油菜专用肥试验400亩。新品种大田推广主选1号油菜478亩、青杂4号油菜50亩、有机肥改良土壤试验3020亩。2010年油菜养分管理试验处理设计、产量结果见表2-3-25和表2-3-26。

表2-3-25　2010年油菜养分管理试验处理设计

代号	处理	亩纯养分用量（公斤/亩）			折合小区实际用量（克/15平方米）		
		N	P_2O_5	K_2O	尿素	过磷酸钙	氯化钾
1	不施肥的空白对照（CK）	0	0	0	0	0	0
2	土壤养分限制因子试验最优施肥处理（氮磷钾平衡施肥处理）（OPT）	3.5	3.6	2.3	170	674	92
3	不施氮肥的非平衡施肥处理（减氮施肥处理）（OPT－N）	0	3.6	2.3	0	674	92
4	不施磷肥的非平衡施肥处理（减磷施肥处理）（OPT－P）	3.5	0	2.3	170	0	92
5	不施钾肥的非平衡施肥处理（减钾施肥处理）（OPT－K）	3.5	3.6	0	170	674	0
6	当地习惯施肥处理（FP）	2.6	4.4	0	125	832	0

表2-3-26　2010年油菜养分管理试验产量结果

处理	小区产量（公斤/15平方米）					折合亩产（公斤/亩）	与对照百分比	产量位次
	Ⅱ	Ⅲ	Ⅳ	合 计	平 均			
CK	2.1	2	1.8	5.9	1.97	87.34	100	5
OPT	2.7	2.75	2.5	7.95	2.65	117.78	135	4
OPT-N	2.9	2.85	2.55	8.3	2.77	122.9	141	2
OPT-P	1.75	1.8	1.85	5.4	1.8	80	92	6
OPT-K	2.7	2.65	2.75	8.1	2.7	120	137	3
FP	2.8	2.85	2.85	8.5	2.83	125.93	144	1
合计	14.95	14.9	14.3	44.15	—	—	—	—
平均	2.49	2.48	2.38	—	2.45	—	—	—

2011年，与青海省农林科学院合作开展杂交油菜制种190亩。持续开展特早熟油菜区域试验、油菜新品种选育繁育试验等，繁殖宁交5号小油菜原种7.8亩。

2018年，从青海省农林科学院引种青稞新品种昆仑14号980亩、昆仑17号260亩。昆仑14号抗倒伏、收获期不掉穗，平均产量364公斤/亩。2018年青稞引种小区比较试验结果见表2-3-27。

表2-3-27　2018年青稞引种比较试验产量结果

品种	小区产量（公斤/12平方米）				折合亩产（公斤/亩）	产量位次
	Ⅰ	Ⅱ	Ⅲ	平均		
昆仑17号	6.4	6.9	8.1	7.13	396.13	3
昆仑15号	7.4	7.95	9.35	8.23	457.8	2
昆仑14号	7.8	9.8	9	8.87	492.8	1

当年，开展用药剂灭草和机械灭草相结合的方法防除多年生牧草地草害试验，基本控制了人工草地赖草的危害。

2019 年，和青海省农林科学院等科研单位合作，加入国家大麦青稞体系、国家燕麦荞麦体系、国家牧草体系等研发体系，开展农业技术试验研究和推广。当年种植 237 个青稞原始种质资源材料，完成了测土配方、品种比较、良种繁育等试验。开展昆仑系列青稞品种的大田繁殖和推广，青稞新品种产量达到历史新高。推广种植黑青稞 45799 亩，平均单产 182.8 公斤/亩；种植昆仑 15 号 18470 亩，平均单产 390.4 公斤/亩；种植昆仑 14 号 21309 亩，平均单产 365.4 公斤/亩。

当年，开展油菜、青稞有机肥用量试验，试验结果见表 2-3-28 和表 2-3-29。

表 2-3-28　2019 年油菜有机肥用量试验结果

单位：公斤/15 平方米

处理	有机肥 100 公斤	有机肥 200 公斤	有机肥 300 公斤	有机肥 400 公斤	有机肥 500 公斤	常规施肥（CK）
产量	2.99	3.07	3.25	3.54	3.62	3.35
位次	6	5	4	2	1	3

表 2-3-29　2019 年青稞有机肥用量试验结果

单位：公斤/15 平方米

处理	有机肥 100 公斤	有机肥 200 公斤	有机肥 300 公斤	有机肥 400 公斤	有机肥 500 公斤	常规施肥（CK）
产量	11.05	11.35	11.55	11.7	11.85	11.65
位次	6	5	4	2	1	3

2020 年 9 月 27 日，青海省政协副主席、九三学社青海省委主委、油菜育种专家杜德志一行调研公司油菜、青稞试验情况，查看了青杂 4 号、青杂 7 号油菜种植试验田，对油菜品种试验提出指导意见。

当年，与青海省农机推广站合作，安装拖拉机智能无人驾驶、耕深自动检测等装置，开展智慧农牧业、青稞全程机械化与信息化技术试验示范。与贵南县农牧服务中心合作，首次在二分公司 5308 亩油菜田开展无人机喷施叶面肥试验。同时，引进深松联合整地播种机和精量播种机开展牧草播种改良试验，出苗均匀，效果良好。

引进、繁育和推广青稞新品种，开展特早熟油菜、小黑麦生产、有机肥替代和梯度试验等 30 多项小区和大田试验。与青海省农林科学院合作种植青稞种质资源 384 份，开展青稞 15 个品系生态适应性试验、青稞 7 个品系区域试验、青稞 63 份品系比较试验、黑饲麦区域试验、特早熟油菜区域试验以及海北藏族自治州农科所青稞品种比较等试验。引种青杂

4号、青杂7号杂交油菜各200亩，单产分别为50.47公斤/亩和17.51公斤/亩。2020年青稞品系区试验结果见表2-3-30。

表2-3-30　2020年青稞品系区试验结果

代号	品种	小区产量（公斤/3053.7平方米）	折合亩产量（公斤/亩）	产量位次
1	14YN-788	978.58	213.62	13
2	昆仑15	1424.5	310.96	4
3	13-1036	1198.35	261.59	10
4	14YN-785	1174.95	256.48	11
5	14-831	1091.15	238.19	12
6	14YN-686	1538.3	335.8	2
7	14YN-694	1263.2	275.75	9
8	昆仑14	1325.5	289.35	8
9	F1	1415.75	309.05	5
10	14YN-787	1357.65	296.36	7
11	14—712	1455.95	317.82	3
12	F-6	1411.35	308.09	6
13	14YN-736	1591.7	347.46	1

当年，利用国家高标准农田建设项目，建成无线综合气象站、虫情测报及安防监控物联网系统，推广建成自动导航驾驶、智能喷雾、精量播种/施肥等智慧农场示范应用系统。在一、二、三分公司建成固定式综合气象站、虫情监测系统及高智能土壤环境检测系统，物联网信息管理系统雏形基本形成，实现远程实时监测种植区农作物的虫情、苗情、墒情、灾情等农业信息，实时获取病虫害、土壤水势状况以及相应生态环境的信息。

三、测土配方

20世纪90年代，农业科技中心对耕地进行测土化验，做配方施肥。

2010年年底，对所有耕地开展了土样检测、土地质量评价。土壤有机质的含量中等偏低，全氮含量水平较高，全磷含量处于较低水平，全钾含量偏低，处于三级水平，为23～25克/公斤；土壤速效养分中，碱解氮的含量良好，有效磷含量较低，均处于四级水平，平均含量为9毫克/公斤；速效钾的含量处于偏低水平。根据耕地土壤质量分级，影响公司土壤质量的限制性因子主要是有机质、速效磷和速效钾。对此，提出了4

条改良措施，培肥地力：①增加有机肥的投入量；②轮作倒茬；③绿肥种植；④耕作改土。

耕地土壤质量分级及空间变异状况见表 2-3-31。

表 2-3-31　2010 年耕地土壤质量分级及空间变异状况

分公司		有机质（克/公斤）	全氮（克/公斤）	全磷（克/公斤）	全钾（克/公斤）	碱解氮（毫克/公斤）	有效磷（毫克/公斤）	速效钾（毫克/公斤）
一分公司	平均值	22.72	1.65	1.26	24.65	163.60	7.83	110.08
	CV（%）	0.21	0.18	0.12	0.04	0.19	0.37	0.21
	分级	三级	二级	四级	三级	一级	四级	三级
二分公司	平均值	23.86	1.76	1.66	23.72	172.99	8.01	110.81
	CV（%）	0.11	0.09	0.08	0.04	0.12	0.17	0.2
	分级	三级	二级	三级	三级	一级	四级	三级
三分公司	平均值	29.96	2.14	1.67	24.11	146.07	8.89	111.95
	CV（%）	0.11	0.14	0.11	0.05	0.13	0.25	0.24
	分级	三级	一级	三级	三级	二级	四级	三级
四分公司	平均值	32.94	2.31	1.73	25.39	163.5	8.86	98.3
	CV（%）	0.06	0.06	0.05	0.04	0.13	0.17	0.14
	分级	二级	一级	三级	三级	一级	四级	四级
养分平均含量		27.37	27.37	1.96	1.58	24.46	161.54	8.4

注：*CV* 为土壤养分变异系数。

2011 年，加大有机肥使用量，通过增施有机肥，配合施用氮磷钾合理配比，形成控氮增磷配钾的施肥方式，培肥地力。

2020 年年底，与青海省农林科学院土肥所合作，对现有耕地进行土样检测、土地质量评价工作。

与 2010 年相比，2020 年土壤全氮含量由 1.85 克/公斤降低到 1.70 克/公斤，降低了 0.15 克/公斤，下降了 8.1%；全磷含量由 1.53 克/公斤增加到 1.66 克/公斤，增加 0.13 克/公斤，提高了 8.5%；全钾含量由 24.16 克/公斤降低到 21.27 克/公斤，降低 2.89 克/公斤，下降了 11.96%；碱解氮含量由 160.89 毫克/公斤降低到 107.05 毫克/公斤，降低了 53.84 毫克/公斤，下降了 33.46%；速效磷含量由 8.24 毫克/公斤增加到 13.03 毫克/公斤，增加了 4.79 毫克/公斤，提高了 58.13%；速效钾含量由 110.95 毫克/公斤降低到 94.67 毫克/公斤，降低了 16.28 毫克/公斤，下降了 14.67%；有机质含量由 25.51 克/公斤增加到 25.63 克/公斤，增加了 0.12 克/公斤，提高了 0.47%；pH 由 8.36 增加到 8.39，增加了 0.03，提高了 0.36%。2010 年和 2020 年耕地土壤养分状况变化见表 2-3-32。

表 2-3-32　2010 年和 2020 年耕地土壤养分状况变化

取样时间	养分因子	一分公司	二分公司	三分公司	平均值
2010 年	全氮（克/公斤）	1.65	1.76	2.14	1.85
	全磷（克/公斤）	1.26	1.66	1.67	1.53
	全钾（克/公斤）	24.65	23.72	24.11	24.16
	碱解氮（毫克/公斤）	163.6	172.99	146.07	160.89
	速效磷（毫克/公斤）	7.83	8.01	8.89	8.24
	速效钾（毫克/公斤）	110.08	110.81	111.95	110.95
	有机质（克/公斤）	22.72	23.86	29.96	25.51
	pH	8.32	8.39	8.38	8.36
2020 年	全氮（克/公斤）	1.53	1.63	1.93	1.7
	全磷（克/公斤）	1.57	1.68	1.74	1.66
	全钾（克/公斤）	21.63	20.74	21.44	21.27
	碱解氮（毫克/公斤）	98.82	103.36	118.96	107.05
	速效磷（毫克/公斤）	14.39	11.37	13.33	13.03
	速效钾（毫克/公斤）	98.29	92.68	93.04	94.67
	有机质（克/公斤）	22.42	25.67	28.8	25.63
	pH	8.34	8.4	8.43	8.39

在检测的 182 个土样中，2 个土样处于优等级水平，占 1.10%；10 个的土样处于良等级水平，占 5.49%；64 个的土样处于中等级水平，占 35.16%；100 个的土样处于较差等级水平，占 54.95%；6 个的土样处于差等级水平，占 3.30%。170 个的土样处于中等级及以下水平，占 93.41%，说明公司土壤质量总体较差。不同地块土壤质量等级存在着较大差异，有机质、pH、速效钾和速效磷是土壤质量的主要限制因子（表 2-3-33）。

表 2-3-33　2020 年各分公司耕层土壤养分特征

地块	样本数	项目	全氮（克/公斤）	全磷（克/公斤）	全钾（克/公斤）	碱解氮（毫克/公斤）	速效磷（毫克/公斤）	速效钾（毫克/公斤）	有机质（克/公斤）	pH
一分公司	49	最大值	2.52	1.98	27.4	238	60.4	326	43.67	8.46
		最小值	0.82	1.19	16.74	60	3.6	49	10.95	8.1
		平均值	1.53	1.57	21.63	98.82	14.39	98.29	22.42	8.34
		标准差	0.31	0.18	2.54	26.39	8.28	46.95	5.73	0.07
		变异系数（%）	20.43	11.71	11.75	26.71	57.55	47.77	25.54	0.85
		分级	—	—	—	—	—	四级	三级	—

（续）

地块	样本数	项目	全氮（克/公斤）	全磷（克/公斤）	全钾（克/公斤）	碱解氮（毫克/公斤）	速效磷（毫克/公斤）	速效钾（毫克/公斤）	有机质（克/公斤）	pH
二分公司	28	最大值	2.01	2.02	22.5	136	24	121	31.08	8.53
		最小值	1.31	1.51	18.43	77	6.8	71	20.64	8.29
		平均值	1.63	1.68	20.74	103.36	11.37	92.68	25.67	8.4
		标准差	0.19	0.12	0.88	13.57	3.82	16.61	3.27	0.07
		变异系数（%）	11.40	7.06	4.23	13.13	33.59	17.92	12.74	0.86
		分级	二级	三级	三级	三级	三级	四级	三级	—
三分公司	105	最大值	4.36	2.5	26.38	186	41.6	204	40.33	8.81
		最小值	0.78	1.25	16.75	32	4.5	44	10.36	8.12
		平均值	1.93	1.74	21.44	118.96	13.33	93.04	28.8	8.43
		标准差	0.37	0.18	1.47	19.42	5.95	31.53	4.57	0.15
		变异系数（%）	19.25	10.2	6.85	16.32	44.65	33.89	15.87	1.82
		分级	二级	三级	三级	三级	三级	四级	三级	—

根据2020年青稞、油菜肥效试验测定结果和种植区土壤样品的测定，结合农作物生长特性、需肥规律和土壤供肥能力，制定了青稞、油菜施肥措施。

青稞采取稳氮、增磷、补钾的办法；油菜采用稳氮、增磷的办法。依据不同地块的地力水平和产量水平，合理确定施肥量，补充有机肥。

四、农业生产成果

1976年以前，主要是种植饲草饲料。1977年后产业结构调整，扩大了粮油种植面积，逐渐形成了较大规模的商品粮油生产，1977—1999年累计播种面积439.32万亩，共生产粮油30274.68万公斤，累计上交国家商品粮油24219.74万公斤，商品率达80%。2000—2020年向市场提供粮油18120.5万公斤，为提高青海省粮油自给能力做出了巨大贡献。

1977—2020年粮油播种面积及总产情况见表2-3-34。

表2-3-34　1977—2020年粮油播种面积及总产统计

年份	粮油播种面积（万亩）	总产（万公斤）	年份	粮油播种面积（万亩）	总产（万公斤）
1977	8.77	538.2	1981	12.44	589.91
1978	9.77	637.5	1982	9.92	716
1979	10.56	947.56	1983	10.44	1139
1980	12.07	750.15	1984	13.56	1050

（续）

年份	粮油播种面积（万亩）	总产（万公斤）	年份	粮油播种面积（万亩）	总产（万公斤）
1985	15.12	1315	2003	6.25	160.55
1986	16.19	1187.75	2004	6.1	522.58
1987	15.54	1650	2005	7.21	214.19
1988	17.87	999.11	2006	6.34	554.13
1989	20.57	1821	2007	7.54	962.5
1990	22.86	1850	2008	6.5	819.5
1991	23.9	1633.5	2009	7.39	768.38
1992	25.27	2632.5	2010	7.66	662.97
1993	24.5	2300	2011	7.86	776.9
1994	32.3	2400	2012	10.18	1880
1995	28.65	529.5	2013	9.37	776.56
1996	28	418	2014	10.45	1210
1997	26.62	1250	2015	9.71	1403.2
1998	26.3	2300	2016	10.18	1166.25
1999	28.1	1620	2017	5.93	487
2000	14.87	7.8	2018	6.07	2051.5
2001	13.71	75.92	2019	8.76	2353.92
2002	10.6	340	2020	6.17	926.75

1987年，由青海省农牧业综合区划研究所主持，青海省委政研室农牧处、青海省农垦局、青海省经贸厅经济研究所、青海省农林科学院、青海省畜牧兽医科学院、贵南牧场等单位参加的《青海省农牧交错地区农业整体效益研究》课题开始实施，选择贵南牧场为研究基点。课题历时三年多，从总结贵南牧场的生产经验入手，设置了草地农业，大面积机械化油菜丰产栽培，农作物、牧草品种试验，采取边研究、边实施、边推广的技术路线，形成资源研究、结构调整、技术开发、商品粮油生产基地建设4个专题研究报告。1991年11月，课题通过青海省科学技术委员会主持的审定，《青海省农牧交错地区农业整体效益研究》一书出版发行。该研究成果对指导贵南牧场的农牧业生产具有重要意义。

五、有机产品认证

公司生产基地所处地区为贵南县内天然草原腹地，周边环境洁净，无其他污染源，具有生产有机农畜产品得天独厚的环境资源优势。

2012年，公司开始青稞有机产品生产认证，2015年获得青稞有机产品认证证书，认证种植基地面积9.25万亩。2014年，贵南县荣获青海省首个“国家有机产品认证示范创建县”称号，贵南草业公司是最大的有机青稞产品生产基地。

2015 年，开始油菜、燕麦、牦牛、藏羊有机认证，2018 年获得有机产品认证证书，认证油菜 2 万亩、燕麦 2 万亩、牦牛 1 万头、藏羊 2 万只。

2020 年，公司有机畜产品养殖牦牛 1 万头、藏羊 2 万只。有机农产品种植 13.25 万亩，其中青稞 9.25 万亩，产量 1835.4 万公斤；油菜籽 3.5 万亩，产量 420 万公斤；燕麦 0.5 万亩，产量 80 万公斤。在贵南县 13.77 万亩有机生产基地中，公司占 96%。

第六节　农业基础设施

1962 年，时有水浇地 9685 亩，其中，鲁仓 5810 亩、莫曲沟 3300 亩、过马营园艺场 550 亩、综合加工厂 25 亩。鲁仓、莫曲沟农五队、过马营建有简陋的自流引水灌溉土渠。

20 世纪 50 年代，建有少量的砖木结构库房。20 世纪 60—70 年代，综合加工厂及各生产队建有青砖库房、农机修理间等，场院为硬土面，围墙为土墙。

1983 年，建成少量晒种拌种用敞棚库房。1987 年前，粮食库房仅作为种子库房使用，粮油产品露天存放。

20 世纪 90 年代初，各农业生产队有面积不足 200 平方米的水泥晒场和少数红砖库房，农业生产基础设施极其简陋。

1991—1992 年，利用国家商品粮基地建设资金，建设粮油库房 2667 平方米，农机库 778 平方米，水泥晒场 5125 平方米，农业技术推广大楼 1200 平方米。

2005 年，在五分公司北山湾建成日光节能温室 52 栋。2007 年，在五分公司加莫寺蔬菜队建日光节能温室 54 栋。

2010 年后，通过国家农发项目、青稞基地、饲草基地等项目建设，水泥晒场、高标准库房、大型磅秤及磅房、砖混围墙以及田间道路硬化等农业基础设施陆续得到改善。

2020 年，建成直径 10 米、高 17 米、容积 1333 立方米的全钢锥底、螺旋式钢板筒仓 1 座。通过高标准农田建设项目，在马一队至马二队建成宽 3.5 米的碎石路机耕道 23 公里，在各分公司生产队建产品库房 15009 平方米、农机库房 8279 平方米、晒场 17873 平方米。

随着过马营草产业园的建设，以及乡村振兴战略、高标准农田等项目的实施，至 2020 年年底，累计建成水泥晒场 9 处、33823 平方米，高标准库房 29 座、30050 平方米，大型磅秤 5 座，高标准值班室 2 处。公司农业生产基础设施、生产生活条件大幅改善，生产基地规模化、标准化、机械化、集约化水平显著提升。

2010—2020 年新建农用设施见表 2-3-35。

表 2-3-35　2010—2020 年新建农用设施

队别	门式钢架结构库房		储草棚		水泥晒场	围墙	地磅
	数量（栋）	面积（平方米）	数量（栋）	面积（平方米）	面积（平方米）	长度（米）	数量（座）
农二队	3	3000	—	—	3500	75	—
农三队	2	2000	—	—	1500	740	1（100 吨）
农七队	3	2700	—	—	2000	1320	1（120 吨）
马一队	2	2000	—	—	6000	1860	—
马二队	4	4000	—	—	9450	2210	1（120 吨）
马三队	3	3000	—	—	6150	1020	—
马四队	2	2000	—	—	—	—	—
马五队	2	2000	1	600	2000	620	
马六队	2	2350	1	2500	2400	3120	1（120 吨）
马七队	2	2000	1	2500	—	—	—
六分公司	2	2000	1	1000	823	—	1（120 吨）
草加工厂	1	1000	1	1000	—	—	—
有机肥厂	1	2000	—	—	—	—	—
合计	29	30050	5	7600	33823	10965	5

第七节　气象观测及人工影响天气

一、气象观测与数据

1969 年，在三分场建立气象站，潘震为站长，开展云、能见度、天气现象、温度、气压、湿度、日照、降水等要素的观测记录。

2008 年，在海南州气象局和贵南县气象局的支持下，在气象观测场加装温、压、湿、降水等自动记录仪，配装传输设备、电脑硬件和气象数据系统软件，建成木格滩自动气象观测站。

2010 年，经过两年多的人工观测数据矫正，自动站投入运营，系统自动生成气象数据和报表，减轻了人工观测强度，实现了 24 小时实时监测。

2019 年，气象观测人员陆续退休，人工观测工作停止。50 多年的观测记录为研究指导共和盆地气候变化和农业生产提供了重要的监测数据。

1968—2010 年（木格滩）气象观测数据见表 2-3-36、降水量统计见表 2-3-37、积温统计见表 2-3-38、日照时数见表 2-3-39，1969—2010 年蒸发量统计见表 2-3-40。

表 2-3-36　1968—2010 年（木格滩）气象观测数据

年度	气温（℃）			天气日数（天）				地表温度（℃）			无霜期（天）	冻土深度（厘米）
	年平均	极端最高	极端最低	大风	扬沙	沙尘暴	霜	平均	极端最高	极端最低		
1968	0.1	23.2	−25.9	10	30	11	88	3.5	62.9	−32.8	6	208
1969	1	24.6	−27.1	35	43	15	80	3.5	62.8	−35.5	11	179
1970	0.2	25.8	−26.6	26	31	9	75	3.1	58.6	−35.1	22	202
1971	1.1	24.9	−31.3	24	35	7	79	3.8	65.3	−36	4	191
1972	1.2	26.3	−27.7	10	16	13	59	3.8	62.4	−38.3	32	197
1973	1.4	25.9	−26.5	13	—	12	34	4.4	61.5	−36	61	164
1974	0.6	23.9	−26.2	11	31	19	78	3.5	59.9	−31.7	11	186
1975	0.6	26.7	−28	9	28	18	89	3.2	61.3	−34.1	62	185
1976	0.4	25	−25.8	7	33	9	73	2.9	54.4	−32.4	35	192
1977	0.3	25.2	−26.2	21	18	7	92	2.7	63.3	−33.5	32	192
1978	1	26.4	−26	16	37	15	85	3.8	61.9	−31.8	14	194
1979	1.2	23.2	−27.6	25	48	27	42	3.3	59.5	−33.8	69	176
1980	1.1	23.2	−25.3	17	33	30	39	3.9	65.8	−35.9	85	193
1981	1.5	25.1	−25.5	12	38	23	53	3.8	60.7	−33.4	107	164
1982	0.4	24	−27.4	11	13	25	83	3.2	60.7	−30.2	43	177
1983	0.5	23.6	−28.9	7	34	27	73	2.4	52.7	−31.5	21	187
1984	0.8	24.4	−23.6	15	32	25	58	3.9	53.4	−29.4	61	175
1985	0.7	23.7	−26.3	20	44	29	111	3.6	59.2	−31.8	75	168
1986	0.5	26.6	−25.4	10	27	18	78	3.6	65.4	−31.1	29	186
1987	1.5	23.1	−23.6	16	41	35	77	4.8	61.3	−39	55	158
1988	1.4	25.7	−28	15	12	29	62	4.7	60.9	−36.4	55	142
1989	0.6	22.5	−28.2	4	12	11	120	4.1	55.9	−30.6	54	248
1990	1.3	23.9	−23.1	9	12	11	102	4.4	54.6	−31.5	79	153
1991	1.3	28	−28.9	15	16	25	74	5	61.3	−32	94	158
1992	0.6	23.5	−25.3	17	9	33	88	3.6	58.1	−31.4	58	153
1993	0.9	22.8	−27	20	11	18	114	3.6	54	−31.4	71	181
1994	1.1	26	−27.6	22	9	19	49	4.5	57.3	−28	91	162
1995	0.5	25.1	−28.1	23	13	35	74	4	58.1	−31.6	35	164
1996	1	25.8	−25.8	16	7	14	71	4	59.9	−30.6	65	160
1997	0.9	25.8	−23.8	4	6	7	83	3.4	54.1	−30.6	15	172
1998	2.2	25.4	−22.4	4	—	12	—	4.7	53.1	−30.6	30	—
1999	1.7	27.2	−24.5	10	17	17	60	4.4	53.1	−31.8	64	145
2000	2.1	30.4	−26.9	14	—	29	—	4.3	64.7	−32.1	21	—
2001	1.8	27.8	−23	14	—	45	—	4.2	60.9	−32.2	96	—

（续）

年度	气温（℃）			天气日数（天）				地表温度（℃）			无霜期（天）	冻土深度（厘米）
	年平均	极端最高	极端最低	大风	扬沙	沙尘暴	霜	平均	极端最高	极端最低		
2002	2	27.8	−26.3	12	—	28	—	4	55.1	−31.4	30	—
2003	2.1	27.8	−24.6	4	18	20	62	4.4	54.9	−31.5	40	144
2004	1.2	27.6	−28.6	17	27	28	87	3.3	56.4	−34.5	41	159
2005	1.6	25.6	−23.1	4	15	7	112	4.3	58.4	−29.1	27	142
2006	2.3	28.4	−22.2	5	—	9	—	5.2	61	−27.4	110	—
2007	1.5	25.5	−24.4	12	—	18	—	4.1	54.8	−30.1	40	—
2008	1.4	25.5	−26.9	5	—	4	—	3.5	54.4	−33.9	75	—
2009	1.6	23.8	−24.1	4	18	20	78	4.5	56.5	−34.9	58	168
2010	2.3	28.2	−24.7	20	25	29	57	—	66.2	−34.2	76	156

表 2-3-37　1968—2010 年降水量统计

单位：毫米

年份	降水量	年份	降水量
1968	303.9	1990	325.7
1969	365.6	1991	262.6
1970	325.3	1992	360.6
1971	430.9	1993	352.39
1972	408.7	1994	336.8
1973	320.4	1995	276.7
1974	478	1996	262.6
1975	444	1997	364.6
1976	462.1	1998	342.8
1977	297.7	1999	378.7
1978	432.8	2000	215.9
1979	286.5	2001	322.3
1980	289.7	2002	265.3
1981	430.1	2003	309
1982	312.4	2004	387.8
1983	447.5	2005	389
1984	367.3	2006	418.5
1985	436.8	2007	399.5
1986	340.5	2008	372.2
1987	358.3	2009	430
1988	459.1	2010	339
1989	520.4	平均	363.5

表 2-3-38　1968—2010 年积温统计

单位：℃·天

年份	≥0°积温	≥5°积温	≥10°积温	年份	≥0°积温	≥5°积温	≥10°积温
1968	1441	1333.3	650.7	1990	1582.9	1438	1230.4
1969	1628.6	1493.1	798.2	1991	1726.6	1583.3	1187.3
1970	1557.4	1456.4	960.6	1992	1543.5	1436.6	788.1
1971	1651.5	1499.5	1011.7	1993	1451.7	1333.7	773.8
1972	1591.8	1469.5	953.2	1994	1623.4	1509.3	1000.8
1973	1698.6	1579.1	993.7	1995	1657.5	1531.8	994.5
1974	1607.7	1457.9	832	1996	1631.3	1519.4	1004.3
1975	1580.2	1327	833.6	1997	1531.2	1394.6	818.6
1976	1477.4	1330.5	567.2	1998	1879.8	1790.6	1339.4
1977	1596.6	1419.7	900.6	1999	1678.4	1515.4	880.9
1978	1664.1	1542.7	952.6	2000	1801.5	1672.6	1188.1
1979	1659.4	1526.6	973.3	2001	1727.3	1598.9	990
1980	1635.6	1503.3	953.4	2002	1832.6	1662.4	1229.9
1981	1741	1588.6	1145.3	2003	1811.6	1671.8	1137.5
1982	1473	1310.6	704.1	2004	1633.9	1526	917
1983	1518.8	1399.9	723.7	2005	1755.4	1618.9	945.8
1984	1562.2	1401.1	786.3	2006	1814.5	1753.5	1188
1985	1526.8	1358.8	760.4	2007	1756.9	1605.1	1045
1986	1513.6	1307.9	698.5	2008	1760.4	1659.2	904.9
1987	1622.2	1493.6	906.5	2009	1766.1	1613.8	1131.4
1988	1629.6	1465.8	1013.4	2010	1780	1416.9	1177.7
1989	1561.1	1464.7	759.8	平均	1643.8	1501.9	947.7

表 2-3-39　1968—2010 年日照时数统计

单位：小时

年份	年日照时数	年份	年日照时数	年份	年日照时数
1968	2812.4	1983	2887.6	1998	2701.4
1969	2945.4	1984	2884.4	1999	2348.3
1970	2942.3	1985	2822.6	2000	2560.5
1971	2827	1986	3068.7	2001	2504.1
1972	2857.6	1987	2910.2	2002	2656.8
1973	2992.6	1988	2774.5	2003	2412.1
1974	2805.2	1989	2824.1	2004	2552.9
1975	2735.3	1990	2976.5	2005	2363.4
1976	2921.7	1991	2997.8	2006	2363.4
1977	2929.9	1992	2912.3	2007	2516.5
1978	3059	1993	2845.2	2008	2585.3
1979	2981.1	1994	2923.7	2009	2210.8
1980	3086.1	1995	2777	2010	1602.7
1981	2845.1	1996	2754.5	合计	118158.9
1982	2842	1997	2838.9	平均	2747.9

表 2-3-40　1969—2010 年蒸发量统计

单位：毫米

年　份	平均气温	年　份	平均气温	年　份	平均气温
1969	1489	1983	1370	1997	1260
1970	1498	1984	1679	1998	1584
1971	1477	1985	1536	1999	1838
1972	1492	1986	1617	2000	1820
1973	1678	1987	1705	2001	1830
1974	1417	1988	1564	2002	1849
1975	1415	1989	1284	2003	1697
1976	1503	1990	1455	2004	1554
1977	1523	1991	1376	2005	1519
1978	1498	1992	1502	2006	1645
1979	1745	1993	1289	2007	1434
1980	1740	1994	1505	2008	1675
1981	1548	1995	1681	2009	1636
1982	1395	1996	1557	2010	1755

二、人工影响天气

1998 年，开始人工影响天气作业。在二分场和三分场设防雹高射炮 2 门，聘请西宁、海东有专业经验的防雹手，在省、州、县气象局的指导下培训防雹人员，开展增雨防雹工作。

2003 年后，陆续在一、二、三分公司配齐防雹高射炮、人工增雨火箭发射架和防雹民兵，成立了人工防雹作业指挥中心，与省、州、县气象局建立防雹预警作业联动机制。与海南州气象局签订技术合作协议，由州气象局开展作业技术培训、人工增雨防雹作业指导和作业空域申请，负责设备年检及炮弹和火箭弹的供应配发，由贵南县气象局提供气象预报和检测数据。

至 2020 年，共有一分公司农一队、农三队，二分公司部，三分公司马一队、马二队，四分公司马六队 6 个固定防雹作业点，每个作业点建有值班室、库房等，配备高射炮 1 门、火箭发射架 1 架，有作业人员 4 名。多年来，防雹作业点为人工增雨、防雹减灾起到了重要作用。

2009 年 6—9 月，发射防雹炮弹 4627 发、火箭弹 36 发。

2010 年 6—9 月，进行防雹作业 107 次，发射防雹炮弹 3152 枚、火箭弹 74 发。

2011 年 6—9 月，发射防雹弹 4256 发、火箭弹 237 发。

2012—2020 年，共发射防雹弹 11980 发、火箭弹 1378 发（表 2-3-41）。

表 2-3-41　2012—2020 年消耗炮弹数量统计

单位：发

年份	2012	2013	2014	2015	2016	2017	2018	2019	2020
防雹弹	1604	809	1719	1883	834	1471	2000	1600	60
火箭弹	146	175	149	194	235	127	216	123	13

第八节　蔬菜及特色种植

一、蔬菜种植

1959 年 9 月，贵德河西青年农场撤销后，农场加莫寺片区及支边青年划归贵南牧场，设蔬菜队，成为全场蔬菜的生产、供应基地。

1965 年 9 月，为解决场直地区职工、家属的“吃菜难”问题，成立过马营家属队。1966 年，划出过马营地区近 80 亩水浇地和一部分旱地共 300 亩作为种植基地，由孙克绩负责，组织在过马营地区居住的职工家属种植蔬菜。水浇地主要种植白菜、萝卜等，旱地主要种植土豆、豌豆和少量的油籽及小麦，部分解决了场直地区的蔬菜需求。

过马营家属队成立后，经推选，产生大队长 1 名、会计 1 名、保管 1 名，下设 6 个分队（也称排），设分队长（或排长）1 人、记分员 1 人。家属队实行工分制，按工分分配蔬菜，由场行政办公室管理，每周二、四、六晚上参加政治学习。之后，各生产队先后成立了家属队，划出耕地种植蔬菜，解决本队职工的蔬菜需求问题。家属队人员最多时达到 560 多人，他们还在农忙时期参加生产队的农业生产。1992 年后，各单位家属队相继解散。

1986 年，蔬菜种植面积 116 亩，产量达到 58 万公斤。2001 年，在一分场引种马铃薯 0.273 万亩，收获 61 万公斤。在一、三分场引种菊芋各 30 亩，2003 年分别收获 2000 公斤和 1000 公斤。

2007 年，在五分公司加莫寺节能日光温室开展人参果及黄瓜、辣椒等保护地特色果蔬种植。

二、果品

1987 年，加莫寺蔬菜地改建果园 150 亩，其中苹果 105.9 亩、梨 33.8 亩、桃 9.6 亩、花椒 0.7 亩。1989 年，有桃树园 25 亩、2750 株，苹果园 70 亩、约 7000 株，蔬菜园 50 多亩。

1990 年，农五队耕地与贵德县置换，40 多名职工到北山湾开发建设，整理出了部分水浇地，成立了果林队，有果园 3 个，种植苹果、梨、桃等。截至 1993 年 5 月，共栽植苹果300亩、枸杞10亩、文冠果5亩、沙棘4亩。1994年，300亩果园产桃子19023公斤、苹果27195公斤。1995年，产桃19088公斤、苹果43676公斤、梨3915公斤。1996年，贵德地区发生严重的吉丁虫害，五分场苹果树遭到灭顶之灾，水果生产逐年减少。

2008年，从山东引进中华大樱桃365棵，在五分公司蔬菜温棚首次试种。

2009年，在五分公司温棚引种包谷杏树700棵、软梨树20棵。

2011年，从乐都引种中华大樱桃1300棵，在五分公司加莫寺露天种植，并注册“加杨”牌果品商标。

三、中草药材

2000年，在一、三分场引种藏茵陈、黄芪、甘草、大黄等中药材，因受气候限制，生长缓慢，适应性较差，未能大面积推广。

2002年，从北京引进百合，在一、六分公司试种200亩，因气候因素未成功。

2004年，试种中药材，有黄芪45亩，柴胡、甘草、党参、藏茵陈等120亩。

2005年，在五分公司大田试种藏茵陈220亩，收获150亩；种植其他中药材120亩、紫花苜蓿400亩。

2012年，在一林队、过马营林业站和五分公司引种干草，共60亩，其中根茎横插30亩、种子育苗30亩。在五分公司试种枸杞37亩。

第九节　对外农业合作

2012年，以青海国有农垦企业率先“走出去”、实现“零突破”为出发点，在俄罗斯境内租赁土地开展农作物种植、牲畜养殖等。

2012年3月，组成5人考察组赴俄罗斯赤塔州普里阿尔贡斯克区胜利农场（毗邻内蒙古海拉尔）考察。随后，与俄罗斯维克多利亚公司胜利农场签订农业合作协议，租地32790亩，试种小麦、油菜、燕麦等，养殖了部分牛羊。购置部分二手农机具，夏翻耕地1.6万亩。

2013年1月15日，取得企业境外投资证书，注册成立“中俄三江有限责任公司”，注册资本100万美元。同年，向俄罗斯农场派管理及机务人员8人，在胜利农场种植油菜0.8万亩、小麦0.8万亩，在青年农场夏翻耕地1万亩。

2014年5月，中俄三江有限责任公司与普里阿尔贡斯克区行政部签订土地租赁协议，租赁农用土地4.64万亩。

2013 年，从西伯利亚购进种猪 36 头，进行繁育和养殖。

2012—2017 年经营期间，资产总额 424 万元，负债 424 万元，主营业务收入 393.46 万元，净利润－435.67 万元。由于连年经营亏损，2018 年，公司不再开展生产经营活动，安排 2 名俄罗斯人员值守，中方不再派人现场管理。租赁的土地转包给俄方人员从事农作物种植，养殖事宜暂停。

贵南草业公司是青海省第一家农业“走出去”单位，2014 年获青海省人民政府“2013 年度全省对外投资合作优秀企业”。2016 年 2 月，被青海省商务厅授予“2015 年度全省对外投资合作优秀企业”。

第十节 农业保险

2008 年，参加政策性农业保险试点，参保油菜 2 万亩，当年油菜受灾，获赔偿 420 万元。

2009 年，参保油菜 2.1 万亩。以后，公司粮油作物全部参加农业保险。

2011 年，参保油菜 5.2 万亩，部分受灾，保险公司依法给予减产补偿 187 万元。

2012 年，参保粮油 10.24 万亩，同时将职工的外联地纳入保险范围，获保险赔偿 78 万元。

2020 年，55 台联合收割机参加政策性农机保险。

2008—2020 年农业保险费缴费情况见表 2-3-42。

表 2-3-42 2008—2020 年农业保险缴费情况

单位：元

年份	农业保险费
2008	144000
2009	227307.6
2010	227307.6
2011	325370.9
2012	537241.9
2013	659150.4
2014	651072
2015	597760.8
2016	542836.8
2017	627934
2018	600657
2019	423350.4
2020	369002.4

第十一节　管理机构

1943 年，军牧场设农事课，开始管理种植业。1949 年 9 月 20 日，贵德军牧场设立农事室。1953 年，设生产技术股。1960 年，设农业机务科。1970 年，农业机务科与军马科合并为生产科。1976 年，贵南牧场撤销生产科，恢复农业机务科。1985 年，撤销农机科，成立农牧公司。1990 年，撤销农牧公司，改为生产处。2002 年，生产处改为企业发展策划部，2019 年又改为生产经营管理部。

第四章　草　　业

军马场时期，耕地以生产饲草和饲料为主，供马匹和牛羊补饲。进入 20 世纪 80—90 年代，耕地以生产粮油为主，农作物秸秆在冬季补饲牛羊。同时，各畜牧队仍有少量饲草地。21 世纪初，公司实施国家退耕还林草项目，人工草地大面积增加，草业生产进入快速发展时期。

第一节　草业区划和牧草品种

一、草业区划

公司处于我国牧草九大分区之青藏高原老芒麦、垂穗披碱草、中华羊茅、苜蓿栽培区，为大陆性高原气候，冬寒夏凉，无霜期短，日照长，雨水少，辐射强。

人工牧草主要在一、二、三、四、六分公司种植。

二、牧草品种

一年生牧草品种主要是燕麦。一部分作为籽燕麦种植，供应种子及精饲料；一部分作为青饲草，主要为马匹及牛羊饲草。20 世纪 70 年代前，主栽农家品种。20 世纪 80 年代初，引进加拿大燕麦品种。20 世纪 80 年代中期，燕麦种植面积逐渐减少。2012 年，引进林纳和加拿大燕麦品种。2018 年，引进青引 6 号、白燕 7 号等燕麦品种。

多年生牧草品种主要有青牧 1 号老芒麦、多叶老芒麦、青海垂穗披碱草、同德短芒披碱草、细茎冰草、无芒雀麦、青海冷地早熟禾、青海中华羊茅等。

第二节　饲草料种植

一、军队与省厅管理时期

草业生产可追溯至军马场饲养军马时期。作为马匹的饲料饲草供应，种植的饲草料主要有燕麦及少量豌豆、大麦、蚕豆等。

1955年，从苏联引入顿河种公马，在随带马料中发现部分粗大谷粒，莫区沟羊队队长文金奎取出10多公斤，在贵德新街南山（海拔2800余米）试种。此燕麦生长茂盛、产量高，籽实成熟好，马牛羊喜食。

1959年，种植籽燕麦1846亩、青饲燕麦3520亩。

1960年，种植籽燕麦2400亩、青饲燕麦4225亩。

1966年，三分场草原改良队开始多年生牧草品种的种植和培育，与高原生物研究所合作，利用3000亩草改试验基地，开展多年生牧草栽培试验。三年后，草改试验结束。1972年，草原改良队撤销。

1968年，在马五队种植3000亩披碱草，长势良好，因机械原因，未收获草籽。

1976年，马匹逐渐减少，饲草种植面积逐年减少。20世纪80年代，籽燕麦和青燕麦种植面积减少到约1000亩。至20世纪90年代，只有各畜牧队零星种植。

二、三江集团管理时期

2001年，贵南牧场开始实施国家退耕还林（草）工程，当年实施1万亩，其中人工草地0.5万亩。至2003年，累计完成退耕还林（草）工程22.28万亩，其中人工草地12.66万亩。主要种植青海多叶老芒麦、青海垂穗披碱草、同德短芒披碱草、细茎冰草等。

2003年，四分公司种植燕麦草5372亩，在三、四、六分公司退耕地收割大灰条9万亩。

2004年，开始人工草地改良，草带更新多年生牧草地8637亩，收割牧草14万亩、753.4万公斤，收获青干草捆519万公斤、青贮草捆234.4万公斤。一年生牧草燕麦的种植面积逐渐扩大，种植籽燕麦1000亩、青饲燕麦草3300亩。

2005年，收获牧草12万亩、披碱草草籽9100公斤、青干草捆507.5万公斤。

2006年，收获牧草3.98万亩。

2007年，人工牧草地重耙切根、施肥0.5万亩，直播施肥1.1万亩。收割牧草13万亩，收获草籽104.4万公斤、高密度草捆70万公斤。

2008年，收获青干草捆230.6万公斤。

2009年，改良人工草地1.63万亩，收获牧草13.14万亩。草地改良采用燕麦、箭舌豌豆、披碱草混播技术，提高牧草品质。种植燕麦0.75万亩，其中籽燕麦0.31万亩，收获籽粒41.5万公斤，平均单产132.7公斤/亩；种植青饲燕麦

0.44 万亩，收获青干草捆 25 万公斤，平均亩产 56 公斤/亩，收获高密燕麦草捆 105.9 万公斤。

2010 年，改良人工草地 3.26 万亩，其中燕麦套种披碱草 0.89 万亩，燕麦套种箭舌豌豆 0.56 万亩，其他措施 1.81 万亩。收获燕麦籽 86 万公斤、披碱草草籽 140 万公斤、草捆 1200 万公斤、高密度草捆 67.7 万公斤。

2011 年，采取重耙切根追肥、翻耙补播等措施改良人工草地 2.4 万亩，其中，种植青饲燕麦 0.43 万亩、籽燕麦 0.12 万亩，燕麦籽套种披碱草 0.45 万亩，油菜套种披碱草 0.18 万亩，燕麦套种箭舌豌豆 0.26 万亩，其他措施 0.96 万亩。收获燕麦籽 150 万公斤、草籽 40 万公斤、草捆 450 万公斤。实施退化草地秋翻作业 5.76 万亩。

2012 年，改良人工草地 7.64 万亩，其中，种植青饲燕麦 0.82 万亩、籽燕麦 6.17 万亩、多年生牧草 0.65 万亩。收获燕麦籽 300 万公斤、草籽 53.67 万公斤。2012 年退化草地改良情况见表 2-4-1。

表 2-4-1 2012 年退化草地改良一览表

分公司	队别	地块号	面积（亩）	改良面积（亩）			改良种类
				2011 秋翻	2012 春翻	合计	
一分公司		6023	3019	1509.5	—	1509.5	—
		4705	7485	—	3200	3200	籽燕麦
		4606	—	—	352	352	籽燕麦
二分公司	农四队	2202	451	166	—	166	籽燕麦
		2204	393	123	—	123	籽燕麦
		2205	84	24	—	24	籽燕麦
		2206	51	28	—	28	籽燕麦
		2208	1906	372	—	372	籽燕麦
	农六队	2903		21	—	21	籽燕麦
	农七队	2701	3165	969	—	969	籽燕麦
	农九队	2901	—	51	—	51	籽燕麦
		2902	—	47	—	47	籽燕麦
	二羊队	2201	—	34	—	34	籽燕麦
		2203	6146	2760	—	2760	籽燕麦
		2209	89	45	—	45	籽燕麦

（续）

分公司	队别	地块号	面积（亩）	改良面积（亩）			改良种类
				2011 秋翻	2012 春翻	合计	
三分公司	马一队	3301	576	—	288	288	草籽
		3303	2766	1383	—	1383	籽燕麦
		3401	5143	2571.5	—	2571.5	籽燕麦
		小计		3954.5	288	4242.5	—
	马二队	3001	3435	1717.5		1717. 5	籽燕麦
		3202	922	—	461	461	草籽
		3210	2580	—	1290	1290	草籽
		3209	1421	—	710.5	710.5	草籽
		3213	1092	—	546	546	草籽
		3214	1102	—	551	551	草籽
		3212、3215	2345	1172.5	—	1172.5	籽燕麦
		3216	711	355.5	—	355.5	籽燕麦
		3218、3219	3645	1822.5	—	1822.5	籽燕麦

2013 年，改良人工草地 8.59 万亩，其中，种植多年生牧草 5.86 万亩、籽燕麦 2.73 万亩。收获草籽 9.14 万公斤、燕麦籽 106.3 万公斤。

2014 年，改良人工草地 6 万亩，其中，种植籽燕麦 3 万亩、披碱草 2.57 万亩、冷地早熟禾 0.43 万亩。收获草籽 58 万公斤，平均单产 28 公斤/亩；收获燕麦籽 341 万公斤，平均单产 114 公斤/亩。

2015 年，改良人工草地多年生牧草 6.13 万亩，收获草籽 73.21 万公斤；种植燕麦 6.24 万亩，收获燕麦籽 554 万公斤。

2016 年，改良人工草地多年生牧草 2.36 万亩，种植燕麦 2.58 万亩。收获燕麦籽 229.9 万公斤、草籽 25.95 万公斤。

2017 年，改良人工草地多年生牧草 3.26 万亩，种植一年生牧草（燕麦）2.96 万亩。收获多年生牧草 2.51 万亩、草籽 21.48 万公斤、草捆 279.6 万公斤，收获一年生牧草 2.75 万亩、草捆 310 万公斤，收获青干草 0.55 万亩。

2018 年，改良人工草地多年生牧草 2 万亩，收获一年生牧草 1.1 万亩，青饲燕麦草捆 405 万公斤，平均产量 364.2 公斤/亩；披碱草草籽总产 227.5 万公斤，平均单产 54.06 公斤/亩，高产田 4702 号地 127 公斤/亩，4705 号地 125 公斤/亩；收获冷地早熟禾草籽 12.89 万公斤，平均单产 46.04 公斤/亩。

2019 年，改良人工草地 4.4 万亩。收获披碱草草籽 3.73 万亩、268.88 万公斤，平均亩产 72.05 公斤，草捆 711 万公斤；收获冷地早熟禾 0.28 万亩、草籽 11.11 万公斤，平均亩产 39.69 公斤，草捆 73.82 万公斤。披碱草草籽最高单产在三分公司 3210 号地，平均亩产 171.17 公斤。

2020 年，改良人工草地多年生牧草 1.3 万亩（青海中华羊茅 0.1 万亩、青海冷地早熟禾 1.2 万亩），种植一年生牧草 0.23 万亩。收获披碱草 5.77 万亩，草籽 352.74 万公斤，平均单产 61.07 公斤，草捆 931 万公斤，平均单产 162.27 公斤；收获冷地早熟禾 1.48 万亩，草籽 70.04 万公斤，平均单产 47.26 公斤，草捆 303.77 万公斤，平均单产 204.97 公斤；收获燕麦青干草捆 109.6 万公斤，平均单产 476.5 公斤。高产田为四分公司 4509 号、4510 号冷地早熟禾地 0.52 万亩，草籽单产 59.4 公斤。

2004—2020 年牧草产量见表 2-4-2。

表 2-4-2　2004—2020 年牧草产量

年份	品种	收获面积（亩）	草籽总产（万公斤）	草籽单产（公斤/亩）	草捆（万公斤）	草捆单产（公斤/亩）
2004	披碱草	140000	30.86	2.2	753.4	53.7
	燕麦	4000	6.34	63.1	67.1	203
	豌豆	10605	0	—	298	281
2005	披碱草	119850	0.91	0.5	396.1	33.1
	豌豆	5400	0	—	—	—
2006	披碱草	39800	25.6	6.43	144.1	36.2
2007	披碱草	130000	104.4	8.03	275.1	21.16
2008	披碱草	—	27.8	—	230.6	—
2009	披碱草	131400	25	—	40	—
	燕麦	3127	41.5	132.7	105.9	338.6
2010	披碱草	—	140	—	1200	—
	燕麦	—	86	—		—
2011	披碱草	—	40	—	450	—
	燕麦	—	150	—		—
2012	披碱草	8018.2	53.67	66.81	120.27	150
	燕麦	60314.5	300	49.7	1085.66	180
2013	披碱草	4572	9.14	20	73.15	160
	燕麦	27352	106.3	38.86	585.76	200
2014	披碱草	5500	58	28	66	120
	燕麦	30007	341	114	676.47	210
2015	披碱草	6447.5	73.21	113.54	87.04	135
	燕麦	39421.5	554	140.53	689.88	175
2016	披碱草	8109	25.95	32	113.53	140
	燕麦	15174	229.9	151.51	349	230

（续）

年份	品种	收获面积（亩）	草籽总产（万公斤）	草籽单产（公斤/亩）	草捆（万公斤）	草捆单产（公斤/亩）
2017	披碱草	25077	21.48	8.57	279.6	111.5
	燕麦	27549	98	35.57	310	112.53
	燕麦青干草	5500	0	0	110	200
2018	披碱草	42090	227.52	54.06	873.1	207.44
	早熟禾	2800	12.89	46.04	56.94	203.36
	燕麦青干草	11120	0	0	405	364.21
2019	披碱草	37319	268.88	72.05	711	190.5
	早熟禾	2799	11.11	39.69	73.82	263.74
2020	披碱草	57737	352.74	61.07	931	162.27
	早熟禾	14820	70.04	47.26	303.77	204.97
	燕麦青干草	2300	0	0	109.6	476.5

第三节　人工草地耕作技术

一、种植技术

1. 整地　种植人工草地时，先采用耕翻、整压复式作业，耕深22～24厘米，后进行耙地、整压复式作业，使地表平整，耙深10厘米左右。草地更新时，采用重耙（或中耙）耙地两遍，耙深10～15厘米，切碎宿根，后翻地（不带镇压器），耕深26厘米以上，再耙地1～2遍，第二遍耙地带镇压器复式作业，使地表平整，达到播种条件。2020年引进动力驱动耙后，耙地播种可一次性完成。

2. 播种

（1）播种方式。采用机械直播。播种时种肥混合，带镇压复式作业。

（2）播种时间。籽燕麦3月15日开始，4月10日前结束。青饲燕麦在5月下旬至6月上旬。多年生牧草8月10日前完成。

（3）种子处理。播前对牧草种子进行断芒清选。

（4）播种量。一年生牧草（燕麦）18公斤/亩，多年生牧草小草籽0.5～1公斤/亩，多年生牧草大草籽1.4～1.5公斤/亩。

（5）播种深度。一年生牧草（燕麦）5～6厘米，多年生牧草小草籽0.5～1厘米，多年生牧草大草籽3～5厘米。

（6）施肥量。一年生牧草亩施尿素2.5公斤、磷酸二铵5公斤、过磷酸钙5公斤，多年生牧草亩施过磷酸钙5公斤、尿素1公斤。

3. 田间管理　田间杂草危害严重的地块，在分蘖期采用 2,4-D 丁酯乳油喷雾防除，亩用量 50～60 克，兑水 15～20 公斤。

一年生牧草分蘖期追施尿素 2.5～3 公斤/亩；多年生牧草返青后，通常在分蘖期采用免耕播种机，开口深度 8～10 厘米，施肥深度 8 厘米以上，大草籽亩追施尿素 10～15 公斤，小草籽（青海冷地早熟禾）亩追施磷酸二铵 13 公斤、尿素 5 公斤。

4. 收获　籽燕麦在完熟期用联合收割机进行收割。多年生牧草采用割晒、捡拾分段收获的方式。收获的草种要进行清选，纯净度在 95%以上，水分不超过 12%，单品单收单贮存，成品草种符合 GB/6142 质量要求。青饲燕麦在 10 月上中旬割晒、打捆。

二、多年生宿根杂草防除技术

多年生宿根杂草采用药剂防除和机械耕翻措施相结合的方法，防除效果较为明显。

（1）用 1354 或 1654 拖拉机牵引机械喷雾，喷药机械发动机转速 1600 转/分，行走速度为 6～7 公里/小时，喷药压力 0.25～0.3 千帕。

（2）用赖草优化剂 200 毫升＋杰效利 5 克＋高效盖草能 20 毫升，喷施两遍，在第一遍喷施后 3～5 天进行第二遍喷施。

（3）喷药选择晴天。喷药时间掌握在赖草三叶至拔节生长旺盛时期，即赖草分蘖后期至拔节前期，一般在七月中上旬效果最佳。

（4）喷药后 10～15 天，待赖草充分吸收药剂，中毒发黄、萎蔫干枯时开始机械耕翻作业。

第四节　牧草加工

2004 年 6 月，注册成立丰润草畜有限责任公司，建成占地 60 亩的草产品加工厂，斥资 622.5 万元，购置牧草加工设备 100 台（套）（表 2-4-3）。

表 2-4-3　2004 年牧草加工设备统计

设备名称	数量	产地
804 轮式拖拉机	5 台	美国约翰迪尔
青贮设备	54 台	天津尤耐特
割晒机	11 台	四平联合收割机厂
高密度打捆机	11 台	—
搂草机	4 台	—
捡拾打捆机	8 台	美国约翰迪尔/上海

（续）

设备名称	数量	产地
二次加压高密度打捆机	4台	内蒙古
草块生产设备	1套	—
草颗粒生产设备	1套	江苏正昌
草粉生产设备	1套	江苏正昌

2004年加工青贮草捆234.4万公斤、燕麦青干草捆67.1万公斤、豌豆草捆322.76万公斤、披碱草草捆110.47万公斤、高密度草捆328.84万公斤、二次加压高密度草捆464.085万公斤，当年加工草块51.268万公斤。草产品深受当地牛羊繁育户的喜爱，一度供不应求。青海省外草捆销售价格每吨850～900元；省内草捆销售每吨480～500元，草块销售价格每吨650～700元。

2005年，丰润公司扩股增资651.6万元，购置集草车10台、华德双盘搂草摊晒机8台、割晒机9台、804拖拉机5台、青贮设备10套、斯达尔方捆机4台、二次加压打捆机4台、约翰迪尔及华德方捆机16台、小型草块机8台，产能达到青干草捆4万吨，青贮草罐头1万吨（20万个），草块、草颗粒、草粉3万吨。产品形成五大系列：高密度青干草捆（豌豆草为主）、禾本科青干草捆、草块、草颗粒、青贮牧草。当年，加工草块、草颗粒339.797万公斤。

2004 2016年，累计加工草块、草颗粒32556.15吨，全部供应市场，远销武汉、天津、南京、兰州等地，产品影响力逐步提升，带动了过马营牛羊繁育市场的繁荣和壮大（表2-4-4）。

表2-4-4　2004—2016年草产品加工统计

年份	牧草总产量（吨）	草加工品种类	加工数量（吨）	价格（元/吨）	销售量（吨）
2004	11164.28	草块	512.68	700	512.68
2005	3961.28	草块、草颗粒	3397.97	700	3397.97
2006	1411	草块、草颗粒	1955.3	700	1235.16
2007	2690.1	草块、草颗粒	1595.96	700	1452.05
2008	2890.71	草块、草颗粒	2446.34	1000	2623.27
2009	1459.1	草块、草颗粒	875.47	1100	1260.77
2010	2524.24	草块、草颗粒	1507.3	1100	1694.23
2011	1337.71	草块、草颗粒	1265.93	1100	1868.07
2012	6046.95	草块、草颗粒	4222.16	1200	3131.63
2013	5091.08	草块、草颗粒	5593.48	1200	5338.75
2014	6494.35	草块、草颗粒	3102.09	1200	2986.3
2015	2200.7	草块、草颗粒	2377.31	1300	2373.85
2016	3677.04	草块、草颗粒	3704.16	1500	2141.71

注：从2017年开始，因城镇环保因素，草产品加工暂停。

第五节　草业科技

一、青海甜燕麦的培育

1966年9月8日，副场长杨仁和在过马营林队杨树苗圃水渠边发现1棵燕麦，有3穗，后在过马营林业队扩繁，到1971年累积种植面积达800余亩。1969年1月，山丹军马局召开生产会议，总后勤部军马部杨虎臣部长将此燕麦暂命名为“甜燕麦”。从1972年起，此燕麦作为保种保留了下来，并向省内外赠送过几次。1979年，吉林省农业科学院草原室根据该燕麦的颖果等情况，初步将其鉴定为栽培种燕麦。1981—1985年，在青海省畜牧兽医科学院草原所种植。1986年，开始在大通、互助等处推广。1987年，建立种子繁殖田大量繁殖。1991年，在青海省畜牧兽医科学院草原所的申请下，中国牧草品种委员会将其鉴定命名为“青海甜燕麦”。

甜燕麦在木格滩种植，出苗后150天能成熟，耐盐碱，植株不易倒伏，籽粒不易脱落。亩产鲜草2500～3800公斤，亩产籽实200～250公斤，水肥充足时，亩产鲜草5000公斤以上。1978年甜燕麦与本地燕麦蜡熟期性状对比见表2-4-5。

表2-4-5　1978年甜燕麦与本地燕麦蜡熟期性状对比

<table>
<tr><th colspan="2">项目</th><th>甜燕麦</th><th>本地燕麦</th><th>备注</th></tr>
<tr><td rowspan="3">分蘖（个）</td><td>分蘖数</td><td>6～32</td><td>6～21</td><td rowspan="4">甜燕麦叶肉厚、色深绿</td></tr>
<tr><td>有效数</td><td>70%</td><td>52%</td></tr>
<tr><td>无效数</td><td>30%</td><td>48%</td></tr>
<tr><td colspan="2">株高（厘米）</td><td>146</td><td>142</td></tr>
<tr><td colspan="2">茎粗（厘米）</td><td>3.5</td><td>2.9</td><td rowspan="6">甜燕麦穗粒数多、籽粒不易脱落</td></tr>
<tr><td colspan="2">茎壁厚（厘米）</td><td>0.1</td><td>0.09</td></tr>
<tr><td colspan="2">节数（个）</td><td>7～8</td><td>8～10</td></tr>
<tr><td rowspan="10">节长（厘米）</td><td>1</td><td>1</td><td>0.5</td></tr>
<tr><td>2</td><td>1.5</td><td>1</td></tr>
<tr><td>3</td><td>1.55</td><td>1.3</td></tr>
<tr><td>4</td><td>3.7</td><td>1.5</td><td rowspan="7">甜燕麦秆粗壮、不易倒伏、微甜</td></tr>
<tr><td>5</td><td>6.7</td><td>2.4</td></tr>
<tr><td>6</td><td>11.2</td><td>4</td></tr>
<tr><td>7</td><td>16.7</td><td>9</td></tr>
<tr><td>8</td><td>22</td><td>11.6</td></tr>
<tr><td>9</td><td>45</td><td>26.5</td></tr>
<tr><td>10</td><td>—</td><td>49.5</td></tr>
</table>

（续）

项目		甜燕麦	本地燕麦	备注
叶长（厘米）	1	37	27	
	2	45	34	
	3	43	32	
	4	40	29	
	5	29.5	38	
	6	19	17	
	平均	35	29	
叶宽	1	0.8	1.2	
	2	1.9	1.7	
	3	2.1	1.5	
	4	2.5	1.7	
	5	2.8	1.8	
	6	2.9	2	
	平均	2.3	1.6	
穗长（厘米）		37.5	35	
穗重（克）		10	3.6	
穗粒数（粒）		132	104	
千粒重（克）		98	69	带壳

二、草原改良试验及推广

1966年，在三分场建立了草原改良队，打墙圈地3000亩，作为草改试验基地。邀请青海省高原生物研究所和草原队合作，在试验基地进行牧草栽培试验，但未推广。

1967年，草改队种植苜蓿1300亩、草木樨100余亩，当年苜蓿株高40～50厘米，草木樨株高150厘米以上。1968年，只有少数返青，此试验未能认真总结经验，草草结束。

1968年，草原队在马五队种植披碱草3000亩。

1972年，草原改良队撤销，早期草改试验停止。

1986年，农六队引种紫花苜蓿、黄花苜蓿，当年长势较好，但不能正常越冬。

2004年，开展燕麦和豌豆草单种混种试验，以及草籽、青干草、青贮草捆的生产试验。种植豌豆1.06万亩，收获豌豆草2980吨，单产281公斤/亩；种植籽燕麦600亩，单产190公斤/亩；种植青饲燕麦2550亩，单产228公斤/亩。

2007年，在木格滩实验站引种紫花苜蓿，试验种植27亩，因越冬性差，不适合推广。

2009 年，在试验站开展燕麦、箭筈豌豆、老芒麦套种试验，每亩尿素肥量分别为 10 公斤、7 公斤、5 公斤。2009 年不同时期燕麦草生物量测定见表 2-4-6，不同肥量下燕麦草产量见表 2-4-7。

表 2-4-6　2009 年不同时期燕麦草生物量测定

处理		燕麦＋老芒麦			燕麦＋箭筈豌豆	平均
		10 公斤/亩	7 公斤/亩	5 公斤/亩	10 公斤/亩	
8 月 20 日	株高（厘米）	152	146	144	145	146.75
	鲜重（公斤）	4.04	3.9	3.8	4.35	4.02
	干重（公斤）	1.65	1.45	1.4	1.65	1.54
8 月 29 日	株高（厘米）	162	160	150	157	157.25
	鲜重（公斤）	4.57	4.4	4.08	4.51	4.39
	干重（公斤）	1.95	1.5	1.4	1.6	1.61
9 月 10 日	株高（厘米）	165	162	159	167	163.25
	鲜重（公斤）	5.7	4.6	4.35	4.9	4.89
	干重（公斤）	1.99	1.55	1.48	1.65	1.67
9 月 20 日	株高（厘米）	166	164	160	167	164.25
	鲜重（公斤）	5.5	4.8	4.6	5.2	5.03
	干重（公斤）	1.8	1.6	1.5	1.9	1.7
10 月 1 日	株高（厘米）	166	164	161	165	164
	鲜重（公斤）	4.8	4.65	4.55	4.85	4.71
	干重（公斤）	1.65	1.55	1.5	1.7	1.6

注：从株高、鲜重、干重看，9 月 20 日的生物产量最高。

表 2-4-7　2009 年不同肥量下燕麦草产量

单位：公斤/亩

处理	草籽产量	草捆产量	收后茬地产量	生物产量	备注
燕麦＋老芒麦	128.1	284.4	516.6	929.1	尿素 10 公斤
燕麦＋老芒麦	126	273	416.5	815.5	尿素 7 公斤
燕麦＋老芒麦	119.5	236.25	416.5	772.3	尿素 5 公斤
燕麦＋豌豆	100.8	215.25	591.55	907.76	尿素 10 公斤

2010 年，从青海省牧草良种繁殖场引种小草籽，开展小草籽种植试验，有冷地早熟禾 158 亩、中华羊茅 36 亩、星星草 2 亩、野生早熟禾 3.6 亩，播量 0.75 公斤/亩。亩肥量为磷酸二铵 8 公斤、尿素 2.5 公斤、过磷酸钙 6 公斤、氯化钾 5 公斤。5 月 20 日，将其与小油菜套种，头遍播油菜，二遍播种草籽，获得成功，4 种草籽均适合本地种植。2010 年牧草返青及越冬性能记载见表 2-4-8，引种牧草产草量见表 2-4-9。

表 2-4-8 2010 年牧草返青及越冬性能记载

牧草品种	返青期（日/月）	2009 年 10 月 1 日 株数（万株）	2010 年 6 月 7 日 株数（万株）	越冬性（%）
青海中华羊茅	26/4	5.8	5.6	96.6
青海冷地早熟禾	26/4	5.9	5.7	96.6
星星草	28/4	6	5.8	96.7
野生早熟禾	30/4	6.4	6.1	95.3

表 2-4-9 2010 年引种牧草产草量结果

单位：公斤/亩

品种	草产量	种子产量	地上生物产量	产量位次
青海中华羊茅	277.75	28.33	306.08	1
青海冷地早熟禾	188.87	16.67	205.53	3
星星草	222.2	19.44	241.64	2
野生早熟禾	111.1	16.67	127.76	4

当年，开展改良人工草场试验 30 亩，用缺口耙耙深 8 厘米，亩施种肥磷酸二铵 5 公斤、尿素 5 公斤，与青牧 1 号老芒麦种子 1 公斤混合，于 5 月 25 日机械条播。7 月 7 日用机械撒播追肥，亩施磷酸二铵 5 公斤、尿素 5 公斤。9 月 10 日测产，比对照草产量亩增产约 67 公斤（表 2-4-10）。

表 2-4-10 2010 年老芒麦改良后测产结果对比

处理	高度（厘米）	穗长（厘米）	叶宽（厘米）	叶长（厘米）	鲜重 （公斤/平方米）	干重 （公斤/平方米）	草产量 （公斤/亩）
未改良	96.3	8.5	0.4	17	1.3	0.25	166.65
改良后	110	13.3	0.8	23.5	1.9	0.35	233.3

2012 年，公司参与“青藏高原燕麦新品种培育及产业化生产技术集成”，获农业部农业技术推广合作奖。

随着人工草地改良，本地多年生牧草品种在公司得到大力推广。至 2020 年，推广面积达到 10 多万亩，其中青海中华羊茅 0.1 万亩，青海冷地早熟禾 2.72 万亩，青海短芒披碱草、垂穗披碱草 7 万多亩。

2004—2021 年，向市场提供优质多年生牧草种子 2558 万公斤、燕麦籽 1910 万公斤、优质饲草 12174 万公斤，为青海省生态治理、草原植被恢复保护做出了贡献。

第五章 农 机

1960年，国营贵南牧场引进第一台拖拉机，从此，农业机械逐步替代了传统的手工及畜力农事，生产力得到长足发展。1976年军马场移交地方以后，随着经营方针的改变，农业成为主导产业，耕地面积逐年扩大，机械装备和机械化作业水平稳步提高，同时加强了农机管理和农机队伍建设。至1992年，农业生产基本上实现了全面机械化。1999年，应改革发展需要，将农业机械全部作价给职工，由职工自主经营，实现农机经营“两费自理”。2001年，公司大部分耕地实施退耕还林（草）工程，农作物种植面积大幅度减少，农机使用量降低，老旧机械被逐步淘汰。从2008年始，借助国家农机补贴政策，逐步更新农业机械。同时，公司制订了《旱作农业农作物机械化栽培技术规范》，农机作业水平进一步提升。2019年，引进自助驾驶系统、精准控量喷施系统、耕深自动检测系统等，开展农业生产数字化管理，努力打造全省农机标准化作业示范基地。

第一节 机械装备

一、早期农具

1. 犁 犁身为木制，犁头部分为生铁铸成，由两头牦牛牵拉耕作，俗称“二牛抬杠”。20世纪50—60年代初，犁普遍使用，引进双轮双铧犁、拖拉机后被淘汰。

2. 马拉播种机 马拉播种机用马牵引播种，铁制，由种子箱、排种管、铲形开沟器、驱动轮等组成，主要为6行，引进配套拖拉机的大型播种机后转为家庭使用。1952年，一军莫曲沟农场移交时，马拉播种机、双轮双铧犁、马拉收割机普遍使用。

3. 镰刀 铁制木柄，月牙形内刀刃，是早期主要的收割工具。贵南牧场使用牵引式收割机后，用镰刀给收割机割行走道，后主要为家庭使用。

4. 钐镰 钐镰为金属制造的把儿很长的大镰刀，刀身1米长，刀片薄而有弧度，像一弯长长的月牙，军马场时期主要用于收割牧草。

5. 栽把 栽把即大扫把，由席芨、铁环（直径约10厘米）以及长木柄制作而成，多用于场院清扫。

6. 其他农具 其他农具有铁锨、木锨、木杈扬（有两杈、三杈）、刨镢、背篼、簸箕、筛子、碌碡等。

二、农业机械

（一）拖拉机及配套机具

1960年机耕站成立，先后调入进口拖拉机热特-25k型4台、福支森-35型1台、U特兹-45型2台、超级35型1台、GT-413型3台、国产东方红-54型9台，同时引进机引三铧、五铧犁15台，机引24片圆盘耙12台，西安产机引24行播种机20台。当年开荒播种2万余亩，作业项目主要为翻、耙、播。因机具不配套，出现“大马拉小车”现象，机械效率低。后实行人、畜、机三结合生产方式，有畜力双轮双铧犁100台（耕幅宽20厘米）、马拉6行播种机26台（播种宽幅90厘米）。

随着农业生产规模的不断扩大，逐年引进拖拉机及配套农具。1965年，全场有拖拉机28台，其中，东方红-54型履带式拖拉机23台、铁牛轮式拖拉机5台，配套机具168台（件），国产拖拉机逐渐取代了进口拖拉机，初步实现了机具配套。履带式拖拉机除用于田间耕种作业外，还可在收获时牵引收割机，使用率较高。

1970年，有拖拉机54台。其中，东方红-54型履带式20台、东方红-75型履带式20台、天津产铁牛-55型轮式拖拉机14台，配套机具283台（件）。

1980年，拖拉机达到92台，其中，东方红-60型履带式12台、东方红-75型履带式37台、东方红-54型履带式20台、天津轮式铁牛-55型16台、小四轮拖拉机7台。

1991年，斥资327.9万元购置东方红-802型履带式拖拉机8台、铁牛-55型轮式拖拉机4台、拖车8台、1L-5型五铧犁8台、1PY-3.5型轻耙16台、24行播种机10台、东方红-15型拖拉机3台、装载机1台等。

1992年，斥资220万元购置东方红-802型履带式拖拉机4台、铁牛-55型轮式拖拉机5台、东方红-15型轮式拖拉机3台、拖车4台、1L-5型五铧犁4台、1PY-3.5型轻耙4台、24行播种机4台。

到1992年年底，拖拉机增加至127台。其中，履带式拖拉机有东方红-802型30台、东方红-60型53台、东方红-75型3台，轮式拖拉机有东方红-15型22台、天津铁牛-55型19台。此外，还有配套农机具647台（件），农机装备日渐配套、完善。

1993年，购置东方红-802履带式拖拉机9台、铁牛-55轮式拖拉机4台、1L-5型五铧犁、1PY-3.5型轻耙、24行播种机等农机具35台、垂直分层施肥24行条播机40台。

1994 年，斥资 382.30 万元购置东方红-70 履带式拖拉机 5 台、铁牛-55 型轮式拖拉机 1 台、1L-5 型五铧犁 18 台、1PY-3.5 型轻耙 10 台、2BF-24 型播种机 30 组。

1995 年，斥资 74.4 万元购置 2BF-24 行播种机 15 台、其他农机具 9 台。

1999 年年初，实行经营体制改革，将农机具作价给职工，包括各种型号的履带式拖拉机 89 台、铁牛-55 型轮式拖拉机（含拖斗）18 台、东方红-15 型轮式拖拉机（含拖斗）4 台、配套农具 873 台（件）。

2004 年，引进迪尔 804 型轮式拖拉机 5 台，主要用于牵引牧草打捆机。2005 年，连同 5 台牧草打捆机一起作价给职工。

2004 年，采取“农机户自筹＋农机补贴＋企业借款”相结合的方式，实行“三方抬”的办法，逐年更新农业机械。至 2007 年，更新 20 台。

2008 年，由公司借贷 30％的资金，农机户自筹 40％资金，国家农机补贴政策补贴 30％资金，购进东方红-1002 履带拖拉机 10 台。

2010 年，引进雷沃 1454 拖拉机及配套机具 6 套、2BF-36 行施肥播种机 10 台。

2011 年，引进 19 行免耕播种机 2 台；购置 36 行牵引式施肥播种机 35 台，雷沃 1354、迪尔 1204 型、迪尔 1254 型、迪尔 1354 型大马力轮式拖拉机 17 台以及配套农具。

2015 年，公司鼓励和扶持职工购置雷沃 1354、迪尔 1204、迪尔 1354 等大马力拖拉机 13 台（套）。

2016 年，公司购进撒肥机，进行大面积增施有机肥。至 2019 年，共有撒肥机 11 台。

2017 年，购置液压翻转调幅栅条犁 42 台。同年，购进深松机 3 台。

2018 年，企业借资 65.36 万元，扶持职工购买田间运输车辆 16 台（载重 5～10 吨）。通过项目投资，新购 30 型装载机 4 台、50 型装载机 3 台。

2020 年，公司引进 2 台爱科 MF-3404 轮式拖拉机、2 台龙丰 1LYFT-750 半悬挂翻转铧、2 台雷肯 1BQ-4.0B 型驱动耙、2 台雷肯 7400-DS150 精量播种机。

到 2020 年年底，公司农机户共有大型轮式拖拉机 45 台，其中，雷沃 1354 拖拉机 23 台、雷沃 1804 拖拉机 1 台、雷沃 2404 拖拉机 1 台、迪尔 1204 拖拉机 5 台、迪尔 1354 拖拉机 3 台、迪尔 1654 拖拉机 2 台、东方红 1804 拖拉机 2 台、凯特 1604 拖拉机 1 台、凯斯 1554 拖拉机 2 台。拖拉机总动力 5343.4 千瓦。

（二）收获机械

最早的收获机械是马拉收割机、脱谷机。成立机耕站后，开始使用 KT-3 型牵引式联合收割机（康拜因）。1965 年，有联合收割机 14 台，其中 KT-3 型 9 台、C-6 型 5 台；有割晒机 8 台、脱谷机 3 台。1970 年，有牵引式联合收割机 24 台，其中，GT-3 型

12 台、KT－3 型 12 台，割晒机 16 台，引进第 1 台东风－5 型自走式联合收割机。因牵引式联合收割机需要由履带式拖拉机牵引，作业时有两个发动机同时运转，耗油量大，故障率高，之后逐步购进东风自走式和新疆－2.5 牵引式收割机。

1980 年，全场有联合收割机 64 台，其中，东风－5 型 15 台、GT－3.6 型 45 台、新疆－2.5 型 4 台，有割晒机 7 台。东风－5 型主要是给牵引式收割机割行走通道。

随着国家农机生产能力的不断提高，逐步引进自走式联合收割机。1992 年，全场拥有联合收割机 96 台，其中，四平产东风系列自走式联合收割机 70 台、GT－3.6 型 19 台、新疆－2.5 型 7 台。自走式联合收割机取代了牵引式联合收割机。到 1999 年，农机具作价归户时，全场有东风系列自走式联合收割机 89 台。

2007 年，公司农机户购进约翰迪尔收割机 1 台，工作效率和作业质量较高，与东风收割机比较，作物收获量提高 7.5 公斤/亩。2008 年，企业借资 305 万元，农机户自筹 570 万元，一次性更新佳联约翰迪尔 1048 型联合收割机 33 台。2011 年，引进约翰迪尔 1048 联合收割机 11 台。

2015 年，公司农机户购入 W80 型收割机 21 台、W210 型收割机 5 台、捡拾器 38 套。

2019 年，公司筹资 3301.35 万元，购进佳联 W230 联合收割机 50 台。同时，经第三方评估，将农机户手中的 5 台 W210 收回企业经营，联合收割机数量达到 55 台，总动力 7616 千瓦。

（三）喷药机械

1978 年，修配厂研制了 6.5 型喷药机，喷幅 12 米，逐步配置到各生产队。到 1992 年，共制造 28 台。1990 年，购进邯郸生产的牵引式喷药机 5 台，喷幅为 14 米。2011 年，购置喷药机 4 台，喷幅为 14 米。

（四）场院机械

1. 清选机械　1984 年，修配厂开始制造“黄花牌”粮油清选机，并配置到各分场生产队清选粮油。1998 年，全场共有“黄花牌”粮油清选机 91 台。2016 年，开始购进 5XL－40 型联合清选机。至 2019 年，共购置 19 台，“黄花牌”清选机被逐步淘汰。

2. 种子精选机械　1994 年，购进 5XF－1.3 型复式种子精选机 4 台，开始对油菜、青稞作物种子进行精选。2008 年，从甘肃酒泉购进 1 台 5XQ－5.0 型风筛式种子精选机，对全公司的种子进行统一精选。2015 年，引进风筛断芒清选机 1 台。

3. 扬场机　1963 年开始引进扬场机，至 1970 年共有 17 台，是主要的粮油清选机械。20 世纪 90 年代，扬场机被逐步淘汰。

4. 输送机　20 世纪 70 年代引进输送机，每个生产队配置 1 台，主要用于产品码垛。2008 年，购入 8 米输送机 12 台。2015—2016 年，购入 10～15 米输送机 14 台。

5. 装载机　2012 年，购入 28 型装载机 2 台，用于粮油翻晒。2015 年，购入 30 型、35 型装载机 13 台。2018 年，购入 30 型等装载机 6 台。2019 年，购入 50 型装载机 1 台。

第二节　机械作业

1960 年，首次使用拖拉机在三滩地区开荒种地，实现机械化作业。随着机械力量的不断增加和配套农具的完善，田间耕、耙、耢、压、播和施肥、喷雾、收割等作业程序不断规范，在老一代牧场人积累的机械化种植经验的基础上，通过不断探索，形成了一套完整的农业机械标准化操作技术规范。

一、耕翻

耕地作业分为春翻、夏翻和开荒三种，由拖拉机和配套的犁（牵引犁或悬挂犁）完成。因地块较大，有内翻法和外翻法两种基本方法。翻耕前在离地头 7 米左右处翻一条起落线（也称整齐线），起落线与耕地方向垂直，以便于驾驶员适时升降犁，保证翻耕后地头整齐。2005 年前，一直使用牵引式五铧犁作业。从 2005 年开始，引进悬挂式旋转犁，与轮式拖拉机配套使用。

1. 春翻　公司地处高寒、高海拔地区，春季气候干燥多风，日照强，蒸发量大。春翻时，犁后连接镇压器进行翻、压复式作业，翻后随即压实土壤，减少水分散发，保证土壤墒情。

2. 夏翻　夏翻的主要目的是消灭当年休闲耕地中的杂草，提高土壤肥力，增强耕地蓄水保墒能力以及晒伐灭菌效果。

3. 开荒　采用履带式拖拉机牵引五铧犁作业，耕深 24～28 厘米。作业时，需要 1 名机务工坐在五铧犁上操作。

二、耙地

有轻耙和重耙两种。轻耙多用于夏翻作业前后及播前喷药灭草；重耙主要用于开荒及多年生人工牧草地改良环节。

1. 轻耙　1960—1994 年，每台拖拉机配 1PY－3.4 圆盘轻耙 2 组，用连接器与拖拉机连接牵引，于夏翻前后及播前土壤药剂处理时进行耙地作业。2007年后，改用1PY-7.0型中型耙。

2. 重耙 1985年，引进重耙3台，用于开荒耙地作业。2005年后，用于退化人工草地的改良工作。2006年，从甘肃张掖购入1BZ-2.5型圆盘重耙7台，在人工草地翻耕后重耙两边，切碎杂草根系，耙平沟壑。因作业宽幅与草带宽度不适应，作业费用较高，数年后不再使用。2016—2018年，购进1BZP-4.0重耙7台，用于人工草地改良。

2020年，引进1BQ-4.0B型动力驱动耙2台，用于人工草地改良。

三、播种

1960年前，主要使用马拉播种机和人工撒播方式。1960年后，使用24行播种机播种。采取播种、镇压复式作业，达到平整土地和保墒的效果。主要使用的是石家庄产和西安产2BF-24型施肥播种机，1台拖拉机牵引2台播种机作业，播种机后连接1大3小镇压器。

1964年，总结了前几年的经验，实行菱形条播，减少了断垄、断行的现象。1979年以后，常遭遇春旱，干土层增厚，播种深度难以控制，断垄、断条严重，甚至大面积缺苗。为解决这一难题，在播种机的升降方轴上加装限深装置，并在升降尺杆上方加弹簧。经过多次试验，取得一定的效果。1986—1992年，对播种机进行垂直分层施肥播种改装试验，效果不佳。1995年，在播种机开沟器上加装限深环，保证播种深度，但因干土层较厚，效果不理想。后又进行多次试验，在开口器上加装1个小铁丝钩，解决了春旱时播种深度的问题。

2013年，购入36行施肥播种机后，提高了播种质量和作业效率。随着大马力轮式拖拉机的使用，在播种时，轮胎压槽较深，出现大量的浮籽，造成出苗不均匀。在轮式拖拉机后的悬挂结构两侧各增加一个小耙，随悬挂结构升降疏松平整轮胎沟槽，使这一问题得到了解决。为控制油菜播种深度，在播种机开沟器上加开接种口1个，在油菜播种时输种使用。

2020年，引进雷肯7400-DS150型精量播种机，与340马力拖拉机配套使用，并安装卫星导航自动驾驶系统和精量播种系统，实现24小时不间断智能作业，播种质量和效率大幅度提升。

从1960年开始，全场使用的镇压器为直径15厘米的齿状木棒，镇压效果不佳。1966年，修配厂仿制了环形网状镇压器，为铸铁镇压环，每个重约15公斤。大镇压器13环，小镇压器9环。2011年，对镇压环进行改进，重量增加到40公斤左右，提高了保墒和整地效果。

四、收获

1960年以前，使用马拉收割机割晒。1960年，开始引进机械割晒机。1962年，开始引进牵引式联合收割机，实行分段式收获，即割晒机将作物割倒，收割机再捡拾脱粒。1968年，农四队进行油菜联合收获试验成功，翌年在全场推广，粮油作物收获不再分段作业。1969年，针对GT－36联合收割机跑粮、秸秆和籽粒分离不彻底的缺陷，改装增设了第三清粮室，减少了跑粮。1970年，引进自走式联合收割机1台，主要为牵引式收割机收割行走通道。1975年后，逐年引进自走式联合收割机。1978年，将GT－4.9收割机割台的割幅由4.9米改为3.6米，改装了切割装置，降低割茬3～6厘米，降低了收获损失。

至1989年，自走式联合收割机增加到25台，有牵引式联合收割机63台，其中新疆-2.5型26台、GT－36型37台。当年，遭受重大雪灾，作物大面积倒伏，给收获作业带来困难，造成极大的田间损失。为此，改装了东风-5型和4LZ－5型联合收割机的割刀装置，降低割茬，采取单向收割的方法，减少了损失。1991年，改装4LZ－5型收割机的逐稿器轴承，方便维修，延长了寿命，降低了成本。

2008年，引进佳联1048联合收割机后，作业效率大幅度提升，收获期由原来的1～2个月缩减到15～20天，田间损失也大幅减少。2019年，引进佳联W230联合收割机后，工作效率进一步提升，田间损失进一步降低。当年种植9万亩青稞作物，18天收获完成。

第三节　农机队伍

一、组成

1962年，从黑龙江八一农垦大学分配李书义等5名农机专业大学生，从山东调入张世俊、刘孟奎等40余名拖拉机驾驶员，壮大了机务队伍，增强了技术力量。1963—1966年，先后从甘肃农业大学、西北农学院、北京农业大学分配丁家群、吕寿昌、何礼文等7名农机专业大学生。1986—1992年，先后从石家庄农机学校、石河子农学院分配李成光、李德满、秦国柱、丁生福等9名农机专业大中专学生来场工作。

1980年以后，农业生产规模扩大，随着老机务工的退休，机务人员出现了青黄不接的现象，技术力量下降。1987年，培训40余名女拖拉机驾驶员，补充机务力量。1992年，全场共有机务人员628人、有证驾驶员187人，占29%；有机务管理人员33人，其中，工程师2人、助理工程师7人、技术员7人。1999年，农机作价归户时，每个机车组有农机工3人左右，共289人。2019年，公司引进50台大型联合收割机后，从农机工中选聘联合收割机驾驶员110人。

二、培训

1959年，选送本场职工10人到青海省农垦厅举办的拖拉机培训班学习。翌年，选送10人到西宁参加联合收割机培训学习、30人到吴堡湾农场参加拖拉机培训班学习，这些人后来成为农机队伍中的技术尖子和骨干力量。1960年1月，举办拖拉机培训班，培训近30人，其中女驾驶员10余人，刘荷兰、马春华等为牧场第一代女拖拉机手。

1962年，选派董才林等15人到洛阳拖拉机制造厂培训学习。1964年，选派李汉真等12人到肇东联合收割机培训班学习。1967年，举办联合收割机培训班，30余人参加。1972年，举办拖拉机培训班，40余人参加。1980年，举办为期半年的拖拉机、收割机、电器培训班，90余名青年参加岗前培训。1981年，举办机务培训班，40余人参加。1982年，喻景明等5人到廊坊农机学校参加师资培训。除选送部分人员到场外培训学习外，场内主要采用师傅带徒弟的方法，在干中学，在学中干。

1982—1992年，举办拖拉机驾驶员培训班8期、联合收割机驾驶员培训班4期，有720余人参加，其中场外学员48人。1991—1992年，举办机务管理人员学习班2期，共60余人参加。

1979年，对全场农机工进行技术考试、考核，343人参加；1987年，对40岁以下机务工进行考试、考核，366人参加，都取得了优异的成绩。1988—1992年，举办农机知识竞赛3期。经过农机技术考试和知识竞赛，激发了机务人员学习、钻研业务技术的积极性，涌现了一批技术尖子和能工巧匠。

2004年6月，举办收割机驾驶员培训班，培训管理人员及驾驶员112人。2008年，在引进东方红-1002型拖拉机的同时，特请洛阳拖拉机制造厂技术人员到公司授课，120人参加培训。同年，引进约翰迪尔1048型收割机后，特邀青海省农机公司和厂家技术人员对机务工人进行技术培训，参加人员有分公司副经理、各生产队机务队长和驾驶人员，共计130人。2010年，为了进一步提高农机工对机车的掌握，邀请青海省农机公司技术人员举办了2次培训班，有110人参加培训。

2012—2020年，共举办农机短期培训班9期，累计培训人员760人次。

第四节　农机管理

一、保养

1960 年大量引进农业机械后，一贯坚持“以防为主、防重于治、治重于修”的原则。在技术保养中做到“三不”（不任意改变保养计划，不漏掉保养项目和部位，不乱扔机器零件和工具）、“四要”（使用前要检查，使用后要保养，油、气、水要清洁，事事要安全）、“四认真”（认真检查、认真保养、认真保管、认真执行机务规章）、“一完好”（技术状态完好）。坚持计划保养、双班保养，东方红履带式拖拉机执行五级四号保养制（班次、一、二、三、四号保养），铁牛-55 拖拉机和联合收割机执行四级三号保养制（班次、一、二、三号保养），在保养中做到专人专责、分工到人。各生产队设 1 名修理工，高号保养在机务副队长和修理工的指导下进行。

合理使用农业机械，保持机械完好的技术状态，不带病作业。保持机械在常温下工作和经常处于满负荷工作状态，提高机械“三率”（完好率、出勤率、工作效率），做到“四会”（会使用、会保养、会检查调整、会排除故障）、“五勤”（眼勤、鼻勤、耳勤、手勤、脚勤）。做到随坏随修，当班事当班解决，不把问题留给下一班；做到认真填写工作日记，完整交接班，遵守安全操作规章。

2005 年后，新引进的农业机械高号保养由厂家售后服务部门负责。

二、修理

1960 年，在过马营地区成立修配所，主要负责农机维修。修配所改修配厂后，引进车、铣、刨、磨、钻等加工设备，有冷加工车间和翻砂铸造热加工车间，基本满足了农业机械的维修需求。

1. 检修　季度检修以夏检为主、冬检为辅。拖拉机、五铧犁、圆盘耙、播种机、镇压器、联合收割机都要在夏季检修就绪，使用时组装、保养、调试即可。检修前，生产队制订零配件计划、检修计划，根据技术状态，全面检查、重点修理。机械检修达到“三灵活”（操纵、转动、升降灵活）、“四无”（无噪声、无烟色、无变形、无松旷）、“五净”（油净、气净、水净、机器净和工具净）和完好的技术状态，最后试机，检查验收。

2. 修理　从 1967 年开始，做到拖拉机“大修不出场、中修不出队”。拖拉机修理间距以燃油耗量为主，参考技术状态。拖拉机修理间距见表 2-5-1。

表 2-5-1　拖拉机修理间距

车型	小修		大修	
	工作小时	耗油量（公斤）	工作小时	耗油量（公斤）
东方红	2800～3000	3600～30000	5000～5600	60000～70000
铁牛－55	1800	14000	5400	43000
东-15	—	—	1500～2000	3000～4000

需大修机车时，由生产队填写大修报告单，农机管理部门安排修配厂修理。

修理实行按系分段、专人专责、专业修理制。修配厂设发动机、底盘、电器 3 个修理组，专业修理职责明确，既可保证修理质量，又能提高职工技术熟练程度。修理中严格遵守操作规程，不断改进修理工艺，采取全面质量检查、自检互检、车间主任把关相结合的质量检验制，做到不合格产品不转入下道工序、不出场。修后发动机功率达到标定功率 96%以上，油耗不大于标定指标，发动机、底盘分别上试验台进行冷磨、热磨、调整试机。修理中，各部要详细填写修理档案，包括技术状态、修理数据、安装尺寸、调试结果等内容，随机交付生产队。

大修车和新购机车严格遵守磨合规程，进行磨合试运转，以达到机器耐劳和延长寿命的目的。

1999 年，农业机械作价归户后，农机维修全部由农机户自行完成。从 2005 年开始，新购机械由售后服务部门上门提供维修服务，保证良好的机械性能。

三、农机服务

1964 年，农业机械归生产队管理后，为了便于维修、保养和生产管理，各队开始打墙围建农机具停放场，埋设燃油储存罐，修建农机配件库房、修理间等。各队设保管 1～2 人，负责农机配件、燃油以及润滑油等物资的领发工作。

1966 年，在过马营建农机配件总库，按计划采购和配发农机配件及燃油等生产物资。

1985 年，全场 19 个农业生产队都建有农机配件库，埋设燃油储备罐 46 个，可储备燃油 600 吨左右。有 5 吨专用油罐车 4 台，按生产计划将燃油运输到各队储油罐存放。当年，成立商运公司后，农机配件和主副燃油统一由商运公司按计划采购。从 1990 年开始，由供销处负责农机零配件及燃油采购。

1997 年，各分场成立农机办，各生产队农机配件库由分场集中统一管理。

1999 年，农机作价归户后，零配件和润滑油由农机户自行采购。燃油由分场统一供给，采取先赊欠，年底统一结算的方式。

2002 年，供销处撤销，燃油由企业发展策划部按年度生产计划统一采购。

2013 年，为了提高燃油储存质量和安全保证，对全公司储存油罐进行了更新，在一、二、三、四、六分公司设燃油储存点，燃油储存能力约 600 吨。各分公司设兼职燃油管理员 1 人，为农机户提供加油服务。

2017 年，随着公司购置大型农机具数量的增多，机械配件、燃油由企业发展部统一采购。

四、管理制度

1964 年，执行军马部转发的《机务管理细则（草案）》，同时制订《贵南军马场主要机械作业定额和超额奖励指标》。

1966 年，制订《贵南军马场机务制度》。

1973 年 7 月，下发《关于加强轮式拖拉机管理的几项措施》。

1975 年 8 月，重新修订《关于加强轮式拖拉机管理的几项措施》。

1977 年，转发农垦部《国营农场机务工作规章》，制订《贵南军马场机务管理定额》，设立机务人员和机械设备管理台账。

1987 年，制订《贵南牧场农业机械管理措施》。

1988 年，制订《贵南牧场机务规章（试行）》，翌年制订《贵南牧场田间作业规范、农业机械保养规范、农业机械安全操作规程》，设立机务人员和机械设备管理台账。

1992 年，制订《贵南牧场机务管理条例》《贵南牧场农机奖惩管理办法》，机务管理逐步走上制度化、规范化。

1999 年，农机作价归户后由农机户自主经营，为企业的各项农业生产提供有偿服务，按标准结算作业费。印发《贵南牧场农机管理暂行条例》，对全场公有和私有农业机械执行“统一指挥和调度、统一田间作业质量标准和验收标准、统一农机作业收费标准，统一农机具集中停放和保管”的“四统一”。

2007 年，制订《贵南草业公司农机管理制度》。

2017 年、2019 年，2 次修订了《贵南草业公司农机管理制度》。

五、管理机构

1960 年，随着农业生产规模的扩大，在三角滩地区成立机耕站，站长陈其元，副站长王佩民。1963 年年底，农业机械不断增加，因农业生产队和机耕站在作业质量检验上分歧大、矛盾突出，撤销了机耕站，成立农机科，将机械、机务人员分配到农业生产队，实行“机农合一”，由农机科和生产队分级管理。1970 年，农机科、军马科合并为生产科，当时 4 个分场共有 17 个机械化生产队，农机由生产科、分场和生产队共同管理。1976 年撤销生产科，恢复农机科，有农机工程师 3 人、助理工程师 1 人、技术员 8 人。1985 年，撤销农机科和 4 个分场，成立了农牧公司，农业生产和农机由农牧公司及家庭农场直接管理，喻景明、陆会文等先后担任经理。1990 年年底，撤销农牧公司，成立生产处和总工室，总工为李祥忠、喻景明，农机由生产处、分场、生产队管理。

1999 年，将农机作价归户，农机户自主经营，农机调配由生产处、分场和生产队负责。各分场均成立农机办，负责配件、燃油供给工作。当年，在过马营成立正鑫配件公司，向农机户提供市场化服务。

2002 年，贵南草业公司成立后，生产处改为企业发展策划部，农机由企业发展策划部、各分公司、生产队负责调配。2019 年，由生产经营部管理。

不同阶段农机管理机构见表 2-5-2。

表 2-5-2　不同阶段农机管理机构

阶段	国营贵南牧场	贵南军马场		贵南牧场			贵南草业公司	
	1960 年	1963 年	1970 年	1976 年	1985 年	1990 年	2002 年	2019 年
管理机构	机耕站	农机科	生产科	农机科	农牧公司	生产处	企业发展策划部	生产经营部

第六章　生态建设工程

公司大部分地区在贵南县境内，属黄河上游主要水源涵养区，生态区位十分重要。由于高寒、缺氧、干旱，自然生态系统极端脆弱。一分公司（鲁仓地区）和三、四、六分公司（木格滩地区）地处木格滩沙漠边缘，木格滩地区没有地表水源，植物生长完全靠自然降水。随着人类活动的不断增加，生态环境逐步恶化。

1963 年，贵南军马场开始生态治理，不断开展植树造林、草原改良、治沙种草、退耕还林等，历经贵南军马场、贵南牧场和贵南草业公司三个时期。自 2001 年开始大面积实施退耕还林工程以后，生态环境持续向好，基本遏制了草原沙化和退化的趋势。

第一节　造林治沙工程

一、森林资源及分布

公司大部分地区由于海拔高，气候寒冷、干燥，限制了森林的形成，适生树种少，森林资源极其贫乏。根据 2016 年青海省林业资源调查结果，公司林地面积 41.486 万亩，其中有林地面积 0.84 万亩（均为阔叶林），疏林地 0.096 万亩，苗圃地 0.05 万亩，灌木林地 20.19 万亩，宜林地 20.31 万亩。

公司区域内天然林木为散生灌木，主要分布在木格滩东南部沙丘地带，以耐寒耐旱、抗风沙的甘蒙锦鸡儿和骆驼蒿为主，沙地柏、梭梭、金露梅、木麻黄和小蘖也有少量分布。甘蒙锦鸡儿呈团块状分布于沙地与草原衔接地带，平均高 90 厘米，生长良好。骆驼蒿呈半灌木状分布在固定、半固定沙丘上，高度 80 厘米，一般盖度为 20%～40%，生长良好，对防风固沙、保护草原起着极其重要的作用。

人工树种主要有沙棘、沙柳、柠条、刺玫、碧桃等灌木和青杨、云杉等乔木，还有少量的落叶松，主要分布在过马营地区、一分公司（茫拉河流域），公司所属各单位驻地也有少量种植。

二、植树造林

1. 育苗 1965年，贵南军马场在过马营成立林业专业队，当年建成苗圃10亩，植树63亩。1966年，育苗15亩，植树120亩。1967年，育苗17亩，植树190亩。1968年，育苗5亩，植树237亩。1966—1968年，苗圃扩大到139亩。1968年，在一分场成立林业队后，两个林业队根据全场绿化造林的需要，开展造林苗木培育工作，主要培育沙柳、青杨等苗木。至1994年，在过马营共有苗圃地150亩，一分场有苗圃地20亩，年培育各类苗木40万株左右。

2003年，根据公司退耕还林工程建设需要，一分公司林业队和过马营林业站分别尝试大田培育柠条实生苗各50亩，没有达到预期的效果。2006年，过马营林业站开始尝试柠条容器苗和实生苗的培育，当年培育容器苗3000株，培育实生苗3.6亩，约36万株。获得成功后，逐年加大苗木培育力度。2007年，在温棚培育柠条容器苗147.45万株，在室外培育柠条容器苗157.4万株。至2009年，共培育柠条容器苗305.15万株、实生苗109.8亩，累计为退耕还林工程补植补造提供苗木1219.55万株。

2. 造林 1949年前，在过马营地区已开展人工植树。1950年后，植树绿化规模逐步加大。

1952年春，在贵德军牧场老场部院及其附近路旁栽植了1570株青杨。此后，虽有栽植，只是星星点点，树种单一，数量不多，而且仅在庭院、路旁栽植，以美化环境为主要目的。

1963年春，由邱德金、李新福等4人组成试验小组，在木格滩（现马二队）试种青稞、油菜、燕麦、洋芋、杨树等。取得成果后，于1966年冬成立草原队。1967年，试种牧草40余种，并在沙丘与沙丘间低洼地以及沙丘边缘地带种植杨树和其他沙生树种，研究探讨治沙工作。1967—1969年，共在沙地（现三羊队南沙嘴头）植树3500株，当年成活率为78%。1969年以后，草原队解散，治沙工作即告结束。由于风蚀沙埋及人为破坏，1993年普查时仅存活29株。

1968年，在鲁仓地区（现一分公司所在地）成立林业队，当年植树96.2亩。此后，又相继在木格滩地区各单位栽植杨树。

从1965年开始，全场每年都有组织地开展植树造林活动。至1986年，全场植树造林面积达到2291.3亩，零星植树29160株。这一时期，植树造林主要是从树木的防护效益和社会效益出发，造林树种单一，虽然引进了沙棘和绵柳，但未成片造林。

从1987年开始，在过马营、鲁仓地区建立杨树速生丰产林，并套种大黄、沙棘。截至1992年，共建成杨树速生丰产林872亩。

1987—1992年栽植经济树种株数见表2-6-1。

表2-6-1　1987—1992年栽植经济树种统计

年份	1987	1988	1989	1990	1991	1992
株数（株）	3853	57625	60000	3000	2200	10000

三、防沙治沙工程

1992年，《贵南牧场1992—2000年治沙工程规划》通过省级论证，并于当年启动。1992—1993年，共营造防护林2231亩（农田防护林1382亩、防风固沙林849亩），封山育林育草36100亩，草场改良1700亩，零星植树91360株。仅1993年一年，造林面积达2080亩，为1952—1992年造林总面积的38.3%；零星植树78020株，为前41年的64.7%。1997年，在过马营东山及五分场植树造林330亩，约33000株，保存率80%以上。

1994年，为保证治沙工程建设，号召全场各单位及干部职工采集牧草种子和作物秸秆，参加人数达3484人，共收集披碱草、老芒麦、醉马草和芨芨草等牧草种子1742公斤、作物秸秆37500公斤。1995年，由于严重春旱，治沙工程遭受重大损失。

1996年6月，组织机关、场直各单位工作人员以及学校师生共1000余人，利用4天时间，在过马营西沙山开展大规模防沙治沙活动，用石块固定流动沙坡，种植柠条等灌木600余亩，种草约1000亩。

1999年4月，组织三、四、六分场12个农牧业生产队的1400多名干部职工在三羊队沙山头集中开展治沙防沙工作，扦插造林480亩、10.6万株，设置草沙障约100亩。一分场在农一队以西、茫拉渠南侧新建2000米×10米的青杨及沙柳混交防风林带。6月，组织机关、场直各单位工作人员对过马营西沙山进行巩固治理，以垒石块沙障和鱼鳞坑等方式整地，播种柠条、沙蒿种子，治理面积约1000亩。

至2000年，防沙治沙工程累计营造防护林1.58万亩，改良草场6.8万亩，改造低产田5万亩，种植经济作物油籽8.0万亩，封山育林草20万亩，设植物保护站3处、保护点7处，购置配套机具20套，建苹果园0.04万亩、提灌站1座、机井1眼，打围墙1.08万米，挖防护沟10.6万米，拉设围栏9.9万米。

四、造林补贴试点工程

2012—2015年，公司实施造林补贴试点项目，采用柠条种子直播造林方式，在木格滩地区三、四、六分公司宜林荒山荒坡营造灌木林 3.55 万亩（表 2-6-2）。

表 2-6-2　2012—2015 年造林补贴试点完成情况

年份	2012	2013	2014	2015
造林面积（亩）	8000	5000	20000	2450

五、小流域治理工程

2019 年，与中国科学院西北高原生物研究所合作，在过马营开展沙沟河流域生态治理试点工程。人工造林种草 299 亩，种植青杨苗 20700 株、沙柳 6500 株，人工穴播柠条种子 250 公斤，种植多年生牧草种子 575 公斤，治理面积 1432 亩。

2020 年，继续开展沙沟河流域生态治理，在过马营西沙山、道路两侧以及居住区等宜林地集中平整土地，种植杨树 4400 株、丁香 2000 株、柳树插杆 7000 株、榆叶梅 2000 株、青海云杉 4550 株、沙柳 12000 株、草籽 2100 公斤，治理面积 1545 亩。

六、林草管护

1. 人工林管护　公司成片的人工林主要在鲁仓和过马营地区，由一分公司林业队和过马营林业站负责管护。

2. 林区防火　公司区域内森林火灾高发期主要在冬春季节，引发火灾的主要是进入林区、草原的人员吸烟或用火不当等因素。冬春季节天干物燥，给防火工作带来很大压力。2004 年，根据青海省森林防火办的要求，成立了防火灭火组织，制订防火应急预案，给各生产、管护单位配置防火器具，签订防火责任书，落实防火主体责任。至 2020 年，全公司有防火灭火队伍 6 支、314 人。

3. 林木病虫害防治　公司境内云杉病害主要是云杉锈病，主要发生在过马营地区，采用 45%石硫合剂晶体 30～50 倍液加入洗衣粉喷施防治。杨树主要有杨树锈病、溃疡病和毛虫病、蚜虫病等，偶有发生，每隔 5～6 年防治一次，防治方法是用 200 倍波尔多液或 700 倍 50%多菌灵液连续喷施 2～3 次。

4. 林木采伐　公司林木属企业所有，严格禁止采伐。因工程建设、林地更新、病虫害防治等需要采伐时，按照国家林业局《关于加强林木采伐许可证核发管理工作的通知》要求，向贵南县林业局申请，经林业技术人员现场查看，核准后才能进行采伐。

七、林业管理机构

1. 林业站　1965 年，在过马营设立林业专业队。初建时共有职工 12 名，至 1994 年，职工达 81 人，由场行政办公室管理。2002 年，过马营林业队改为过马营林业站，有职工 46 人，由公司企业发展策划部管理。2019 年，过马营林业站归公司综合管理部管理，职工人数缩减到 19 人。

2. 公益林管护站　2015 年，贵南县林业局在公司过马营林业站成立贵南草业公司公益林管护站，聘公益林管护员 15 人，2016 年调减为 10 人。当年 10 月，增加天然林管护员 3 人。

3. 森林公安分局　1999 年，经青海省农林厅和青海省公安厅批准，将贵南牧场治安派出所改为过马营地区林业派出所，科级建制，所长刘向朝。业务上归青海省林业局森林公安处、贵南县公安局双重领导，行政上由贵南牧场管理，负责保护辖区内森林和野生动物资源，维护林区社会治安。2009 年年初，过马营林业派出所移交海南州森林公安局，移交干警 13 名，更名为海南州森林公安局过马营分局，局长刘向朝，教导员曲龚。

第二节　退耕还林工程

1999 年，国务院总理朱镕基在陕西考察水土流失、改善生态环境和黄河防汛时首次提出，黄河上中游地区要治理水土流失，要采取退耕还林（草）、封山绿化、以粮代赈、个体承包的措施，动员广大群众，大搞植树种草，改善生态环境，为根治黄河奠基，为子孙后代造福。国务院各部委相继明确了实施以粮代赈、退耕还林（草）的政策及投入。2001 年，贵南牧场被列为青海省退耕还林工程建设试点示范县（单位）之一，开始实施退耕还林（草）工程建设。

一、工程启动和管理

2001 年，成立由法人代表为组长的退耕还林（草）工作领导小组，下设退耕还林（草）工程办公室，具体负责工程的规划设计和建设。为保证工程建设顺利进行，在全场范围内开展了退耕还林政策宣传活动，组织管理干部和技术骨干等 120 人次参加退耕还林（草）技术培训。当年，根据公司耕地退化现状，委托青海省林业勘察设计和规划院编制了实施方案和作业设计，退耕还林工程主要包括退耕地造林、荒山荒坡造林和封山育林。

二、退耕地造林

2001 年，青海省林业局下达给贵南牧场退耕还林工程退耕地造林试点任务 1 万亩，当年在四分场选择土壤退化沙化特别严重的地块，完成项目建设 1 万亩。采用林草间作造林模式，林带宽 14.4 米，主要种植柠条（灌木类，豆科锦鸡儿属），机械直播造林；草带宽 14.4 米，主要种植多年生禾本科牧草，以多叶老芒麦、短芒披碱草为主，还引进了一部分细茎冰草、无芒雀麦等优良牧草品种试种。

2002—2003 年为大规模实施阶段，共完成退耕地造林 18.7 万亩。全部采用林草间作模式，林带宽 4 米，采取柠条种子直播造林；草带宽 4 米，主要种植多年生禾本科牧草。项目实施地点在二、三、四、六分公司，其中，二分公司 18392 亩，三分公司 59785 亩，四分公司 65369 亩，六分公司 43457 亩。2006 年，在四分公司完成退耕还林（草）1000 亩。2016 年，实施第二轮退耕还林工程，在四分公司完成退耕地造林 4100 亩，仍采用林草间作造林模式。至此，公司退耕还林（草）地面积达到 20.11 万亩，占总耕地面积的 59％。

由于公司地处高寒干旱地区，普遍存在苗木年生长量小、存活率低的问题，必须开展补植补种。从 2005 年开始，探索补植补种的方法，分别与玛柯河林业局西宁苗木基地、青海省农林科学院林科所、大通县林业局、互助林场、湟中县林业局等单位合作，引进柠条容器苗、黑刺、猫儿刺、红沙、金露梅、柠条等苗木做植苗对比试验，选择适宜当地种植的最佳树种和种植方式，最终形成了以 1～2 年生柠条实生苗为主、猫儿刺实生苗为辅的植苗补植方式。

为了保证补植效果，公司严把起苗、运输、假植、植苗质量关，聘请林业技术员做现场技术指导，统一栽种技术，为保证苗木成活率，植苗后及时补浇定苗水。每年补植补种工作开始前，公司与各退耕单位签订《补植补造目标责任书》，把补植补造工作作为年度考核基层干部的一项主要内容。各退耕单位与生产队、生产队与承包职工分别签订责任书，调动了干部职工的积极性和责任心。

三、荒山荒坡造林

2001 年，青海省林业局下达给贵南牧场荒山荒坡造林试点任务 20000 亩，6 月，将下达给格尔木马海农场的 6820 亩荒山荒坡造林任务调整给贵南牧场实施。采用林草间作模式，林带主要种植柠条，机械直播造林；草带主要种植多年生禾本科牧草，以多叶老芒麦、短芒披碱草为主。

2008 年，实施荒山荒坡造林 5000 亩，其中，一分公司完成 2750 亩，三分公司完成 2250 亩。树种为青杨、乌柳，采用插杆深栽方式，地点在一分公司一羊队、三分公司三羊队沙化草原。

2009 年，实施荒山荒坡造林 5000 亩。树种为青杨，采用插杆深栽方式，地点在三分公司东科大队沙化草原（沙嘴头）。

2011 年，实施荒山荒坡造林 2000 亩。树种为青杨，采用插杆深栽方式，地点在四分公司五羊队沙化草原。

四、封山育林

2012 年、2014 年，在三分公司共实施退耕还林工程封山育林 10000 亩，主要封育树种为甘蒙锦鸡儿。

2001—2016 年部分年份退耕地造林、荒山荒坡造林、封山育林工程完成情况见表 2-6-3。

表 2-6-3　2001—2016 年部分年份退耕还林工程完成情况

单位：万亩

实施年份	退耕地造林	荒山荒坡造林	封山育林	小计
2001	1	2.68	—	3.68
2002	7	—	—	7
2003	11.6	—	—	11.6
2006	0.1	—	—	0.1
2008	—	0.5	—	0.5
2009	—	0.5	—	0.5
2011	—	0.2	—	0.2
2012	—	—	0.5	0.5
2014	—	—	0.5	0.5
2016	0.41	—	—	0.41
合计	20.11	3.88	1	24.99

五、工程管理

工程建设任务完成后，企业自筹资金，在退耕地周围拉设网围栏，将退耕还林（草）地全部划分给企业职工，发放林权证。企业与承包职工签订《退耕地承包合同书》《退耕地管护责任书》，退耕地全部由企业职工承包管理。职工在退耕地周围修建看护房，轮流昼夜看护，防止牲畜进入采食和践踏，管护率达到 100%。2006 年，公司制订《贵南草业公司退耕还林（草）工程管理制度》，明确“谁承包、谁管护、谁造林、谁受益”的原则。2008 年、2009 年，公司筹措资金，在退耕地周围重新开挖了防护沟，进一步加强了对退耕地的保护。同时，积极探索退耕还林后续产业发展途径，调动了广大职工的积极性，从而保障了退耕还林（草）工程“退得下，稳得住，不复耕，不反弹”

的建设原则。

为加强退耕地防火管理，公司成立防火领导小组，领导小组办公室设在过马营林业公安分局，具体负责退耕还林工程与草原防火管理工作。领导小组与分公司、分公司与生产队、生产队与各看护点签订防火责任书，明确各级防火责任人，落实防火责任。各单位组织民兵成立了防火应急预备队伍，制订了防火应急预案和防火措施，配置了灭火设备，并定期演练。同时，在各退耕地块周围设立防火宣传牌，严格禁止烟火。过马营林业公安分局也经常派干警到各退耕单位巡视，加强防火工作力度。

自2005年开始，根据青海省林业局和青海省档案局《关于印发青海省退耕还林工程技术档案整理及案卷构成的规定的通知》要求，重新整理公司历年来的退耕资料，按规定装订归档。2008年，公司配置了项目档案室，专门存放退耕还林工程档案资料，退耕还林（草）档案管理逐步规范。

全公司第一轮实施的19.7万亩退耕还林工程分别在2009年、2010年、2011年以及2014年顺利通过了国家级阶段性验收，面积保存率、苗木保存率以及管护率均达到100%。

六、工程建设效益

通过退耕还林（草）工程的实施，项目区林草植被覆盖度显著增加，人工草地（草带）多年生牧草生长茂盛，项目区降水、风沙天气逐步恢复正常，生态持续向好。退耕前，每年12月至次年5月，大风、沙尘暴天气频发，沙尘遮天蔽日，有“白天屋内不开灯，对面不见人”的说法。根据公司气象站观测记录，2000年全年有大风天气14次、沙尘暴29次。退耕后，2005年全年有大风天气4次、沙尘暴7次；2020年有大风天气5次，没有出现沙尘暴天气。大风日数减少，降水逐年增多。

截至2020年，累计发放退耕还林政策补助粮2860万公斤，补助款46904万元（含生活补助）。

2001—2020年退耕还林（草）补助发放情况见表2-6-4。

表2-6-4　2001—2020年度退耕还林（草）补助发放统计

年度	第一轮				第二轮	
	面积（万亩）	生活补助（万元）	补助粮（万公斤）	补助款（万元）	面　积（万亩）	补助款（万元）
2001	1	20	100	—	—	—
2002	8	160	800	—	—	—

（续）

年度	第一轮				第二轮	
	面积（万亩）	生活补助（万元）	补助粮（万公斤）	补助款（万元）	面　积（万亩）	补助款（万元）
2003	19.6	392	1960	—	—	—
2004	19.6	392	—	2744	—	—
2005	19.6	392	—	2744	—	—
2006	19.7	394	—	2758	—	—
2007	19.7	394	—	2758	—	—
2008	19.7	394	—	2758	—	—
2009	19.7	394	—	2758	—	—
2010	19.7	394	—	2758	—	—
2011	19.7	394	—	2758	—	—
2012	19.7	394	—	2758	—	—
2013	19.7	394	—	2758	—	—
2014	19.7	394	—	2758	—	—
2015	19.7	394	—	2758	—	—
2016	19.7	394	—	2758	0.41	123
2017	18.7	374	—	2618	—	—
2018	11.7	234	—	1638	0.41	205
2019	0.1	2	—	14	—	—
2020	0.1	2	—	14	0.41	164
合计	—	6302	2860	40110	—	492

退耕还林还草工程的实施带动了草产业、养殖业、牛羊育肥业等后续产业的发展，对调整公司产业结构、繁荣当地经济起到了促进作用。退耕还林补助粮款的发放兑现，对提高职工收入、稳定职工队伍起到了积极的作用。

第三节　草原生态保护和建设

2013 年，公司所属区域被纳入青海三江源生态保护和建设二期工程建设范围，生态保护和建设步伐进一步加快。2013—2020 年，公司持续推进退牧还草、草原有害生物防控、生态畜牧业及黑土滩治理等建设，完成投资 6175.96 万元。

一、退牧还草

公司以保护和改善天然草原生态为前提，实施围栏休牧，促进草原植被恢复；推行草畜平衡，引导草原畜牧业生产方式转变和牧区人、草、畜协调发展；通过人工饲草地建设，提高饲草贮备水平，缓解天然草场放牧压力。

2016—2020 年，公司共完成天然草原围栏休牧建设 50 万亩，更新建植多年生人工草地 11.3 万亩，新建贮草棚 6000 平方米（表 2-6-5）。

表 2-6-5　2016—2020 年草原生态建设工程统计

年份	人工种草（万亩）	围栏建设（万亩）	贮草棚（平方米）	完成投资（万元）
2016	1.5	5	2000	510
2017	1.8	30	2000	1380
2018	1	10	2000	620
2019	2	—	—	415
2020	5	5	—	1173
合计	11.3	50	6000	4098

二、草原有害生物防控

公司草原有害生物主要有鼠虫害、毒杂草等。其中，鼠害主要为高原鼠兔和高原鼢鼠，虫害主要为草原蝗虫和毛虫，毒杂草有狼毒、棘豆、醉马草等。

2012—2015 年对草原有害生物展开调查，鼠害发生面积 62 万亩，危害面积 32 万亩，植被覆盖度 40%～50%，平均每亩有高原鼠兔有效洞口 16.8 个，密度 25.2 只；有高原鼢鼠土丘 16 个，密度 24 只。蝗虫危害面积 39 万亩，平均虫口密度 35.1 头/平方米。毒杂草发生面积 21.87 万亩，危害面积 10.94 万亩，毒草平均密度 4 株/平方米，最高密度 12 株/平方米。

草原鼠害主要用生物药剂毒杀和人工捕捉的防治办法。其中，对高原鼠兔采用生物药剂拌饵料投放到鼠洞口和安装招鹰架相结合的方式，对高原鼢鼠安装捕鼠器捕捉。2013 年年底至 2014 年年底，公司分批次治理草原鼠害 40.05 万亩，其中防治高原鼠兔 31.95 万亩，防治高原鼢鼠 8.1 万亩。2015 年，安装招鹰架 150 架。

对草原虫害危害，主要采取生物药品防治的方法，依据当年发生面积、虫害密度等选择适宜的生物药品及剂量。2015 年，草原灭治蝗虫 20 万亩。

2016 年，防治草地毒杂草（狼毒）5 万亩。

三、黑土滩治理

2015 年和 2017 年，公司对一分公司一羊队 1.6 万亩风蚀、鼠害、沙化严重的天然草原进行治理，采取免耕播种方法，建成半人工草地。治理后的草场植被覆盖率大幅度提升，由原来的不足30%提高到70%以上。

四、生态畜牧业设施建设

为有效减轻草地放牧压力，逐步实现草畜平衡，通过牲畜暖棚、贮草棚等建设，发展设施畜牧业。2015年，在四分公司建设贮草棚5000平方米，在四、六分公司建设标准化暖棚羊舍125栋、15000平方米。通过设施建设，每年增加贮备干饲草1250吨，可满足1.2万只羊单位牲畜的舍饲半舍饲养殖需要，减轻天然草场的放牧压力，促进草场均衡利用，有效保护草地生态环境。

中国农垦农场志丛

第三编

工商　服务业

中国农垦农场志丛

第一章　工 副 业

1943年后，场内逐步自建手工作坊，开始生产部分生产生活用品，以满足场内职工群众的生活需要。中共十一届三中全会以后，在“对外开放，对内搞活”方针的指引下，企业经营视野逐步开阔，走出牧场，先后在西宁、过马营等地区联营或独资兴办了工副企业。1987年，场党委决定成立工业办公室，管理全场工副企业。

第一节　手工作坊

1943年，马场设农事课，配专人开始制作部分劳动工具和修理农具。1946年，为使调出军马就能役用，场部增设骑训队，配备铁蹄工，打马掌、修马蹄，马料全部用手推旱磨加工。同年，在过马营修建立轮水磨一盘，因水流量小，落差低，日加工能力仅250公斤（原粮）。至1949年年末，贵德军牧场只有6人从事小手工业，服务于养马和农事。

1950年10月，为支援抗美援朝战争，由西北军区后勤军牧部拨款78.98万元（旧币），贵德军牧场在西宁市礼让街租房开办“西宁制造厂”，就地雇请技工和采办人员368人，制作牛肉干，缝制皮大衣、毡靴等。至1952年1月，共制成牛肉干71120公斤、牛肉干粉8500公斤，缝制皮大衣28000件，制毡靴70双，加工牛羊油50000公斤。

1955年，军牧场由供给制改为薪金制，经营由计划统配改为企业管理，总场和分场设铁木工室（组），制作部分锄、镰、杈等农作工具。马拉收割机、马拉播种机、双轮双铧犁等机械作业兴起后，农机具的修理也同步开展起来。为解决粮油供应，1955年在莫曲沟分场修建油坊一座，以木梁压榨法压榨菜籽油，日产量在75公斤左右，并修水磨两盘，日加工粮食250公斤左右，基本能满足场内的粮油供应。

1959年9月，随着尕让青年农场、东沟青年农场、河西青年农场撤销归并贵南牧场，职工和社会人口猛增，职工由1957年的350人增加到4722人，场内生活物资供应紧张。为解决职工群众生产生活困难问题，贵南牧场组建工副业队，就地取材，土法兴办工副业，生产供应部分生活用品。1959 年年底，全场兴办铁木工修配组 5 个，缝纫组 5 个，榨油坊 2 座，肥皂、糕点、皮毛加工等作坊 7 个，有缝纫机 30 台、水磨 10 盘、小钢磨 20 盘，工副业年总产值 37 万余元。

20 世纪 60 年代，在过马营、鲁仓、木格滩等地相继建造简易砖窑，土法烧制砖瓦，用于早期全场的房屋建设。1970 年前，场内建有手工砖厂，土法烧砖，主要用于场内基本建设。1970 年后，在过马营建水泥瓦厂和机砖厂各 1 个。

1960 年后，在原工副业队（组）的基础上设立综合加工厂，按计划生产，以解决场内基本生活需要，没有进入社会市场，属于自给自足的自然经济。至 1978 年，全场工副业总产值为 174.39 万元，占全场工农业总产值的 24%。

第二节　工副企业

一、修配厂

1960 年，成立贵南牧场修配所，初期有职工 28 人，后期随着规模的扩大，改为修配厂，占地面积 62 亩，有车、刨、冲、洗、压等机床设备 28 台（套），设有机械修配、木工、铸造、钣金等车间，服务于农牧业生产，高峰时有职工 87 人。20 世纪 70 年代，提倡技术革新，鼓励小革新、小制作、小发明，解决了不少生产实际问题。

1966 年，仿造环形镇压器，参照吉林产割晒机，研制链式传动割晒机。

1967 年，仿造三节连接器，1970 年改为两节。

1973 年，李书义等根据联合收割机的清选原理，研制油菜籽清选机，几经改进，于 1984 年定型为“黄花牌”粮油清选机。

1978 年，研制了 6.5 型喷药机。

1995 年后，为适应市场需求，修配厂转变经营机制。1999 年关停，人员分流到各生产单位。

1966—1995 年农机制造数据见表 3-1-1。

表 3-1-1　1966—1995 年农机制造统计

单位：台

年份	清选机	镇压器	连接器	喷药机	割晒机
1966	—	4	—	6	1
1967	—	8	8	2	—

（续）

年份	清选机	镇压器	连接器	喷药机	割晒机
1968	—	3	3	6	2
1969	—	5	5	—	2
1970	—	5	5	2	—
1971	—	5	10	6	—
1972	—	10	—	—	—
1973	2	—	5	—	—
1974	6	—	5	—	—
1975	6	5	—	—	—
1976	—	—	5	—	—
1977	—	—	—	—	—
1978	—	5	—	—	—
1979	—	8	—	—	—
1980	—	—	—	—	—
1981	—	—	5	—	—
1982	4	—	—	—	—
1983	—	6	—	—	—
1984	5	5	4	—	—
1985	15	15	—	—	—
1986	10	10	—	—	—
1987	15	20	4	—	—
1988	10	18	—	—	—
1989	—	—	—	—	—
1990	20	10	—	5	—
1991	18	10	—	—	—
1992	11	10	6	—	—
1993	—	7	3	—	—
1994	2	4	1	—	—
1995	—	1	5	—	—

二、过马营综合加工厂

1960年，在原工副业队的基础上设立综合加工厂，购置成套制粉和榨油机械设备，以粮油加工为主，兼营混合饲料配制、缝纫、皮毛加工，以及酱油、醋、糕点、烧酒、豆腐等副食品加工。建有面粉加工车间、榨油车间、糕点加工车间、酱油醋酿造车间、面条铺、豆腐坊、酿酒坊、饲料加工车间、皮革加工车间、缝纫组、擀毡车间、发电修理车间等，满足了职工家属的生产生活需要。高峰时有职工100余人，加工的菜籽油在省内享有盛名。

三、地毯厂

1974年，在过马营家属队选20名职工家属筹办地毯厂，由王建德负责，时有机梁4架，开始小规模加工地毯。

1976年，在海南州工业交通局、州氆氇厂的支持下，建立集体性质的地毯厂。会计以及编织工人均为场直地区职工家属，技术人员则从省内几个地毯厂聘请，主要负责工艺设计、编织技术指导和成品修剪。经过几年的发展，产品质量显著提高，部分产品达到了出口标准。

1977年，青海省外贸局、轻工业局建议扩大生产规模，生产出口地毯，原料供应、技术管理和产品销售由青海省外贸局、轻工局负责。同年，为了扩大职工子女就业门路，发展经济，开始招收部分女青年到地毯厂工作，职工家属则成为技术骨干，高世华为厂长。为提高产品质量，聘请天津的技术人员做技术指导。织成的地毯送到青海省地毯一厂修剪、清洗、整形后，大部分出口。高峰时有职工120人左右，机梁17架。

1984年，因市场、生产规模等因素，地毯厂停产。

四、祁连石棉队

1978年，在祁连建石棉队。1981年，产量1060吨。因市场因素及禁采原因亏损，1983年撤销。

五、砖厂

1980年，贵南牧场与西宁南滩园艺场合资兴办南滩合营砖厂，先后投资54万元，至1992年，累计投资收益168万元，为建厂投资的3.1倍。

1985年，与西宁纳家山林场合资建成纳家山砖厂，与大通县鲍东村建成鲍东合营砖厂，在兴办工副业、发展横向经济方面迈出了一大步。西宁地区3个合资砖厂先后投资385万元，年产红砖2400万块，产值130万元，安排牧场职工62人。

1992年后，因西宁市城镇规划及环境保护的要求，3个合资砖厂陆续进入停产和半停产状态，2006年后相继关闭。

六、海华啤酒厂

1985年，与北京双合盛五星啤酒厂技术联营，在西宁市廿里铺兴建啤酒厂，占地面积128亩，投资1826万元，设计规模年产啤酒10000吨、麦芽1500吨，年产值1200万元。全厂拥有各种设备511台（套），建筑面积18000平方米。

1987年，啤酒厂建成投产，产品有12°普通啤酒、11°普通啤酒、11°特制啤酒、干啤和青稞啤酒5个品种，其中青稞啤酒由本厂技术人员研制。1992年，该产品获青海省科技成果奖。

1992年，扩大啤酒产能5000吨，产能达15000吨。海华啤酒厂为青海省内啤酒行业较为正规、工艺设备较为先进的食品工业企业，曾荣获“青海省优质产品”“全国大众公认名牌”称号，连续五年被评为“青海省消费者协会推荐产品”，一度热销于全省及部分周边省市，产品供不应求，在全国同等规模啤酒企业中属于经济效益较好的企业。高峰时安排就业人员358人。

1994年后，国内啤酒行业整合为几个大的啤酒集团，如青岛、哈啤、华润、燕京等，产能均达几十万吨以上，以规模效益占领市场份额，行业竞争日益激烈。由于规模小、设备老化，再加上市场、效益等方面的原因，海华啤酒厂经营陷入困境，于1998年11月全面停产，其间共生产“五星”啤酒76600吨。1999年9月9日，海华啤酒厂依法宣告破产，少部分职工分流安置，大部分职工一次性买断工龄，自主择业。

七、合资碱厂（西川综合加工厂）

1985年，投资130万元，在西宁大堡子乡与晋家湾村联合兴办西宁西川碱厂，生产工业碱，产能3000吨。1986年11月投产，解决职工就业20人。经营3年后，由于生产规模小，产品缺乏竞争力，碱厂经营亏损，最终停产。

1992年8月，在西宁西川碱厂基础上组建成立西川综合加工厂，转产地毯编织、云石砖加工、造纸（再生纸加工）等。1993年，因污水处理等环保问题，造纸、云石砖加工等相继停产。1995年，因规模较小、市场竞争力弱，地毯编织停产。

八、植物精炼油厂

1989年7月，投资460万元在过马营兴办植物精炼油厂，占地面积179亩，于1991年竣工投产。炼油厂年加工能力500万公斤，年产成品食用油200万公斤、粕300万公斤，产品有一、二级标准精炼植物油，三级毛油和高烹油。注册“双羊”牌商标，获绿色食品认证，产品畅销省内及周边省市，高峰时有职工 237 人。

1999 年后，因经营机制转变，该厂处于半停产和停产状态。

九、贵南牧场印刷厂

1991 年 3 月，在西宁办事处成立印刷厂，隶属贵南牧场驻西宁办事处，有排版、胶印、装订等车间，职工 23 人。1999 年，印刷厂关停。

十、西宁奶制品加工厂

1993 年，为延长产业链，解决海华奶牛场鲜奶“卖难”问题，培育新的经济增长点，在西宁市兴办奶制品加工厂，生产酸奶，安排就业近 20 人。

1996 年后，因规模、成本、加工技术等原因关停。

十一、饲草加工厂

2003 年，在原修配厂建饲草加工厂。有草颗粒、草块加工生产线各 1 条，设计年生产加工能力 2 万吨，主要产品有草颗粒、草块、草粉等。产品以就近销售为主，部分远销四川、甘肃、新疆、云南、西藏等省份。2004 年注册“雪域丰润”牌饲料商标。2016 年后，饲草加工厂因环保原因停产。

十二、生物有机肥厂

2011 年，在原农九队猪场建生物有机肥厂，投资 380 多万元，占地面积 120 亩，年设计生产能力 1 万吨。建有发酵车间、造粒车间、质检化验室等，有原料堆放场地 40 余亩，成品库房 2 座、2800 平方米，职工 32 人。

1. 造粒车间　主要有筛分机 1 套、造粒机 2 套、烘干机 2 套、包装机 1 套，生产成品有机肥。

2. 发酵车间　主要有发酵池 1 座、自走式翻抛机 1 套，用于制菌、原料发酵等。

3. 检验化验室　有分析天平、火焰光度计、定氮仪、电烘箱、酸度计、蒸馏水仪等仪器设备，检验检测有机质含量及氮、磷、钾含量等。

该厂于 2011 年 10 月正式投产，产品主要用于公司农业生产。2018 年，注册“贵牧”有机肥商标。当年，因环保等因素，生产收储转至一、二、三分公司，生产散状有机肥。2018—2020 年，共收储原料 90585 立方米，生产散状有机肥 34998 吨。2011—2020 年，累计生产有机肥 6.84 万吨。

十三、贵南绿佳源肉食品有限责任公司

2010年，公司与青海省三江储备有限责任公司投资120万元，收购过马营镇牛羊屠宰厂。2011年8月，经改扩建，成立青海省贵南绿佳源肉食品有限责任公司。该公司占地面积13亩，建筑面积1600平方米，投资453万元，有屠宰车间、检疫室、病害隔离间、速冻库、储藏库、办公室等设施，设计能力年加工牛羊肉1000吨。2016年11月，青海省三江储备公司斥资340万元，整体收购贵南绿佳源肉食品有限责任公司。

第二章 商业服务业

1955年取消军事供给制后，场内设立服务社，后改为商业经销部，给职工家属提供日用百货。随着职工人口的不断增加和生产规模的逐步扩大，商业网点普及到基层各生产单位，一直到20世纪90年代，这些网点都发挥着主渠道作用。改革开放以来，场区个体商业逐步发展壮大，2000年6月，国营商业经销公司撤销。

第一节 商 业

一、商业零售业

1954年前，实行军事供给制，场内一般生活用品由场总务课供给。由于运输不便、人员不多，这些商品均从贵德、西宁等地驮运进来。场内无专门商业部门，仅在场物资库房（原老医院旧址）附设一间零销店（亦称供销社），由库房保管员代售一些日用杂品，如茶叶、火柴、煤油及少量的烟酒等。1955年，由军事供给制转为企业管理，成立了服务社，设1～2名售货员，商品品种有所增加，并相继开设理发、照相业务。

1959年，场内人员大增，商业进一步发展，分场都设有商业网点。总场新建了招待所和服务社，招待所有客房20余间。另设有食堂和粮油供应门市部（后搬至服务社—综合加工厂），共有6～7人，经理为聂升云，流动资金约10万元。服务社经营日用百货、烟酒副食、理发、照相、钉鞋等，商品从过马营乡供销合作社和西宁购进，食品从加工厂调入。20世纪60年代后期，随着生产生活水平的不断提高以及交通运输的发展，商品种类越来越多，商业规模不断扩大。在临街扩建商场，有粮油、百货、副食、烟酒等商品和照相、理发业务。商品从青海省百货公司、副食品公司、糖酒公司等按计划调拨。商场设1名采购员，常驻西宁。

1984年，服务社更名为商业经销部，于1985年开展批发业务。1992年，实现零售额10万元，批发额55.8万元，利润12万元。1993年年初，经销部更名为商业经销公司，有商业网点20个，遍及场区各分场及大部分生产队，经营范围进一步扩大，门类品种较为齐全。1975—1994年服务社（商店）营业额利润统计见表3-2-1。

表 3-2-1 1975—1994 年服务社（商店）营业额利润统计

单位：元

年份	人数	营业额	流动资金	利润	上交额
1975	20	585963.9	271913	334059.1	26000
1976	20	995971.6	246549	474965.2	26000
1977	20	929124.68	256453	742024	26000
1978	20	949127.92	270584.97	848408.3	26500
1979	20	1224053.67	249632.44	246135	26500
1980	20	1224053.7	247763.74	236025.5	26500
1981	20	1075859	309604.3	215040.2	20000
1982	20	1039454.57	296544.25	279339.8	20000
1983	20	1111853.76	447899.12	350792	28000
1984	25	1178054.2	484792.02	330813.2	28000
1985	25	1335227.28	729492.36	303950	30000
1986	25	1748205.4	779492.36	518272.4	30000
1987	25	1634312.36	768525.56	506356.6	30000
1988	25	1548638.19	368861.36	694289.7	30000
1989	21	1713253.4	7786254.4	510362.2	40000
1990	21	1784210.28	438466.52	499426.3	40000
1991	31	1747938.88	417906.03	488742.5	45000
1992	31	1900162.86	404472.28	607655.8	45000
1993	31	1953169	437586	657324	45000
1994	25	1865327	409536	570470	30000

20 世纪 80 年代后，自营经济迅速发展壮大，商业经销部实行承包经营。1999—2000 年，过马营镇进行小城镇建设，原商业经销公司临街商店拆迁改造，由个人集资改建为商业楼，承包经营终止，商业经销公司撤销。

1985 年，将原青年队改为劳动服务公司，主要从事商业经营，以零售为主，1989 年开展批发业务，辅以加工、修配等业务。

同年，在贵德办事处原址（贵德县城西街）新建商业楼，在贵德河西乡建商业楼，从事商业零售、餐饮、住宿业务。当年，投资 42 万元与大通元朔贺家寨村联办元朔联营综合经销部，主要经营汽车配件、汽车和其他机械修理。年销售额 40 万元左右，安排 15 人就业。1999 年后，实行租赁经营。随着市场竞争加剧和汽车 4S 店的兴起，经销部于 1999 年清算关停。

1992 年，在西宁北大街开办农副产品经销公司，对外开展粮油、饲料等批发零售业务，同时，开设了西宁第一家四川鸳鸯火锅店，当年完成营业额 25.7 万元，实现利润 2

万元，安排17人就业。后期，陆续在西宁西大街、三其等地开办商业网点。

二、青海省农垦农工商联合企业公司

1983年，青海省农垦农工商联合企业公司成立，隶属于青海省农林厅，经营范围包括农产品、畜产品、矿产品、五金、交电等。1993年7月，移交青海省贵南牧场管理经营，贵南牧场将西宁的商业网点统一交其管理。该公司从业人员曾多达267人。

2001年6月28日，由于公司长期负债经营，资不抵债，经青海省高级人民法院裁定，依法破产还债。

第二节　服务业

1939年，贵德军牧场在西宁、贵德设立办事处（转运站）。西宁办事处成立之初，在观门街，后搬至下南关、上南关、南滩、北关街，数易其址。1964年后，迁至杨家庄（现果洛路9号）。当年，设立海南州办事处（转运站），为过往人员车辆提供食宿、物资运输周转、办理公务，1991年撤销。

1981年，对西宁办事处进行扩建改造，新建招待大楼、餐厅、会议室、锅炉房及商店等，开始对外经营，承接会议、培训班，婚宴等业务。1982年实现营业收入5.9万元，1983年为13.6万元，1992年达24.2万元，有从业人员56人。1995年后，招待所大楼、餐厅、会议室对外租赁。

1959年，过马营临街新建了招待所，有客房20余间，设食堂、餐厅。1973年，在南面扩建1排、12间，床位达100余张。平时接待来过马营办理公务的基层人员，主要为参加三级生产会、职代会、“八一”运动会及接收军马的部队提供服务。1991年，投资240万元，对招待所进行改造，新建招待所大楼，共四层（含地下一层），有床位73张，解决就业26人。2009年，斥资200万元，对大楼进行装修，改名为草业宾馆。

第三章　交通通信

1955年前，场区内外均没有公路，交通运输靠马拉牛驮。1955年后，随着国家公路建设的不断加强，公路网逐步完善，场内汽车运输业逐渐兴起，保障了场内生产生活物资及农畜产品的流通。通信也由骑马传送、手摇电话逐步转变为程控电话、移动通信。

第一节　道路交通运输

一、道路交通

1949年前，场区各地区（过马营、瓦什滩、扎德滩、鲁仓）之间以及到贵德、西宁均无公路相通。运输工具落后，所需粮料、军需装备等生活生产物资都靠牲畜从贵德、西宁驮运。

1952年，成立驮运队（也称运输班），李少斌为队长，有队员11～12人，分2组。有驮牛30余头，每人赶4头驮牛，主要从西宁、贵德往过马营、鲁仓驮运生产生活物资，贵德至鲁仓需4天。

1954年，过马营有铁轮大车9辆，成立了大车班，李乃成为班长。莫曲沟分场有胶轮大车2辆、铁轮大车3～4辆。当时，正在修建种马厩等设施，大车班主要到查纳地区拉运木材。在居布林地区伐木后从黄河放漂水运，在贵德浮桥捞起运至莫曲沟。因无路，要随车携带铁锹、镢头，边走边修。

1955年，贵德县支援民工千余名修通了过马营至莫曲沟的公路，使西宁至贵南公路相通，结束了军牧场靠牦牛托运物资的历史。同年，从甘肃岷县军马场调进一辆苏联产嘎斯-51型卡车，司机罗四维，助手王彦轩，军马场有了第一辆汽车。同年，胶轮大车陆续进场。到1960年，增至129辆，成立了大车队，高世华为队长，各分场和生产队都成立了大车班。场大车队同汽车运输统称运输队，由供销科管理，驮运队撤销。

1955—1959年，物资运输主要走过马营—莫曲沟—贵德—西宁公路，全长220公里。莫曲沟路段老虎口山嘴过于险峻，事故频发。

1960年，修通过马营—热水沟—贵德简易公路，放弃老虎口—莫曲沟—贵德路段。改走热水沟线路后，过马营至西宁总里程约190公里，因路况差，汽车到西宁需两天。

1963年，由国家拨款，在解放军工程兵部队的配合下，建成黄河龙羊峡铁索桥及郭仁多、关塘两座孔式木桥，修通过马营—龙羊峡—恰卜恰的公路，结束了当地人民用“皮筏子”过黄河的历史，促进了当地运输和生产的发展，为军马场开辟了通往西宁的第二条运输路线。该线全程252公里，路况较好，一天可达西宁。此后，军马场物资运输主要走该线路，直到1976年。

1966年，因热水沟段逐年恶化，农五队对老虎口山公路进行整修，恢复了过马营至莫曲沟的交通。

1966—1969年，在开发利用木格滩的过程中，军马场自筹资金修建了过马营至木格滩三、四分场间简易公路55公里。

1977年，日月山—龙羊峡公路竣工，至1979年，贵南牧场从过马营至西宁汽车运输取此道过龙羊峡悬索桥经瓦什滩往返，全程210公里，比绕行恰卜恰里程缩短40余公里。1991年，过马营至龙羊峡轮渡码头公路修通，分别与通往海南州和西宁的公路衔接。

1978年，青海省政府投资380万元，由贵南牧场承建宁果公路贵德至过马营段，按三级公路标准设计。经100多名民工一年多的施工，沙路于1979年全线贯通。

1979年12月25日，宁果公路贵德—热水沟—过马营段再度通车，西宁至过马营段全长171公里（现为G227国道）。自1980年起，牧场运输车辆经该道往返西宁。

1988年，过马营场区东西、南北两条主街道铺设柏油路120万平方米。

1991年，在木格滩地区组织牧场职工义务劳动整垫出路基59.5千米。

1993年，木格滩地区65公里简易沙石公路建成通车。过马营至各分场、队里程统计见表3-3-1。

表3-3-1　1993年过马营至各分场、队里程统计

单位：公里

起点	止点	公里数
过马营	一分场（场部）	65
过马营	农一队	69
过马营	农二队	63
过马营	农三队	64
过马营	二分场（场部）	13.5
过马营	农四队	12
过马营	农六队	10
过马营	农七队	10.5
过马营	马一队	29
过马营	三分场（马二队）	34

（续）

起点	止点	公里数
过马营	马三队	39
过马营	马四队	48
过马营	马五队	53
过马营	四分场（马六队）	58
过马营	马七队	64
过马营	农八队	71

2006年，投资39万元对过马营镇及公司家属区进行道路改造，硬化道路3.01千米。

2007年4月，木格滩公路（四级柏油路）开工建设，2008年8月竣工，共投资2584.4万元。该公路起于西久公路，途经沙加村、马一队、马二队（三分公司）、马三队、马四队、马五队、马六队（四分公司）、马七队，终点为六分公司驻地，全长61.41千米，全线设计钢筋混凝土T形桥梁1座，长49.04米，路基宽6.5米，路面宽度4.5米。

2016年，森多镇加尚村油路建成通车，途经一分公司农二队；S303省道（现G572国道）至农三队、一分（场）公司部、一羊队3千米硬化路建成。当年，用2013年危房改造基础设施项目资金对公司内部道路进行硬化，完成硬化路43287.51米，其中主路26395.14米，支路16892.37米（表3-3-2）。

表3-3-2 2016年道路进行硬化统计

地点	主路（米）	支路（米）	小计（米）
一分公司	5018.4	992.62	6011.02
二分公司	6911.6	3868.7	10780.3
三分公司	2068.69	4085.96	6154.65
四分公司	511	4050	4561
五分公司	1337.36	896.69	2234.05
六分公司	275	1256	1531
过马营镇	10273.09	1742.4	12015.49
合计	26395.14	16892.37	43287.51

二、汽车运输

1961年，有解放汽车2辆、跃进汽车4辆、嘎斯69小汽车1辆。在124辆胶轮大车中，在用78辆，封存46辆。

1963年12月，军马场汽车数量达16辆（其中14辆运输，2辆为常备用车），成立汽车队，王彦轩为队长。制订了《汽车运输管理暂行办法》，规定汽车队年运输任务为6.3万吨·公里，并分别对解放和跃进车载重量、轮胎使用里程、零配件节约及奖罚制度做了具体规定。

1968年，总后勤部调拨“十轮”卡车5辆进场。1969年，调拨吉尔-130汽车20辆。

1960—1971年汽车、胶轮大车数量统计见表3-3-3。

表3-3-3　1960—1971年汽车、胶轮大车数量统计

单位：辆

年份	1961	1962	1963	1964	1965	1966	1967	1968	1969	1970	1971
汽车	7	12	16	16	18	28	28	43	48	51	51
胶轮大车（畜力）	124	124	120	120	108	87	91	—	—	—	—

1972年，第一辆大客车（兰州牌）进场。

1980年，贵南牧场修订《汽车运输管理暂行办法》，汽车运输由供销科统一管理。根据货源运力、运输任务，决定每月行驶或订驶车辆数，统一运单。

1980年后，由于经济发展和产业结构调整，生产规模不断扩大，为解决全场生产生活发展需求，逐步更新运输车辆，并根据行业特点增加了一些特种车辆。

1985年，第二辆大客车（青海湖牌）进场。1989年，购买吉尔-130汽车10辆。

1987年，购进吉尔车10辆。其后，国产解放、东风等货运汽车陆续进场。

1990年，第三辆大客车（黄海牌）进场，执行过马营至西宁以及场区内不定期客运任务。

1993年，拥有各种车辆104辆，车型20余种。

1995年后，随着企业改革的深化以及交通运输业的发展，原有车辆管理办法已不适应经济发展需要，将汽车队、各分场的运输车辆承包、作价给职工个人经营，企业物资运输走向市场化。1995年汽车数量见表3-3-4。

表3-3-4　1995年汽车数量

单位：辆

种类	数量	车型
吉普车	14	北京-212、日产丰田
大客车	4	黄海、青海湖、广州、青海
小轿车	3	桑塔纳、伏尔加
双排座车	16	跃进-136、青海湖、金杯、丰田、天津、五洲

（续）

种类	数量	车型
面包车	2	三菱
轻型货车	2	北京-130、青海湖
中型货车	48	吉尔-130、解放-141、东风、解放CA-10B、青海湖柴油车
油罐车	5	东风、解放CA-10B
自卸车	8	东风、解放-141、解放CA-10B
起重车	1	青海湖
救护车	2	原野

1997年，汽车队撤销。

1972—2020年汽车数量见表3-3-5。

表3-3-5 1972—2020年汽车数量统计

单位：辆

年份	数量	年份	数量	年份	数量
1972	52	1988	76	2005	14
1973	52	1989	78	2006	14
1974	53	1990	78	2007	14
1975	54	1991	73	2008	14
1976	63	1992	72	2009	14
1977	71	1993	104	2010	14
1978	73	1994	104	2011	14
1979	74	1995	105	2012	14
1980	74	1996	104	2013	14
1981	78	1997	14	2014	16
1982	63	1999	14	2015	15
1983	71	2000	13	2016	17
1984	64	2001	13	2017	16
1985	69	2002	13	2018	16
1986	76	2003	13	2019	16
1987	73	2004	14	2020	16

第二节 通　信

1941年，贵德县开辟了至过马营的步班邮路；1942年，贵德县在过马营设立邮政代办所；1947年，开辟了贵德经过马营到同德的马班邮路；1949年以前，场内各点间通信联络靠通讯员骑马传递。

1949 年以后，成立警卫通讯班，后扩大为警卫通讯排，排长鞠长林。全排 20～30 人，有差马 30～40 匹，设差马厩，由警卫通讯排饲养。警卫通讯排除警卫任务外，还承担到贵德邮政局送、取邮件的工作。西宁至贵德 100 多公里，需乘马 3 天；贵德至过马营 50 余公里，需乘马 1 天；过马营至鲁仓 60 多公里，需乘马 1 天。场内外通信极为不便，军牧部文件到场，一般需 9～11 天，全国性报刊当月很难看到。

1958 年，过马营公社邮政所成立，对外邮件通过邮政所邮寄，警卫通讯排缩编为班，同时保留差马，由专人饲养，供场领导及有关工作人员下基层公务乘用和机密文件传送。“大枣骝”“大二白”“土匪”等“名马宝驹”基本上汇集场机关，为军马场增色不少。1964 年，为加强管理，颁发了差马使用规定。

1959 年，架通过马营至三滩（三角滩、南滩、西滩）、莫曲沟分场间电话线路 60 余公里，场部设总机室。1966 年，架通过马营至鲁仓分场电话线路 64 公里。1967—1969 年，架通过马营至木格滩三、四分场电话线路 42 公里。至此，通信基本覆盖全场，各分场部均设总机室，有内线电话员 6 人、外线工 9 人。外线工以差马、炮车（一种部队的马拉运输车）为交通工具，进行电话线路的巡护、检修，1978 年，开始使用三轮摩托车巡线。

1980 年，将过马营至一分场（鲁仓）电话线杆换为水泥杆。1984—1992 年，将过马营至三、四分场（木格滩）电话线路和二分场（三角滩）部分电线杆换为水泥杆。1980 年后，二分场（三角滩）至莫曲沟农五队电话线路废弃，通信通过邮电局。

1995 年，全场共有电话线路 160 公里、磁石式人工交换电话总机 5 部，总容量 220 门，实际使用 145 门（单机），有专职接线员 7 人、外线工 6 人。除贵德加莫寺果林队和北山湾开发办外，各单位均能通过场内电话网和省地电话网通信。同时，过马营乡邮电所开设了邮件投递、长途电话和电报等业务，与外界通信亦较方便。

1997 年，贵南县邮政局开通过马营地区的程控电话业务。1999 年，开通过马营地区移动电话业务。2000 年，开通了各分场的程控电话通信。2001 年，电话班和各分场总机撤销。至 2005 年，移动、电信网络覆盖全场。

1997 年场内电话交换机容量见表 3-3-6、场内电话线路里程见表 3-3-7。

表 3-3-6　1997 年场内电话交换机容量

单位：门

单位	容量	实用	备注
场机关	100	99	不含加工厂、油厂内部分机
一分场	30	14	

（续）

单位	容量	实用	备注
二分场	30	6	
三分场	30	14	
四分场	30	12	

表 3-3-7　1997 年场内电话线路里程

起止	杆公里	起止	杆公里
过马营——分场部	53	农七队—二羊队	3
一分场部—农一队	2.5	过马营—马一队	22
农一队—电站	2.5	马一队—马二队	5
一分场部—农三队	1	马二队—马三队	6
农三队—农二队	6	马三队—马四队	7
过马营—二分场部	15	马四队—马五队	6
二分场部—农四队	2.5	马五队—马六队	7
二分场部—农六队	7	马六队—马七队	5
二分场部—农七队	1	马七队—马八队	5
过马营地区	4.5	合计	161

第四章 基础设施建设

20世纪60年代前，场内公共设施少而简陋，除几栋种公马配种室为砖木结构外，全是简陋的单坡式土木结构房屋或干打垒房屋，没有供水、供电设施。20世纪60年代，随着职工人数的增加和生产生活的需要，贵南军马场组织职工群众因陋就简，自力更生建窑，土法烧砖，水泥制瓦，由基建队开始建造双坡式土木结构房屋，人饮设施也逐步实施。20世纪70年代中后期，兴建砖木及砖混结构车间、库房、商店、教学楼、办公用房及职工宿舍等设施，电力设施得到较快发展。20世纪90年代，住宅及工商设施建设逐步加强，建成场内简易砂石道路。2002年后，公司充分利用国家西部大开发及惠农惠企政策，进一步加大农牧业和生态基础设施建设力度，职工群众的生产生活条件得到明显改善，企业农牧业生产走上持续健康发展的快车道。

第一节 房屋建筑

1949年前，旧军牧场有房屋332间、马棚265间。房屋多为单坡式草泥屋顶，土木结构，较简陋。

20世纪50年代初，只有过马营种马厩、配种室及莫曲沟两幢库房为砖木结构，其他房屋为土木结构，职工宿舍每户1～2间，每间12～15平方米，窗户都很小。

1959—1960年，大量河南支边青年进场，住房紧张，建造窝棚（俗称地窝子）696个，作为临时住房。住房建设本着“在满足生产建设用房的前提下，逐步解决职工生活用房”的原则，逐年落实。

20世纪60年代，开始采用木制人字梁双坡式、砖柱、土坯墙结构形式建房。

1970—1975年，开始建设砖木结构的房屋，兴建车间、库房、商店10余栋，教室、办公用房、职工住房还是土木结构的房屋。

1979年，在牧场中学兴建砖混结构教学楼1幢、1857平方米。

1981年，驻西宁办事处招待楼、配套工程及首栋住宅楼完工（5个单元，60套）。当年，过马营建设职工俱乐部（电影院）1座，有1028个座位，为砖混结构。

1987 年，在过马营东街建成第一消费品市场，有砖木、砖混结构商铺 60 余间，供个体商户经营餐饮、服饰、日用百货等。

1991 年，将原招待所改建成楼房，床位 102 个；新建饲料加工车间 1 幢；新建职工住房 20 幢，面积达 8427 平方米。

1992 年，在西宁建退休职工住宅楼 3 幢（84 套），面积 4620 平方米；在纳家山、南滩建小楼房及平房 24 套、1200 平方米。

1996 年，在过马营沿街建砖木结构商用房 465 间，总面积 10057.76 平方米。其中，个人集资建房 266 间、5133 平方米。

1997 年，过马营第二消费品综合市场建成，面积达 7000 平方米。其中，建有商用房 108 间，面积 2160 平方米，设餐饮、娱乐、服装、百货、蔬菜、牛羊肉交易摊位百余个，活畜交易点面积 1500 平方米。

1999 年，西宁办事处招待楼（原 4 层）加建 1 层，同时建成餐饮大厅。

1999 年 12 月，在驻西宁办事处集资兴建职工住宅楼 1 幢（98 套），面积 9153 平方米。

20 世纪 90 年代前的房屋建筑以土木结构为主，20 世纪 90 年代后，平房多为砖木结构，楼房多为砖混结构。

2000 年，过马营小镇建设将临街 465 间商铺改造成 2 层商用房 382 间、3 层商用房 54 间（1 楼商铺面积 445 平方米，2、3 楼办公用房面积 891 平方米）。

2003 年，西宁地区集资兴建职工住宅楼 3 幢、232 套。其中，原采购站停车场 11 个单元、124 套，昆仑东路南（南滩园艺场附近）6 个单元、72 套，昆仑东路南（纳家山联营砖厂附近）3 个单元、36 套。

2009 年，财政投资在牧场中学西侧建廉租楼房 4 幢、192 套，共 9600 平方米。

2013—2015 年，利用农垦危房改造项目资金，维修职工住房（更换竹帘、围墙包砖）2596 间、58608 平方米。

2014 年，财政投资在建筑公司材料厂旧址建迎宾小区廉租房 5 幢、468 套，共 21840 平方米。

2015 年，财政投资建团结小区西区廉租房 5 幢、360 套，共 18000 平方米。当年，配套 2014 年度农垦危房改造项目资金在贵德地区安置职工 82 户（每户补交差额 5 万元），面积 4182 平方米。

2016 年，城东区人民政府出资 997.5 万元，对西宁办事处老旧小区 8 栋楼、447 户进行了改造。

2018—2019 年，建成公共租赁房 598 套。其中，在一、二、三、四、六分公司建砖混平房 64 栋、386 套，面积 16415 平方米，在过马营建公共租赁楼房 3 幢、212 套，面积 9398 平方米。

1955—2020 年，基本建设总投资为 24354.2 万元。主要建设内容为场区道路、职工住房、办公用房、生产车间、商业铺面、医院、学校、草库伦、人畜饮水、小农水、电力设施、库房、晒场、畜棚工程等（表 3-4-1）。

表 3-4-1　1955—2020 年基础设施建设投资统计

年份	金额（万元）	占总投资比例（%）
1955—1965	546.1	2.24
1966—1972	844.6	3.47
1973—1980	1802.7	7.4
1981—1985	785.8	3.23
1986—1990	1407	5.78
1991	371.8	1.53
1992	683	2.8
1993	607.9	2.5
1994	340.1	1.4
1995	510.8	2.1
1996	186	0.76
1997	110	0.45
1998—2000	—	—
2001	650	2.67
2002	695.4	2.85
2003	2003.2	8.22
2004	929.3	3.81
2005	106.5	0.44
2006—2007	—	—
2008	366.1	1.5
2009	711.6	2.92
2010—2011	990.5	4.07
2012	1227.3	5.04
2013	154.9	0.64
2014	54.9	0.23
2015	56	0.23
2016—2017	—	—
2018	862.7	3.54
2019	5928.6	24.34
2020	1421.4	5.84
合计	24354.2	100

注：1998—2000 年、2016—2017 年企业遭受严重自然灾害。

第二节　公用设施建设

一、人畜饮水

1964 年以前，过马营、鲁仓、三滩、莫曲沟地区人畜饮水主要采用泉水、井水、自然河流，木格滩地区无水源。

1. 人饮设施建设　1964 年，兰州水利勘察设计院在解放军工程兵部队的配合下，完成木格滩引水管道和建队的勘察设计工作。

从 1965 年开始，修建多石嘴（又称多石泽）水源地的拦河坝和沉淀池，铺设至木格滩东部边沿的铸铁管道 9525 米（直径 150 毫米），建成 200 吨蓄水池 2 座，当年引水上滩。

1966 年，在三分场（木格滩东）建成 200 吨、500 吨蓄水池各 1 座；二分场自铺自来水管道 1400 米（直径 100 毫米），从周侯曲引水至二分场部。

1967—1968 年，在木格滩铺设管道 46728 米，建成 200 吨蓄水池 5 座、500 吨蓄水池 1 座。多石嘴水源地至终点农八队第一条输水管道基本完成，24 小时流量 1300 立方米，四分场建成。

1976 年，铺设多石嘴至过马营的自来水管道，修建 500 吨蓄水池 1 座。

1978 年，修建 500 吨蓄水池 1 座。

1982 年，在四分场新建 500 吨蓄水池 3 座。

1983 年，在过马营铺设引水管道 8120 米，打机井 3 眼（机关、林业站、民族寄校各 1 眼），建 500 吨、140 吨、70 吨、10 吨蓄水池各 1 座。

1988 年，铺设完成木格滩输水管道 19500 米（直径 150 毫米），自此，木格滩拥有两条输水管线，称此项工程为“双管上滩工程”。

1991 年，在北山湾开发办铺设管道并安装水泵 1 套，建 500 吨蓄水池 1 座。

2003 年，为解决木格滩人畜饮水问题，自筹资金更新了多石嘴一号廊道至蓄水池 2000 米的输水管线，在过马营牛羊育肥场打机井 1 眼，建 30 吨蓄水池 1 座，2014 年又在 30 吨蓄水池旁增建 50 吨蓄水池 1 座。

2006 年，一分公司农二队自来水管道入户。2017 年，一分公司本部自来水管道铺通。

2007 年，争取中央财政投资 741 万元、省级预算内资金 28 万元、省级财政配套资金 28 万元，公司自筹 129 万元，对多石嘴水源地进行改造。新建廊道集水式引水口 1 座、沉淀池 1 座、200 吨蓄水池 2 座、500 吨蓄水池 2 座，改建水源地集水主管道 1 千米、供水主管道52.47千米、排空管1千米，改造西支主管道49千米，建设阀门井54座、分水井31座、排气井21座、放空井22座、减压井5座。工程于5月29日正式开工，10月30日完工，惠及公司及周边村社7201人、近10万头（只）牲畜。

2008年，争取中央预算内专项资金50万元、省级预算内资金2万元、省级财政配套资金2万元，企业自筹11.53万元，对二分公司人畜饮水工程进行改造。工程于7月开工，10月竣工，惠及农七队、二羊队及分场部1000人、30000多头（只）牲畜。

2015年4月，位于多石泽水源地上游的贵南县东吾羊水库开工建设，到2020年12月基本完工。水库坝顶高程3516.90米，最大坝高28.14米，坝顶长415.16米，总库容 132.1×10^4 立方米。水库的建成，保证了过马营镇及周边地区22392人和24.83万头（只）牲畜的饮水。

2. 人饮设施灾后抢修 1996年8月19日，多石嘴水源地遭洪水泥石流灾害，供水中断。8月21—23日，动员机关、中学、修配厂、基建队等单位职工200多人，经过3天的抢修，基本上恢复了正常的人畜饮水。

1997年8月5日，过马营地区遭受暴雨洪水袭击，多石嘴水源地4个进水廊道全部被淤沙填满，500吨沉淀池、廊道两侧870米防护墙、保护沉淀池的2060米石笼墙被冲毁，650米（直径200毫米）供水铸铁管报废，造成过马营和木格滩地区人畜饮水中断，为建场以来最为严重的一次山洪泥石流灾害。8月10日，组织三、四、六分场和机关220人抢修。至8月18日，恢复水渠50米，修复防洪堤坝100米。9月19日，恢复供水。

2001年9月16日晚8时，多石嘴地区突降暴雨，引发山洪泥石流，上进水道、拦水坝、进水槽被冲毁，进水管道被淤塞200米，一号、三号沉淀池被泥沙全部淤满，二号、四号沉淀池泥沙淤积达1/2，造成木格滩地区三、四、六分场及周边村社全部断水，过马营地区靠机井抽水，定时、定量供应。抢修工作以三分场为主要力量，抽调机关、场直单位共230余人，经过7天的奋战，于9月23日恢复供水。

二、水利设施

1. 自流引灌设施 据1962年资料记载，在鲁仓、莫曲沟（农五队）、加莫寺、过马营有水浇地，建有简陋的自流引水灌溉土渠设施10余千米。1968年，莫曲沟农五队用水泥石块修建水渠3710米。

2. 提灌设施 1992年，北山湾开发办建成虎头崖黄河水提灌工程，灌溉面积约3500亩。1997年8月，贵德县境内连降4次罕见特大暴雨，引起黑峡沟4次山洪泥石流灾害，大部分水利设施被泥石流冲毁。

3. 节水灌溉设施　1999年，在一分场开展节水灌溉试验。2000年，投资650万元的节水农业示范项目一期工程在农一队、农三队开工建设，2001年11月20日全部完工。建成机井9眼，购置地面铝合金移动管19545米、卷盘式喷灌机3台、喷头706套，灌溉控制面积6322亩。

2002年6月20日，投资695.43万元的节水农业示范项目二期工程在一分公司农二队开工建设，11月15日完工。建成机井8眼、输电线路3.321千米、变压器8台，总容量为1075千伏安。工程设计总面积10000亩，其中灌溉耕地面积7000余亩（卷盘式喷灌机控制面积6200亩，半移动式控制面积800余亩），控制坡地、林地、草地面积3000亩。

三、电力设施

1959年，两台40千瓦的柴油发电机在修配所发电供电，解决了过马营地区部分生产生活用电。

1974年，125千瓦的小型水电站在鲁仓建成，解决了当地的生产生活用电问题，1992年，进行扩容改造。2001年，农一队撤销后交付地方。

1978年，架通龙羊峡至过马营35千伏高压输电线路51千米，建成35千伏变电站1座，容量2000千伏安，架通10千伏输电线路30千米，实现当年供电。

1979年，架通过马营至二分场各队输电线路23千米。

1980年，给过马营公社3个大队架设线路供电。

1981年，架通过马营至木格滩35千伏输电线路33.4千米、10千伏输电线路35千米。建成35千伏变电所2座，全场配变压器33台，总容量3000千伏安。

2002年4—12月，所有电力资产移交贵南县电力局。

2008年，为东科大队架设输电线路，使牧户无电成为历史。

第三节　建筑企业

1957年，基建队成立，主要负责场内房屋建筑施工，有木工班、泥工班，工人20～30人，有电锯、电刨、带锯、混凝土搅拌机等设备。随着人口的增加和生产规模的不断扩大，建筑任务逐步增多，1968年设基建办公室。

1984年，撤销基建办公室，成立建筑工程公司，下设土建工程队。1992年，有固定职工78人，其中管理人员16人、技术人员6人、普通职工56人，拥有施工机械52台（件）。

1989—1992年建筑工程公司经营情况见表3-4-2。

表3-4-2 1989—1992年建筑工程公司经营情况

年份	职工人数（人）		年完成工作量（万元）	利亏（万元）	拥有施工机械	
	固定职工	年平均人数			总台数（台）	总动力（千瓦）
1989	91	90	184	+1.4	39	2472
1990	86	89	218	+7	47	2619
1991	86	86	335	+1	52	2825
1992	78	82	210.7	+1.5	52	2825

1997年3月，建筑公司与基建队合并。

1999年8月，建筑公司改制，由部分职工承包经营，其余人员由贵南牧场分流安置。

2000年6月，撤销建筑公司。

第四编

经营管理

中国农垦农场志丛

第一章 经营方针及管理

第一节 经营方针

随着隶属关系的变化，企业多次调整生产经营方针。

1951年，西北军区军牧部召开场长联席会议，决定给各军牧场投资，大力发展畜牧业，并制定了“马牛羊全面繁殖，重点改良”的方针。1952年，提出“以养马为主，牛羊为辅，兼营农事生产”的办场方针。

1954年1月14—28日，总后勤部马政局召开第三次全军马政工作会议，确定马政工作方针为“办好军马场，逐步实行企业化，以适应国防建设与经济建设的需要”。1954年12月25日至1955年1月8日，总后勤部马政局召开第四次全军马政工作会议，明确军马场的经营方针和任务是“各场均实行企业管理，以养马为主，兼营农事、副业，农牧结合，多种经营，加速资金周转，争取1957年先后达到半自给或全自给，并上交利润”。

1956年，军牧场隶属总后勤部军马局领导。同年始，军马局进一步制订了《军队军马建设规划》《军马场进行规划的办法》等指导性文件，贵德军牧场制订了《贵德军马场1956—1962年七年生产建设规划》，经海南地委批复实施，同意开发利用木格滩和发展军马及农田等。

1957年，隶属关系改变，军牧场由青海省农垦厅具体领导。根据青海省委制定的“边勘察，边开发，边建设，边扩大”和“扩大耕地面积与提高单位面积产量并举，勤俭办场，多种经营”方针，马匹大减，耕地大扩，其他事业相应发展。

1961年6月8日，国务院批复同意总后勤部《关于收回原移交农垦部14个军马场的报告》。11月13—20日，总后勤部召开军马场会议，为军马场制定了生产经营方针：“以农业为基础，以养马为主体，农牧结合，多种经营”。1963年9月，总后勤部将军马场经营方针改为“以军马为主，农牧结合，多种经营”。直至1975年，军马场一直贯彻这一经营方针。1963年，制订《1963—1969年军马生产七年发展规划》。1966年，制订《贵南军马场建设纲要》《1966—1970年生产建设规划》。1969年，贵南军马场制订了《1970—1975年军马农业生产建设规划》。1971年，总后勤部对军马生产提出“调整、巩固、提高”的具体方针。

1976年移交地方后，由青海省畜牧厅管理，经营方针改为“以牧为主，农牧结合，多种经营”。由于畜牧业发展缓慢，实际上，牧场走上了一条以农业为主，大力发展商品粮油，多种经营之路，耕地面积和粮油总产大幅度增加，工副业和服务业发展较快。1978年，制订《1978—1985年生产发展规划》。1983年，制订《贵南牧场到本世纪末生产发展规划》。

进入21世纪，牧场紧紧抓住国家西部大开发战略机遇，以生态建设为主，大力调整产业结构，确定“农牧结合，立草为业，种草养畜，以畜促草”的发展思路。以此为主线，2005年编制《贵南草业公司“十一五”计划及远景规划》。2010年，围绕青海藏区农牧业生产设施和农牧民生活设施建设十大工程，编制《贵南草业公司“十二五”规划》。2015年，编制《贵南草业公司“十三五”规划》。

2018年，公司秉持新发展理念，把握历史机遇，全面实施“五四”战略，推进“一优两高”战略部署，按照青海省委“绿色有机生态示范省”建设目标，以生态建设为主，着力推进农机标准化服务示范基地、青稞“育繁推”一体化种业基地、牦牛藏羊标准化养殖示范基地、优质牧草种植和抗灾保畜储备基地“四个基地”建设。

2020年，公司紧扣产业发展、新型城镇化、基础设施、社会事业、文化旅游、生态治理等重点领域，编制“十四五”发展规划。

第二节　财务管理

一、管理机制

1953年，企业设立财务管理部门，实行场、分场、生产队三级管理，场、分场二级核算。1985年，撤销分场，推行经济承包责任制，变为场、生产队二级管理，场、生产队二级核算。1990年，恢复分场，实行场、分场、生产队三级管理，场、分场二级核算。2002年，公司制改革，实行公司、分公司、生产队三级管理，公司、分公司二级核算，生产队只设统计员。2017年，将销售工作并入财务部。2019年设会计核算中心，5个场直属单位、丰润公司和五分公司、六分公司财务统一到核算中心。

二、管理制度

1955年，按总后勤部马政局要求实行企业化管理，供给制改为薪金制，全场实行固定等级工资制度。财务实行集中核算管理，制订财务管理制度，成本费用均由场会计室统一掌握核算。除伙食单位和个人存款外，所有银行存款一律统一开户。农牧副产品，无论自产自用、上级调拨或变价销售，均办理正式出入库手续。主要财务定额有办公费、灯油费、烤火费、招待费、职工冬煤费、出差费、修缮费、车辆动力机械保养费、职工薪金、各种牲畜医疗费等。

1973年12月，财政部签发《国有企业会计工作规则（试行草案）》。为促进企业健全会计制度，加强经济核算，从科目、凭证、账簿、报表、档案、核算、清查财产、财务监督等方面提出了规范和要求。

1974年3月，中国人民解放军总后勤部下发《军马场财务管理实行办法》。要求加强军马场的财务管理，建立健全经济核算制，提高劳动生产效率，降低生产成本，增加资金积累，促进生产发展。

1978年8月，青海省畜牧局在贵南牧场举办畜牧系统第一期会训班，培训内容为贵南牧场主编的《农牧场会计核算》，牧场财务人员参加了培训。

1981年6月，青海省畜牧厅在贵南牧场技校举办第二期培训班，培训内容为农牧场会计核算基本知识，时间3个月。有学员60人，其中，贵南牧场15人。

1982年8月，国务院批转财政部《关于加强国有企业财务会计工作的报告》，针对企业财务检查中暴露的问题，提出了加强国有企业财务会计工作的意见。

1984年6月，财政部、国家档案局印发《会计档案管理办法》，要求加强会计档案的科学管理，统一全国会计档案工作制度。

1990年7月22—29日，在过马营举办短期会计培训班。培训内容为会计档案管理、基层会计核算办法、会计报表等。

1993年3月，青海省财政厅转发财政部《农业企业财务制度》和《农业企业会计制度》，进一步规范和加强了农业企业财务管理与会计核算。

1996年7月，青海省财政厅、审计厅、国税局、地税局、工商局联合印发《青海省整顿会计工作秩序的实施办法》。该办法的颁布是加强宏观调控、完善市场经济、促进财税改革及其他经济改革的一项重要举措。

三、财务管理改革

1965年6月，总后勤部军马部颁发军马场“三定一奖”实施办法草案，共30条。“三定”指定产量、定上缴利润、定工资总额，“一奖”指超产奖励。

1976年，移交青海省畜牧厅管理时经营亏损60万元，从1977年开始，按10%减亏包干，即每年由青海省财政厅拨付54万元补助资金，超支不补，减亏或实现利润全部留用。

1978年，实现转亏为盈，兑现了职工联产计酬合同，牧场开始改革经营管理制度，按劳分配，充分调动职工的生产积极性。

1979年，普遍推行财务大包干、“三定一奖”、浮动工资、超产联利分成、盈亏大包干等形式的经济责任制。

1988年，与青海省财政厅、农林厅签订2年经济承包合同，每年上缴10万元。

1990年，与青海省财政厅、农林厅签订了为期3年的承包责任制。自主经营、自负盈亏、定额上交、超收留用、超支不补。

2000年三江集团管理时期，每年签订生产经营目标责任书，明确国有资产保值增值率、营业收入、利润等。

2020年，根据《中华人民共和国会计法》《企业财务通则》《企业会计准则》《青海省三江集团财务管理制度》，重新修订《财务管理制度》。严格遵守财经纪律和财务制度，规范会计核算、纳税申报、统计、预算编制及预算执行、会计档案管理工作，及时、准确、完整地上报统计报表、财务报表和财务决算等。

第三节　固定资产管理

1960年后，固定资产按照“谁使用，谁管理”的原则，由各单位财务建立固定资产台账和资产卡，自行管理，采用“平均年限法”计提折旧，每年以统计报表的形式报场财务部门。

1982年8月，贵南牧场根据国务院批转财政部《关于加强国营企业财务会计工作的报告的通知》，针对企业内部财务管理存在的问题，印发“加强企业管理，搞好经济核算，提高积累水平”十项措施，明确固定资产的调拨、报废必须严格按规定执行，在用物资登记入账，执行借还、修补、赔偿和个人保管制度，克服重库存、轻在用的问题。同年，对全场房屋建筑、农牧业机械、设备等固定资产开展清查，对于达到报废条件、不再继续使用的固定资产，向上级部门申请报废处理。

1984年、1986年，向青海省农垦局申请报废农牧业机械、加工修理设备及运输车辆等一批原值511694.41元、净值为0的固定资产；向海南州交通监理所申请报废车辆4辆。

1986年，建立家庭农场固定资产台账。1990年恢复分场后，家庭农场固定资产台账并入生产队。

1988 年 11 月，针对部分单位固定资产管理混乱、账卡物不相符等问题，在全场范围开展了一次固定资产清产核资工作。

1998 年，根据青海省财政厅批复及 1997 年度年终决算报表，对全场报废的固定资产进行账务调整。同年，在一、三分场首先实行房屋作价归户。

1999 年，将 95 台（套）农机具、53 辆货运汽车、4 辆吉普车、11 辆客货两用车作价归户给职工。固定资产原值 18331666.57 元，净值 4381013.52 元。

2005 年，全面推行职工住房作价归户，至 2006 年完成 1635 户，净值 1750000 元。

2007 年，制订《固定资产管理制度》，编制《固定资产目录》，统一固定资产编号，统一建立固定资产卡片，规范管理。

第四节 供　　销

1949 年以前，贵德军牧场公职人员均为现役官兵，随军家属很少，枪支、弹药、被服、粮油、药物以及日用品供应均由总务课负责，实行供给制。1949—1955 年，仍实行军事供给制，场内生产生活物资供应由总务课负责。1955 年，实行企业化管理，场内生产生活物资按计划调拨。

1961 年，成立供销科，负责全场物资的供销，并在驻西宁办事处设物资采购组。20 世纪 80 年代初，物资采购组改为采购站。1970 年，改为供应科。1985 年，成立商运供销公司。1990 年 10 月，撤销商运供销公司，成立供销处。

2001 年 5 月，撤销供销处和采购站，粮油、生产物资采购及财务账目由计财资产处管理，农机配件、建筑物资、汽车配件等业务由正鑫农机公司管理。

2002 年，生产处改为企业发展策划部，负责生产物资供应与粮油销售。2003 年 11 月，正鑫农机公司撤销，业务由企业发展策划部负责。

2017 年，财务部改为财务供销部，农产品销售业务归财务供销部，生产物资的计划与采购仍由企业发展策划部（2019 年改称生产经营管理部）负责。

一、生产物资供应和销售

1955 年以前，总务课除负责生产、生活物资的供应外，还将军马按命令调拨部队，畜产品上交军区。

1955 年，改为企业化管理，制定了产品统一销售制度。主要内容为：照章纳税；销售产品必须填写三联单发票；产品价格除由马政局规定者外，须经管理委员会决定。同时，还制定了各种牧群的装备供应和粮秣供应制度。供应部门除采购供应外，有了销售业务。军马调拨部队按价结算，淘汰马向地方销售，羊毛、牛羊肉、皮革、马尾等均由供应部门销售。

1961 年以前，场区百货用品从当地商业部门批发，量少而不及时，不能满足需求。二次归军后，为解决供货渠道问题，经协调，生产生活资料、烟酒副食从省二级站进货，理顺了物资供应关系。

1961 年后，根据总后勤部规定，贵南军马场实行企业化管理，粮食（包括人吃、马喂）一律自给自足，所需“三材”及农业机械由青海省农垦部门申请，所需投资由军队统一拨给马场。1966 年 8 月，中央军委总后勤部决定，军马场的物资供应由总后物资部统管，军马场同各军区后勤部物资局挂钩。

1976 年移交地方后，物资供应划归青海省计划管理。1978 年后，制定物资管理办法，物资管理走上制度化轨道。从 1985 年起，场内物资供应从原先计划供应向市场经营转变，扩大计划外油料、化肥采购，保证生产建设的需求，同时，担负全场粮油及生活物资的供销。经过不断整合，逐渐形成了石油、煤炭、汽车配件、农机配件等专业经营单位。

1977—1992 年，共上交粮油 14548.6 万公斤。其间，青海省从附近产粮区调拨 165 万公斤小麦作为全场口粮，由场加工厂磨成面粉供应全场。1993 年，国家取消粮油定量供应，实行粮食放开政策。

二、粮油供应

从 1950 年开始，贵德军牧场将小麦、青稞等原粮用水磨加工成面粉，供应场内职工。全国实行粮票制后，职工及家属定量供应粮油。场内出差的职工依照购粮本兑换场内餐券（内部粮票），省内出差兑换青海省地方粮票，省外出差兑换全国通用粮票。

1956 年，随着国家统购统销政策的实行，全国粮油供应实行定量办法。1962 年，始有定量标准（每人每月定量）。面粉：翻砂工、锻工等特重体力 52 斤，泥瓦工、搬运工等重体力 45 斤，机关干部、高中学生 36 斤，初中学生 34 斤，家属及 10 岁以上小孩 28 斤，6～10 岁小孩 26 斤。食用油：职工 1 斤，家属、小孩 0.5 斤。元旦、春节、“五一”劳动节、“八一”建军节、“十一”国庆节等节日每人增加 1 斤。

从 1972 年起，粮食供应执行西办军马局《关于粮食、食油、补助肉的几项规定》，面粉（85 面）定量等级标准为：特重体力劳动者 52 斤，重体力劳动者男 45 斤、女 40 斤，轻体力劳动者 36 斤。食用油定量标准为：职工 1.5 斤，中学生 1.2 斤，参加劳动的家属视同职工。大米：人均 1 斤/月。元旦、春节、“五一”劳动节、“八一”建军节、“十一”国庆节等节日，每人供应大米3斤、食用油3斤。春节和国庆节定量内供应70面粉10斤/人。

东科大队口粮实行定量加奖售的方式，各类人员除规定的口粮外，还有一部分与其交售的牛、羊、毛数量挂钩。

用兑换和调拨办法逐步增加细粮比例，由1961年的每人每月2斤白面，逐步提高到15%、50%、80%、100%。

从1993年开始，粮油供应逐步走向市场化。1996年，职工粮油停止供应，完全走向市场化。

三、粮油仓储

1960年以前，场内储粮多为场面露天堆放、囤穴储备，少量采用库房存放。

1961—1975年，逐步改进储粮条件，大面积建造库房，面积达8000多平方米。主要在综合加工厂建小麦、青稞、油菜的储存库。秋收后，粮油产品均采用麻袋定量包装，种子及时入库，外调粮油在场院堆放。1974年，加工厂扩建生产车间，新建100吨清油存储罐1座。

1976—1986年，修建储物棚，供化肥及其他部分生产物资短期存放。

1991—1992年，利用国家储备粮基地项目建设粮库2667平方米、晒场5125平方米。在油厂建100吨清油存储罐6座。

2003年后，粮油产品逐步使用塑料编织袋定量包装。

2006—2012年，建设种子库房4座、1200多平方米。

2018年，通过过马营草产业园建设项目，建设库房3000多平方米。

2020年，在二分公司农七队新建容积1333立方米的全钢锥底、螺旋式钢板筒仓一座。

经过多年发展，粮油仓储设施条件大大改善。

第五节 统计管理

建场初期就有生产等方面的统计工作，主要在总场进行。1984年12月前，实行生产队、分场、总场三级统计。1985—1989年，实行生产队、总场两级统计。1990年后，恢复三级统计。统计工作由场财务部门总负责，基层各单位配有专职统计员。

1986年11月，印发《关于我场试行统计报表制度的通知》，开始试行统计报表制度。1990年3月，印发《贵南牧场统计报表制度》。

统计工作为适应经济发展、指导各项生产、研究产业结构、提高经济效益、加强综合平衡提供了保障。随着各项事业的发展，统计的项目也有所增加，统计工作的规章制度日趋健全，统计人员在工作实践中不断提高自身素质和业务水平，能够及时、准确地收集、整理、上报各类报表，统计工作逐步加强。

一、经济统计

1975年前，主要统计军马骡生产以及辅助性粮油生产。1976年后，主要有农业统计、工业统计、商业统计、固定资产统计等。1986年，实行基本建设、更新改造、全民其他投资统计月报、季报、年报制度，其中包括建筑工程、安装工程、设备购置和其他工程投资。1990年，新增商品房屋投资统计报表。1992年，全面改进农业统计报表，内容包括耕地面积、播种面积、播种量、肥料、农药施用量、油料消耗量、单产、总产等。畜牧业统计有月报表和年度报表，包括畜群变动、配种受胎率、繁殖成活率、仔幼畜死亡、牲畜改良和商品率。畜牧业统计分日历年度和牧业年度统计，统计报表包括牲畜变动表、牲畜产仔报表。

1993年，改革统计方法制度，专业统计实行“7＋1”报表制度，采用新的《农林牧渔业综合统计报表制度》，分统计年报和定期报表两部分。

1996年，按照工业定期报表中所有产值指标均按第三次全国工业普查的新规定计算，工业中间投入计算不含增值税的进项税额；现价工业总产值采用不含销项税额的价格计算。1997年，开始增加房地产开发投资报表，凡是计划投资在5万元以上的基本建设项目、更新改造项目、房地产建设项目及其他投资建设项目，均纳入统计范围。

2001年，开始填报林业统计报表，每年向青海省林业厅报送《林业统计年报》《林业统计电快报》等。林业统计主要包括造林面积、育苗面积、成幼林抚育面积和退耕还林面积及过马营城镇建设征占面积等。

2002年4月，根据国家统计局的要求，开始采用价格指数缩减法计算工业发展速度。

自2003年开始，计划投资在50万元以上的基本建设项目、更新改造项目、房地产建设项目及其他投资建设项目，均实行开工统计登记和竣工统计报告制度。

二、社会事业统计

社会事业统计主要统计企业人口、民族、计划生育、人口发展速度等基本情况，土地资源和利用情况，文化、教育、科技、卫生、通信、广播事业发展变化情况，住宅基本建设情况，职工人数与个体劳动者、创业者人数变化情况。企业统计部门曾配合上级部门先后完成了多次农牧业普查、经济普查及历次全国人口普查。从 2007 年开始，用网络技术完成信息传送。随着企业经济的发展，统计工作更加科学、快捷、准确。

第六节　审计工作

1985 年，牧场成立审计室，主任王章才，主要职能是执行企业内部审计，检查、监督基层的财务工作。1991 年，印发《贵南牧场审计工作条例》，每年定期对所属各单位的财务工作进行检查，对基层各单位负责人进行离任审计，同时配合上级进行法人离任审计。每年对各单位财务计划预、决算执行情况进行审查。1993 年，与场纪委合署办公，编员 2～3 人。2000 年后，在职工代表大会通报年度审计情况。2007 年，制订《贵南草业公司内部审计制度》。2017 年，修订完善了《贵南草业公司内部审计制度》。

审计的形式以就地审计为主，审计前有审计通知书，审计结束后形成审计报告，向被审计单位提出审计意见，督促其整改落实。

1991—2020 年，对所属各单位例行审计 117 次，提交审计报告 117 份；进行所属各单位负责人离任审计 17 人次，提交审计报告 17 份。查摆了基层单位财务管理存在的问题，纠正了财务混乱的局面，促进了企业经济的健康发展。

第二章　人事劳资和社会保障

公司职工来源主要有旧军牧场起义人员、转业军人、支边青年、分配来的大中专毕业生、从地方招收的工人、西安和北京知青、职工子女等。人事劳动、社会保障工作随着时代和隶属关系的变迁而变化，呈现出不同阶段的时代特点。

第一节　人事劳动

一、职工队伍

1. 贵德军牧场时期　1949 年 9 月 22 日，青海省军管会接收军牧场时共有官兵 486 人，其中官佐 81 人。1950 年 4 月 1 日，贵德军牧场由西北军区军牧部接收，共有干部战士 151 人。1952 年 7 月 1 日，贵德军牧场接管了一军的莫曲沟农场，接收干部战士 72 人，当年，有职工 178 人，其中骑兵大队 26 人、干部 22 人。1954 年，有职工 420 人，其中干部 180 人、工人 240 人；1955 年，有职工 326 人。1956 年，几经整顿劳动组织，全场共有职工 175 人。

2. 农垦部门管理时期　1957 年，有职工 380 人。1958 年，有职工 1100 名。1959 年 9 月，安置河南支边青年 3596 人（当年出走 700 余人），有职工 4100 人。1960 年 5 月，安置河南支边青年及家属 3630 人，其中随调干部 4 人，职工人数增至 4722 人。

3. 贵南军马场时期　1961 年 9 月，二次归军时有职工 3540 人。1962 年，清理下放职工 838 人，从牡丹江军马场分配转业干部 108 人，从北大荒和山东调入拖拉机驾驶员 40 名，当年年底有职工 2015 名。1967 年，招收场职工子弟 30 人、家属 24 人、武威福利院孤儿 23 人、临时工 105 人。1970 年，西安第四军医大学 29 名知青到场插队。1967—1970 年，招河湟（西宁、民和、乐都、互助、湟中、湟源、化隆）青年 270 人。1971—1972 年，安置军马局分配复转军人、职工以及北京知青等 136 人。1975 年，招收三届知识青年（职工子女）99 人，当年年底共有 1922 人，其中女职工 299 人。

4. 省厅管理时期　1976—1981 年，招收职工子女 827 人。1981 年年底，有职工 2796

人，其中女职工 513 人。

1982—1990 年，共招收职工子弟 1327 人。1991—1995 年，招收职工子弟 956 人。1995 年年底，有职工 4423 名，其中女职工 1050 人。以后职工人数逐年减少，到 1999 年年底，职工人数降低到 3186 人，其中女职工 918 人。

5. 农牧控股公司及三江集团管理时期 2000 年，有职工 3144 人，其中女职工 902 人。2003—2004 年，招录 367 名职工子女为合同制工人。2004 年年底，有职工 2978 人，其中女职工 841 人。

2017 年始，进入职工到龄退休高峰期，年退休人数在 100 人以上。至 2020 年，有职工 1785 人，其中女职工 694 人。

1949—2020 年部分年份职工人数统计见表 4-2-1、2020 年在职职工情况见表 4-2-2。

表 4-2-1 1949—2020 年部分年份职工人数统计

单位：人

年份	职工数	女职工	年份	职工数	女职工
1949	486	—	1976	2058	289
1952	178	12	1982	2854	563
1954	420	19	1990	2714	619
1955	326	27	1995	4423	1050
1956	175	13	1999	3186	918
1957	380	17	2001	3144	902
1959	4100	134	2004	2978	841
1960	4722	127	2014	2560	742
1961	3540	139	2020	1785	694

表 4-2-2 2020 年在职职工情况

单位：人

职工总数	男	女	管理人员					在册不在岗职工			在岗职工	文化程度				专业技术		
			公司正职	公司副职	科队正职	科队副职	一般管理人员	停薪留职	内部退养	外出务工		本科	专科	中专	高中及以下	高级	中级	初级
1785	1091	694	1	6	35	29	131	127	86	753	617	26	97	216	1446	3	17	85

二、分配大中专学生

1962—1976 年，陆续从河南农业大学、西南财经大学、八一农业大学、甘肃农业大学、西北农学院、北京农业大学、湖南农学院、湖南财经学院、重庆军医大学、青海农牧学院、青海医学院等各大院校分来大学生，并推荐10余名职工到青海工农学院、青海师范学院、青海医学院、青海省卫生学校等院校学习，成为工农兵大学生，毕业后全部回场工作，场内大中专毕业生共100余人。

1977—1984年，分配大中专毕业生32人；1986年，分配大中专毕业生17名；1989—1994年，分配大中专毕业生37人。

2014—2015年，面向社会公开招聘大中专毕业生，两年共招聘应往届大专以上学历毕业生20名；2019年，公开招聘大中专毕业生23名。

三、人事管理

1. 青年队 1975年，经青海省知青办批准，在莫曲沟成立知青队（青年队），主要从事农田基本建设，时有知青99人，队长高世华。次年，知青队迁至一分场平整土地，后迁至过马营。

1979年，撤销青年队。1980年，恢复场青年队，书记兼队长陆会文、副队长杨吉焕。青年队主要从事劳动锻炼、场区夜间治安巡逻、维护治安稳定、育苗植树，以及各农业队护青、护秋、基建等工作。

1984年，场长办公会决定，待业青年不参加青年队劳动锻炼，不予分配工作。同时，青年队员工工资调整为每月90元，以前年度工资每月为30元。

从1985年起，在煤场制煤砖，供应全场职工和各单位冬季取暖，年制煤砖2000吨。

1985年，青年队改为劳动服务公司，经理陈勇，主要从事季节性农业生产活动、商业零售、汽车修理。过马营地区设有食品店4个、汽车修理间2个、食品批发部1个，在基层生产队设商业零售点20多处。

1997年，劳动服务公司并入商业经销公司。1980—1997年，青年队累计安排待业青年3101人。

2003—2004年，分两批成立青年培训队，有人员367名，在一、四、六公司参加农业生产、护青护秋、治安联防等活动，经过1年的集中培训后分配至各基层单位。

2. 职工管理 20世纪50年代初，由贵德军牧场党委政工室和干部组织科分别管理党、政干部和工人，教师和卫生人员由总务股管理。1957年，党委办事机构改为党委办公室，管理干部和职工。1961年9月二次归军以后，职工由行政办公室管理。1976—1980年，职工由行政办公室管理。1981—1985年，贵南牧场设政工科，管理干部和职工。

1986—1990 年，设人事科，管理职工。1991—2001 年，设政治处，管理干部和职工。2002—2020 年，公司设劳动人事部，管理干部和职工。2020 年年底，全公司有职工 1785 人，其中管理人员 202 人、职工 1583 人，本科学历 26 人、专科学历 97 人、中专学历 216 人、高中以下学历 1446 人。

3. 离退休职工管理　1986 年，成立离退休办公室，设正、副主任各 1 名，工作人员 2 名，属工会管理，负责离退休职工的安置、学习和服务工作。在过马营、贵德、西宁地区成立 3 个党支部，负责离退休职工管理、党员组织生活。

1995 年以前，退休职工工资、住院和门诊医疗以及各项福利补贴均由企业承担。1995 年以后，实行养老保险社会统筹，离退休金由社保局发放，住院门诊费用由医保局管理，人员由本企业管理。2019 年，根据国有企业社会化职能移交地方管理的要求，2313 名离退休职工养老金发放移交贵南县人力资源和社会保障局，人员管理移交常住地社区，实行属地管理。

2003 年，公司出资 61 万元在西宁和过马营建离退休职工活动中心，出资 170 余万元为离退休职工和在册职工办理了医疗保险。

2004 年 4 月，原贵南牧场离休干部 12 人、离休干部遗属 18 人移交贵南县老干局。

第二节　工资福利

一、工资

1. 贵德军牧场时期　1949 年 9 月—1952 年，贵德军牧场职工实行供给制，项目分伙食、服装、津贴。津贴标准为：勤杂人员 4 元/月，一般干部 6 元/月，营、科级干部 8 元/月。

1954 年 8 月，改行薪金制，贵德军牧场进行了工资评定。工资级别按照“德才兼备，适当照顾资历”的原则进行民主评定，根据统一工资等级标准加地区差价发放，职工年平均工资 357 元。

1955 年，贵南军马场工资实行延下二级工资，普工月工资 43.12 元、47.3 元。

1956 年，全国工资改革，贵德军马场划入十一类工资区，标准工资另加 27%的生活补贴计发（表 4-2-3）。

表 4-2-3　1956 年贵德军马场第十一种工资标准

行政管理人员	等级	1	2	3	4	5	6	7	8	9	10	11	12	13	14	15	16	17	生活费计贴（%）
	工资职务（元）	221	195	175	156	140	125	112	99	88.5	79.5	70	63	56	49	42.5	37	34	50
				场长、副场长					—	—	—	—	—	—	—	—	—	—	—
		—	—	—	—	—	—	正副分场长、正副科长队长						—	—	—	—	—	—
		—	—	—	—	—	—	—	—	助理员、会计、总务、保管等人员									
拖拉机驾驶员、修理工人	工资（元）	43.5	50.7	59.3	69.3	81	94.8	110.8	129.9	—	—	—	—	—	—	—	—	—	50
	级差（元）	—	17	17	17	17	17	17	17	—	—	—	—	—	—	—	—	—	—
农业、畜牧工人	工资（元）	34	38.7	44.2	50.3	57.5	65.6	74.8	—	—	—	—	—	—	—	—	—	—	50
	级差（元）	—	14	14	14	14	14	17	—	—	—	—	—	—	—	—	—	—	—
汽车工人、技术工人、炊事员、电话员	工资（元）	31	35	40.5	47	54	63	71	80.5	91	101.5	—	—	—	—	—	—	—	50

1959 年，国营贵南牧场实行企业农工下延级工资，地区生活差价补贴降为 20%。

1960 年，对全场职工工资进行调整，平均工资提高 7%。

2. 贵南军马场时期　1963 年，给 1102 名职工提高了工资。行政干部，农业、畜牧、机务技术人员，小学教员，卫生技术人员，农牧、基建工人，炊事员、修理工、驾驶员工资标准见表 4-2-4 至表 4-2-9。

表 4-2-4　1963 年行政干部工资标准

单位：元

等级	13	14	15	16	17	18	19	20	21	22	23	24	25	26	27	28	29	30
基本工资	175.5	156	140.5	125	112	99	85	79	70	63	56	49	42	37	34	31	28.5	26
过马营、鲁仓、三滩地区	247.94	221.2	199.3	160.9	143.1	128.8	116.4	103.4	93.8	84.22	74.6	66.3	58.2	54.1	46.6	42.5	39	35.6
莫曲沟地区	240.4	213.7	191.8	171.25	153.4	135.6	121.3	108.9	95.9	86.3	76.7	67.1	58.2	50.7	46.6	42.5	39.1	35.6
—	—	正副场长级				—	—	—	—	—	—	—	—	—	—	—	—	—
	—	—	—	—	科长分场级				—	—	—	—	—	—	—	—	—	—
	—	—	—	—	—	—	助理员、干事、计划					—	—	—	—	—	—	—

表 4-2-5　1963 年农业、畜牧、机务技术人员工资标准

单位：元

等级	3	4	5	6	7	8	9	10	11	12	13	14	15	16	17	18	19	20
基本工资	271.5	234	201	174	151	130	113	97	83	70	62.5	54.5	48	41.5	35	31	27	24
过马营、鲁仓、三滩地区	379	328	286	248	214	185	162	141	121	103	93	82	73	64	55	49	44	40
莫曲沟地区	371.9	320.6	276.6	238.4	205.8	178.1	154.8	133.6	113.7	95.4	85.6	74.7	65.7	58.9	48	42.5	37	32.9

表 4-2-6　1963 年小学教员工资标准

单位：元

等级	1	2	3	4	5	6	7	8	9	10	11
基本工资	97.5	86	75.5	66.5	60.5	53.5	47	41.5	36.5	32.5	30
过马营、鲁仓、三滩地区	141.07	125.3	110.93	98.6	89.7	80.79	71.9	64.35	57.5	52.2	48.6
莫曲沟地区	133.57	117.8	103.43	91.1	82.8	73.29	64.4	56.85	50	44.25	41.1

表 4-2-7　1963 年卫生技术人员工资标准

单位：元

等级	7	8	9	10	11	12	13	14	15	16	17	18	19	20	21	22
基本工资	175	155	119.5	103	89.5	78	70	63.5	57	52	47	47.5	42	37	32.5	30
过马营、鲁仓、三滩地区	—	—	—	171	148	130	114	103	95	85	78	71	64	58	52	48.6
莫曲沟地区	—	—	—	164	140	123	106.9	95.9	87	78.2	71.2	64.4	57	50	44.5	41.1

表 4-2-8　1963 年农牧、基建工人工资标准

单位：元

类别	农牧业工人							基建工人					
等级	1	2	3	4	5	6	7	1	2	3	4	5	6
基本工资	32	37	42	47	54	61.7	70.4	38	47	56	67	81	97.6
过马营、鲁仓、三滩地区	51.3	58	65	72	81.6	92	104	60	71	84	99	119	141
莫曲沟地区	43.8	50	57	64	74	84	96	52	63.3	76.8	92.4	111	133

表 4-2-9　1963 年炊事员、修理工、驾驶员工资标准

单位：元

等级		1	2	3	4	5	6	7	8	9	10
炊事员、电话员	基本工资	—	91	80.5	71.5	62.5	54.05	47	40.5	35	31
	过马营、鲁仓、三滩地区	—	132.17	117.79	105.46	93.13	82.17	71.89	62.99	55.45	49.97
	莫曲沟地区	—	124.67	110.29	97.96	85.63	74.67	64.39	55.49	47.95	42.47
拖拉机、康拜因修理工	基本工资	33	38.6	45.2	52.8	61.7	72.5	84.5	99	—	—
	过马营、鲁仓、三滩地区	52.71	60.38	69.42	79.83	92.02	106.55	123.26	143.13	—	—
	莫曲沟地区	45.21	52.88	61.92	72.33	84.52	99.05	115.76	135.63	—	—
汽车驾驶员	基本工资	94	79	67	58	50	40	33	27	—	—
	过马营、鲁仓、三滩地区	132.68	115.73	89.29	86.96	76	62.3	52.71	44.49	—	—
	莫曲沟地区	128.78	108.23	81.79	79.46	68.5	54.8	45.21	36.99	—	—

1965年，全场职工年平均工资516.67元。

1967年，贵南军马场工资调整为国家正式级别，进行工资改革。农工一级51.34元、二级64.32元、三级74.82元；技工工资为一至五级；大学生见习期为行政23级，一年转正后为行政22级。

1970年，根据国家有关规定，农业系统人均月增3元，粮食加工系统人均月增4元，基建司助人均月增5元。

1969年、1971年两次调整工资，增资总额20多万元，占全场工资的10%。

3. 省厅管理时期 1977年9月，根据青海省计委（1974）青革计劳301号《通知》规定，安置职工子女从事农牧工或其他工作（工种）的，学徒期为二年，技术工种为三年。学徒期间发放生活费，发放标准为第一年28元/月，第二年33元/月。

1977年、1979年，按职工总数60%、10%的比例给职工调级，共涉及1179人。

1979年后，推行“三定一奖”、浮动工资制，全场职工工资下浮40%。

1980年，根据国务院调资文件，全场有830人升级，其中干部168人、职工662人。

1981年，全场中小学教师和卫生人员按照规定调级。教育系统调资人员169人，升一级的有112人，升两级的有57人。卫生系统调资人员96人，升一级的有85人，升两级的有11人。

1984年，单位普调工资，有2125人调级。

1986年4月，升一级的有101人，升半级的有240人，增资额2704元。106人按学历、职称、在青工作年限升两级。

1987年，贵南牧场职工调资，全场升半级的有1495人，升一级的有161人。同时，按照场长3%晋级指标，为全场86人升半级工资。

1989年，根据《青海省人民政府关于调整青政（1984）108号文有关职工待遇问题的通知》文件，为在青实际工作满20年的职工（含合同制工人）固定晋升一级工资。

1990年，按场长3%的晋级指标，给76人晋升一级工资。同年，执行青海省学徒生活费补贴标准：第一年生活费50元/月，第二年生活费55元/月，第三年生活费60元/月。

1991年1月，按照场长3%的晋级指标，为42人晋升一级工资。同时，给一线正式职工上浮半级工资。

1992年6月，给木格滩、鲁仓、三滩地区正式职工均上浮一级工资。同时，按照场长3%的晋级指标，为106人晋升一级工资；给107名大中专学历职工上浮两级工资。1993年2月，给专业技术职务人员浮动一级工资。1993年工资标准和地区生活补贴费比例调整见表4-2-10和表4-2-11。

表 4-2-10　1993 年工资标准

单位：元

干部								工人				
级别		工资标准	职务					等级		工资标准		
										一级（9）	二级（8）	三级（7）
1	正	298	—	—	—	—	—	一	1	47	46	39
	副	283	—	—	—	—	—	二	2	51	50	46
2	正	269	—	—	—	—	—		3	55	54	48
	副	256	—	—	—	—	—	三	4	60	59	52
3	正	243	—	—	—	—	—		5	65	64	57
	副	233	—	—	—	—	—	四	6	70	69	62
4	正	223	—	—	—	—	—		7	75	74	67
	副	214	—	—	—	—	—	五	8	81	79	72
5	正	205	场长	—	—	—	—		9	87	85	78
	副	196		—	—	—	—	六	10	93	91	84
6	正	188		副场长	—	—	—		11	100	97	90
	副	180			—	—	—	七	12	107	104	96
7	正	172			正科级	—	—		13	114	111	107
	副	164				—	—	八	14	121	118	110
8	正	156				副科级	—		15	129	126	117
	副	148					—					
9	正	141					科员办事					
	副	133	—									
10	正	126	—									
	副	118	—	—								
11	正	111	—	—								
	副	104										
12	正	97	—	—	—							
	副	91	—	—	—	—						
13	正	85	—	—	—	—		—	—	—	—	—
	副	79	—	—	—	—						
14	正	74	—	—	—	—						
	副	69	—	—	—	—						
15	正	64	—	—	—	—						
	副	59	—	—	—	—						
16	正	54	—	—	—	—						
	副	50	—	—	—	—						
16	正	46	—	—	—	—						
	副	40	—	—	—	—						

表 4-2-11　1993 年地区生活补贴费比例调整

单位：%

地区	调整前比例	调整后比例
西宁市	17	23
大通县	17	28
贵德县	19	31
贵南县	37	48

1994 年 12 月，为 1975 年 1 月 1 日至 1984 年 12 月 31 日参加工作的在岗职工晋升两级工资，1985 年 1 月 1 日至 1993 年 12 月 31 日参加工作的在岗位职工晋升一级半工资，1994 年 12 月 31 日以前参加工作的在岗职工晋升一级工资。

1996 年，取消原有等级工资，出台了管理人员责任工资标准（表 4-2-12）。

表 4-2-12　1996 年管理人员责任工资标准

单位：元

职务	责任工资
法人代表场长	470
副场长、副书记、总工	378
处长（主任）	303
副处长（副主任）	243
业务主办	195
业务员	156
办事员	125

1998 年，“两田制”落实到户，农队职工划分 30 亩生活田，参加企业农业生产活动，按标准发放劳务费。

1999 年，给在职职工普调 4 级档案工资，人均增资 60 元/月，增加地区生活补贴 28.8 元/月，调整洗理费标准：男 10 元/月、女 12 元/月。

4. 三江集团时期　从 2000 年起，公司法人代表及副职执行青海省农牧控股公司、三江集团公司年薪管理办法。

2001 年，给中学教职工调整了工资。当年，开始实施国家退耕还林（草）项目，当年享受生活补助款 20 万元、补助粮 100 万公斤。9 月，享受青海省下岗职工基本生活费每月 220 元/人（至 2005 年 8 月），部分职工享受城镇居民最低生活保费每月 145 元/人（至 2018 年）。

2002 年 6 月，实行全员劳动合同制，管理人员以及工勤人员开始实行年薪制，以岗定薪，岗变薪变。职工参加企业农业生产活动，按标准发放劳务费（薪酬）。部分职工承包退耕还林草地，享受补助粮和生活补助款，当年共享受补助粮 800 万公斤、生活补助款

160 万元。

2003 年，全面推行农队职工承包退耕还林（草）地：一分公司 70 亩/人，二分公司 80 亩/人，三分公司 85 亩/人，四分公司 90 亩/人，六分公司 95 亩/人。另外，按每个职工独生子女 5 亩/人、承包一个羊圈 30 亩/人、家属 30 亩/人，享受退耕还林草补助粮 1960 万公斤、生活补助款 392 万元。2003 年 7 月，调整中学教职工工资，调整工资后再增加 15%。

2004 年，国家取消退耕还林（草）地补助粮，改为发放退耕还林（草）地补助款和生活补助款（至 2018 年）。

2006 年，制定《内部分配制度工资发放办法》，管理人员按岗位工资发放，同时承包 50 亩退耕还林草地，享受退耕还林（草）地补助作为岗位工资的一部分。林业职工只发放岗位工资。管理人员岗位工资标准见表 4-2-13。

表 4-2-13　2006 年管理人员岗位工资标准

单位：元/月

岗位工资标准		地区差价		学历津贴	
职级	标准	地区	标准	学历	标准
党委委员（总助）	1000	一分公司	80	中专	10
正科级	900	二分公司	70	大专	30
副科级	800	三分公司	90	本科	50
正股级	750	四分公司	60	职称津贴	
副股级	650	六分公司	60	职称	标准
业务主办	600	过马营	30	员级	10
业务员	500	西宁、贵德	0	助理级	30
办事员	450	—	—	中级	50
工勤	300	—	—	高级及以上	80
林业工人	550	—	—	—	—

2007 年，改革内部分配制度，公司法人代表、副总（副书记）执行三江集团公司年薪考核管理办法，中层及以下管理人员实行岗位加绩效工资，70%为基础工资，30%为绩效工资。林业职工每月岗位工资 600 元，按 80%发放，20%为绩效工资。管理人员及工勤岗位工资见表 4-2-14 和表 4-2-15，各种津贴标准见表 4-2-16。

表 4-2-14　2007 年管理人员岗位工资

单位：元/月

岗位	工资标准	基础工资（70%）	绩效工资（30%）
一级	公司法人代表	三江集团考核	—
二级	公司副总、副书记	三江集团考核	—

（续）

岗位	工资标准	基础工资（70%）	绩效工资（30%）
三级	1100（常委、总经理助理）	770	330
四级	1000（正科）	700	300
五级	900（副科）	630	270
六级	800（正股）	560	240
七级	700（副股）	490	210
八级	600（业务主办）	420	180
九级	500（业务员）	350	150
十级	450（办事员）	315	135
实习生	710（本科）680（大专）	—	—
	650（中专）	—	—

表 4-2-15　2007 年工勤岗位工资

单位：元/月

岗位	工资标准	基础工资（80%）	绩效工资（20%）
技术工一级	600（高级技师）	480	120
技术工二级	500（技师）	400	100
技术工三级	450（高级工）	360	90
技术工四级	400（中级工）	320	80
技术工五级	350（初级工）	280	70
普工	300	—	—

表 4-2-16　2007 年各种津贴标准

单位：元/月

学历津贴		地区差价		技术津贴	
学历	标准	地区	标准	技术等级	标准
中专	20	西宁、贵德	10	初级工	10
大专	50	过马营	30	中级工	20
本科	80	一分公司	80	高级工	30
研究生	110	二分公司	70	技师	40
职称津贴		二分公司	90	高级技师	50
职称	标准	四分公司	60	—	—
员级	10	六分公司	60	—	—
助理级	30	—	—	—	—
中级	50	—	—	—	—
高级	80	—	—	—	—

2014 年，副科（含）以下管理人员及林业职工统一上调岗位工资至 600 元/月。

2019 年 2 月，公司调整中层以下管理人员、工勤、林业职工工资，薪酬由岗位工资+学历津贴+职称补贴（工勤岗位技术等级津贴）+基层单位岗位补贴（地区差价）+工龄工资（12元/年）＋通信补贴组成，年增资265万元（表4-2-17）。因退耕还林草项目到期，补助款停发，给农队职工发放基本生活费500元/月，承包地收益仍归职工所有。当年，公司给110名收割机驾驶员发放基础工资，标准为驾驶员1400元/月、车长1600元/月，满一年按10%增加。绩效工资按照收割亩数发放，计算标准为1元/亩。

表4-2-17　2019年管理人员月工资标准

单位：元/月

岗位工资标准		通信费			基层单位岗位补贴	
职级	标准	岗位	机关、场直、西宁	分公司	单位	标准
党委委员（总助）	4502	党委委员（总助）	220	—	一分公司	175
正科级	3684	正科级	200	220	二分公司	150
副科级	3191	副科级	120	150	三分公司	225
正股级	2883	正股级	—	120	四分公司	200
副股级	2642	副股级	—	80	六分公司	175
业务主办	2425	业务主办	—	80	—	—
业务员	2233	兽医	—	50	—	—
工勤	2091	—	—	—	—	—
林业工人	1800	—	—	—	—	—
学历津贴		地区差价		技术津贴		
学历	标准	地区	标准	技术等级	标准	
中专	100	西宁	—	初级工	40	
大专	160	贵德	10	中级工	80	
本科	200	过马营	30	高级工	120	
职称津贴		一分公司	80	技师	160	
职称	标准	二分公司	70	高级技师	200	
员级	100	三分公司	90	—	—	—
助理级	200	四分公司	60	—		
中级	400	六分公司	60	—	—	—
高级以上	600	—	—	—	—	—

2020年，农队职工基本生活费上调10%，为550元/月，每人按6600元/年发放。2001—2020年职工劳务费发放统计见表4-2-18。

表4-2-18　2001—2020年职工劳务费发放统计

单位：元

年份	劳务费金额	机力费	合计	年份	劳务费金额	机力费	合计
2001	456289.34	3436879.23	3893168.57	2011	3353799.02	8083721.34	11437520.36
2002	354675.23	2115678.34	2470353.57	2012	8823360.41	14555305.03	23378665.44
2003	302075.61	1804863.03	2106938.64	2013	7024401.95	13135818.34	20160220.29
2004	385637.25	2354657.84	2740295.09	2014	4717066.03	15283640.64	20000706.67

（续）

年份	劳务费金额	机力费	合计	年份	劳务费金额	机力费	合计
2005	396356.01	2115338.30	2511694.31	2015	4581750.94	10488995.64	15070746.58
2006	597241.21	2233936.77	2831177.98	2016	5765539.77	18976380.04	24741919.81
2007	285992.52	3477097.65	3763090.17	2017	941006.54	4262975.52	5203982.06
2008	10076421.11	1649401.44	11725822.55	2018	8368393.11	9054612.60	17423005.71
2009	3577392.92	2392849.16	5970242.08	2019	8512487.23	6006856.19	14519343.42
2010	2137635.18	3347522.42	5485157.60	2020	2970430.83	6180743.95	9151174.78

二、福利

1949年10月以后，贵德军牧场仍实行供给制，生活困难的职工家属列入优抚对象。1953年后，对生活困难的职工采取补助福利的办法，职工自己申请，单位讨论并提出意见，由政工室审批，财务部门拨付。1955年，工会对生活困难职工家属给予经济救助。1963年以后，福利费按职工工资总额的2.5%逐月提取，每年年底对特困职工进行资助。同时，执行职工休假、探亲假制度，并按规定报销路费。从1976年起，按职工工资总额的2%提取福利费。1963—1993年，职工每月发放粮食差价补贴、副食品补贴、冬季烤火费。1993年，地区补贴由37%调整到48%。

1979年，对于30年以上工龄的职工及科技人员在住房等方面优先照顾，职工病假6个月以上工资100%计发。1976—1978年，发放高寒装备费85元/人。1979—1995年，发放御寒装备费100元/人（西宁、贵德地区80元）。1980年2月，执行国家劳动总局、财政部《关于国营企业职工请婚丧假和路程假问题通知》。1981年，职工因工死亡，所供养直系亲属居住在贵南地区的，抚恤金调整到每人14元/月，居住在贵德、共和、西宁等地的调整到每人12元/月；职工因病、非因公死亡，供养直系亲属居住在贵南地区的，救济费每人12元/月，居住在贵德、共和、西宁等地区的每人10元/月。同时，10月执行《国务院职工探亲家待遇的规定》的实施细则，凡常年在海南藏族自治州（不含贵德）的正式职工，工龄满10年者，每2年休假1次，每次30天，路费可报销至兰州。当年既有休假又有探亲假的职工，假期可合并使用，假期延长10天，往返路费按探亲假规定报销。根据青海1985年价格补贴发放实施办法，职工发放补贴7.38元/月，遗属发放补贴4.1元/月。1988年6月1日，根据青海省财政厅（1988）268号文件精神，为职工发放主要副食品价格补贴，在册的干部、职工（包括一年以上的计划内长期临时工）补贴10元/月，职工遗属5.5元/月，离退休人员按在职职工标准发放。1992年8月31日，场长办公会研究决定，凡在木格滩、鲁仓、三滩地区工作居住的职工，在原有粮油补贴5元的基础上再增加3元。1983—1995年，发放装备费100元/人（西宁，贵德地区80元/人）。

1978年后，取暖期为7个月（西宁、共和、贵德除外），每月发放取暖费9元；洗理费男2.5元/月、女3.5元/月。1978—2001年，电费补助每月增加3元。1978—1993年，职工每月发放粮油补贴6元。1983年后，发放独生子女费7元/月。2017年，为职工发放面粉、大米、食用油等，价值151万元。2018年，发放面粉、大米、食用油等，价值123万元。2019年，发放面粉、大米、食用油等，价值134万元。2020年疫情防控期间，给职工每人发放600元消费券，计121万元。

三、专业技术职称评定

1. 行政任命阶段　1980年以前，按干部任命权限，由各主管部门以行政任命的方式确定技术职称和技术工资等级。1966年，总后勤部青办军马局任命张承智等191人任农业、医疗、机械、畜牧兽医技术员。1967年，总后勤部青办军马局任命16名技术员，至此，共有专业技术人员219名。1972年，总后勤部西办军马局任命技术人员98人。1973年，任命技术人员46名。1974年，任命技术人员56名。

2. 套改、评定阶段　1980年，改变了以往的技术职称行政任命制。根据青海省畜牧厅（80）青牧科字第031号文件，总场组成专业技术职称评定委员会，下设专业组，对参评对象进行考核评价，确定其技术职称，并报场党委批准。1980—1981年，177名专业技术人员取得职称。1982—1984年，174名专业人员取得专业技术职称。

3. 职称改革阶段　1987年，根据中央职称改革领导小组职改字（1987）10号《转发〈关于在企业实行专业技术职务聘任制度的实施意见〉的通知》，1988—1989年，396人取得专业技术职称任职资格。1993年，83人取得专业技术职称任职资格。1999年，307人取得高、中、初级专业技术职称任职资格。2001年6月，39人取得高、中级、初级专业技术职称任职资格。2011年，10人取得专业技术职称任职资格。至2020年，有高、中、初专业技术职称任职资格105人。

1992年，财会系列中级职称实行以考代评。1993年，经济系列中级职称实行以考代评，其他中级专业技术职称由青海省相关专业评审委员会评定。

第三节　社会保障管理

1993年启动国有企业职工养老保险工作。1996年，全面推行职工养老保险、失业保险、城镇居民最低生活保障，全场职工纳入社保范围。2003 年，参加职工医疗保险。2004 年，参加新型农村合作医疗、城镇居民医疗保险。

一、养老保险

1996 年 9 月 20 日，成立贵南牧场基本养老保险基金委员会，制订《贵南牧场基本养老保险实施办法》。

2010 年 11 月，569 名“家属工”纳入职工基本养老保险统筹范围，从 2011 年起发放养老金。

1996—2020 年公司养老金缴费统计见表 4-2-19。

表 4-2-19　1996—2020 年贵南草业公司养老金统计

年份	人数（人）	个人缴费（万元）	企业缴费（万元）	合计（万元）
1996	3307	75.88	18.97	94.85
1997	3263	79.54	19.89	99.43
1998	3227	78.69	19.67	98.36
1999	3186	10.86	27.14	38.00
2000	3144	11.32	28.30	39.62
2001	3101	11.16	27.91	39.07
2002	3069	16.41	41.02	57.43
2003	3033	18.78	46.95	65.73
2004	2987	19.21	48.03	67.24
2005	2945	21.74	54.35	76.09
2006	2897	27.01	67.53	94.54
2007	2821	31.66	80.23	111.89
2008	2787	36.06	90.09	126.15
2009	2743	42.41	106.05	148.46
2010	2782	45.65	114.12	159.77
2011	2721	49.99	125.00	174.99
2012	2710	56.57	141.43	198.00
2013	2661	61.40	153.50	214.90
2014	2560	65.76	164.44	230.20
2015	2512	71.11	177.65	248.76
2016	2469	74.89	187.10	261.99
2017	2311	78.32	195.98	274.30
2018	2191	83.75	209.32	293.07
2019	2048	71.03	154.21	225.24
2020	2030	72.03	144.06	216.09

2011 年，公司职工纳入三江集团企业年金计划，2011—2020 年企业年金统计见表 4-2-20。

表 4-2-20　2011—2020 年贵南草业公司企业年金统计

年份	人数（人）	个人缴费（万元）	企业缴费（万元）	合计（万元）
2011	2708	98.02	27.21	125.23
2012	2702	97.21	27.00	124.21
2013	2641	96.77	26.87	123.64
2014	2464	94.07	26.12	120.19
2015	2524	91.33	25.36	116.69
2016	2483	88.94	25.68	114.62
2017	2336	82.99	24.03	107.02
2018	2218	79.54	22.58	102.12
2019	2122	15.50	41.26	56.76
2020	2023	14.44	46.96	61.40

二、医疗保险

1953 年，开始实行公费医疗，到卫生所、职工医院免费治疗，由医院记账统一结算，后改用记账单就医，由医院按月结算。1982 年以后，实行医疗规范定额管理制度，门诊费由各单位包干使用，住院费由企业承担。

1989 年 11 月 19 日，场党委决定从 1990 年 1 月 1 日起，凭医疗单位的收费凭证，退休职工医疗费用由企业承担 2/3，本人承担 1/3。

1996 年 11 月，出台《贵南牧场职工家属医疗费用管理实施办法》。

1997 年，各单位实行医疗费用包干，结余自留，按照职工工龄确定医疗费报销比例。离退休人员全年 5000 元以内费用按照 100%报销，5000 元以上自理。

2003 年，青海省实行职工医疗保险和新型农村合作医疗制度，公司职工全部纳入省级职工医疗保险范围。其中，企业缴纳 4.2%、个人缴纳 2%。

2007 年 11 月，公司职工医院成为职工医疗及过马营地区农村合作医疗、城镇居民定点医疗机构。

2012 年，提高职工省级医疗参保费率。其中，企业缴纳 6%、个人缴纳 2%。

2017—2020 年，公司职工参加青海省总工会医疗互助计划。

2003—2020 年职工医疗保险金统计见表 4-2-21。

表 4-2-21　2003—2020 年职工医疗保险金统计

年份	人数（人）	个人缴费（万元）	企业缴费（万元）	合计（万元）
2003	2620	39.04	42.95	81.99
2004	2365	42.06	50.27	92.33
2005	2731	59.40	35.33	94.73
2006	2225	56.69	50.60	107.29
2007	2638	72.81	62.20	135.01
2008	2626	12.60	15.00	27.60
2009	2690	12.35	17.75	30.10
2010	2573	12.35	20.09	32.44
2011	2619	12.57	22.16	34.73
2012	2596	13.24	35.98	49.22
2013	2571	14.66	40.27	54.93
2014	2740	17.40	58.62	76.02
2015	2493	18.94	62.99	81.93
2016	2464	18.07	67.22	85.29
2017	2305	23.30	86.95	110.25
2018	2187	24.18	85.00	109.18
2019	2047	20.67	95.97	116.64
2020	1947	20.86	79.21	100.07

三、失业保险

2006 年，开始缴纳失业保险金。2006—2020 年公司缴纳失业金统计见表 4-2-22。

表 4-2-22　2006—2020 年公司缴纳失业金统计

年份	人数（人）	个人缴费（万元）	企业缴费（万元）	合计（万元）
2006	2897	—	24.3	24.3
2007	2818	46.4	76.7	123.1
2008	2785	43.8	87.5	131.3
2009	2743	50.9	76.4	127.3
2010	2728	54.9	45.2	100.1
2011	2712	60.7	12.1	72.8
2012	2703	69.0	13.8	82.8
2013	2670	75.0	15.0	90.0
2014	2552	78.5	15.7	94.2
2015	2507	49.2	13.4	62.6
2016	2476	45.2	74.4	119.6
2017	2306	46.4	46.4	92.8
2018	2189	49.3	49.3	98.6
2019	2044	44.2	44.4	88.6
2020	2021	44.9	44.9	89.8

四、城镇居民最低生活保障

2001 年 10 月，公司职工及家属 1297 户、2951 人纳入海南州贵南县最低生活保障范围，当年领取最低生活保障金 340 余万元。2003 年，公司职工及家属 1297 户、2994 人纳入最低生活保障范围，领取保证金 310.04 万元。

2001—2018 年城镇居民最低生活保障金发放情况见表 4-2-23。

表 4-2-23　2001—2018 年城镇居民最低生活保障金发放情况

单位：万元

年份	最低生活保障金
2001	340
2002	340
2003	310
2004	277.97
2005	302.65
2006	398.36
2007	714.43
2008	700
2009	951.71
2010	103.96
2011	9.13
2012	12.66
2013	12.25
2014	12.81
2015	15.98
2016	14.25
2017	16.43
2018	4.26

第三章　安全生产管理

安全生产教育管理贯穿于企业发展的各个历史阶段。在以培育军马为主的军马场时期，制定了“勤检查、防事故”等安全牧马制度和农机安全管理制度。1980年，国务院把五月定为“安全月”后，牧场成立安全生产领导小组，进一步强化企业生产经营各环节的安全管理工作。2002年以后，执行安全生产目标责任制，逐年加大安全生产知识培训，深入推进安全生产管理，保证企业安全有序、可持续健康发展。

第一节　安全教育

20世纪60年代始，安全生产教育和管理贯穿企业生产经营活动全过程，农机操作、汽车驾驶、军马管理等都制订了相应的安全管理制度，经常性开展多种形式的拖拉机、收割机、汽车安全操作培训，以及秋冬季草原防火宣传教育及演练。1960年后，随着农业机械的逐步增加，每年春秋召开安全工作会议，强调安全生产及操作规范。

1980年，国务院将5月定为“安全生产月”。每年5月，全场开展“安全生产月”安全生产教育活动。

1983年5月，开展以生产季农机事故、人畜伤亡、畜病防治为主要内容的“安全生产月”活动。

1993年7月，开展农机新手安全操作、文明驾驶安全生产教育。

2002年，《安全生产法》颁布后，制订安全生产目标责任制，每年签订安全生产责任书，利用“安全日”“安全周”“安全月”“百日无事故”活动以及安全生产学习班等形式开展安全教育管理，不定期邀请地方安全部门来场进行安全生产培训。开展“安全第一、预防为主、综合治理”的安全意识教育，做到不伤害自己、不伤害他人、不被他人伤害“三不伤害”，做到“全员、全面、全过程”。

2004年9月，开展消防宣传教育活动及安全专项检查。

2006年5月，围绕“平安公司”建设，通过座谈会、法律咨询辅导课、知识竞赛等形式，集中开展“平安建设宣传月”宣传教育活动。

2007 年 9 月，开展“防火、防盗、防霉变”安全生产教育。

2017 年 3 月，举办农机安全生产知识培训班，共 612 人参加。6 月，举办高炮防雹安全操作培训，有 18 人参加。

2018 年 8 月，举办农机安全操作培训，有分管农机领导及操作人员 73 人参加。

2019 年 8 月，举办联合收割机安全驾驶培训，有农机分管领导及驾驶员 120 余人参加。

2020 年 9 月，开展消防安全知识培训会，有 96 人参加。

第二节 安全生产管理

军牧场时期，为防止狼害，放牧人员持枪放牧，在管理上提出了“勤检查、防事故”的明确要求。调教军马是一项危险性很高的工作，为确保安全，要求调教人员必须熟悉马匹习性，懂得马的训练调教技巧，严格落实操作规程。

1964 年，执行军马局《机务管理细则》，规范农机实用操作，严防农机事故发生。在春播、秋收、夏翻等各个生产季度，按生产任务需要同步制定相应的安全管理措施，开展安全生产培训。

1980 年，国务院将每年 5 月确定为“安全生产月”后，贵南牧场成立安全生产领导小组，组长张承祥，副组长王兆吉、谭仲仁，所属各单位主要负责人为成员。领导小组办公室设在行政办公室，总场、分场、生产队成立领导小组，班组设安全员。同时，制订了 5 条安全生产措施。

1983 年 5 月，调整“安全生产月”活动领导小组，组长陈其元，副组长易求难、刘进长，下设办公室在农机科。9 月，调整各分场、生产队安全领导小组，形成场社联防机制，组成护秋队，依靠群众做好防火、防盗、放破坏、防事故工作。

1984 年 5 月，调整“安全生产月”活动领导小组，组长卢镛，副组长贾忠卿、刘进长，下设办公室在行政办公室，普及安全法规，学习安全知识，将文明安全生产列为年终评比先进的主要内容。

1993 年 7 月 12 日，各分场、生产队安全生产组织重点工作为制订安全措施，新农机手安全操作、文明驾驶培训教育工作。

2002 年始，建立安全生产责任制，层层签订《安全生产目标责任书》。由主管生产的副总主抓，生产部长具体抓，分公司生产副经理及生产队长分区包干，把安全生产目标责任落实到部门、班组、岗位，形成了“公司统一领导、单位全面负责、职工广泛参与”的安全责任体系。

2004 年 9 月，根据《青海省消防工作责任制实施意见》，成立消防安全工作领导小组，组长蒋云龙，副组长杨蜀、董开保、冉建和，领导小组下设办公室，郝建青任主任，刘向朝任副主任。开展消防安全专项检查，加大防火巡查，重点加大对草场、退耕还林草地、林地、饲草堆放地的安全管护力度。

2006 年 5 月，开展“平安贵南、平安公司”创建活动，成立活动领导小组，组长杨蜀，副组长董开保、冉建和、关定国，下设办公室在劳动人事部，主任徐建忠。集中开展“平安建设宣传月”活动 2 次，通过座谈会、法律咨询辅导课、知识竞赛等形式，着重对职工群众开展平安建设宣传教育。

2007 年，成立公司安全生产委员会，杨蜀任主任，为安全生产第一责任人。安全生产委员会下设办公室在企业发展策划部，所属各单位成立安全生产领导小组。9 月，下发《关于加强安全生产的紧急通知》，组织各单位职工开展安全生产教育，做好“防火、防盗、防冻、防霉变”工作。

2015 年，按照“安全第一、预防为主、综合治理”的要求，开展现场监督监管，排查安全隐患，细化责任。同时，完善了职业健康安全管理体系。

2017 年，设安全环保科技部，负责安全生产工作。建立安全生产台账，投入资金 15.58 万元。

2018 年，开展企业安全生产标准化建设，编制了《农牧业企业安全生产标准化评定标准》。

2019 年，建立三级安全生产标准化管理体系，开展组织机构、安全投入、规章制度、教育培训、装备设施、现场管理、隐患排查治理、重大危险源监控、职业健康、应急管理及事故报告、绩效评定等《企业安全生产标准化》自评，投入安全生产资金 40 余万元。

2017—2020 年，为在岗职工购买团体意外伤害保险，增强安全生产保障。2017 年投入 268620 元，2018 年投入 247830 元，2019 年投入 594160 元，2020 年投入 555040 元。

2020 年 3 月 25 日，召开春季农业生产安全暨疫情防控工作会议，有 118 人参会。清明节期间，50 余名防火队员、护林员对草原进行防火布控和值守。6 月，对 4 个人工影响天气作业点进行安全专项自查，并整改落实。8 月，通过省、州、县应急管理部门和气象管理部门的安全专项检查。在一、二、三、四、六分公司安装信息化安防监控系统，实现远程实时监控和管理。同年，在各分公司场院、养殖小区、集中办公场区等配备 15 套微型消防站，购买消防器材、人影作业装备、职工意外伤害保险等，投入资金

60.5 万元。

公司安全生产保卫工作实行常态化管理，在各单位场院、农具厂、总库、油库、粮库等重点区域安排专人，实行 24 小时值班值守。在每年元旦、春节等节假日前夕，以党支部为单位开展安全保卫检查，加强对重点区域的值班巡逻，做好安全管理和防火防盗工作，确保节假日安全。

第四章 土地管理

1964年木格滩划归贵南军马场后，积极与地方政府沟通协调，加强确界保护。在合理开发利用土地资源的同时，开展草库伦建设，注重生态治理，强化土地保护，实行集中统一管理。2000年土地确权后，农用地、建设用地等各类土地逐步纳入精准管理范围。

第一节 土地资源和利用

一、军队管理时期

在此期间，土地主要作为草原放牧马匹，少量耕地种植饲草饲料。

1949年，有土地59.26万亩，其中鲁仓地区19.04万亩，过马营地区40.22万亩；有草原59.16万亩，耕地0.1万亩。

1952年，随莫曲沟农场移交，划归土地5.4万亩，其中草原4.9万亩，耕地0.5万亩。

1964年划界前，土地面积64.66万亩。其中，草原面积54.66万亩，占总土地面积的84.5%；耕种饲草料的耕地面积10万亩，占总土地面积的15.5%。1964年，根据中共青海省委《关于解决贵南军马场场界问题的会议纪要》和批示，省州县会同总后勤部、军马场重新划界。划界后，土地面积116.4万亩（不包括沙漠、小草原面积）。其中，草原面积106.5万亩，占总土地面积的91.5%；耕地9.9万亩，占总土地面积的8.5%。土地以饲养马为主，种植业比例极低。此后，随着军马数量的增加，草场放牧受限，人工饲草地面积逐步增加。

二、省厅管理时期

1976年，军马场移交青海省后，经营方针转变，依靠土地资源发展商品粮油生产，耕地面积逐步扩大。1976年土地移交情况见表4-4-1。

表 4-4-1　1976 年土地移交情况

单位：亩

单位	耕地	牧地	林地	其他	合计
一分场	45712	93582	144.1	14856.9	154295
二分场	65187	16500	136.6	14696.4	96520
三分场	21331	361448	89.6	3934	386802.6
四分场	33213	377748	1	10386	421348
场直	12806	65122	408.9	6213.1	84550
其他	10324.2	0	465.3	9658.9	20448.4
总计	188573.2	914400	1245.5	59745.3	1163964

注：1. 耕地含水浇地 2800 亩（二分场）。
2. 三、四分场面积中不包含沙山 30 万亩和小草原 5 万亩。
3. 牧地中含已改良牧地：二分场 9500 亩、三分场 7200 亩。

1981 年，根据青海省人民政府《关于解决贵南县森多、过马营公社与贵南牧场耕地草山纠纷的协议批复》（青政〔1981〕230 号），划给贵南县耕地 5.3 万亩、草原 10.18 万亩。

1989 年，经青海省人民政府批准，将贵南牧场在新街乡耕种的所有土地共计 3300 亩置换给贵德县，解决新街乡农民贫困问题。划拨贵德县黄河北岸虎头崖连片土地 3500 亩，归贵南牧场开发使用。

20 世纪 80—90 年代初，随着国家商品粮基地项目建设，耕地面积大幅增加。1996 年，经青海省林业勘察规划设计院测量，全场耕地面积 34.65 万亩，年种植粮油作物 20 万亩左右。

三、三江集团管理时期

2000 年，经青海省人民政府批准，征占一分场农一队土地 7876.19 亩，安置贵南县拉干村移民。

2002 年，根据场县勘界确认，公司土地面积 103.57 万亩（不含过马营地区和五分公司）。其中，耕地 30.82 万亩，占 29.76%；草原 51.3 万亩，占 49.53%；人工草地 4.69 万亩，占 4.53%；林地 0.03 万亩，占 0.03%；沙地 16.16 万亩，占 15.6%，其他用地 0.57 万亩，占 0.55%。

2001—2006 年，实施国家退耕还林草项目 19.7 万亩。2016 年，兵施退耕还林草项目 0.41 万亩，共计 20.11 万亩。

2006 年，根据青海省人民政府《龙羊峡库区移民搬迁安置专题会议纪要》，龙羊峡库区克周村、关塘村、汪什科村二次移民搬迁和黄河拉西瓦水电站库区移民搬迁征占一分公司农一队、农三队土地8630亩，二分公司农四队、农六队土地16627.56亩，五分公司土地4355亩，总计29612.56亩。

2015—2020年，过马营镇小城镇建设征占公司林地127.6亩、苗圃地30亩。

2020年年底，公司土地总面积101.43万亩。其中，农用地面积82.54万亩，占81.38%（耕地面积12.3万亩，占12.13%；人工草地面积21.77万亩，占21.46%；天然草地面积47.4万亩，占46.73%；林地面积0.42万亩，占0.41%；交通用地0.3万亩，占0.3%；渠沟0.28万亩，占0.28%；其他用地0.07万亩，占0.07%），建设用地面积0.4万亩，占0.39%，未利用地18.49万亩，占18.23%。

第二节　土地管理

一、土地管理方式

公司的土地属国家所有，实行集中统一管理。

军队管理时期，土地属于军产，由总后勤部军马局统一管理。

1976年移交青海省后，由上级主管厅负责管理。

三江集团管理时期，土地权属移交青海省国资委。按照依法管理的原则，开展了两次土地确权，明确了企业土地使用权属。

1999年以前，由行政办公室负责公司土地及房屋管理。1999年6月，成立过马营地区事务管理局，负责过马营地区土地规划建设管理。

2007年，制定《房屋与庄廓管理办法》，公司范围内的房屋与庄廓用地由过马营地区事务管理局统一管理。

2010年后，公司基础设施建设按照依法管理的原则，实行“两证一书”（建设用地规划许可证、建设工程规划许可证、建设项目选址意见书）审批制度，规范建设用地管理。

2017年4月，成立公司土地征占领导小组，公司主管副总任组长，领导小组在企业发展策划部下设办公室，过马营各单位负责人为成员，开展土地征占管理工作。对公司范围内的土地指定专人分区域进行监管，同时，规范征用地程序，确保各环节工作公开、公正、公平，维护企业、职工的合法权益，防止国有资产流失。

2019年，成立土地管理领导小组，领导小组在生产经营部下设办公室，并制订相应的职责、任务、目标和要求。

领导小组职责：协调政府、周边地区、东科大队及各分公司之间的关系，解决在土地登记过程中遇到的重大土地权属纠纷和政策问题，统一组织、协调土地管理工作。

管理办公室职责：宣传《土地法》等相关法律法规。负责公司土地确权，土地登记证的申办、变更等事宜，根据土地使用性质的变化、城镇建设土地的划拨情况，及时变更资料、整理上报、归档等。

工作任务：土地管理范围包括耕地、草原、人工草地、林地、水面、沙地、未利用地等土地。全面完成土地调查、数据完善、资料整理、归档工作。根据规划，统筹安排，严格管理、保护、开发土地资源，制止非法占有、占用国有土地的行为。协助完成城镇建设用地规划、土地征用及划拨、职工安置补偿等工作，配合有关部门查处违法侵占土地行为。

工作目标：土地权属清楚、用途明确。确保国有土地对外承包、出租、出让、转让、抵押、合作以及自身非农建设等合法合规。做到耕地、退耕还（林）草地、林地、草原、荒山荒坡、沙丘地、建设用地、宅基地、未利用地等地类面积统计准确、数据可信、依据可靠。建立农田地力、肥效检测网点档案，强化土壤肥力检测和质量动态管理。

工作要求：做好土地确权和维权工作。与职能部门沟通，加强协调联动，为国有土地管理创造良好的外部环境。新增建设用地按照相关政策要求和规定程序报批，严格落实耕地保护。开发利用土地公司为主体负责组织，按审批权限报送当地土地管理部门，按照“先补偿到位、后使用土地”的原则，土地补偿费、安置补助费、社会保障费等由公司按规定使用。产业安置用地用于职工的再就业和长远生计。

土地权属争议调查处理：按《中华人民共和国土地管理法》等国家法律法规，公正、合理地做好土地权属调查处理工作，解决土地权属争议，保护公司和当事人的合法权益。

二、土地确权

1. 2002 年土地确权 2001 年，根据青海省人民政府办公厅《关于国有农场土地确权、登记发证工作方案的通知》要求，贵南草业公司作为首批试点单位，以原有协议为依据，本着“尊重历史、注重现实、着眼未来、互谅互让”的原则，依法开展土地确权、登记发证工作。

2002 年，土地确权面积 103.58 万亩，其中，一分公司 7.09 万亩，二分公司 9.68 万亩，三、四、六分公司 86.81 万亩。过马营地区和五分公司未勘界确权。

2. 2018 年土地确权 2018 年，根据国土资源部、财政部、农业部《关于加快推进农垦国有土地使用权确权登记发证工作的通知》以及青海省国土资源厅、青海省财政厅、青海省农牧厅《关于加快推进农垦国有土地使用权确权登记发证工作的通知》精神，对公司土地确权登记。

2020 年，土地确权面积为 101.43 万亩。其中，一分公司 6.25 万亩，二分公司 7.51

万亩，三、四、六分公司 87.22 万亩，过马营地区 0.4 万亩（农用地 0.27 万亩），五分公司 0.05 万亩（农用地 0.03 万亩）。

第三节　土地保护

一、农田地力保护

2016 年，公司 12.43 万亩耕地纳入地方农田保护范围，确保耕地不撂荒、不改变用途、地力不降低，当年，获保护补贴 1484.8 万元。2017 年，获补贴 1242.7 万元。2018 年，获补贴 1242.7 万元。2019 年，获补贴 882.72 万元。2020 年，获补贴 1184 万元。

二、农机深松整地

2017 年，开始实施农机深松整地耕地保护。春播和夏翻前，采用单一深松整地方法，拖拉机带动单一间隔式深松机具进行作业。2017 年，深松整地 3.2 万亩，财政补贴 54.48 万元。2018 年，深松整地 5 万亩，财政补贴 90 万元。2019 年，深松整地 2 万亩，财政补贴 34 万元。2020 年，深松整地 3 万亩，财政补贴 54 万元。深松整地减少了耕地水土流失和风沙侵蚀，加深了耕层，提高了土壤的蓄水保肥能力，有利于维持农田的生态平衡。

三、实施耕地化肥农药减量增效措施

2019 年，开始实施化肥农药减量增效行动，加大有机肥使用量，采用“有机肥＋有机叶面肥＋绿色防控技术”措施，当年实施面积 9.2 万亩，财政补助资金 1362.6 万元。

2020 年，实施面积 6.1 万亩，其中，青稞 4.1 万亩、油菜 2.0 万亩。财政补助资金 1616.2 万元。

四、耕地轮作倒茬

20 世纪 60 年代，马场制订粮油作物轮作倒茬，耕地采用“耕二休一”“耕三休一”等旱作农业技术措施，沿用至今。2020 年，开展轮作倒茬项目 5 万亩，财政补贴资金 750 万元。

五、高标准农田建设

2020 年，为提高农业综合生产能力，保障粮食安全，实施高标准农田建设 4 万亩，投资 5109 万元，其中财政资金 4087 万元。建设产品库房 15009.27 平方米、农机库房

8279.43平方米、晒场17873平方米；田间整修机耕道8.05万平方米（长23000米、宽3.5米），联合整地4万亩，建设防护栏7.2万米、高标准农田标志牌3个；购置半悬挂式翻转犁、高速条播机、免耕播种机等农机设备20台（套），无线综合气象站、虫情系统安防监测一体化配套设备、便携式设备、测报工具箱等物联网设备141台（套）；购置卫星导航自助驾驶系统、智能喷雾系统、精量播种/施肥系统、农业作业监管终端等智慧农场示范应用系统100套，信息化监控系统1套。公司总部建立信息指挥中心，在一、二、三、四、六分公司及各个生产单位和农机农田安装信息化监测监控设备。

在高标准农田建设中，应用卫星导航自助驾驶系统、智能喷雾系统、精量播种/施肥系统、固定式综合气象系统、虫情监测系统、土壤环境检测系统、物联网信息管理系统、信息化监控等，实现了在农业生产中对耕、种、管、收各个环节的远程监测监控和智能化管理。

第五章 政务管理

1950年前，军牧场设总务课，统揽行政事务管理。1950年4月，西北军区后勤军牧部接收后，设总务股。1953年设总务股和办公室，分别负责相应的行政事务管理。1960年后，设行政科，具体负责场行政工作。企业的行政事务随着主业和社会的发展变化由简到繁、由粗到细。在军马场时期，除了畜牧、农机等生产业务外，其余事项均由行政科管理。后来，随着隶属关系的变化和生产规模的不断扩大，政务管理所涉及的范围和内容也不断增加。2002年实行公司制改革后，政务管理涵盖办公综合管理、应急管理、信访维稳、法务工作诸项内容。

第一节 办公综合管理

一、文书档案及保密管理

1949年，接收国民政府军牧场时，场内没有专门的档案管理机构和人员，档案资料无保存，军政部贵德军牧场建场资料散见于中国第二历史档案馆和山丹军马场档案室。1955年以前，文书档案资料少，管理比较凌乱。1956年5月，贵德军牧场下发《关于公文处理办法及保密工作的若干规定》，开始规范场内文书档案的管理，对保密工作做出详细规定。各分场成立保密小组，每季度对本单位保密工作开展一次检查，并报场办公室。牧场对各股、室、生产队的保密情况进行检查，检查结果予以公示。

1964年，为适应各项事业发展的需要，成立保密委员会，副政委任保密委员会主任。同时设保密室（文书档案室），配专职保密员，由场行政办公室具体管理。对各单位分散保管的档案、资料统一归口管理，保密室负责收集和整理场内历年的文件、图表、移交清册、生产计划、决算、总结等各种资料。1968年，组织人力全面清理所有档案，对散存于各科室及个人手中的资料进行收缴归档。

1979年，按照中央档案工作会议提出的“恢复、整顿、总结、提交”的方针，对全部档案进行整理。1982年，完成对1976年贵南牧场移交地方以来的所有档案资料的清查、整理，分门别类，装订成册，立卷归档。同年，建立人事档案室，配备档案管理人员

2人，归政工科管理。1983年，因档案恢复整理工作成绩突出，贵南牧场被中共青海省委、省人民政府、省农林厅评为档案管理先进集体。1984年，开始编制《案卷目录》，管理制度逐步完善。

1985年，根据青海省人民政府划密工作指示，制订了贵南牧场保密范围和密级划分，明确保密组织和党员干部保密制度，实行严格的保密工作责任制。

1997年，制订《贵南牧场公文处理办法》。公文处理工作统一由政治处、行政办公室负责。

2003—2005年，公司对档案资料进行了大规模整理。

2006年，修订了《公文处理办法》。2017年，进一步修订完善了《公文处理办法》。2020年，制订了《档案管理制度》和《保密管理制度》，档案管理和保密工作进一步规范。

截至2020年，档案室收藏文书档案1021卷。人事档案做到一人一档、一人一卷，共4397卷。2020年7月，根据国家退休人员社区化管理的规定，向贵南县转交退休人员档案2117卷。现存人事档案2280卷。

二、公务车辆管理

1956年，有罗马牌小汽车1辆，小汽车仅限于到西宁办事使用，场区内下基层基本用差马。至1963年，军马场有解放汽车2辆、跃进汽车4辆、嘎斯69小汽车1辆，由场行政办公室管理。1970年后，购进北京吉普车3辆。随着办公用小汽车的不断增加，所属商运、农牧、建筑等公司都配备了公务用车。1987年3月，为了切实贯彻中央“双增双节”精神，减少非生产性开支，对场办和各公司的小车实行集中管理、统一调配、有偿使用。1990年恢复分场后，为便于生产经营管理，给各分场配备了北京吉普小汽车及客货两用车。至1998年，全场小汽车达到16辆。2000年，逐步淘汰老旧的北京吉普等小汽车。2007年，公司给各分公司统一更新了公务用车。至2020年，全公司有公务车19辆。

2002年，制订车辆管理制度，公务用车由公司办公室统一管理调配，核定公司领导及各部室用车费用，结余奖励，超支按比例由个人承担。2006年，公司修订了《车辆管理制度》。2017年，对原制度进行了修订完善，领导不再配备专车，所有车辆由办公室负责统一调配。2019年，建立车辆台账，公务用车实行审批制，核定百公里耗油量，杜绝公车私用和私车公养现象。

第二节　应急管理

一、应急队伍建设和演练

1949 年后，军牧场按军队建制管理，开展场区周围清剿土匪工作，设民兵团，为应急队伍，平时组织军事化训练和应急演练。

1978 年，贵南牧场民兵连下设应急分队，编员 85 人。除组织军事化训练外，还开展应急演练。1994 年，设 38 人的应急分队。

2002 年，整组编建民兵应急连，一、二、三分公司设应急民兵排（含防雹民兵），编员 125 人，生产季开展应急演练及人工影响天气增雨防雹作业。此后，民兵应急演练及人工影响天气增雨防雹作业一直延续至 2020 年。

2007 年，制订《自然灾害和安全事故应急救援预案》。公司安全委员会下设自然灾害和生产安全事故应急救援指挥部，负责组织指挥和救援处置。成立民兵应急队伍，配备相应的救援设施设备，开展草原森林冬春防火、消防、夏季防汛抗旱、应急救援等演练。

2018 年 10 月，编制《安全事故应急预案》，配备事故救援人员（兼职）和装备、设施、应急物资，按计划开展应急救援培训、火灾消防演练等。

2019 年，制定《贵南草业公司防范化解重大风险工作方案》。

二、应急救灾

1995 年 9 月 6 日，二分场、过马营地区暴雨引发洪水，90 间房屋冲毁，79 户进水，紧急组织应急队伍开展抗洪救灾、隐患排查，在招待所临时安置受灾人员 110 多人。

1996 年 8 月 19 日，多石咀水源地供水设施遭洪水袭击，过马营、木格滩人畜饮水中断，紧急组织过马营地区应急人员 200 余人进行抢修。

1997 年 8 月 5 日，多石咀水源地供水设施遭洪水袭击，过马营、木格滩人畜饮水中断。8 月 10 日，组织三、四、六分公司应急人员 200 余人，投入多台机械、车辆进行抢修。

2001 年 9 月 16 日，多石嘴水源地设施被洪水冲毁，组织三分场、过马营应急人员 230 余名，投入推土机 3 辆、拖拉机若干辆进行抢修。

2008 年 1 月 7 日，丰润公司草加工厂高压线变压器电路火花引发草垛起火，紧急组织过马营地区各单位 100 多人参与灭火。

2011 年 8 月 17 日夜，过马营三角滩出现极端冰雹天气，引发过马营镇洪涝灾害。公司紧急启动防汛应急救援预案，动员公司民兵应急救援队伍和其他职工群众开展救援工作，紧急疏散安置职工群众 78 户。

2012 年 4 月 9 日，公司所在地突降暴雪，降雪量达到 30 厘米，局部达到 1 米。灾情发生后，公司启动自然灾害应急预案，给 8 个受灾畜牧队调运青稞 11.67 万公斤，帮助他们进行生产自救。

2015 年 8 月 1 日，过马营地区暴雨引发洪水，部分居民房屋进水倒塌，组织应急队人员 100 余名进行抢险救灾，排查安全隐患，临时安置受灾人员 40 余人。

2019 年 1 月 29 日，青海省玉树藏族自治州发生大范围雪灾，公司积极响应青海省人民政府、青海省农业农村厅及三江集团党委的安排部署，在 6 天时间里向玉树灾区发运储备牧草 148 车次，计 1475 吨，无偿捐助优质牧草 200 吨。

第三节　信访维稳

一、信访工作

1978 年，成立落实政策办公室，专门负责信访接待工作，与场纪委合署办公。截至 1981 年，共接待来访人员 206 人，受理来信来访 475 件。

2000 年，为及时了解职工思想动态，化解群众性问题和矛盾，密切党群关系，建立信访接待制度，由分管领导负责信访接待。

2017 年，设信访办，专门接待信访人员，处理信访案件。至 2020 年年底，共接待职工群众来信、来访 28 件，其中，三江集团公司转信访件 4 件，全部妥善办结。

二、维稳工作

1949 年接收贵德军牧场后，暂由农牧厅代管。场区地处边远，交通闭塞，生产生活物资不济，内部人员复杂，周边匪患严重，不能保证正常的生产生活秩序。1950 年 4 月，军牧场移交西北军区后勤军牧部接管，军牧部确定了“对内整顿、对外团结”的方针。1952 年，军牧场成立了骑兵大队，配合部队围剿残匪。1953 年，青海省大的匪患全部被平息。

1961—1975 年，贵南军马场组织开展了防空投、防空降、防暴动行动，维护了社会治安。1976—1999 年，贵南牧场组成民兵治安联防队，维护社会治安稳定。

2008 年 3 月，为认真贯彻落实省、州、县及集团公司维稳工作及藏区工作精神，成立贵南草业公司维护稳定领导小组，组建民兵应急连，坚持“稳定发展同步走，治安致富一起抓”，要求所属各单位从维护国家安全和社会稳定的高度出发，切实增强工作责任感和使命感，严密防范和坚决打击境内外敌对势力、民族分裂势力、宗教极端势力的分裂、渗透、破坏活动，防止发生不稳定事件。同时，与周边县、乡（镇）建立地区维稳联动工作机制，共同维护地区社会稳定。

公司与所属各单位签订责任书，层层分解责任，将信访维稳工作纳入各单位的年度考核内容，明确任务，落实责任。

第四节　法务工作

一、普法

1985 年 11 月，中共中央、国务院批转了中宣部、司法部《关于向全体公民基本普及法律常识的五年规划》，即“一五”普法规划。1986 年，贵南牧场成立普法领导小组，设普法办公室，制订了五年普法规划，主要内容包括法学理论基础、宪法、刑法和婚姻法。当年举办首届普法宣传员培训班，72 人参加培训，68 人获得贵南县司法局颁发的法制宣传员合格证书。各单位支部书记、副书记主抓普法教育工作，开始对全场职工进行“扫盲”，形成了“一手抓法制，一手搞建设”的热潮。

1991 年，场党委根据《青海省农林厅二五普法规划》，制订了《实施法制教育第二个五年规划的安排意见》，对牧场“二五”的组织机构、教育对象、普法内容、实施步骤、教育方法以及考核验收标准做了明确规定。将副股级以上领导干部以及场保卫科、法律顾问室、纪委工作人员确定为重点普法对象。

1996 年，制订《贵南牧场“三五”普法规划》，开始开展第三个五年法制宣传教育，深入进行以基本法律和社会主义市场经济法律知识为主要内容的宣传教育。法制宣传教育的重点对象是企业管理人员和青少年。

2002 年，贵南草业公司成立后，制订《“四五”普法规划》，接续开展全民普法教育活动，将普法宣传和生产经营管理相结合，加强法律知识普及。邀请贵南县司法局、普法办等单位到公司基层各单位开展藏汉双语普法宣传，在学习宣传中国特色社会主义法律体系的同时，开展社会治安综合治理工作。从 2004 年开始，针对退耕还林工程管护问题，把《退耕还林条例》列为普法宣传教育的主要学习内容。

2006 年，制订《“五五”普法规划》和《普法工作实施意见》，继续加强对《宪法》的学习宣传，推进“法律六进”，突出宣传社会主义市场经济基本法律原则、法律制度，提升干部职工及牧民群众依法维护自身合法权益的意识和能力。

2011年，制订《“六五”普法规划》，重点学习《宪法》《青海省法治宣传教育条例》《物权法》《劳动合同法》《安全生产法》等，深入开展“法律进企业”主题实践活动，普法与解决实际问题相结合，提升依法治企能力。

2015年，为贯彻《劳动法》《劳动争议调解仲裁法》《企业劳动争议协商调解规定》等法律法规，根据青海省三江集团有限责任公司《关于下发劳动争议调解工作实施方案的通知》，公司成立劳动争议调解委员会。

2016年，制订《“七五”普法规划》，深入学习习近平总书记关于全面依法治国的重要论述和青海省委关于全面推进依法治省的重大决策。突出学习宣传《宪法》，深入宣传中国特色社会主义法律体系，宣传党内法规，大力宣传与公司经营管理密切相关的《公司法》《证券法》《合同法》《物权法》《劳动法》《反垄断法》以及财税、金融、工程建设、知识产权、环境保护、安全生产等方面的法律法规。深入开展“法律进企业”活动，推进法制教育和道德教育。

从2017年开始，将普法宣传学习教育纳入公司各级领导干部考核内容。8月，邀请贵南县政法委、法院、公安局、司法局、农牧局等单位到公司开展法制宣传教育活动，发放普法宣讲手册，三分公司及东科大队干部职工、牧民群众共120人参加教育活动。2018年，结合青海省《关于印发〈2018年全省普法依法治理工作要点〉的通知》，公司开展以组织学习《宪法》为中心任务的宣传教育活动。当年，在全公司范围内开展以“宪法在我心中”为主题的有奖征文活动。

2019年年底，协同贵南县扫黑除恶工作组在公司召开了“扫黑除恶治乱专项斗争综合治理行动”群众大会。2020年《民法典》颁布后，贵南草业公司着重组织开展《民法典》的学习宣传，将学习《民法典》纳入当年单位普法考核范围。

二、法律服务

1986年，经海南州司法局和贵南县司法局同意，成立场法律顾问室。法律顾问室受场党委领导，接受州、县司法局的业务指导。

法律顾问室为企业对外诉讼代理人，为职工提供法律咨询服务。1989年，聘任周奕林、徐尚才为法律顾问。2002年贵南草业公司成立后，保留法律顾问室，续聘徐尚才为法律顾问。2008年12月，法律顾问室撤销。从2010年开始，公司对外签订的合同、协议、公司章程以及诉讼等法律事务全部由三江集团公司聘请的常年法律顾问竞帆法律事务所处理。

2017年，公司成立法务部。

中国农垦农场志丛

第五编

企业改革

中国农垦农场志丛

第一章　体制改革

贵南草业公司是社会主义全民所有制的国有农牧企业，主要经历了军队、农垦、集团化管理几个历史阶段。在特殊的历史时期和历史条件下，承担着国家赋予的培育军马、屯垦戍边、稳定民族地区社会安定、带动少数民族地区经济发展、保障国家农副产品安全供应等职能。随着经济发展、社会进步、改革开放以及经营方针的转变，公司也不断对原有体制机制、管理模式、生产方式、产业类型进行改革。

第一节　经营机制改革

1955 年，贵德军牧场由供给制改为薪金制，实行企业化管理。体制机制做了相应的调整，制订了企业管理制度，在总后勤部的指导下实行有计划的生产经营并独立核算。

1979 年 2 月，国务院批转了财政部、国家农垦总局《关于农垦企业实行财务包干的暂行规定》，贵南牧场制订了农牧业“三定一奖”办法，企业的经营自主权得到扩大。

1983 年，借鉴农村改革经验，全面兴办家庭农场。1985 年，兴办家庭农场 142 个、家庭牧场 102 个。1988 年，贵南牧场法人代表同青海省财政、农林两厅签订经济承包合同，实行任期目标管理。

1996 年，根据党的十四届三中全会“要进一步转换国有企业经营机制，农垦系统实行两费自理改革”要求，牧场第十九届职工代表大会审议通过了《农业“两费自理”承包经营责任制》。企业将牛、羊等牲畜作价给牧工和牧民，自主经营、自我管理。1999 年，将农业机械作价给职工，并试行职工住房改革，调动了广大干部职工及牧民群众的生产积极性。小企业开始对外承包、出让，扭亏无望的关、停、并、转。

2002 年后，按照“产业化、集团化、股份化”的要求，加快公司制改造和资源整合，进一步建立健全现代企业制度。2003 年，公司第一届二次职代会审议通过《贵南草业公司改革试点方案》，改革内容涉及股份制改造、土地租赁等 11 项。

第二节　公司制改革

1999年年初，青海省行政改革、事业单位改革和企业改革同时推进，青海省政府率先在全省推进农垦企业化改革。1999年12月8日，成立青海省国有农牧控股有限责任公司，将贵南牧场等青海省农林厅和青海省畜牧厅所属的大部分国有农牧场划归农牧控股公司管理。

2001年，贵南牧场因自1995年始连续6年受灾，企业严重亏损，资不抵债，经青海省高级人民法院裁定依法破产。2002年1月10日，重组成立了青海省贵南草业开发有限责任公司。公司设立三级管理两级核算，即公司、分公司、生产队，公司和分公司设立核算单位，生产队只设统计员，公司直属单位财务统一在结算中心核算。

企业破产重组后，摆脱了长期负债经营的局面。从2001年开始，企业结合国家西部大开发战略，积极调整产业结构，大面积实施退耕还林工程，发展草产业和牛羊设施养殖，粮油种植面积减少三分之二，农牧业生产进入良性发展的轨道。2002年，公司积极申请国家农业综合开发项目，以土地治理、粮食仓储、草场围栏、饲草种植、牲畜棚圈、定居点、饮水设施为主要建设内容，农牧业基础设施建设快速发展，为后续农牧业发展奠定了坚实的基础。

2002年，公司实行全员劳动合同制，改革内部分配制度，以岗定薪，岗变薪变。用工实行竞聘择优上岗，职工收入显著提升。

2003年，青海省国有农牧控股有限责任公司与青海省商贸资产经营公司合并，成立青海省三江集团有限责任公司，贵南草业公司由青海省三江集团公司领导。这一时期，放开企业生产经营的自主权和用工权，企业用工和职工就业双向选择。

2016年，按照青海省国资委和三江集团党委的要求，进行以建立健全与现代企业管理制度相适应、符合科学发展要求的企业领导人员管理机制改革，健全公司法人治理结构。

第二章 企业办社会职能改革

20 世纪 50—70 年代，根据发展和长期稳定的需要，军马场通过自身努力，设立了许多社会职能机构，涉及公安保卫、基础教育、基本医疗、公共卫生、计划生育、道路建设、林业绿化、优抚、广播电视、供水供电供暖、防火防汛、畜牧兽医、动物卫生防疫、环境卫生管理、气象防雹、综合治理等方面，各项支出由企业承担。据统计，2015 年，公司学校、医院、公共卫生、计划生育、公共安全、动物防疫、社会保障、道路养护、环境保护、危房改造、三供一业、公益林管护等社会职能从业人员共 243 名，费用支出 736 万元（不包括财政拨款），给企业经营带来了很大的压力和负担。从 2016 年开始，按照农垦改革相关要求，将社会治安、基础教育、基本医疗和公共卫生等社会职能移交地方政府属地化管理，减轻企业负担。

第一节 学校移交

一、民族中学移交

1984 年 11 月，合并二分场羊队小学和东科大队小学，在过马营成立民族寄宿小学。1998 年，在小学的基础上成立全日制九年一贯制民族中学，于 2007 年移交地方政府管理，移交教职工 29 人、在校学生 90 名，移交学校土地面积 120 亩，校舍 6 栋、1296 平方米。

二、牧场中学移交

贵南牧场中学始建于 1967 年，是集幼儿园、小学、初中、高中于一体的一贯制学校。2015 年年初，有在校学生 1199 人、教职工 89 人、退休职工 21 人。

2015 年 1 月 7 日，受青海省委常委、副省长马顺清委托，青海省政府副秘书长候鹏宁主持召开专题会议，青海省机构编制委员会办公室、青海省发展和改革委员会、青海省教育厅、青海省财政厅海南州政府、海南州教育局、海南州人力保障局、海南州机构编制委员会办公室、海南州财政局、贵南县政府、贵南县教育局、青海省三江集团公司、贵南草业公司、贵南牧场中学有关负责人参加了会议。经过多方沟通协调，达成一致意见，形成《贵南牧场中学整体移交贵南县政府管理专题会议纪要》。

贵南牧场中学整体移交贵南县政府管理有利于企业发展，有利于优化配置教育资源，提升学校教育质量，是推进义务教育均衡发展的重要举措。

第二节　医院移交

2016 年 1 月 15 日，青海省机构编制委员会办公室副主任李清林主持召开贵南草业公司职工医院移交协调会，青海省三江集团公司、海南州机构编制委员会办公室、贵南县人民政府等相关人员参加。会议决定，将贵南草业公司职工医院整体移交贵南县人民政府管理。

2016 年 8 月 17 日，贵南县人民政府召开专题会议，形成《关于青海省贵南草业公司职工医院整体移交贵南县政府管理的专题会议纪要》，当月将医院移交贵南县地方政府管理。共移交医务人员 56 人、固定资产净值 1956109.07 元、流动资产 3923434.34 元，移交医院综合楼、急救中心等设施 2786.38 平方米，移交土地 12.43 亩。

第三节　公安移交

1949 年 9 月，在部队管理期间设警通排，后改为警通班，负责治安保卫工作。20 世纪 60 年代，保卫工作由场政治处负责，设保卫干事。1976 年移交地方后，成立场保卫科。1989 年 8 月，青海省公安厅青（公）20 号文批准贵南县公安局成立贵南牧场治安派出所。1999 年，青海省农林厅和公安厅联合下发《关于将贵南牧场治安派出所改建为贵南县公安局过马营地区林业派出所的批复》（青农林政字〔1999〕第 033 号），该派出所为科级建制，业务上归青海省森林公安处、贵南县公安局双重领导，行政上由贵南牧场管理，所需经费由牧场承担。

2001 年，按照《公安部关于企业事业单位公安机构体制改革实施办法》，将贵南县公安局过马营地区林业派出所移交海南州公安局管理，为海南州森林公安局过马营分局。2009 年 1 月，13 名干警的事业编制移交海南州公安局，公司再承担三年的工资和公共经费之后，由海南州财政支出。2020 年公安机构改革时，海南州森林公安局过马营分局交给海南州公安局森林警察支队管理。

2012 年 8 月，公司重新成立保卫科，编制 4 人。

第四节 三供一业

一、供电

1977年，贵南牧场变电所成立，负责当地居民和周边牧民的生产生活用电。

2001年7月5日，根据《关于改造农村电网，改革农村电力管理体制实现城乡同网同价》的精神，变电所移交海南州供电局管理。9月，贵南县供电公司按照《贵南牧场输配电网资产移交协议》，接收贵南牧场变电所的所有设备、设备区辅助设施及办公用房，移交房屋8间、人员2名。

2018年，公司与国网青海省电力公司西宁供电公司签订《国有企业“三供一业”供电分离移交实施协议》，将位于西宁市城东区果洛路康南巷1号院111户、西宁市城东区康南路39号院的72户电表改造及配电变压器、高低压电力线路等相关居民用电和电力设施全部移交国网青海省电力公司西宁供电公司。

二、供水

20世纪60年代，成立管道队（水管队），有职工11人，主要负责公司及周边村社2.5万余人和20万头（只）牲畜的供水，供水面积1300多平方公里，涉及过马营镇区、4个分公司和周边24个村社。公司每年承担供水人员的社保、工资费用51.5万元，承担管道维护费用20万元左右。2019年，固定资产净值为1054.58万元。

公司与贵南县委、县人民政府、水务局、过马营镇人民政府、过马营镇水管所多次衔接，因种种原因，至今未移交。

2018年，与西宁供水（集团）有限责任公司签订《贵南草业公司所属四个职工家属区供水业务分离移交协议》，将所属4个职工住宅小区的447户居民生活用水、所属供水设施资产移交西宁供水（集团）有限责任公司。

三、供暖（供气）

2012年，在过马营建成廉租房4栋、192户，由机关事务管理局负责集体供暖。2016年，移交贵南县房管局管理。

2014年，对贵南草业公司驻西宁办事处447户住户实施煤改气工程，分户采暖，由西宁市中油然气有限责任公司管理。

四、物业管理改革

2018年4月，根据中共中央、国务院《关于深化国有企业改革的指导意见》，国务院印发的《加快剥离国有企业办社会职能和解决历史遗留问题工作方案》以及国资委、财政部《关于国有企业职工家属区“三供一业”分离移交工作指导意见》，开始对西宁职工家属区 4 个小区的供水、供电、道路、绿化亮化等相关设施设备进行维修改造，共涉及 4 个小区（共 425 户），楼房 8 幢，面积 17530.20 平方米。投入 836.13 万元，资金由青海省财政和贵南草业公司各承担一半。2019 年 10 月 30 日，改造工作全部完成，达到了城市基础设施平均水平后，交由专业的物业公司管理。

2019 年 11 月，按照与西宁贵达物业管理有限公司签订的《国有企业家属区物业管理分离移交协议书》，将与西宁市果洛路 7 号，康南路 1 号，康西路 22、23、24 号，康南路 39 号小区有直接关联的物管用具、锅炉房、门卫、值班室等相关资产及设施设备移交给西宁贵达物业管理有限公司管理。

第五节　社区服务

2018 年 4 月，根据中共中央、国务院《关于进一步推进农垦改革发展的意见》（中发〔2015〕33 号）和中共青海省委、青海省人民政府《关于印发〈青海省推进农垦改革发展实施方案〉》（青发〔2016〕21 号）文件精神，贵南县人民政府及相关部门、过马营镇政府、贵南草业公司依据《中华人民共和国城市居民委员会组织法》和《贵南县人民政府关于推进贵南草业公司农垦改革发展实施方案》的有关规定和要求，成立贵南县过马营镇第三社区居民委员会。

2018 年 4 月 6 日，过马营第三社区挂牌成立，管理范围包括贵南草业公司所属 6 个分公司、东科大队以及过马营镇幸福路东片区。第三社区居委会人员构成和聘用按照《居委会组织法》的有关规定执行，居民委员会由主任、副主任和委员组成。由于第三社区点多、面广、线长，管理、服务范围较大，成员定为 9 人。社区工作人员全部聘用公司员工，工资由社区支付，职工身份不变。

第三社区的社会职能包括社会养老服务、农村养老金缴纳、居民医疗保险、计划生育、社会民政救助、退役军人管理、综合治理、环境卫生治理、社区治理以及社区党风廉政建设等。截至 2019 年 12 月 10 日，过马营镇第三社区服务社区居民共计 2479 户、6893 人。其中，特殊扶助 5 户、9 人，享受低保 149 户、370 人，高龄补贴 515 人，残疾人 145 人，农村养老 123 人，新农合医疗保险 495 人，城镇居民医疗保险 3172 人，建档立卡贫困人口 38 人，临时救助 16 人。

第六编

党政群团

中国农垦农场志丛

第一章　党建工作

自1952年成立中共贵德军牧场委员会以来，贵德军牧场、国营贵南牧场、贵南军马场、贵南牧场以及贵南草业公司历届党委始终围绕党在不同时期的路线方针和中心工作，高举毛泽东思想伟大旗帜，以邓小平理论、“三个代表”重要思想、科学发展观、习近平新时代中国特色社会主义思想为指导，深入开展党的思想建设、政治建设和组织建设，坚持反腐倡廉，发挥党对企业的领导核心和政治核心作用，密切联系企业实际，与时俱进，团结和带领职工群众，解放思想，求真务实，开拓创新，发扬“以场为家，艰苦奋斗”的牧场人精神，调整优化产业结构，加快基础设施建设，改善职工群众生活，发展国有企业经济，促建民主政治和法治建设，推动企业经济建设和社会各项事业取得新的成就。

第一节　党委机构

1957年，政治委员改为党委书记，分场政治教导员、连队政治指导员改为支部书记，党委的办事机构改为党委办公室，管理干部和工人。1961年9月二次归军以后，场名改为中国人民解放军总后勤部贵南军马场，先后隶属于总后勤部、总后青藏办、总后西安办山丹军马局领导，恢复政治委员制。贵南军马场党委下设政治处，管理党员、干部，职工由行政办公室管理。1976—1980年，贵南牧场党委下设政治处，管理党员、干部，职工由行政办公室管理。1981—1985年，贵南牧场党委下设政工科，管理干部和职工。1986—1990年，党委办公室管理干部，职工由人事科管理。1991—2000年，牧场党委设政治处，劳动人事部管理干部和职工。

一、第一次归军时期（1949年9月—1956年12月）

1949年12月，青海省军管会任命鲁仓分场场长卢一田为贵德军牧场场长，任命李继家为教导员，建立了党组织。

1950年8月，王秉哲任军牧场政治协理员。20世纪50年代初，贵德军牧场党委设政工室和干部组织科，分别管理党政干部和工人。

1952年，贵德军牧场设党委，下设1个党总支、2个党支部。

1953年，贵德军牧场成立场党委，下设2个党支部、4个党小组。同时，贵德军牧场由营级升为团级，调任王国柱为场长兼政委。

1955年，调任张国权为场长兼政委。至1957年，贵德军牧场隶属西北军区马政处，实行军事化管理，党员人数较少，党的组织基本建立，政治教导员、政治委员由上级党委任命，党委办事机构为政工室。

二、农垦部门管理时期（1957—1961年）

1957年，根据国办1956第52号通知，马场交农垦部管理，由青海省农垦厅具体领导，改名为国营贵南牧场。政治委员改任党委书记，分场政治教导员、连队政治指导员改任党总支书记、党支部书记。党委的办事机构改为党委办公室，张国权任场长兼党委书记。

1959年12月23日，国营贵南牧场召开第一届党代会，选举产生了第一届党委会，党委委员11人。

1961年7月15—17日，国营贵南牧场召开第二届党代会，选举产生第二届党委会。

农垦管理时期，党的组织基本健全，党的各项工作开展正常。

三、二次归军时期（1961年9月—1975年）

1961年二次归军以后，场名改为中国人民解放军总后勤部贵南军马场，隶属于总后勤部，先后由总后青藏办事处、西安办事处山丹军马局领导，恢复政治委员制，党委办事机构为政治处。

1963年5月13日，贵南军马场召开第三届党代会。

1963年，调任李荣庭为政委，冯毅为副政委。1966年，调任王忠卿为政委，张树峰为副政委。1970年，调任牛公元为政委，郝伍生为副政委。1975年，副场长周英明改任副政委。

四、省厅管理时期（1976—1999年）

1976年，贵南军马场移交地方，归青海省畜牧厅管理。

1977年，政委牛公元调离，场长魏琨、副政委周英明被抽调到青海省生物制药厂和湖东种羊场负责开展群众路线教育活动，副场长李贞豪主持全盘工作。

1980年7月10日，贵南牧场召开第四届党代会，选举产生第四届党委会。党委会由17人组成，党委书记李贞豪，党委副书记霍培贤。党委的办事机构改为政工科。

1982年，提任陈其元为党委书记（兼），韩生彬为党委副书记。1983年，提任高闻天为党委书记。

1984年7月16—18日，贵南牧场召开第五届党代会，选举产生第五届党委会。党委会由15人组成，并设党委常委会。党委书记高闻天，党委副书记兼纪委书记韩生彬，专职纪委副书记谭仲仁。

1985年，曾科改任党委书记，提任刘德文为党委副书记。场党委办事机构为党委办公室。

1990年12月，提任刘德文为党委书记（兼），何晓林为党委副书记。党委办事机构为政治处。

1992年1月6—7日，贵南牧场召开第六届党代会，选举产生第六届党委会。党委会由25人组成，并设党委常委会。

1994年4月，提任杨丰节为党委副书记。1995年5月，任命肖俄力为党委书记（兼）。1999年12月，提任董开保为党委副书记。

五、青海省三江集团公司管理时期（2000—2020年）

2000年12月，调任蒋云龙为党委书记。

2001年11月，成立中共青海省贵南草业开发有限责任公司委员会，蒋云龙任党委委员、书记。党委委员有蒋云龙、董开保、杨蜀、周军建、张牛库。党委办事机构为劳动人事部。

2004年2月，任杨蜀为党委副书记，增补冉建和、蔡国庆、盛小秋为党委委员。

2005年11月，提任杨蜀为党委书记，调任关定国为党委委员。党委委员有杨蜀、董开保、冉建和、关定国、周军建、蔡国庆、盛小秋。

2008年4月，提任卡秀加为党委委员、副书记。党委委员有杨蜀、冉建和、关定国、杨来胜、卡秀加、周军建、刘向朝。

2009年4月，调任孙明德、曹国成为党委委员。党委委员有杨蜀、孙明德、关定国、卡秀加、曹国成、周军建、刘向朝。

2011年，党委委员有杨蜀、孙明德、卡秀加、冉建和、曹国成、周军建、刘向朝。

2012年12月，调任高长江为党委委员、书记（兼）。党委委员有高长江、卡秀加、孙明德、旦正、曹国成、周军建、刘向朝。

2017年4月，调任牛建伟为党委委员、书记（兼），党委委员有牛建伟、卡秀加、旦正、曹国成、李善龙、周文书、宋玉波、白全福、张卫新。党委办公机构改为党群工作部。

2020年1月，提任周文书为党委书记（兼）。党委委员有周文书、卡秀加、旦正、曹国成、宋玉波、张卫新。

第二节　纪检监察机构

一、组织机构

1959年以前，牧场未设党的纪律监察机构，纪检工作由党委负责。1959年12月，召开国营贵南牧场第一届党代会，选举产生党的监察委员会，监委书记张凤翚，任命曾时为党委监察干部。

1961年7月15日，召开国营贵南牧场第二届党代会，选举产生监委委员和监委书记。监委委员李天顺、张凤翚、陈新民、刘秀珍、曾时、王全秀、胡国平、毕廷贵，监委书记张凤翚，监委副书记陈新民。

1963年5月13日，召开贵南军马场第三届党代会，选举产生监委委员和监委书记，监委书记张凤翚。

1969年，中共“九大”以后，按照新党章规定，取消党的监委会，监察工作由党委直接负责。

1979年，设立中共贵南牧场纪律检查委员会。

1980年7月10日，召开贵南牧场第四届党代会，选举产生场纪律检查委员会，甘纪生、卢镛、邢文廉、曲忠庆、肖发祥、陈联璞、高闻天、韩生彬、霍培贤9人为委员，纪委书记霍培贤（兼），专职副书记曲忠庆。

1984年7月16日，召开贵南牧场第五届党代会，选举产生场纪律检查委员会，卜喜林、王佩明、甘纪生、杨林庭、商东山、贾冬焕、韩生彬、谭仲仁、衡儒林9人为委员，纪委书记韩生彬（兼），专职副书记谭仲仁。

1992年1月6日，召开贵南牧场第六届党代会，选举产生场纪律检查委员会，王章才、王军生、王尚奇、田应录、东科、安锡善、宋清德、张文、贾世贤、徐兰斋、徐文明11人为委员，纪委书记何晓林（兼），专职副书记徐文明。

1999年，提任王章才为纪委书记。2005年，纪委书记董开保（兼），专职副书记安锡善。2014年，卡秀加任纪委书记（兼）。2016年，旦正改任纪委书记，李斌为纪检监察室主任。2019 年 12 月，纪检监察室改为纪委办公室，李斌任主任，羊本加为副主任。

二、违纪案件查处

1959 年以前，党员违纪案件由场党委查处。1959 年，监察委员会贯彻执行党的方针政策和上级党委的决议，积极深入开展党风廉政建设、查处党员违纪违法等工作。

1963 年，党委监察工作的重点工作是加强对党员党的方针、政策、纪律、道德品质的教育，开展“五反”运动。

1969—1971 年，查处贪污案件 13 起、偷盗案件 19 起。

1980—1984 年，场纪委对场内出现的以权谋私、违法乱纪、假公济私、请客送礼、纪律松弛等不正之风进行了查处，查出违纪案件 30 件。

1993 年 1 月 5 日，场纪委和审计室合署办公。

1996 年，场供销处采购员（党员）贪污受贿金额 67 万元，经查处，给牧场挽回经济损失 45 万元。

1997 年，查出违反财经纪律金额 16.8 万元，没收 2.6 万余元。

2002—2005 年，公司纪委查处违纪案件 9 起，开除党籍 2 人，行政处分 4 人。

2006 年 9 月，公司纪委和审计室查出违规资金 7.3 万元，追回 6.7 万元。

2014 年，纪委受理 4 件投诉案件，3 件落实回复。

2015 年，对违反工作纪律和财经纪律的 2 名管理人员给予降职处分，并调整了工作岗位。

2017 年，对 2 名违纪的管理人员给予行政处分和职务调整。

第三节　组织建设

一、第一次归军时期

1950 年，政治干部由上级委派，党员人数少，没有建立党组织。自 1951 年起，党的重点工作是建立组织，培养发展党员。1952 年年初，有党员 10 人；7 月 1 日，接收一军莫曲沟农场党员 14 人。贵德军牧场设党委，下设 1 个党总支、2 个党支部。至 1956 年，有党员 81 人。

二、农垦管理时期

1957 年，成立国营贵南牧场党委，职工人数增加较快。1959 年，河南支边青年由党员领导干部带队，成建制到场，场内党员人数增加至286名。牧场党委下设6个党总支、26个党支部。

1960年，牧场党委下设5个基层党委（鲁仓分场、莫曲沟分场、三角滩分场、南滩分场、西滩分场）、33个党支部，有党员258人。

三、二次归军时期

1961年9月，牧场二次归军。贵南军马场党委对下属基层党组织进行整合，下设营级党委3个（一分场、二分场、莫曲沟分场党委）、连级党支部34个。1962年，精简整顿职工队伍，党员人数减少至227人。1964年，随着木格滩养马基地的确定，生产规模和职工人数快速增加，党支部和党员队伍不断扩大。

1968年，三、四分场建成后，设4个基层党委（一分场、二分场、三分场、四分场），有25个党支部，党员364人。“文化大革命”时期，军马场遵照中央军委指示，主要进行正面教育。这一时期，场党委委员由山丹军马局党委任命。

1970年，分场党委改为大队党委，队党支部改为连党支部。1974年，恢复分场党委和队党支部。至1975年，党委下设4个基层党委、32个党支部，有党员522名。

四、省厅管理时期

1976年，贵南军马场交给青海省畜牧厅，经营方针转变，农业生产规模迅速扩大，职工子女就业人数逐年增加，党的基层组织不断加强。至1997年，有7个基层党委、1个党总支、66个党支部，有党员937人。

五、青海省三江集团管理时期

2002年，贵南草业公司党委成立，下设7个基层党委、1个党总支、37个党支部，有党员884人。

2009—2015年，设6个基层党委、2个党总支、40个党支部。2018年，随着党员人数的减少，将7个基层党委整合为6个基层党总支、31个党支部，有党员977人。

2019年3月，根据国有企业改革精神，570名退休党员移交社区党支部属地管理。7月，将所属6个党总支、31个党支部优化整合为1个党总支、20个党支部，有党员390人。2020年年底，有党员411名。

1950—2020年部分年份党组织情况见表6-1-1，党员人数变化情况见表6-1-2。

表 6-1-1　1950—2020 年部分年份党组织情况一览

单位：个

年份	党委数	基层党委	党总支部	党支部
1952	1	—	1	2
1956	1	—	1	2
1959	1	—	6	26
1960	1	5	—	33
1961	3	5	—	34
1976	1	4	—	32
1980	1	5	—	40
1982	1	4	1	40
1985	1		4	45
1990	1	6	1	62
1995	1	8	—	66
2000	1	6	2	64
2001	1	5	4	38
2002	1	7	1	37
2014	1	6	2	40
2017	1	7	—	39
2018	1	—	6	31
2019	1	—	1	20
2020	1	—	1	20

表 6-1-2　1950—2020 年部分年份党员人数变化

年份	党员总数	女党员	发展党员	退休党员	在职党员数
1950	1	—	—	—	—
1956	81	—	13	—	81
1960	258	5	35	—	258
1961	237	12	26	—	237
1976	528	28	61	—	528
1980	580	25	24	—	580
1982	611	33	31	—	611
1990	668	83	5	177	491
2000	937	153	—	116	821
2002	884	162	23	271	613
2012	901	199	22	364	537
2019	960	209	5	570	390
2020	411	76	5	—	411

第四节　历次党代会

一、第一届党代会

1959年12月23日，中共国营贵南牧场第一届代表大会在过马营召开，党委书记聂金贵代表党委做《中共国营贵南牧场委员会三年来工作总结和1960年任务》的报告，党委副书记李纪奎做《1960—1969年十年生产发展规划（草案）》的报告，场工会副主席曾时做《当好党的助手，大搞群众生产运动》的发言。

大会选举聂金贵、李纪奎、薛建功、李天顺、乔正心、王鹏尚、贺占州、王振波、王宗英、聂升云、毕廷贵11人为党委委员，聂金贵、李纪奎、薛建功、张凤翚、乔正心为党委常委，书记聂金贵，副书记李纪奎，监委书记张凤翚。

二、第二届党代会

1961年7月15—17日，在过马营召开中共国营贵南牧场第二届代表大会，有正式代表60人、列席代表4人、特邀群众代表7名。党委副书记李纪奎致开幕词，党委书记聂金贵做《巩固成绩，乘胜前进，以牧为主，大养牲畜，大办农业，以粮为纲，力争今年农牧业生产获得一个较好的收成》的工作报告，监委书记张凤翚做《不断提高生产管理与经营管理水平，为实现草原红旗场而奋斗》的报告。

大会选举聂金贵、张凤翚、李纪奎、薛建功、齐正心、游河清、夏昭荣、王鹏尚、王宗英9人为党委委员，书记聂金贵，副书记李纪奎，监委书记张凤翚，监委委员李天顺、陈新民、刘秀珍、曾时、王全秀、胡国平、毕廷贵。

三、第三届党代会

1963年5月13日，在过马营召开中共贵南军马场第三届代表大会。推选代表52名，经审查，3人不符合代表条件，被取消代表资格，出席大会的有正式代表49名。监委书记张凤翚致开幕词，总后青藏办事处副政委席汝林到会致词，党委书记聂金贵做党委工作报告，张凤翚做监委工作报告。会议主题是：高举毛泽东思想伟大红旗，坚持“四个第一”，在全场范围内掀起一个既轰轰烈烈又扎扎实实的创造“四好运动”的高潮。高举社会主义建设总路线、“大跃进”、人民公社三面红旗，继续发扬我军艰苦奋斗的光荣传统，安心马场工作，热爱养马事业，遵守民族政策，搞好场群关系，坚定贯彻“勤俭建国，勤俭办一切事业”和“以农业为基础，以养马为主体，综合经营”的建场方针。

四、第四届党代会

1980年7月10日，在过马营召开中共贵南牧场第四届代表大会。推选代表115名，因公、因病请假15名，实际参加会议代表100名，列席代表5名。党委书记李贞豪做党委工作报告。大会以无记名投票的方式选举产生场四届党委委员和纪委委员，17名党委委员为王兆吉、王鹏尚、王佩珉、多吉加、李建帮、李贞豪、何光、周文昌、陈其元、杨应奇、张承祥、耿绍安、高闻天、商东山、韩生彬、谭仲仁、霍培贤。选举产生7名党委常委：王鹏尚、李贞豪、陈其元、张承祥、高闻天、韩生彬、霍培贤。党委书记李贞豪、副书记霍培贤。选举产生场纪律检查委员会。

五、第五届党代会

1984年7月16—18日，在过马营召开中共贵南牧场第五届代表大会。大会有正式代表114名，因工作或请病假32名，实到代表82名，有列席代表1名。

党委书记高闻天做《解放思想，立志改革，建设繁荣富裕的新牧场》的工作报告，纪委书记谭仲仁做《中共贵南牧场第四届纪律检查委员会工作》的报告，农林厅政治处主任凌傲大到会做《振奋精神，立志改革，为建设牧场作出重大贡献》的讲话。

大会采取无记名投票和等额选举的办法，选出五届党委委员15名：马增山、孔纯林、卢镛、冯关成、曲忠庆、邢文廉、吕寿昌、张承祥、肖发祥、杨应奇、高闻天、耿绍安、曾科、韩生彬、谭仲仁。

五届党委一次会议投票选举卢镛、张承祥、高闻天、曾科、韩生彬5人为党委常委，党委书记高闻天，党委副书记韩生彬。

六、第六届党代会

1992年1月6—7日，在过马营召开中共贵南牧场第六届代表大会。选出代表133名，经大会代表资格审查小组审查，全部符合代表条件。

党委副书记何晓林致开幕词，青海省农林厅政治处主任吴珉到会。党委书记刘德文做《团结求实，努力奋斗，振兴牧场经济》的工作报告，纪委副书记徐文明做《中共贵南牧场第五届纪律检查委员会工作》的报告。

大会以无记名投票和等额选举的办法，选举产生六届党委及纪委。25名党委委员为卜喜林、王佩学、孔纯林、卢镛、加甲、刘德文、刘进敏、曲忠庆、吕发明、邢保功、李成元、孙四保、何晓林、肖俄力、肖发祥、杨应奇、杨峰敏、陆会文、金国璠、钱志明、梁浩、喻景明、谭仲仁、蔡俊彦、衡儒林。选举党委常委 7 人：孔纯林、卢镛、刘德文、何晓林、肖俄力、杨峰敏、衡儒林。党委书记刘德文，副书记肖俄力、何晓林。

第六届党代会后，再未召开过党代会。

1993—1999 年，场党委书记、副书记由农林厅党委任命，委员由场党委推荐，上级党委批准，设常委 7 名。党委的日常工作由党委副书记主抓，政治处具体负责，配备工作人员 5 名。

2000—2020 年，党委书记、副书记由集团公司党委任命。设党委委员 5 名，由党委会推荐，报集团公司党委批准。

第五节　思想政治工作

一、党委职能部门（政工机构）沿革

1950—1956 年，党委的职能部门为政工室，主要工作有组织、干部等。

1957—1961 年，党委的职能部门为组织政治部，主要工作有组织、宣传、干部、保卫、工会、团委、青工等。

1962—1980 年，党委的职能部门为政治处，主要工作有组织、干部、宣传、共青团、保卫等。

1980—1985 年，党委的职能部门为政工科，主要工作有组织、宣传、干部、共青团等。

1985—1990 年，党委的职能部门为党委办公室，主要工作有组织、宣传、共青团、武装部等。

1991—2000 年，党委的职能部门为政治处，主要工作有组织、干部、宣传、劳动人事、武装部、综合治理等。

2001—2016 年，党委的职能部门为劳动人事部，主要工作有组织、人事、宣传、干部、共青团、劳资、社保、武装部、综合治理、档案管理等。

2017—2020 年，党委职能部门为党群工作部，主要工作有组织、劳动人事、宣传、干部、共青团、社保、武装部、综合治理、档案管理等。

二、政治工作的主要内容

组织工作围绕党的中心工作，贯彻执行党的方针政策和上级党委的决议。建立健全党的组织生活会制度，制订年度党员发展计划，发展党员，开展党员教育活动，进行年度党

员评议，表彰奖励和向上级党组织推荐先进基层党组织、优秀党务工作者、优秀党员、先进生产者等。组织党委中心组理论学习，研究掌握政治工作及企业管理的有关政策法规，组织指导共青团工作。

1. 干部人事 执行干部工作有关政策、法规，考核、选拔、培养管理干部，组织干部岗位培训。管理干部档案，安置离退休干部，专业技术人员的职称评定和聘用。

2. 宣传思想 研究掌握党的方针政策，安排部署党委中心组的政治理论学习，组织开展职工政治思想教育，抓好经常性思想工作。组织党员文体活动，负责电影、电视、广播、图书及各种文化娱乐场所的管理。编印内部通讯简报，搞好宣传报道。

3. 安全保卫 负责企业治安管理，预防重大案件。建立健全治安保卫工作制度，落实治安防范措施，预防和减少违法犯罪，消除治安隐患，保护国有资产和职工人身安全，维护企业的生产经营秩序。

4. 教育管理 制订年度党支部学习计划、党员学习计划、职工教育计划，送培在职职工。

5. 制度建设 1983年，贵南牧场党委印发《贵南牧场关于加强基层党支部意见》《贵南牧场关于加强思想政治工作的意见》。1988年，印发《牧场党组织基本标准》《基层党委书记支部书记工作制度》等。1999年1月，印发《基层党组织职责》《基层党委书记职责》《基层支部书记职责》。

2000年，建立健全各项会议制度，制订《党委会制度》《贵南牧场督查工作制度》。2002年，制订《公司领导干部管理暂行办法》，规范领导干部工作纪律和行动准则。同年5月，制订劳动人事、纪委、审计室部门职责、规章制度及岗位职责。

2006年，制订《青海省贵南草业公司劳动人事六项管理制度》。2011年，制订《“三重一大”议事规则》。2014年，制订《党支部标准化建设工作手册》。

2017年，制订《贵南草业公司党委会议事规则》《贵南草业公司的“三重一大”制度实施办法》《贵南草业公司廉政建设管理制度》《贵南草业公司廉政风险防控管理工作制度》《贵南草业公司党风廉政建设谈话制度》《纪委巡查工作制度》《党风廉政建设报告制度》《贵南草业公司党委中心组学习制度》《贵南草业公司基层党支部议事规则》《管理干部选拔任用工作规范》等相关制度。

2018年6月，以习近平新时代中国特色社会主义思想为指导，加强公司基层党建工作，建立“566321”基层党支部建设质量管理标准。

2020年，修订《贵南草业公司“三重一大”制度实施办法》《贵南草业公司廉政建设管理制度》《贵南草业公司廉政风险防控管理工作制度》等制度。

第六节　政治运动及教育活动

1952年1月，开展整党和“三反”“五反”运动，以“反贪污、反浪费、反官僚主义”为主要内容，检举揭发有贪污问题的干部33人。

1954年，开展社会主义总路线教育。

1955—1957年，开展“反对官僚主义、宗派主义和主观主义”的整风运动，至1958年12月底结束。

1959年年底，开展整风整场运动，处分党员干部43人。

1960年4—7月，开展“三反”“四反”整场整风运动。

1963年，开展整场、“五反”运动，并开展对“一厘钱”精神、雷锋精神、好八连的学习活动和增产节约活动。

1968年，开展“五好”运动。“五好”标准单位为政治工作好、完成计划好、企业管理好、三八作风好、生活管理好；“五好”标准个人为遵守纪律好、思想觉悟好、经常学习好、团结同志好、工作劳动好。

1981年，贵南牧场开展“五讲四美三热爱”“三优一学”及“四有”活动。“五讲”即讲文明、讲礼貌、讲卫生、讲秩序、讲道德；“四美”即心灵美、语言美、行为美、环境美；“三热爱”即热爱祖国、热爱社会主义制度、热爱中国共产党。“三优一学”即优质服务、优良秩序、优美环境，学英雄模范人物。

1982—1983年，贯彻中央通知精神，开展严厉打击经济领域严重犯罪活动。全场组织办案人员65人，清查出1000元以上的经济案件12起，党纪政纪处分12人，追究刑事责任的2人，追缴赃款17800余元。

1983年，牧场党委根据国务院《关于国营企业全面整顿的决定》，抽调110名干部组成蹲点工作组，对36个单位、25个党支部和党员进行三项教育评议。

1984年11月中旬，开始整党工作，40个党支部、596名党员参加。场党委贯彻“以整党促改革，以改革检验整党”的方针，从思想、作风组织方面进行了全面整顿。对571名符合基本党员条件的党员进行了登记，对8名党员给予了缓期登记，2名党员不予登记。结合整党，评选出3个先进党支部、22名优秀党员。

1986年，按照青海省委、农林厅党委的部署，开展整党工作。学习《中国共产党党章》和党的基本知识，以共产党员的标准对照检查，开展批评与自我批评。登记党员608人，暂不登记党员62人，不予登记党员4人，除名11人，开除党籍1人。

2000年，在全场党员领导干部中开展以“讲学习、讲政治、讲正气”为主题的“三讲”教育活动，历时62天。

2005—2006年，开展保持共产党员先进性教育活动，公司以“增强党员素质、加强基层组织、服务人民群众、促进各项工作”为目标，开展自我批评和民主评议、制定整改措施等阶段性教育，以会代训党员655人（次）。

2008—2009年，围绕“党员干部受教育、科学发展上水平、人民群众得实惠”的总要求，878名党员、干部参加科学发展观学习教育实践活动。

2010—2012年，开展创先争优活动，901名党员公开岗位承诺践诺书。

2013—2014年，开展党的群众路线教育实践活动，有959名党员参加。

2015年，开展“三严三实”专题教育，公司40个基层党支部参加。

2016年5月11日，公司开展“两学一做”学习教育。

2019年5月—2020年，“不忘初心　牢记使命”主题教育梳理检视问题9条，整改落实9条。

第二章　群团组织

20 世纪 50 年代，工会、共青团、妇女联合会等人民团体相继成立。长期以来，这些团体依法履行健全组织、维护权益、关心关爱、思想教育等职能，广泛参与社会主义物质文明、政治文明和精神文明建设，服务于企业改革和经济建设大局，发挥了群团组织的桥梁和纽带作用。

第一节　工　　会

1955 年，成立工会委员会。场各级工会紧紧围绕各个历史时期党的中心工作，充分发挥桥梁、纽带作用。广泛开展职工政治思想教育，组织开展社会主义劳动竞赛活动，参与企业民主管理，倡导文明新风，丰富职工群众业余文化生活，维护妇女儿童的合法权益，开展助残解困和送温暖活动，为全场改革、发展、稳定大局，为物质文明和精神文明建设做出了积极的贡献。

一、历届职代会

职工代表大会制度是企业民主管理的主要形式，是职工参与企业经营管理、行使民主权利的主要方式。

1. 第一届一次职工代表大会　第一届一次职工代表大会于 1957 年 3 月 15—19 日在过马营召开，出席代表 38 人。这次大会是贯彻中共八届二中全会“增产节约，勤俭办一切事业”的精神召开的，场长兼书记张国权做《一九五六年工作总结和一九五七年生产任务要求》报告，讨论了 1957 年各部门增产节约计划，选举产生了由 17 人组成的牧场管理委员会。

2. 第一届二次职工代表大会　第一届二次职工代表大会于 1957 年 12 月 14—23 日在过马营召开，有职工代表 42 人、列席代表 7 人、家属代表 3 人，场长张国权做工作报告。

3. 第二届职工代表大会　第二届职工代表大会于 1958 年在过马营召开，副场长聂金贵做工作报告。

4. 第三届职工代表大会　第三届职工代表大会于1959年在过马营召开，场长聂金贵做工作报告。

5. 第四届职工代表大会　第四届职工代表大会于1962年在过马营召开，有职工代表71人，场长张凤翚做工作报告。

6. 第五届职工代表大会　第五届职工代表大会于1964年3月在过马营召开，有职工代表82人、出席到会代表65人、“五好”家属代表5名、列席代表12名。副政委冯毅代表党委做《一九六三年开展四好运动的总结和一九六四年开展五好生产队运动的计划》报告，副场长徐振芝做《关于完成一九六四年农牧业生产任务的措施》报告，工会副主席李佩增做《关于一九六三年工会工作总结和一九六四年工会工作》报告。徐振芝、杨仁和等13人当选为工会委员会委员。

7. 第六届职工代表大会　无相关文字记载。

8. 第七届一次职工代表大会　第七届一次职工代表大会于1979年在过马营召开，副场长李贞豪做工作报告。

9. 第七届二次职工代表大会　第七届二次职工代表大会于1979年7月12—15日在过马营召开，改选了场工会委员会，确定开展以生产为中心的社会主义劳动竞赛。

10. 第八届职工代表大会　第八届职工代表大会于1980年1月25日在过马营召开，有代表159人、列席代表3人、家属代表6人。场长李贞豪做《一九七九年工作总结和一九八〇年任务》的报告，审议通过《职工家属自养自留畜的意见》《关于加强营房管理意见》《关于搞好工资评定工作的几条纪律》《贵南牧场计划生育工作条例》等议案。表彰先进单位4个、先进班组63个、先进个人333名。

11. 第九届职工代表大会　第九届职工代表大会于1981年1月20—26日在过马营召开，有代表128人、列席代表3人。会议审议通过了《提倡新风尚，从俭办婚事》《关于贵南牧场家属生产的提案》《关于鼓励家属个人养猪的补充意见》《关于（80）贵南牧场计划生育工作条例的修改意见》等议案。表彰先进单位8个、先进班组48个、先进个人299名。

12. 第十届职工代表大会　第十届职工代表大会于1982年3月22—26日在过马营召开，有代表150名、列席代表8人。场长陈其元做《一九八一年工作总结和一九八二年工作要点》的报告。表彰队级以上先进单位6个、先进班组53个、先进个人373名。

13. 第十一届职工代表大会　第十一届职工代表大会于1983年2月2—8日在过马营召开，有代表135人、列席代表9人。场长陈其元做《一九八二年各项任务完成情况和一九八三年主要工作安排意见》的报告，青海省农林厅农垦处处长惠乃如就“推行承包责任制，提高经济效益”的问题到会讲话，农林厅赴贵南牧场企业整顿蹲点调查组负责人、农垦处副处长薛华到会讲话。表彰先进单位 3 个、先进班组 56 个、先进个人 302 名。

14. 第十二届一次职工代表大会 第十二届一次职工代表大会于 1984 年 3 月 1—5 日在过马营召开，有代表 136 名。场长陈其元做《一九八三年工作总结和一九八四年工作要点》的报告，审议并通过了计财科科长杨林庭做的《一九八三年财务计划执行情况的报告》，工会主席何光做《一九八三年工会工作的报告》，审议了第十一届职代会提案的执行情况，通过了《对历届职代会提案的执行情况进行检查和落实的提案》《关于对部分职工在落实生产责任制进行经济约束的方案》《关于提高中学住校学生生活待遇的提案》《关于逐步修筑木格滩简易公路的提案》《保护妇女身心健康的提案》。青海省农林厅政治处主任凌傲大、青海省农林工会副主席张作华到会。

15. 第十二届二次职工代表大会 第十二届二次职工代表大会于 1984 年 12 月 25—30 日在过马营召开，有代表 145 人、列席代表 24 人。大会以《中共中央关于经济体制改革的决定》为指导思想，传达了胡耀邦总书记视察黑龙江垦区前进、洪河、兴湖三个农场时的讲话和《加快农垦企业改革意见》《大力发展和办好职工家庭农场》《国营农场职工家庭农场章程（试行草案）》3 个文件。场长曾科做《围绕翻番抓改革，抓好改革促翻番》的报告，副场长吕寿昌做《贵南牧场兴办职工家庭农场实施方案》的报告。表彰先进单位 5 个、先进班组 44 个、文明家庭 42 个、先进个人 152 名。

16. 第十三届职工代表大会 第十三届职工代表大会于 1986 年 2 月 15—22 日在贵南牧场驻西宁办事处召开，有代表 134 名、列席代表 20 名。场长吕寿昌做《巩固改革成果，争取更大胜利》的报告，计财科科长刘连桥做《关于一九八五年生产财务计划执行情况和一九八六年生产财务计划安排意见》的报告，青海省委常委、副省长尕布龙到会讲话，青海省农林厅厅长胡兴华在大会闭幕时讲话。审议通过了《关于充实完善兴办家庭农场实施方案》《关于充实完善畜牧业生产责任制》《关于制定干部岗位责任制以及机关实行经费包干》《关于严肃人事调动手续、加强干部工人组织纪律性》《关于修改和完善汽车承包合同》《关于加强场区绿化工作、积极开展义务植树造林》6 个议案。改选了工会委员会，刘德文等 13 人为工会委员会委员。表彰先进班组 75 个、先进个人 50 名。

17. 第十四届职工代表大会 第十四届职工代表大会于 1987 年 2 月 26—3 月 2 日在过马营召开，有代表 170 名、列席代表 21 名。场长吕寿昌做《坚持走改革道路　致力两个文明的建设　为把我场建设成现代化农牧场而奋斗》的报告，计财科科长周丕东做《关于一九八六年财务工作情况和一九八七年财务计划》的报告，青海省农林厅副厅长达仁钦在开幕式上讲话。审议通过了《贵南牧场场规场纪条例（试行）》《一九八六年贵南牧场调整工资的初步意见（调资方案）》《关于提高企业职工素质　严格招工条件》《关于给本场低工资职工在场中学就学就餐的子女补贴部分生活费》4个议案。改选了工会委员会，刘德文、郑玉芳（女）、肖绿华（女）、周丕东、刘荷兰（女）、刘进敏、喻景明、李阴保、董才林、金国璠、钱志明、吕智明、杨应奇、殷富安当选。表彰先进单位14个、先进班组55个、先进个人178名、文明家庭68户。

18. 第十五届职工代表大会　第十五届职工代表大会于1988年3月5—8日在过马营召开，有代表166名、列席代表9人、特邀代表1人。场长吕寿昌做《继续深化改革　为进一步发展我场生产力而奋斗》的报告，计财科科长周丕东做《关于一九八七年财务工作情况和一九八八年财务计划》的报告。审议通过了《关于搞好就餐中学生生活》《关于西宁、贵德地区职工副食品补贴》《关于落实安全保卫工作奖惩制度》《关于在过马营修建电视卫星地面接收站》4项议案。表彰先进科级单位6个、先进股级单位17个、先进班组54个、先进个人219名。

19. 第十六届一次职工代表大会　第十六届一次职工代表大会于1989年1月21—24日在过马营召开，有代表126人、列席代表5人、特邀代表4人。场长吕寿昌做《团结一致　克服困难　为振兴牧场经济而奋斗》的报告，青海省农林厅厅长胡兴华到会讲话。审议通过了《关于集资扩建榨油车间》《关于退休职工工资发放标准》《关于开展粮油高产丰收竞赛》《关于优化劳动组合》4个议案。改选工会委员会，刘德文、刘进敏、许卫宗、李顺兴、钱志明、马福生、杨应奇、杨峰敏、邹德昭、何光、杨正、周丕东、衡儒林当选。表彰先进科级单位5个、先进股级单位9个、先进班组37个、先进个人124名。

20. 第十六届二次职工代表大会　第十六届二次职工代表大会于1990年3月1—3日在过马营召开。场长吕寿昌做《齐心协力渡难关　结合实际求发展》的报告，计财科副科长白秉忠做《关于一九八九年财务工作情况和一九九〇年财务计划》的报告。审议通过了《关于加强农产品管理》《加强自留牲畜饲养管理》的2个议案。表彰先进科级单位5个、股级单位23个、班组67个、治安先进单位7个、先进个人191名。

21. 第十七届一次职工代表大会　第十七届一次职工代表大会于1990年12月20—27日在贵南牧场驻西宁办事处召开，有代表197名、列席代表21名。场长吕寿昌做《继续深化改革　为牧场的繁荣　团结一心　艰苦奋斗》的报告，计财处处长钱志明做《关于一九九〇年财政计划执行情况和一九九一年财务计划》的报告，青海省农林厅厅长胡兴华到会讲话。审议通过了《关于场长行使3%晋级权》《关于加强树木管理》《关于职工经营盈亏处理意见》3个议案。改选工会委员会，何晓林、钱志明、刘进敏、许卫宗、郑玉芳（女）、杨秀芳（女）、卜喜林、董开保、田应录、杨正、邢保功、周玉岐、喻景明、韩建民、郭春山当选。表彰先进科级单位 5 个、先进股级单位 22 个、先进班组 79 个、先进个人 206 名。

选举产生场第二届管理委员会，主任刘德文，常务副主任肖俄力，副主任卢镛、何晓林，成员吕发明、李成元、魏德胜、衡儒林、钱志明、金国璠、孔纯林、喻景明、刘进敏、梁浩、贾世贤、曲忠庆、杨峰敏、王平、李祥忠、王军生、王尚奇、蔡俊彦、王佩学、邢保功、宋清德、王章才。

22. 第十七届二次职工代表大会 第十七届二次职工代表大会于 1991 年 12 月 23—25 日在过马营召开。场长刘德文做《艰苦奋斗 求实创新 为牧场的发展努力工作》的报告，计财处处长钱志明做《关于一九九一年财务执行情况和一九九二年财务工作安排意见》的报告，青海省农林厅厅长胡兴华到会讲话。审议通过了《关于捐款修建医院大楼》的议案。表彰先进科级单位 6 个、先进股级单位 19 个、先进班组 72 个、先进个人 224 名。

23. 第十七届三次职工代表大会 第十七届三次职工代表大会于 1992 年 12 月 21—26 日在贵南牧场驻西宁办事处召开，有代表 181 人。场长刘德文做《求实创新 迎接新的挑战 努力发展牧场经济》的工作报告，计财处处长钱志明做《关于一九九二年财务执行情况和一九九三年财务工作安排》的报告，副处长王军生做《关于一九九二年计划执行情况和下达一九九三年计划任务》的报告，青海省农林厅厅长胡兴华和厅政治处主任吴珉到会讲话。审议通过了《关于实行全员合同上岗》《关于实行风险抵押股金》《关于认真贯彻执行贵南牧场四项管理制度》的议案。增补高长江、时锦芳（女）、李玉顺为十七届工会委员会委员。

24. 第十八届一次职工代表大会 第十八届一次职工代表大会于 1993 年 12 月 22 日在过马营召开，有代表 154 人。场长刘德文做《战天斗地创业路 改革开放展宏图》的报告。会议审议通过了《贵南牧场职工风险金实施办法》的议案。表彰先进科级单位 9 个、先进股级单位 11 个、先进班组 71 个、先进个人 251 人。

25. 第十八届二次职工代表大会 第十八届二次职工代表大会于 1994 年 12 月 1 日在过马营召开，有代表 167 人。场长刘德文做《继续深化改革 艰苦创业 团结务实 为振兴我场经济而努力奋斗》的报告，青海省农林厅纪委副书记徐志华到会，青海省委办公厅、海南州人民政府、马元彪副省长、马万里及胡兴华发来贺电。表彰先进科级单位 6 个、先进股级单位 20 个、先进班组 90 个、先进个人 245 名、文明家庭 79 户。

26. 第十九届一次职工代表大会 第十九届一次职工代表大会于 1996 年 2 月 6 日在过马营召开，有代表 160 人。场长肖俄力做《加快企业改革步伐 努力提高经济效益》的报告。审议通过了《农业两费自理经济承包责任制》《贵南牧场经济承包及内部奖罚办法》《强化依法经营的规定》《实施全员劳动合同制管理实施办法》4项改革方案，以及《贵南牧场场规纪实施细则》《关于职工工作调动和职工工资发放标准》2个议案。表彰先进单位27个、先进班组81个、先进个人228名、文明家庭72户。

27. 第十九届二次职工代表大会　第十九届二次职工代表大会于1997年3月12日在过马营召开，有代表164人。场长肖俄力做《坚定信心　锐意改革　齐心协力　共渡难关》的报告。审议通过了《贵南牧场职工家属医疗费用使用管理办法》《贵南牧场深化农业经济改革实施意见》2个议案。表彰先进班组58个、先进个人214人、文明家庭60户。

28. 第十九届三次职工代表大会　第十九届三次职工代表大会于1998年3月10日在过马营召开，有代表167人。副场长熊有国受场长委托做《锐意进取　开拓进去　促进牧场经济尽快摆脱困境走出低谷》的报告。审议通过了《土地租赁制》议案。表彰十佳单位8个、十佳技术能手10名、十佳种田能手10名、文教卫生十佳个人10名、先进个人138名、先进班组58个、文明家庭62户。

29. 第二十届一次职工代表大会　第二十届一次职工代表大会于2001年3月19日在过马营召开，有代表112人、列席代表23人。场长熊有国做《深化改革　调整产业结构　努力开创牧场各项事业新局面》的报告，党委书记蒋云龙做《团结奋进　求实创新　为牧场的稳定改革发展而努力工作》的讲话。审议通过了《贵南牧场机构改革和今后发展方向实施方案》《二〇〇一年农业股份制生产经营种植方案》《发展家庭养殖业和种植业实施方案》《贵南牧场场规场纪实施细则》《贵南牧场职工基本养老保险管理暂行办法》《贵南牧场劳动人事（职工）管理办法》6个议案。

30. 第二十届二次职工代表大会　第二十届二次职工代表大会于2001年8月7日在过马营召开，审议通过了《企业破产重组议案》。

31. 贵南草业公司第一届一次职工代表大会　贵南草业公司第一届一次职工代表大会于2002年6月13日在过马营召开，有代表118人、列席代表5人。总经理蒋云龙做《加大产业结构调整　增强企业发展后劲》的报告。审议通过《差旅费管理办法》《房改方案》《成立基层卫生所》《职工养老保险金》《义务工收费标准》5个议案。选举产生了新一届工会委员会、计划生育委员会、劳动争议调解委员会。表彰先进科级单位6个、先进股级单位6个、文明家庭11户、先进个人30名。

32. 贵南草业公司第一届二次职工代表大会　贵南草业公司第一届二次职工代表大会于2003年3月3日在过马营召开。总经理蒋云龙做《深化改革　明确目标　推进各项事业全面发展》的报告。审议通过《公司改革实施方案》。表彰先进科级单位6个、先进股级单位 9 个、先进个人 36 名、文明家庭 10 户、致富能手 3 名。

33. 贵南草业公司第一届三次职工代表大会 贵南草业公司第一届三次职工代表大会于 2004 年 4 月 12 日在过马营召开，有代表 131 人。总经理蒋云龙做《抓住机遇　调整结构　引入新的经营理念　促进各项事业全面发展》的报告，副总经理杨蜀做《改革实施方案的说明》。表彰先进科级单位 2 个、先进股级单位 7 个、文明家庭 12 户、先进个人 50 名、计生专干 10 名。

34. 贵南草业公司第二届一次职工代表大会 贵南草业公司第二届一次职工代表大会于 2005 年 4 月 15 日在过马营召开，有代表 128 人。总经理蒋云龙做《转变经营理念明确发展方向》的报告，三江集团公司副总经理韦怀亚、人事部部长袁卫宁到会。选举产生了新一届工会委员会，主席董开保，副主席白秉忠、胡桂兰。审议通过了《由企业控股职工参股重新注册青海贵南丰润草畜有限责任公司》《将牛羊繁育基地划归贵南草业公司本部管理》《收取过马营地区居民卫生管理费办法》《独生子女按国家相关条例条款享受待遇》《2005 年生产经营考核管理办法》5 个议案。表彰先进科级单位 2 个、先进股级单位 8 个、致富能手 1 名、先进工作者 45 名、文明家庭 13 户、计生专干 10 名。

35. 贵南草业公司第三届一次职工代表大会 贵南草业公司第三届一次职工代表大会于 2006 年 3 月 11 日在过马营召开，有代表 123 人。总经理杨蜀做《加强管理　提高效益　以人为本　构建和谐》的报告，三江集团工会主席李钰到会。选举产生了新一届工会委员会和管理委员会，主席董开保、副主席白秉忠、胡桂兰。审议通过了《行政事务管理办法》《财务管理办法》《劳动人事管理办法》《物资管理办法》《退耕还林（草）管理办法》《公司职工内部退养的试行办法》《公司建立牛羊育肥养殖基金》《公司内部审计条例》8 个议案。表彰先进科级单位 6 个、先进股级单位 12 个、先进工作者 47 名、牛羊育肥标兵 4 名、文明家庭 14 户。

36. 贵南草业公司第三届二次职工代表大会 贵南草业公司第三届二次职工代表大会于 2007 年 3 月 26—27 日在过马营召开，有代表 123 人、列席代表 4 人。总经理杨蜀做《以人为本　开拓创新　抢抓机遇　和谐发展　为开拓我公司经济社会建设新局面而努力奋斗》的报告。审议通过《畜牧业管理办法》《畜牧业发展目标》《机车管理办法》《设立职工子女高考奖励基金》《公司房屋及庄廓管理办法》《农业栽培技术规范》《粮油超产奖励》7 项议案。表彰先进科级单位 9 个、先进股级单位 9 个、社会综合治理先进单位 9 个、先进个人 44 名、文明家庭 15 户。

37. 贵南草业公司第三届三次职工代表大会 贵南草业公司第三届三次职工代表大会于 2008 年 3 月 22 日在过马营召开，有代表 123 人。总经理杨蜀做《为构建和谐企业和实现公司经济又快又稳发展而努力》的报告。审议通过《关于实施“一户一业”工程》《关于加大畜牧队扶持政策》2个议案。表彰先进科级单位5个、先进股级单位7个、社会综合治理先进单位10个、先进个人43名、“一户一业”示范标兵7名、文明家庭14户、优秀计划生育专干7名。

38. 贵南草业公司第四届一次职工代表大会　贵南草业公司第四届一次职工代表大会于2009年6月16日在过马营召开，有代表130人。总经理杨蜀做《加快优势产业发展步伐　拓宽企业职工增收渠道　以科学发展观引领企业平稳较快发展》的报告。审议通过《关于深入开展退耕还林（草）工程补植补种工作》《加强贵南草业公司农机管理》2个议案。

39. 贵南草业公司第四届二次职工代表大会　贵南草业公司第四届二次职工代表大会于2010年3月23日在过马营召开，有代表130人。总经理杨蜀做《求真务实　科学发展　努力推动公司各项工作再上新台阶》的报告。审议通过《关于深入开展2010年退耕还林（草）工程补植补种工作》《关于积极开展退耕地草带改良》《关于退耕还林工程第二轮政策补助资金发放方案》《关于设立以丰补歉基金》《关于设立成果奖励》5个议案。

40. 贵南草业公司第四届三次职工代表大会　贵南草业公司第四届三次职工代表大会于2011年3月20日在过马营召开，有代表130人。总经理杨蜀做《创新思路　巩固发展　努力实现新跨越》的报告，三江集团公司工会主席袁卫宁到会。审议通过《关于新建有机生物肥料厂和积攒羊板粪》《关于调整农业生产职工劳动报酬》《关于贵南草业公司与储备公司联合投资建设牛羊加工厂》3个议案。表彰先进科级单位4个、先进股级单位8个、综合治理先进单位10个、退耕还林（草）补植补种先进单位1个、计划生育先进科级单位1个、计划生育股级单位5个、畜禽防疫先进单位1个、“一户一业”标兵9名、先进工作者46名、文明家庭17户、优秀计生专干7名。

41. 贵南草业公司第四届四次职工代表大会　贵南草业公司第四届四次职工代表大会于2012年5月28日在过马营召开，有代表130人。总经理杨蜀做《凝心聚力　把握机遇　努力开创公司发展新局面》的报告。审议通过《关于鼓励职工外出务工创业》《关于提高职工省级医疗保险缴纳费率》《关于清缴社会保险费》3个议案。表彰先进单位11个、社会治安综合治理先进单位10个、先进工作者48名、文明家庭22户。

42. 贵南草业公司第五届一次职工代表大会　贵南草业公司第五届一次职工代表大会于2013年6月4日在过马营召开，有代表139人。总经理高长江做《加强管理　促进增长　为企业发展注入新的活力》的报告。选举产生新一届工会委员会，主席卡秀加，副主席胡桂兰、羊春加。表彰先进科级单位4个、先进股级单位7个、先进机车组7个、“一户一业”致富能手10名、先进个人43名、文明家庭17户。

43. 贵南草业公司第五届二次职工代表大会 贵南草业公司第五届二次职工代表大会于2015年3月24日在过马营召开，有代表131人。总经理高长江做《坚定信心　抓住机遇　努力开拓公司新局面》的报告。审议通过《职工承包退耕还林草地管护和改良》的议案。表彰先进科级单位4个、先进股级单位7个、先进机车组7个、“一户一业”致富能手10名、先进个人41名、文明家庭16户、民族团结先进单位8个、民族团结先进个人30名。

44. 贵南草业公司第五届三次职工代表大会 贵南草业公司第五届三次职工代表大会于2018年1月15日在过马营召开，有代表130人。总经理牛建伟做《不忘初心　坚定信念　为开创公司各项事业新局面而努力奋斗》的报告。审议通过《关于推进农垦改革发展实施方案》《关于鼓励职工发展养殖业促进职工增收的实施方案》《公司六项管理制度》3个议案。表彰先进科级单位3个、先进股级单位6个、优秀养殖小区3个、先进个人21名、增收先进个人10名。

45. 贵南草业公司第五届四次职工代表大会 贵南草业公司第五届四次职工代表大会于2019年1月6日在过马营召开，有代表139人。三江集团公司副总经理兼贵南草业公司总经理牛建伟做《凝心聚力　开拓创新　为推动公司各项工作全面发展而努力奋斗》的报告。审议通过《公司过马营草产业园规划建设》的议案及《公司差旅费管理办法》修改条款。

46. 贵南草业公司第五届五次职工代表大会 贵南草业公司第五届五次职工代表大会于2019年12月20日在过马营召开，有代表139人。三江集团公司副总经理兼贵南草业公司总经理牛建伟做《创新发展理念推进高质量发展奋力开创公司各项工作新局面》的报告，公司党委副书记、工会主席卡秀加做《第五届四次职代会提案整改落实情况》的说明。选举产生新一届工会委员会，主席卡秀加，副主席卓玛本、盛中强。表彰先进科级单位3个、先进股级单位6个、超产单位2个、先进个人25名、草籽超产奖1名、增收先进个人11名。

二、工会组织

1955年，建立了工会组织。随着牧场规模的扩大和经济的发展，工会组织逐步健全。1959年，有基层分会5个、工会小组35个、互助储金会3个，工会会员562人。工会在发动和组织全场职工开展社会主义劳动竞赛、积极参加牧场各项建设中做了大量工作。1975年，有基层工会组织22个，工会会员1922人。

1980年，有基层工会组织40个，工会会员1657名。工会委员会由14人组成，设工会主席1人（兼），专职副主席1人，工作人员5人，下设工人俱乐部、电视差转台、阅览室和职工文化室。1990年，有基层工会36个、工会小组122个，专兼职工会干部149名，工会会员2521人，占职工总数95%。2000年，工会委员会由15人组成，设工会主席1人（兼）、专职副主席1人，有基层工会组织64个，会员3144人。

2020年，公司工会委员会由17人组成，有基层工会34个，会员1785人。

三、工会活动

1955—1956年，组织开展社会主义劳动竞赛活动，举办扫盲学习班。

1957—1960年，评选推荐的12个先进单位、257名先进生产者及工作者受到上级表彰。组织236名职工参加文化学习和技术培训。

1961—1975年，各分场生产队建立业余文艺演唱组和球队，教唱革命歌曲，编演文艺节目。除平日活动外，在"五一"劳动节和"八一"建军节举行运动会、民兵检阅、文艺会演等。各队建立图书室，共有图书1600多本。

1976—1999年，组织参加州、省厅职工运动会。在"八一"建军节举办职工运动会、职工文艺会演、职工书画、花卉展。1985年后，每年"八一"建军节期间，同当地乡政府联合举办场乡物资交流会及运动会，丰富了职工的业余文化生活，增强了民族团结。

1985年，组织开展"创三先，争两优"活动。场工会被青海省总工会授予"基层先进工会"称号，4个基层工会被评选为"精神文明建设先进集体标兵"。

1986年6月，开展"职工之家"创建活动，建成"职工之家"37个，表彰先进职工之家10个、模范职工之家4个。

1992年后，开展以"学先进、比贡献"为主要内容的社会主义劳动竞赛。

1995年后，运用宣传栏、黑板报、展板、横幅、广播等多种形式，在"五一""国庆"期间，宣传《工会法》《劳动法》。2001—2002年，悬挂横幅45幅、展板51块，发放宣传材料3069份。

2003—2005年，公司工会配合劳动人事部门签订集体合同，在薪资待遇、工伤鉴定、困难职工救助等方面维护了职工的合法权益。

2006—2015年，每年元旦组织职工开展文体娱乐活动，在"八一"建军节举办职工运动会。

2016—2020年，在"七一"期间，工会配合党委组织全场职工开展企业文化建设、精神文明建设活动，举办篮球、乒乓球、拔河、歌咏比赛等活动。

2019年7月，组织参加三江集团举办的第一届职工运动会。2020年1月，参加三江集团迎新文艺会演，获优秀组织奖。5月，工会和机关党支部联合举办了以“火红的五月”为主题的职工演讲比赛。7月，举办庆“七一”职工篮球比赛活动。8月，组织70余人参加三江集团举办的“第二届职工运动会”，荣获优秀风采奖，取得了多项名次。同月，组织参加过马营镇2020年第三届“民族团结杯”篮球联赛。

四、厂务公开

随着牧场改革的不断深入，为提高企业管理水平，让职工更好地参与企业民主管理，增强工作透明度，从2000年开始推行场务公开制度。

2002年，公司成立以党委书记、董事长及总经理为组长的公司场务公开领导小组，制订了《贵南草业公司场务公开工作实施意见》，领导小组办公室设在工会。纪检、工会和职工代表组成监督小组，对场务公开工作进行监督检查。6个分公司及其生产队、司直等45个单位相继成立了场务公开机构。

场务公开内容包括公司生产经营方针、基本建设方案、大宗物资采购、项目招标、财务支出、产品销售、公司内部经济责任制、奖惩方法及其他重要规章制度、职工债权债务、职工晋级、职称评定、评先评优、工资奖金分配、养老保险金缴纳、管理人员职务任免、职工培训计划、特困户评选、金秋助学、计划生育及退耕还林（草）补助粮款、救助金发放等。场务公开的形式有广播、公示栏、电子屏、微信公众平台等。

场务公开工作是加强公司民主政治建设和党风廉政建设，完善职工代表大会制度，保障职工行使各项民主权利，增强职工的主人翁责任感，建立和谐稳定的劳动关系，促进公司持续、健康发展的有效手段。公司党委把场务公开工作列入议事日程，制订了《场务公开实施细则》《场务公开工作考核细则》，在年底对党建等工作进行考核的同时，一并对场务公开工作进行考核。2008年，根据国家《关于在国有企业、集体企业及其控股企业深入实行厂务公开制度的通知》要求，公司场务公开领导小组制订了《贵南草业公司场务公开实施办法》。2010年10月，公司被青海省厂务公开协调领导小组授予“厂务公开工作先进单位”称号。

五、困难救助

1959年，对68名体质弱、身体差的职工进行集中治疗和疗养。

1960年，给700名职工发放生活救助款31856元。

1961—1975年，“两节”期间慰问困难职工852人，发放慰问金11.14万元。医疗救助123人，发放补助款1.4万元。

从1976年起，场工会在两节期间开展“解万家难、暖万家心”送温暖活动。1976—1990年，在“两节”期间慰问困难职工、遗属1038人，发放慰问金16.7万元。1979年，对113名生活困难职工和18名患病职工进行救济，减免医疗费用。

1991—1996年，在“两节”期间慰问困难职工、遗属340人，发放慰问金6.8万元。

1996—2001年，救助特困学生952人（次），救助金额47.2万元；免收学杂费1365人次、2.5万元，免收住宿费0.7万元，发放生活补助款7.57万元。

1999—2001年，给困难职工915户、3379人，遗属128人，军属48户发慰问金28.2万元；给225户受灾户发放救济金44.6万元。

2002—2020年，给1248名困难职工发放慰问金182.8万元，给78户受灾户发放慰问金23.7万元，给8个畜牧队调运青稞11.67万公斤。2016年，从贵南县残联为133名残疾人争取到两项补贴20万元/年。2001—2020年，为317名遗属发放生活费74.72万元。2015—2020年，给东科大队、5个羊队发放困难救助面粉98.62吨、大米39.17吨、食用油17.48吨。

2020年，为18户困难职工争取到青海省总工会、青海省三江集团公司每户2000元的脱贫生活补助。2007—2020年，在“两节”期间慰问离退休职工，共发放慰问金1003.3万元。

2007—2020年“两节”期间发放慰问金统计见表6-2-1。

表6-2-1　2007—2020年“两节”期间发放慰问金统计

年份	人数	标准（元/人）	金额（万元）	年份	人数	标准（元/人）	金额（万元）
2007	1100	200	21.00	2014	1807	500	01.85
2008	1199	200	23.98	2015	1921	500	96.05
2009	1168	300	35.04	2016	1917	500	95.85
2010	1159	300	34.77	2017	1964	500	98.20
2011	1155	400	46.20	2018	1918	500	95.90
2012	1185	500	59.25	2019	1998	500	99.90
2013	1910	500	95.50	2020	2138	500	106.90

2009年，为困难职工建档立卡，全公司有596户进入全国总工会帮困系统。2018年有88户；2019年有80户；2020年脱贫61户，剩余19户。

2011年，为6户单亲女职工发放中央财政专项帮扶资金3000元/人。2017年，中央财政帮扶219人，共60万元。2018年，中央财政救助特困职工90户、12万元。2019年，救助特困职工85户、25.5万元，医疗救助5户、5万元。2020年，发放中央财政困难职工生活救助44.25万元，疫情生活补贴27.4万元。

六、金秋助学

2007 年 3 月，设立高考奖励基金，职工子女考入一本一次性奖励 3000 元，考入二本或三本一次性奖励 2000 元，考入大专或职高一次性奖励 1000 元。2007—2020 年，为 822 名职工子女发放高考奖励基金 169.6 万元。

2007—2020 年高考奖励金发放情况见表 6-2-2。

表 6-2-2　2007—2020 年高考奖励基金发放情况

年份	人数（人）	发放金额（万元）
2007	32	5.1
2008	26	3.6
2009	45	9.9
2010	44	8.6
2011	59	18
2012	34	5.1
2013	38	5.7
2014	69	14.3
2015	68	14.2
2016	76	14.4
2017	69	13.4
2018	89	19.8
2019	93	20.3
2020	80	17.2
合计	822	169.6

2009 年，工会设“金秋助学”，青海省三江集团公司工会“金秋助学”资助 72 人，共资助 21.6 万元。

2020 年，公司资助被普通高校录取的 7 名困难职工家庭子女 2000 元/户，计 1.4 万元。

七、医疗互助

2017 年，青海省总工会设立医保互助救助计划，职工每年缴纳互保金 100 元。2017—2020 年，共缴纳医疗互助金 86.3 万元。

八、捐款

2007 年 7 月，工会组织大家为患白血病的职工子弟捐款，2809 人共捐款 46343 元。

同月，开展为残疾人捐款活动，1134 人共捐款 24567 元。2008 年，向汶川大地震灾区捐款 21 万元。2011 年，向玉树地震灾区捐款 22 万元。

第二节　共　青　团

一、共青团组织机构

1950 年 8 月，成立中国新民主主义青年团贵德军牧场工作委员会。1951 年，有团员 4 名。1953 年，有团员 23 名，成立 2 个团支部、4 个团小组。1956 年，有团员 34 名，设 2 个团支部、6 个团小组。

1957 年，有 1 个团总支、4 个团支部，66 名团员。1959 年，有河南支边青年随迁团员 33 名，当年发展团员 33 名，有 126 名团员，设 1 个团总支、5 个团支部。1959 年 6 月，成立中国共产主义青年团国营贵南牧场委员会。1960 年，发展团员 535 名，有团员 661 名，设立 6 个团总支、34 个团支部，推荐 22 名优秀团员加入中国共产党。1961 年，发展团员 112 名，有团员 781 名，设团总支 6 个、团支部 31 个、团小组 63 个。

1962 年，更名为中国共产主义青年团贵南军马场委员会。当年发展团员 44 名，有团员 825 名，设团总支 6 个、团支部 33 个。1963 年，发展团员 23 名，有团员 848 名，设团总支 6 个、团支部 34 个。因 1962—1963 年精简下放职工，团员人数大幅减少。1964 年，成立鲁仓、三滩、场直 3 个团工委，发展团员 19 名，有团员 497 名、团支部 36 个。1965 年，发展团员 55 名，有团员 552 名，设团工委 3 个、团支部 38 个。1966—1968 年，发展团员 61 名，有团员 365 名，设基层团委 4 个（一分场、二分场、三分场、四分场）、团总支 1 个、连队团支部 18 个。1970 年，有团员 345 人，设 4 个基层团委、34 个连队团支部。1971—1975 年，共发展团员 110 人，有团员 455 人，下设 4 个基层团委、1 个团总支、26 个团支部。

1976 年，更名为中国共产主义青年团贵南牧场委员会。至 1982 年，发展团员 130 名，有团员 585 名。

1983 年，设 6 个团总支、45 个团支部。14～28 岁青年共 1296 人，有团员 378 人，占青年总数的 29.2%，其中，女团员 213 人，占团员总数的 56.3%。当年发展新团员 56 人，推荐 8 名团员入党。

1990 年，团委下设 2 个团总支、45 个团支部，青年共 1714 人，有团员 765 人，占青年总数 40.6%，其中女团员 291 人，占团员总数的 38%，以“青年之家”方式开展活动。

1991 年 1 月，设 7 个基层团委（一分场、二分场、三分场、四分场、牧场中学、机关、海华啤酒厂）、36 个团支部，有团员 799 名，当年发展团员 34 名。

1992—1996 年，设 5 个基层团委、1 个团总支、35 个团支部。发展新团员 97 名，有团员 512 名，办理超龄离团手续 28 名。向党组织推荐优秀团员 81 名，其中 61 名被批准为中共预备党员。

1996—2000 年，企业受灾，经营困难，大批职工外出务工，没有开展团组织活动。

2002 年，恢复各级团组织。公司团委设专职团委副书记 1 人，下设 6 个基层团委、37 个团支部，有团员 312 人。

2003—2015 年，下设 6 个基层团委、21 个团支部，有团员 202 名。2005 年以后，随着用工制度改革和产业结构调整，企业再没有大量招收职工，原有职工年龄逐步增大，团员青年人数减少，团组织机构缩减。

2016—2020 年，公司设团委，各基层团组织机构健全。2019 年，设团委书记 1 名。

二、历届团代会

1960 年 5 月 4 日，在过马营召开共青团国营贵南牧场第一届团员代表大会。

1973 年 7 月 30 日，在过马营召开共青团贵南军马场第一届代表大会。

1979 年，在过马营召开共青团贵南牧场第一届代表大会。

1983 年 5 月，在过马营召开共青团贵南牧场第二届代表大会，有代表 56 名。党委副书记韩生彬代表党委致贺词，团委书记陆会文做《振奋精神努力开创我场共青团工作新局面》的报告。大会选举产生了第二届委员会，团委书记陆会文，副书记杨正。表彰先进团支部 4 个（学校、医院、地毯厂、农一队）、优秀团员 42 人、先进青年 8 人。

1986 年 9 月 11 日，共青团贵南牧场第三届代表大会在过马营召开，有代表 49 人。场党委副书记刘德文宣读了场党委的贺信，团委书记刘进敏做《在改革中大显身手　为实现牧场“七五”计划建功立业》的报告，场党委书记曾科做《青春人的志向　世界观》的讲话。大会选举产生了共青团贵南牧场第三届委员会。

1988 年，场团委书记杨正参加共青团青海省第九届代表大会，当选候补委员。

1990 年 3 月 27 日，场团委书记杨正参加共青团青海省农林厅代表大会，当选为委员。

1990 年 4 月 1—2 日，在过马营召开共青团贵南牧场第四届代表大会，有代表 54 名、列席代表 10 名。党委常委、纪委副书记谭仲仁代表场党委致辞，团委书记杨正代表第三届委员会做《振奋精神干工作　团结一心创局面》的报告。大会表彰先进团支部 5 个、优秀团员 21 人，选举产生第四届共青团贵南牧场委员会，审议通过《关于促进我场精神文明建设的决议》《关于加强场基层共青团思想政治工作决议》。同时，向全场广大团员青年发出为北京亚运会捐款的《倡议书》，54 名代表捐款 199 元，全场团员青年捐款 7000 余元。

三、共青团活动

1952—1955 年，场团员代表参加青海省团代会。组织团员和青年参加“三反”“五反”运动，维护社会治安，读报学文化，学习技术。

1957—1959 年，成立了 28 个青年突击队、12 个秋收突击队，掀起了以开荒为纲的增产节约运动高潮，有效推动和促进了秋收、开荒任务的完成。鲁仓分场第五青年突击队在收割中首创全场二类地平均日割 1.66 亩的记录，受到了共青团青海省委的嘉奖。

1960—1965 年，广大团员青年积极参加农业生产、农田水利基本建设、开荒积肥等各项劳动，在团内开展共产主义教育和学雷锋英雄事迹活动，进行社史、场史、家史、个人翻身史的“四史教育”。同时，开展“五好”支部（政治工作好、团内活动开展好、组织生活健全好、联系群众作风好、完成计划好）和“五好”活动（遵守纪律好、经常学习好、工作好、政治思想好、三八作风好），5 年间表彰先进个人 275 名，评选出“五好”团支部 26 个。

1966—1976 年，开展“五好”运动，深入学习毛主席著作。团支部紧密配合党的中心工作，协助党支部宣传创造“四好”连队，开展“五好”运动，抓好“一对一”“一对红”和赛革命、赛团结、赛进步活动。1971 年，评选“五好”团员 187 名。

1976 年，通过普遍整顿，健全团组织，加强团的活动。1978 年，贯彻中共十一届三中全会精神，开展“争当新长征突击手”和“一抓三建”（抓后进团支部、建先进团支部、青年文化室、青年试验田）活动。

1983 年 5 月 4 日，场直各单位团员和青年 900 多人在职工俱乐部举行纪念活动，号召全场团员青年认真贯彻全国共青团十一大精神，开展“学雷锋树新风”等精神文明活动。“六一”国际儿童节前夕，由场团委倡议，工会、政工科、文卫科组织，在全场职工、家属中开展为少年儿童捐款活动，共捐款 2300 余元。8 月 1 日，团委在职工俱乐部首次为 8 对新婚青年举办了集体婚礼，移风易俗、婚事新办，场直单位干部职工 800 多人参加。12 月 12 日，团委开展采集草籽活动，采集披碱草、老芒麦、野燕麦、冰草、野苜蓿等草籽 1000 余斤。

1984 年，牧场中学团总支和少先大队开展“为抢救大熊猫捐款活动”，全校师生 1270 余人共捐款 438.39 元。

1984年5月4日，团委举办纪念“五四”运动六十五周年暨歌咏比赛活动。场直地区团员、青年1200余人参加。大会由团委书记陆会文主持，副书记杨正做《发扬“五四”精神　为振兴中华　开拓青海争做贡献》的讲话，副书记关翠金带领64名新团员进行了入团宣誓。场党委书记高闻天、副书记韩生彬、场工会副主席耿绍安等出席大会。

1985—1988年，每年“五四”青年节，团委都会举办新团员入团宣誓、表彰优秀团员、文艺会演、集体舞比赛、歌咏比赛等活动。1986年，在团员青年中开展理想道德教育活动。

1989年，开展“爱国、改革、创业、奋进”教育活动，举办形势教育学习会、知识竞赛等30场。1990年，开展以“立信念，扬正气、育新人”为主题的思想教育活动，发放各类国情知识材料226册，举办国情知识竞赛。

1991—1999年，场团委联合工会举办场乡物资交流大会、职工运动会、文艺会演。每年“元旦”，举办综合知识竞赛，3月开展学雷锋、“五讲四美三热爱”活动，5月举办“五四”诗歌朗诵会，7月举办“七一”党的知识竞赛、“我为团徽添光彩”诗歌朗诵会。同时，一、二、三、四分场团委，海华啤酒厂团委从实际出发，陆续在6—7月举办小型职工运动会和分场职工文艺会演、团的基础知识竞赛。其间，各级团组织向党组织推荐优秀团员114名，其中82名加入党组织。

1992年5月4日，场团委举办“青年是祖国的未来”诗歌朗诵会。5月，开展“希望工程—百万爱心”捐款活动，有26个单位、300余名团员、800余名青年参加，共捐款259632元。在元旦和青年节，为18对新婚夫妇举办了集体婚礼。

1993年，全场各级团组织进行了爱国主义、集体主义、社会主义教育，进行党的基本路线和基本国情的“双基”教育，开展“学雷锋精神，做‘四有’青年”“立足岗位树新风，扎根牧场献青春”活动。有600余名团员参加，集体做好人好事120余次。表彰优秀团支部10个、优秀团员13名。

1995年5月4日，场团委举行诗歌朗诵活动，34名优秀青年加入共青团。

1996年9月，表彰优秀团支部5个、优秀团务工作者20名、优秀团员20名。1986—1999年，牧场中学、民族寄校共有少先大队7个、中队18个、小队54个，有辅导员36人（均由学校老师兼任）。牧场中学少先大队、民族寄校少先队根据自己的特点，紧紧围绕为21世纪培养社会主义接班人的目标，坚持共产主义理想教育、近现代史和国情教育，深化学雷锋、学赖宁活动。同时，对《未成年人保护法》进行宣传。在青海省少年先锋队工作委员会举办的“小主人开拓杯”比赛中，场中学少先大队、民族寄校少先队双双中榜，连年夺标；在争创“星星中队”的活动中，中学四甲班榜上有名，杨秀芳老师被少年先锋队工作委员会授予“优秀少先辅导员标兵”称号。1986年8月，开展牧场第一届少年儿童夏令营。

2002年11月，组建25人的青年志愿者服务队，开展志愿者活动。

2003年，在青少年中开展爱国主义教育，举办知识问答、主题班会、座谈会56场（次），办学习专栏110期。

2019年5月12日，开展党团共建活动，场直单位40余名青年参加义务植树活动。12月20日，机关党支部、团支部参加“守初心、担使命、做新时代好青年”学习强国及青海干部网络学习平台知识竞赛，基层党支部、团支部、场直单位38人参赛，6人获第一名，5人获第二名，5人获第三名。

2020年5月4日，开展党团共建活动，组织全体团员青年开展以弘扬“五四”精神、“追求卓越，勇攀高峰”为主题的爬山和诗歌朗诵比赛。

第三节　妇女工作

一、妇女组织

1957年，国营贵南牧场成立妇女联合会。

1957—1976年，工会设专职妇女干部，各基层工会、生产队设兼职妇女主任。1980—1985年，政工科设妇女干事。1986—1992年，工会设专职妇女主任，各基层工会、生产队设兼职妇女干事。1993—2018年，工会成立女工委，妇女工作归工会部门，各生产队设兼职妇女干事。

二、妇女参与牧场建设

1960年，有20余名女职工参加拖拉机培训班，成为场里第一批女拖拉机手。1965年9月，在过马营成立家属队，种植蔬菜，部分解决场直地区的蔬菜需求，家属队人员最多时达到560多人。后来，各生产队相继成立家属队，参加本队春播、秋收、蔬菜种植、养猪等各项工作。

1970年，12名西安女知青组成女子放牧班。1974年，从过马营家属队选出20名职工家属筹办地毯厂，开始小规模加工地毯。1987年，有40余名女职工成为拖拉机手。

从20世纪60年代开始，女干部、女职工活跃在文教卫生、农牧业生产、第三产业等各条战线上，为牧场的繁荣发展发挥了重要作用。

三、妇女干部

1957—1961 年，有妇女干部 22 人。在贵南军马场、贵南牧场时期，女职工积极投身牧场的建设和改革，广泛参与社会主义物质文明、政治文明和精神文明建设。各行各业都涌现出了一大批妇女干部，如军马场时期小学校长万敦梅，林业队指导员宋玉敏，贵南牧场职工医院副院长刘荷兰及护士长李桂芳、施剑飞、卓玛，计划生育办公室主任郑玉芳，中学副校长郭廉洁，计财处副处长肖禄化，工会副主席时锦芳，试验站站长张春兰，女队长史海玲、岳素兰、魏慧青、安青花等。

2002 年成立贵南草业公司后，表现突出的妇女干部有副总经理张青、工会副主席胡桂兰、社保办主任舒海华、审计室副主任吕海萍、女工委主任甘二妹、办公室副主任周金焕、林业站站长赵隆芳等。

四、妇女活动

20 世纪 80 年代，对妇女进行有理想、有道德、有文化、有纪律的“四有”教育，组织开展评选“三八红旗手”（集体）、评选“五好”家庭、巾帼建功、“双学双比”竞赛、维护妇女合法权益等活动。

1991 年，开展“双学双比”（学文化、学技术、比成绩、比贡献）活动。

1992 年，开展“三个一”（一亩地、一千斤、一千元）竞赛活动、农作物种植赛、庭院经济增收赛、舍饲养殖赛、采集赛等活动。当年 3 月 7 日，场直地区妇女代表组织集会，庆祝“三八”妇女节。6 月，举办妇女宣传月活动，开展了《妇女权益保障法》《妇女法》有奖知识竞赛。

1994 年，荣获青海省妇联“双学双比”先进组织奖。

1995 年，开展“巾帼建功”活动。

1996 年，举办各种技术培训班 5 期，培训女职工 1650 人次。

2001 年，贵南县妇联表彰“双学双比”女能手 2 名、“三八红旗手”2 名、“巾帼示范户”2 名。

2003 年，获全省维护妇女儿童集体奖。

2003—2009 年，举办法律、妇女技能培训班 20 期，培训 788 人次。

2010 年，在“三八”妇女节表彰女能人、好媳妇、女先进工作者 50 名，进行了“预防艾滋病、健康全家人”的卫生防疫知识宣传。

2011 年，提供“三查”服务 3 次，参检 1000 余人次，发放宣传材料 5000 余份。

2014 年 6 月 4 日，根据贵南县社会管理综合治理委员会和县妇联要求，开展“平安家庭”创建及“三留”人员关爱服务。

2017 年，青海省总工会到公司开展妇女健康体检，举办女职工权益保护、卫生健康讲座。

2015—2018 年，开展妇女思想教育及“巾帼建功”等活动，培训女干部，配合普法办公室开展 4 次五年普法教育，宣传涉及妇女、儿童权益方面的法律法规知识。在每年的“三八”维权周及普法宣传日举办普法培训班，学习宣传《中华人民共和国妇女权益保障法》《中华人民共和国婚姻法》《中华人民共和国未成年人保护法》等法律法规。

五、妇女救助

2014 年，开展妇女“两癌”检查及救助活动，当年救助 3 人。2016 年救助 8 人，2017 年救助 15 人，2018 年救助 22 人，2019 年救助 50 人，2020 年救助 10 人。

第三章　国防教育

1952年牧场成立民兵组织以后，一直坚持党管武装的原则，加强民兵武装力量的思想建设，夯实工作基础，服务地方经济建设，维护地区和谐稳定，促进地区民族团结进步。在急、难、险、重任务中，广大民兵奋勇当先，保障人民生命财产安全。

第一节　民兵组织建设

一、武装组织

1949年9月22日，牧场隶属中国人民解放军西北军区军牧部，实行军事化管理，一边抓国防军马生产、农牧业生产，一边开展清剿土匪稳定工作，设有武器库。建场初期，设专武干事，最早为李文鹏，1960—1965年为张承智，1966—1971年为孔纯林，1972—1986年为黄元均、冷改民、马青山。1987—1990年，杨正任武装部部长；1992—2002年4月，徐建忠任专武干事，2003年任武装部部长；2008年5月—2017年，李忠辉任武装部部长；2019—2020年，普华才让任武装部部长。

1996年，经兰州军区批准，青海省军区按照“一点两库”的命令要求，在贵南县武装部、贵南牧场两地建设了标准化武器库。

1997年，由贵南牧场划拨土地，青海省军区在过马营建立兵站。

二、民兵组织

1949年来，牧场系中国人民解放军西北军区军牧部领导，全场生产单位按部队建制。1952年，甘肃定西回民骑兵团31人到场，组建骑兵大队，后成立民兵团。1961年二次归军后，恢复成立民兵团，团长由场长兼任，政委由党委书记兼任，下设3个营、12个连，民兵分为基干民兵、普通民兵。1966年7月，再次整组民兵团，下设司令部、政治处、后勤处，场长王坚任民兵团团长，设有基干民兵连，各生产队都编有民兵连。

1967年，再次整组编建民兵团，下设4个营，共有民兵1239名。其中有战备民兵546名、女民兵51名。全场民兵中有党员280名、团员169名。

1970—1975 年，整组民兵团，下设 5 个民兵营、25 个民兵连，有民兵 1795 人，其中基干民兵连 6 个、906 人，民兵干部 119 人。一营为场直单位，下设 4 个连；二营为一分场，下设 4 个连；三营为二分场，下设 4 个连；四营为三分场，下设 4 个连；五营为四分场，下设 3 个连。每营设 1 个基干民兵连，全团设 1 个基干民兵营。定期开展战术训练，民兵初步掌握了单兵动作、班组进攻、防御，熟练掌握了各种武器和各种姿势的射击动作，进行了实弹射击和实地拉练演习。

1978 年，全场整建为 1 个民兵连，4 个分场各编建 1 个民兵排，场直地区编建 2 个民兵排。有应急分队民兵 85 人、基干民兵 145 人。

1980 年，贵南牧场组建 12.7MM 高射机枪连。

1994 年，贯彻中央军委“减少数量、提高质量、抓住重点、打好基础”的十六字方针，牧场民兵缩编为 145 人，其中应急分队民兵 38 人、基干民兵 107 人。

1997 年，青海省军区为贵南牧场配备 4 门“三七”高射炮，组建了民兵“三七”高炮连。

1998 年 9 月，整组编建贵南牧场应急连，核定 125 人。结合牧场点多、面广、线长的实际，增加普通民兵 20 人。

2006 年，三分公司成立民兵组织，有民兵 180 名，男女各 90 名。

2007—2017 年，组建贵南草业公司民兵预备役连 1 个，其中一分公司 1 个排、三分公司 2 个排。

第二节　民兵活动

一、平叛

1952 年，牧场奉命组成骑兵大队配合剿匪，派出骑兵班驻防多石嘴沟，监视股匪活动，截断匪徒运输和交通。1953 年夏，配合人民解放军全歼股匪，击毙匪首马元祥。

1958 年，青海地区发生反动武装叛乱。6—10 月，牧场民兵参加了平息贵南县森多、居布林、拉德叛乱斗争，民兵陈守荣、边生芳、阎效田等献出了宝贵的生命。

二、治安联防

1961—1975 年，民兵组织全程参与保卫场区安全、防空投、反空降、反暴动、维护社会治安、保卫军马、农业生产任务，协助劳改农场管理劳改人员。1976—1990 年，牧场民兵成立治安联防队，巡逻、放哨、看护农作物，维护周边关系。

1990—2001 年，随着全场经济的不断发展，场武装部组织民兵承担了越来越多的社会经济建设和社会治安综合治理任务。民兵应急连协助承担历届“八一”建军节和场乡物资交流会等大型活动的治安秩序维护任务。在推进“平安企业”建设中，成立以民兵为主体的联防队、治安巡逻队、应急抢险队。

2002年后，实施国家退耕还林（草）和治理荒山荒坡植树造林，民兵发挥主力军作用，各基层民兵治安联防队参加22个农牧业生产队的治安执勤巡逻任务，在维护当地社会稳定、促进民族团结中发挥了重要作用。

三、军事训练

1952年，组建骑兵大队，进行紧张的军事训练，积极备战。

1956年，参加海南州步机枪精度射击、手榴弹投准投远、单兵利用地形地物等民兵比武活动。二次归军后，贵南军马场加强对民兵干部、基干民兵的训练，除开展射击、投弹、爆破、利用地形地物等战术和技术训练外，还开展对空观察和以打坦克、打飞机、打空降、防原子弹、防化武、防细菌为主要内容的“三打三防”训练。

1958年后，结合执行平叛任务，组织基干民兵练技术、练战术，进行各种应用训练。

1962年，开展以射击、投弹、单兵战术等科目为主的军事训练。

1965年8月1日，举行“八一”民兵检阅，八七三五部队93分队也派出代表队参加了检阅，组织了射击、投弹、赛马等项目。

1966—1975年，贵南军马场在每年“八一”建军节期间开展民兵军事表演，进行男女100米射击比赛、隐显目标射击、赛马射击比赛、刺杀、立姿投弹比赛及民兵方队表演。

1970—1975年，大搞军事训练，民兵做到五会：会投弹、会射击、会爆破、会刺杀、会利用地形。

从1981年开始，对民兵训练进行整顿改革，实行两年一个周期训练制度，减少训练人员，缩短训练时间。

1992年6月，牧场20名青年参加贵南县武装部组织的民兵军事训练，全部拿到了训练合格证书。6月下旬，与贵南县沙沟、拉乙亥乡的50名青年一起参加了军事训练，集中进行了高射机枪、政治教育、队列动作的集训。通过考核，牧场被评为先进集体，3名青年被评为优秀民兵。

1993年6月，在牧场建场60周年开幕式上，90多人参加民兵阅兵。

1995—2001年，为加强民兵预备役队伍建设，每年组织民兵军事训练，训练民兵540人（次）。

2002—2006年，根据上级军事部门的工作安排，组建民兵应急连，每年7月开训，历时36天。

2007年8月1—10日，公司首次组织了82无坐力炮训练，进行实弹射击靶考核，参训民兵85人。

2008年7月1日，三分公司党委举行庆祝建党87周年活动，组织160名男女民兵进行穿越18公里沙漠拉练。2009年建党88周年之际，三分公司组织民兵进行男女组合拳、格斗术、女子擒敌拳演练。

2010年建党89周年之际，三分公司组织民兵进行民兵课目汇报演练和现场打靶活动。2010年9月，三分公司民兵在贵南县森多乡进行“步兵连攻击战掩体”科目演练。

2010年后，在“八一”建军节期间，组织民兵进行方队、操枪、射击、刺杀、警棍盾牌术、擒敌拳等实战演练。

2020年6月，开展民兵应急连政治教育集训、军事训练实操、反恐维稳演练等，共50人参加。

四、政治教育

民兵组织建立以后，一直坚持党管武装、党管民兵的光荣传统，编建的民兵团、营、连政委、教导员、指导员负责民兵的组织建设和政治思想教育。

1965年7月，召开全场民兵政治工作会议，67人参加会议，实现了民兵工作政治、军事、组织三落实。

1993年3月12日，牧场召开民兵工作会议，场直各单位民兵排长、班长等参加，学习了《青海省民兵基础建设细则》。

1993—1998年，对民兵进行爱国主义、革命英雄主义、革命传统、价值观教育。

1999—2001年，利用电影、电视等形式，对民兵进行时事政治和党的方针政策的教育，增强民兵在政治上的坚定性、思想道德上的纯洁性，打牢政治思想基础。

2003—2020年，对民兵进行时事政治、党的方针政策、中华民族共同体意识教育，树立国家利益高于一切、保卫社会主义现代化建设、捍卫国家主权和领土完整的理念。

五、获奖情况

1961—1975年，贵南军马场民兵多次在民兵建设、民兵训练、“八一”军事比赛中被总后勤军马局授予“优秀集体”称号。

1992年7月，被贵南县人民武装部评为“先进基层单位”。

1994年12月，被青海省军区评为“先进民兵连”。

1995 年 1 月，被青海省军区树为“优秀民兵连”。10 月，被海南州委、州政府、州军分区授予“民兵‘三落实’先进基层单位”荣誉称号。

1996—1997 年，牧场民兵军事训练得到海南州军分区的通报表彰。

1997 年 8 月 1 日，被青海省军区评为“国防建设先进单位”。

1998 年 8 月，青海省军区在贵南县森多乡组织民兵政治建设座谈会暨军事汇报表演，牧场武装部组织的民兵军事汇报表演被青海省军区授予“集体三等功”，部长徐建忠被授予“个人三等功”，11 名民兵被评为“民兵训练先进个人”。

2001 年 8 月 9 日，海南州军分区对公司民兵连进行考核，成绩优良，民兵连受到军分区、县人民武装部表彰。

第三节 兵 役

1949 年 10 月，贵德军牧场 7 名青年应征入伍。1950 年，5 名青年加入中国人民志愿军。1951—1953 年，贵德军牧场每年都有人数不等的青年自愿参军。

1957 年，国营贵南牧场首次征兵，应征人数达 35 人。二次归军后，每年都有青年入伍。1984 年，进行预备役登记试点，场武装部于每年秋季进行兵役登记和复退军人预备役核对。

1986—1999 年，牧场执行《中华人民共和国兵役法》，实行义务兵与志愿兵、民兵与预备役相结合的兵役制度。

2002—2020 年，公司应征入伍兵员的去向主要是甘肃、陕西、新疆、湖北、浙江及青海。

1954—2020 年，共有 136 名青年应征入伍。应征入伍的职工子弟王海生于 1985 年 12 月至 1987 年 6 月参加云南前线老山地区防御作战，荣立三等功。1954—2020 年部分年份征兵统计见表 6-3-1。

表 6-3-1 1954—2020 年部分年份征兵统计

单位：人

年份	征兵数	年份	征兵数	年份	征兵数	年份	征兵数
1954	1	1960	2	1968	1	1979	1
1955	2	1962	3	1969	1	1980	1
1956	3	1963	1	1970	4	1981	3
1957	2	1964	2	1973	1	1982	2
1958	2	1966	3	1974	1	1983	3
1959	1	1967	2	1978	3	1984	4

（续）

年份	征兵数	年份	征兵数	年份	征兵数	年份	征兵数
1985	2	1994	3	2003	1	2013	1
1986	3	1995	1	2005	1	2014	1
1987	3	1996	2	2006	3	2015	1
1988	4	1997	1	2007	1	2016	3
1989	1	1998	2	2008	1	2017	3
1990	10	1999	1	2009	1	2018	4
1991	3	2000	2	2010	2	2019	5
1992	3	2001	1	2011	1	2020	1
1993	3	2002	2	2012	10	合计	136

注：1961 年、1971 年、1972 年相关资料缺失。

中国农垦农场志丛

第七编

文　　化

中国农垦农场志丛

第一章　教　　育

1957 年设立第 1 所小学后，牧场不断改善办学条件，完善办学体系，普及中小学基础教育和职业教育，按照教育管理体制、办学体制改革，加大教育经费投入，普通教育、民族教育和职业教育实现跨越式发展。素质教育全面推进，教育质量显著提高，在为社会培养、输送了大量的初高中毕业生的同时，也为牧场各行业培养了技术骨干，对提高职工队伍的文化素质发挥了积极作用。

第一节　学校设置

1956 年前，由于受各方面条件的限制，场内没有设立中小学校。

1957 年，牧场在过马营设立职工子弟小学。随着生产规模的逐年扩大，职工、家属人数增加。1959—1962 年，分别在莫曲沟分场、鲁仓分场、三滩分场设立小学。由于在校学生人数少、规模小，只指定小学临时负责人，不设校长，学校由场政治处和所在分场管理。

1963 年，小学开始设任校长、教导主任。1967 年 9 月，在牧场小学的基础上增设初中班，办起了初中教育。当年，成立初级中学。中学设正、副校长，正、副教导员，教导主任，总务主任各 1 人。同时，在一、二、三、四分场及各生产队设立小学 18 所。1971 年，为解决东科大队牧工子弟的上学问题，在木格滩三分场马三队与马四队之间选点，修建校舍 120 多平方米，成立全日制藏族小学，选配藏族教师 2 名。1971 年 9 月，场中学设立高中班。1972 年，总后勤部山丹军马管理局将其命名为贵南军马场五七中学，成为集小学、初中、高中于一体的完全中学。1975 年，莫曲沟中学撤销，合并到牧场中学，留办一所小学。1976 年，贵南军马场五七中学改名为青海省贵南牧场中学。1979 年，牧场有中小学校 21 所，有教职工 150 人、学生 2250 余人。

1980 年 5 月，贵南牧场设立文教卫生科，设正、副科长各 1 人，文卫干事 2 人，负责管理全场的中小学教育、民族教育、职业教育及医疗卫生工作。

1980 年，在中学办学前班。1984 年 11 月，合并二分场羊队小学和东科小学，在过马营建立民族寄宿小学，由牧场出资，免费寄读。

1984 年，文卫科撤销，小学以分场为单位建立学区，牧场中学实行校长负责制，负责管理中学及各学区的小学教育工作。1988 年，恢复中小学分级管理制，各小学行政上归所在分场、生产队管理，教学业务由场中学指导，并自觉接受州、县教育行政部门的业务指导。1989 年后，各基层小学学生人数锐减，牧场整合教育资源，实行集中办学。到 1993 年，将基层所有小学并入牧场中学，形成了中心学校。

1990 年，随着牧场民族教育事业的发展，贵南牧场在民族寄宿小学的基础上成立民族中学。

1997 年 12 月，根据国家教委教育改革的精神，理顺关系，精简机构，提高教学质量，成立贵南牧场教育培训中心，负责对中学、民族中学、农业广播电视学校的业务工作进行指导和管理。2000 年，东科大队小学重新开办，归牧场民族中学管理。

2001 年 4 月 23 日，根据《贵南牧场机构改革和今后发展方向的实施方案》，撤销贵南牧场教育培训中心，将牧场中学、民族中学、中央农业广播电视学校贵南牧场分校三校合并，实行一套班子、三块牌子。

学校经过半个世纪的发展，已成为集幼儿、学前、小学、初中、高中教育、成人教育于一体的综合教育单位。2007 年，民族中学移交贵南县人民政府。2015 年，贵南牧场中学移交贵南县人民政府。

第二节　普通教育

牧场普通教育起步较晚，但发展较快，解决了牧场职工子弟的就学问题，为提高职工队伍的文化素质发挥了积极作用。

一、学前教育

1980 年前，在牧场小学开办过短期学前班。1980—1982 年，在中学小学部兴办了幼儿园，配备幼儿教师 3 名、保育员 3 名，入园幼儿 260 余名，后因经费不足停办。停办后，在全场小学开设学前班。1997 年，派出 2 名教师到青海省委机关幼儿园学习、2 名教师到武汉幼师学院学习，当年招收两个幼儿小班，两个幼儿大班。2010 年，成立幼儿部，归中学教务处管理。2012 年，幼儿部班级由 4 个增加到 6 个。

2014 年，建成新的幼儿园，占地面积 2513 平方米，教学楼面积 1281 平方米，杨风中任园长（后兼中学副校长），当年被评为县级一类幼儿园。2015 年，被评为县级优秀幼儿园。2014 年幼儿园重点设施及师资见表 7-1-1。

表 7-1-1　2014 年幼儿园重点设施及师资

幼儿园教学楼建成时间	幼儿园占地面积（平方米）	教学楼建筑面积（平方米）	师资力量配备（人）			班级（个）	人数
			本科	大专	高中		
2014	2513	1281	3	6	2	6	165

二、小学教育

牧场小学教育始于 1957 年，在校学生仅有 21 名。1959 年，又在鲁仓分场开设小学 1 所，2 所小学共有在校学生 55 人。1960 年，在莫曲沟分场开设小学。1962 年，在三滩分场开设小学，4 所小学共有在校学生 100 余人。1965 年，农一队、农二队、农三队（后称农七队）、农四队、管道队等建立小学，二分场羊队开办藏族职工子弟马背小学。至此，全场共有小学 10 所，在校学生 460 余名。1967—1969 年，农六队（西滩）及三、四分场各生产队先后新建小学 9 所，全场小学达到 19 所，有在校学生 650 余名。

1979 年，有在校小学生 743 名，开设班级（包括复式班）30 个。1982 年，有在校小学生 1860 名，开设教学班（包括复式班）105 个，为历史最高峰。由于牧场在 1975 年开始实行计划生育，从 1985 年始，小学生人数逐年下降，小学规模逐年缩小。1987 年，学生人数由高峰期的 1860 名减少到 948 名，至 1992 年，减少到 352 名；教学班由高峰期的 108 个减少到 1987 年的 79 个，至 1992 年，减少到 22 个。1985 年与 1986 年，莫曲沟小学和管道队小学相继撤销。1989—1990 年，一、二分场所属 7 所小学并入牧场小学，学生全部到过马营寄读。1992 年年底，全场只保留 10 所学校。其中，中学 1 所（包括牧场小学），民族寄宿小学 1 所，三、四分场小学 8 所。1995 年，三、四分场 8 所小学撤销，并入牧场小学。

三、中学教育

1967 年，在牧场小学基础上设立初中班，1971 年 9 月设高中班，1972 年，总后勤部山丹军马管理局将其命名为贵南军马场五七中学，1976 年改名为青海省贵南牧场中学。1974 年 8 月底，二分场农五队（莫曲沟）设立初中，1975 年撤销，并入牧场中学。

初建中学时，在校学生仅有几十人。1971—1978 年，高中毕业学生已有 245 人。1974—1978 年高中毕业生统计见表 7-1-2。1979 年，有在校学生 659 名，设教学班 14 个。当年，场中学建成 1857 平方米的 3 层教学楼。1987 年，有在校学生 1268 名，设教学班 27 个。此后，在校学生人数逐年减少。1990 年，有在校学生 935 名，教学班 22 个；2005

年，有在校学生 291 名，教学班 12 个；2015 年，有在校学生 237 名，教学班 9 个。1979—2015 年中、小学生变动统计见表 7-1-3。

表 7-1-2　1974—1978 年高中毕业生统计

单位：名

年份	1974	1975	1976	1977	1978	1979
人数	28	32	28	28	33	59

表 7-1-3　1979—2015 年中、小学生变动统计

年份	学生数（名）	班级数（个）	中学		小学	
			学生（名）	班级（个）	学生（名）	班级（个）
1979	1402	44	659	14	743	30
1980	2414	111	626	15	1788	96
1981	2454	114	626	15	1828	99
1982	2627	119	767	14	1860	105
1983	2711	113	867	19	1844	94
1984	2673	131	1014	23	1659	108
1985	2580	120	1140	22	1440	98
1986	2289	110	1211	26	1078	84
1987	2216	106	1268	27	948	79
1988	1860	102	1182	26	678	76
1989	1704	83	1139	24	565	59
1990	1486	62	935	22	551	40
1991	1232	58	840	20	392	38
1992	956	38	604	16	352	22
1993	842	33	477	13	365	20
1994	693	33	343	13	350	20
1995	502	27	239	9	263	18
1996	523	20	209	10	314	10
1997	589	19	188	7	401	12
1998	622	19	201	7	421	12
1999	627	19	198	7	429	12
2000	602	21	154	8	448	13
2001	619	21	126	7	493	14
2002	689	21	163	7	526	14

（续）

年份	学生数（名）	班级数（个）	中学		小学	
			学生（名）	班级（个）	学生（名）	班级（个）
2003	701	21	189	7	512	14
2004	820	24	240	10	580	14
2005	952	26	291	12	661	14
2006	963	23	286	9	677	14
2007	958	25	254	9	704	16
2008	969	25	318	9	651	16
2009	987	25	325	9	662	16
2010	972	23	321	9	651	14
2011	984	25	307	9	677	16
2012	1076	25	313	9	763	16
2013	846	24	267	9	579	15
2014	789	24	248	9	541	15
2015	718	24	237	9	481	15

随着时代的发展，牧场中学的管理日臻完善，教学质量逐年提高。中学为牧场和社会培养、输送了数以千计的初高中毕业生及大中专学生，大部分毕业生在场内工作，成为生产建设的主要力量，部分人成为牧场各行业的技术骨干，有些人走上了领导岗位。

《中华人民共和国义务教育法》颁布后，牧场中学从实际出发，制订了实施办法。在牧场党委和职工群众的大力协助支持下，“八五”期间完成了九年义务教育的任务，已过渡到 12 年教育，2010 年适龄儿童入学率达 100%，在校学生巩固率达 99.5%，小学毕业率达 100%，高中招生率达 98.5%。

自 1977 年高考恢复以来，至 2015 年，有 1201 名职工子女被各类大中专院校录取（表 7-1-4）。

表 7-1-4　牧场中学 1977—2015 年考入大中专院校学生数统计

单位：名

年份	初中中专	高中中专	大学专科	大学本科	小计
1977	—	1	—	6	7
1978	11	6	1	3	21
1979	1	—	1	2	4
1980	2	—	—	3	5

（续）

年份	初中中专	高中中专	大学专科	大学本科	小计
1981	1	—	2	4	7
1982	3	—	—	2	5
1983	4	—	5	4	13
1984	4	4	5	2	15
1985	2	3	6	9	20
1986	3	9	4	1	17
1987	2	5	3	9	19
1988	3	5	2	8	18
1989	3	2	4	7	16
1990	1	8	6	12	27
1991	2	9	8	9	28
1992	—	10	—	9	19
1993	4	—	13	6	23
1994	3	—	10	5	18
1995	2	—	8	5	15
1996	—	—	11	3	14
1997	—	—	10	6	16
1998	—	—	12	3	15
1999	—	—	10	2	12
2000	—	—	8	10	18
2001	—	—	15	8	23
2002	—	—	18	8	26
2003	—	—	26	9	35
2004	—	—	34	13	47
2005	—	—	43	10	53
2006	—	—	43	24	67
2007	—	—	52	28	80
2008	—	—	55	23	78
2009	—	—	65	8	73
2010	—	—	51	9	60
2011	—	—	46	11	57
2012	—	—	33	16	49
2013	—	—	43	16	59
2014	—	—	39	14	53
2015	—	—	63	6	69
合计	51	62	755	333	1201

从1987年开始，为激发学生的学习热情，牧场中学组织学生参加全国或省级各类知识竞赛活动。1987年，参加全省中学生语文基础竞赛，获初中组集体第三名，2人分获个人第二名和第三名；参加全国初中组数学竞赛，1人获青海赛区优胜奖。1990年，参加全省高中英语基础知识竞赛，1人获第三名。1991年，参加全国初中化学竞赛，1人获青海赛区第二名，2人获第三名；参加全国初中物理竞赛，2人分获青海赛区第二名和第三名。1999年4月，参加初中全国数学奥林匹克竞赛，2人分获青海赛区第二名和第三名。

1986年，牧场中学获农牧渔业部“先进集体”称号，3名教师获省部级荣誉称号。1992年，被青海省农林厅授予“先进党支部”称号。2014年11月，获青海省总工会“青海高原巾帼标兵岗位”荣誉称号。2015年，获贵南县首届“魅力校园”文化艺术节教育成就展一等奖、三等奖和组织奖，贵南县“第二届全县小学生数学基础知识竞赛”集体一等奖和二等奖。

随着教育改革的不断深入和发展，牧场中学积极推进素质教育，开辟第二课堂，创办了“百花”艺术团、“苗苗”美术班、“小明星”乒乓球队等，学生的知识水平和个人素养得到了极大的提高。教学质量明显提高，部分学科成绩与同期前五年成绩相比高出20多分。1999年8月，学校教职工集资购置电脑，建成了有19台电脑、1台服务器的电教室，改善了教学条件。

学校每年在“六一”儿童节举办大型运动会，组队参加青海省海南藏族自治州中学生动会，在田径、排球、乒乓球、射击等项目上多次获奖，并被海南州体委授予“体育传统项目学校”称号。

第三节　民族教育

1965年，因藏族牧工常年分散流动游牧，为解决藏族牧工子弟上学问题，在二分场羊队开办藏族牧工子弟流动小学（又名马背小学），挑选2名具有初中文化程度的藏族青年担任教师，定时骑马去帐房轮流讲课，此为早期的民族教育形式。随着藏族牧工定居点建成，流动小学于1967年秋改为固定小学。1984年，牧场民族寄宿小学成立后，固定小学停办。

1971年，成立东科大队全日制藏族小学。

1984年11月，将二分场羊队小学和东科小学合并，在过马营建立民族寄宿小学，由牧场出资免费寄读。随着办学条件的逐步改善，教学质量不断提高，学生人数逐年增多，基本实现了六年义务教育。民族寄宿学校历年在校学生、教职工人数变化情况见表 7-1-5。

表 7-1-5　1984—1995 年民族寄宿学校在校学生、教职工情况

单位：人

年份	学生数	教职工数	年份	学生数	教职工数
1984	12	4	1996	87	26
1985	75	15	1997	85	28
1986	102	20	1998	87	29
1987	81	26	1999	90	29
1988	78	26	2000	91	31
1989	76	26	2001	89	31
1990	47	26	2002	87	31
1991	73	26	2003	85	28
1992	78	26	2004	86	28
1993	89	26	2005	85	28
1994	91	27	2006	90	28
1995	90	27	—	—	—

1990 年，在牧场中学开设民族初中班，当年招收藏族学生 15 名。1991 年，招藏族学生 17 名。1993—1994 年，因无生源未招新生。1995 年，中学重新开办民族初中班。1998 年 3 月，民族初中班并入民族寄宿小学，成立民族中学，民族教育完成九年义务教育达标。少数民族适龄儿童入学率达 95%，巩固率达 98%，小升初升学率达 100%，初中生毕业率达 100%。

第四节　专业技术教育

一、技术学校

1958 年，根据生产发展的需要，成立贵南牧场农业畜牧技术学校（简称农牧技校），曹福林任校长，丁福培、王永发为教师，设农业技术、畜牧兽医 2 个班，有学员 44 名。学制三年，按中等专业学校设课程，原计划学员学业期满经考试合格发给毕业证书，后因生活困难，于 1960 年年底提前结业，学校撤销。

1979 年，牧场恢复农业畜牧技术学校，邵叔度任校长，吕发明任书记。1979—1981 年开办农业班，有学员 36 人。1981—1983 年开办畜牧班，有学员 28 人，学制均为两年，学业期满后经考试合格后颁发结业证书。1983 年夏停办。

二、职业技能培训

1. 文化补习 20世纪50年代，职工队伍文化水平普遍较低，文盲较多，军牧场开办识字班，在职工中扫盲。20世纪60—70年代，基层单位配合学习毛泽东著作活动和生产活动开展文化补习。1983年，根据中央有关精神，对“文化大革命”期间初高中毕业的在职职工推行文化课过关补习考试。1983—1985年，牧场文卫科组织了3期文化补习班，补习人数340余人。

2. 农业机械技术培训 1959年，牧场举办短期农机培训班，培训2～3个月，培养农机驾驶员，以后每隔3～5年举办1～2短期培训班，解决机务人员需求。1982—1992年，随着农业生产规模的逐步扩大和机械化程度的提高，机务工短缺，举办农机培训班12期，每期两个月，培训720余人次。

根据中共中央、国务院制定的关于积极发展职业技术教育的方针，1992年8月，牧场中学开办职业班，开设农学、农机2个班，设文化基础课和专业技术课7门，当年从应届初中毕业生中录取学员92名。

3. 医护培训 为从根本上解决医护人员严重缺乏的问题，走自己培养医护人员的路，1966—1993年，医院开办了9期医护培训班，培训医护人员182人次。

4. 财会培训 为满足牧场生产发展对财会人员的需求，1971年9月，开设财会培训班，学制一年，从应届初中毕业生中推荐学员24名，罗奇丽为教师。1972年7月结业后，将学员分配到基层单位从事财会工作。1971—1992年，举办财会短期培训班8期，培训310余人次。

1967—1974年，先后选送23名财会人员到北京、武汉、银川和总后山丹军马局进行3～12个月的培训。1985—1988年，先后选送7名财会人员到广西农垦职工大学、北京干部管理学院、青海省财校学习，毕业后回场工作，成为财务的骨干力量。

三、农业广播电视学校

1991年，设立中央农业广播电视学校贵南牧场分校，设农学、财会两个专业，学制2～3年，面向全场职工招生，按中专开设课程，定期面授。1992年，开始招收学员。1997年，扩大招生范围，面向周边县、乡农牧民，开设农学、农机、会统、企业管理等专业。自农业广播电视学校设立后，先后有500多名学员取得了毕业证书。

2001年，在农业广播电视学校内设西北农林科技大学函授站，设农学、林学、农经、计算机、森林公安等专业，面向公司职工及周边县、乡农牧民招生。至2015年，先后有

231 名学员取得本、专科学历证书。

第五节　师资队伍

一、师资构成

20 世纪 50 年代中期至 70 年代初期，教师由政工部门从场内选拔，基本能满足需求。从 1976 年开始，随着学生人数的增加，师资不足问题日益凸显。场内主要采取三种措施调整、充实教师队伍：一是抽调分配来场的大中专毕业生以及北京、西安知青；二是培训新生力量，从历届高中毕业生中选拔文化基础扎实并愿意从事教育工作的人员，举办师训班培训，同时，选派部分人员到省内外师范院校进修学习；三是社会化招聘教师，从青海省司法厅吴堡湾农场以及陕西、河南等地招聘教师。1980—1992 年，通过师训班培养小学教师 67 名，送培教师 68 人次，招聘教师 23 名，分配高等院校师范毕业生 29 名。

1979 年，全场中小学有教职工 157 名，1984 年上升到 239 名。1987 年后，入学学生逐年减少，教师人数相应调减，1992 年下降到 152 名，2000 年为 110 名，2015 年移交贵南县时为 89 名。1976—2015 年中小学教师职工变化情况见表 7-1-6。

表 7-1-6　1976—2015 年中小学教职工人数统计

单位：人

年份	教职工人数	年份	教职工人数	年份	教职工人数	年份	教职工人数
1976	133	1986	187	1996	94	2006	95
1977	141	1987	220	1997	99	2007	75
1978	152	1988	206	1998	99	2008	75
1979	157	1989	208	1999	109	2009	72
1980	173	1990	168	2000	110	2010	79
1981	169	1991	163	2001	98	2011	79
1982	177	1992	152	2002	98	2012	76
1983	224	1993	122	2003	102	2013	74
1984	239	1994	109	2004	107	2014	77
1985	181	1995	98	2005	102	2015	89

二、业务培训

1. 师资培训　1976—1984 年，牧场中小学教育迅速发展，教师队伍迅速扩大，出现教师学历、水平、能力等参差不齐的局面，师资培训工作也相继全面开展起来。牧场有计划地送部分教师到高等院校进行学历进修或短期培训，举办短期培训班对教师进行分批轮训，组织骨干教师到省内其他学校或省外有关学校听课、参观、学习。1980—1992 年，牧场短期培训班轮训教师 142 人次，到北京、西安、省内听课座谈和学习观摩 70 余人次。国培计划开始后，学校每年按计划派教师参加培训，教师队伍整体素质得到提高。

2. 在职进修　按照在职教师个人知识水平和教学能力，制订进修计划，鼓励教师参加函授学历教育。1984—1985 年，组织 134 名学历“未达标”的中小学教师参加教材教法过关考试，125 名教师取得了合格证书，合格率 93.3%。其中，小学教师参加过关考试 94 名，合格 91 名，合格率 96.8%；初中教师参加 26 名，合格 20 名，合格率 76.9%；高中教师参加 14 名，合格 14 名，合格率 100%。

1984 年，在职专任教师学历达标率为 40%；1990 年，达标率提高到 82.1%；2010 年，达标率为 96%；2015 年，达标率为 100%。

1975 年、1984 年、1990 年、2000 年、2010 年、2015 年牧场中学分课程专任教师学历情况见表 7-1-7 至表 7-1-12。

表 7-1-7　1975 年牧场中学分课程专任教师学历情况

单位：名

学历		小计	政治	语文	数学	物理	化学	地理	历史	英语	体育	音乐	美术
初中部	大专以上学历	10	—	2	3	1	1	—	—	3	—	—	—
	中专、高中以下学历	11	1	6	4	—	—	—	—	—	—	—	—
高中部	大专以上学历	14	5	—	—	1	—	1	1	2	2	1	1
	中专、高中以下学历	5	1	1	1	1	—	—	1	—	—	—	—
合计		40	7	9	8	3	1	1	2	5	2	1	1

表 7-1-8　1984 年牧场中学分课程专任教师学历情况

单位：名

学历		小计	政治	语文	数学	物理	化学	生物	地理	历史	英语	体育	卫生	美术
初中部	大专以上学历	3	—	—	2	—	—	—	—	—	—	—	1	—
	中专、高中以下学历	33	3	9	8	2	1	2	3	2	—	2	1	—
高中部	大专以上学历	12	—	3	4	1	2	1	—	—	—	—	—	1
	中专、高中以下学历	6	2	—	—	—	—	—	1	1	1	1	—	—
合计		54	5	12	14	3	3	3	4	3	1	3	2	1

表 7-1-9　1990 年牧场中学分课程专任教师学历情况

单位：名

学历		小计	政治	语文	数学	物理	化学	生物	地理	历史	英语	体育	卫生	音乐	美术	其他
初中部	大专以上学历	26	2	5	6	2	1	2	2	2	2	—	1	—	—	1
	中专、高中以下学历	10	1	2	1	—	1	—	—	—	1	2	—	1	1	—
高中部	大专以上学历	20	2	4	4	2	1	1	1	1	2	1	1	—	—	—
合计		56	5	11	11	4	3	3	3	3	5	3	2	1	1	1

表 7-1-10　2000 年牧场中学分课程专任教师学历情况

单位：名

学历		小计	政治	语文	数学	物理	化学	生物	地理	历史	英语	体育	卫生	音乐	美术	其他
初中部	大专以上学历	27	2	4	4	3	2	2	2	2	6	—	—	—	—	—
	中专、高中以下学历	8	—	—	—	—	—	—	—	—	—	2	1	2	2	1
高中部	大专以上学历	21	2	2	3	1	2	3	2	2	3	—	1	—	—	—
	中专、高中以下学历	7	—	—	—	—	—	—	—	—	—	2	1	1	3	—
合计		63	4	6	7	4	4	5	4	4	9	4	3	3	5	1

表 7-1-11　2010 年牧场中学分课程专任教师学历情况

单位：名

学历		小计	政治	语文	数学	物理	化学	生物	地理	历史	英语	体育	音乐	美术	其他
初中部	大专以上学历	26	2	4	4	2	1	1	1	2	5	1	1	1	1
	中专、高中以下学历	2	—	—	—	—	—	—	—	—	—	—	—	—	2
高中部	大专以上学历	20	1	4	4	1	1	1	1	1	4	1	—	1	—
	中专、高中以下学历	1	—	—	—	—	—	—	—	—	—	—	1	—	—
合计		49	3	8	8	3	2	2	2	3	9	2	2	2	3

表 7-1-12　2015 年牧场中学分课程专任教师学历情况

单位：名

学历		小计	政治	语文	数学	物理	化学	生物	地理	历史	英语	体育	音乐	美术	其他
初中部	大专以上学历	31	2	5	5	2	1	1	1	2	5	1	1	1	4
高中部	大专以上学历	23	2	4	4	2	1	1	1	1	4	1	1	1	
合计		54	4	9	9	4	2	2	2	3	9	2	2	2	4

第二章 卫 生

1933—1949 年，旧军牧场设有军医室。1950 年后，先后在过马营、鲁仓、三角滩、莫曲沟设立 4 个医务室（所），后将过马营医务所扩建为职工医院。2016 年，职工医院整体移交贵南县政府，更名为“贵南县第二人民医院”。职工医院不断深化医疗卫生体制改革，加强医疗卫生服务体系和保障体系建设，开展爱国卫生运动，加强疾病防控，医疗水平不断提高。

第一节 医疗卫生机构

1963 年 9 月，牧场成立卫生科，编员 3 人，刘汉臣任科长，负责全场的医疗卫生工作。1965 年年初，场卫生科撤销，全场医疗卫生工作由副场长杨仁和主管。1980 年 5 月，成立文卫科，编员 4 人，耿绍安任科长，姬朝峰任副科长，负责全场的医疗卫生工作和计划生育工作。1984 年秋，文卫科撤销，全场医疗卫生工作由场领导分管，医疗卫生业务归医院管理。

一、职工医院

职工医院的前身是军牧场医务室和 1957 年经过扩建的医务所。1959 年 3 月，随着生产规模的扩大和职工人数的迅速增加，成立职工医院，俞淑芹任院长，韩光跃任副院长，有医护人员 27 名，设简单病床 24 张。1962 年，从牡丹江军马场和省二干校陆续调进医护人员 25 名，其中 20 名充实到医院，5 名充实到各分场卫生所。职工医院医护人员增至 37 名，有病床 50 张，设门诊、住院部、化验室、药房等。1964 年，修建 60 平方米的手术室，安装了四头无影灯，配备了手术器械，能进行一般手术，医疗水平有了很大提高。1967 年，拨款 27 万元新建医院，占地 15 亩，建筑面积约 2000 平方米。1968 年年底，新医院交付使用，病床增至 65 张，增设 X 光室，购 200 毫安 X 光机 1 台，开设中药房。到 1978 年，医院先后购入医疗设备 235 件套，医疗技术和装备水平逐步提高。

1981 年，设院长办公室、门诊部、一病区、二病区、总务 5 个部门。1989 年 6 月，医院机构设置为场卫生防疫站、计划生育办公室、院办公室、门诊部、检验科、放射科、一病区、二病区、财务股、总务股等。

1992年，全场职工集资54.7万元、企业出资42.1万元新建职工医院大楼，建筑面积2417.9平方米，水、电、暖设施齐全，当年11月20日竣工交付使用。新购置B超、胃镜等医疗检查设备，设病床80张，有职工94人，其中医护人员86人。

1997年3月，随着市场经济的发展和改革的深入，为了合理使用和分配医疗费用，根据企业医疗卫生制度改革的有关精神，为职工提供医疗保障，制订了《贵南牧场职工、家属医疗费使用管理实施办法》。门诊费纳入工资补贴，费用包干使用，结余自留，超支不补；住院费按工龄封顶报销，实行公费医疗、统筹医疗、全费医疗三种办法。1997年贵南牧场职工门诊费用发放标准见表7-2-1，职工住院费报销标准见表7-2-2。2003年，实行职工医疗保险和城镇居民医疗保险后，该办法不再执行。

表7-2-1　1997年贵南牧场职工门诊费用发放标准

工龄年限	门诊费标准（元/月）
10年以下	6
11～20年	8
21～30年	10
30年以上	12
离休人员	14
独生子女	6

表7-2-2　1997年职工住院费报销标准

<table>
<tr><th>工龄年限</th><th>全年上限费用（元）</th><th>应报销比例（%）</th><th>备注</th></tr>
<tr><td>10年以下</td><td>1000</td><td>60</td><td>超出上限部分患者自理</td></tr>
<tr><td>11～20年</td><td>2000</td><td>70</td><td>超出上限部分患者自理</td></tr>
<tr><td>21～30年</td><td>3000</td><td>80</td><td>超出上限部分患者自理</td></tr>
<tr><td>30年以上</td><td>4000</td><td>90</td><td>超出上限部分患者自理</td></tr>
<tr><td>离休人员</td><td>5000</td><td>100</td><td>超出上限部分患者自理</td></tr>
<tr><td>独生子女</td><td>1500</td><td>60</td><td>超出上限部分患者自理</td></tr>
<tr><td>家属</td><td>800</td><td>50</td><td>超出上限部分患者自理</td></tr>
<tr><td>工伤事故</td><td>不设限</td><td>100</td><td>实报实销</td></tr>
<tr><td rowspan="2">职工患绝症</td><td rowspan="2">4000</td><td>100</td><td>住院费用3000元以下报销全部</td></tr>
<tr><td>80</td><td>住院费用3000～5000元按80%报销，超出部分患者自理</td></tr>
</table>

1999年，出资26万元维修医院大楼，改造水、电、暖设施，工作环境和就医条件得到改善。

2006—2011年，先后投入365万元购置CT、彩超、血液生化分析仪等检查设备。

2013年3月，中央财政投资195万元修建青海省贵南牧场急救中心，2014年9月交付使用。新建2层业务用房1栋，建筑面积369.38平方米，配套供水、电、暖等附属设施，购置救护车2辆及基本急救设备。

随着医疗条件的不断改善，职工医院的医疗技术水平有很大提高，承担着公司职工、家属及周边牧民群众3万余人的医疗服务工作，除能进行常见病、多发病的诊断及治疗外，还能对多种危重病人进行抢救，对各类事故伤员进行及时救治。职工医院实行事业管理、经费分开、差额自理的管理办法，建立总部、分部两级医疗制度。每年组织对千余名离退休职工及群众进行健康体检，2014年，共建立电子健康档案8036份。每年组织妇产科医务人员及计划生育专干到东科大队、各羊队进行3～4次免费体检和诊疗，开展新农合政策宣传、健康教育知识宣传，每年实施儿童计划免疫2000余人次。

职工医院在宁果（西久）公路沿线交通事故急救中先后救治伤者160余人。1985年，救治西宁至果洛客运班车交通事故伤者60人次。1987年，救治海南州财政局交通事故伤员7人。1998年6月，青海省第四地质队为职工医院送来“救死扶伤、医德高尚”的锦旗。2001年12月，在西久公路特大交通事故中，职工医院紧急救治伤员30余人次，青海省第一汽车运输公司送来“救死扶伤的典范”的锦旗。

2001年，职工医院晋升为国家卫生部“二级乙等医院”达标单位；2003年，被批准为省级职工定点医疗机构；2007年，被批准为县级城镇居民医疗保险、新型农村合作医疗保险定点机构；2008年，被批准为海南州地区职工医疗保险刷卡定点医疗机构，成为省、州、县三级定点医疗机构。

1985年5月，职工医院被青海省人民政府授予“双先文明标兵单位”；8月，被农牧渔业部授予“先进集体”。1987年，被青海省卫生厅评为“先进医院”。2003年，被青海省农牧控股公司授予“防‘非典’工作先进党支部”。

二、卫生所

1. 一分公司卫生所　1953年，成立鲁仓军医室，编员2人。1957年，改为鲁仓医务室。1959年，扩为鲁仓卫生所，编员时多时少，基本满足了职工、家属及周边牧民群众的就医需求。1971—1978年，邹德昭任所长，编员5人，设简易病床4张、简易手术室1个，能够开展简单的外科及妇科手术。1978年，一分公司卫生所被青海省畜牧局评为先进集体。1993年，编员6人，其中医生2人、护士2人、卫生员2人，设病床5张。1997年，编员7人，其中医生2人、护士2人、药剂师1人、队医师2人。2002年，缩减为3人，有医生1人、护士2人。2011年，编员4人，其中医生3人、护士1人。2016年，一分公司卫生所随职工医院移交贵南县人民政府。

2. 二分公司卫生所 其前身为三滩卫生所、二分场卫生所。1953年，三角滩成立军医室。1957年，改为三角滩医务室，编员1人，1958年撤销。1959年，三角滩、南滩、西滩分场成立，分别设立卫生所。1962年，3个卫生所合并，编员2～8人。1993年，增加到9人，有医生4人、护士1人、卫生员3人、其他技术人员1人，设病床4张。1997年，编员8人，其中医生2人、护士2人、队医师4人。2002年，减为2人，有医生1人、护士1人。2011年，二分公司卫生所撤销。

3. 三分公司卫生所 1966年，成立三分场卫生所，编员4人，设病床3张。1993年，增加到9人，其中医生2人、护士2人、卫生员4人、其他技术人员1人，设病床5张。1997年，编员8人，其中医生2人、护士2人、药剂师1人、队医师3人。2002年，缩减为3人，有医生2人、护士1人。2011年，编员4人，有医生2人、护士2人。2016年，三分公司卫生所随职工医院移交贵南县人民政府。

4. 四分公司卫生所 1967年，成立四分场卫生所，编员3人，设病床3张。1993年，有医生4人、护士1人、卫生员1人、其他技术人员2人，设病床5张。1997年，有医生2人、护士2人、药剂师1人、队医师3人。2002年，缩减为3人，其中医生1人、护士2人。2011年，编员3人，其中医生2人、护士1人。2016年，四分公司卫生所随职工医院移交贵南县人民政府。

5. 五分公司卫生所 1952年，莫曲沟分场设有军医室，胡光平等为军医，后改为农五队卫生所。1990年，随队迁至贵德县北山湾，改名为北山湾卫生所，编员2人。1994年1月6日，成立贵南牧场五分场，北山湾卫生所组建为五分场卫生所。1997年，编员6人，其中医生2人、护士2人、队医师2人。2002年，缩减为2人，包括医生1人、护士1人。2011年，五分公司卫生所撤销。

6. 六分公司卫生所 1984年，成立农八队医务室，编员2人。1997年6月，六分公司成立，改为六分公司卫生所，有医生1人、护士1人。2011年，有医生3人。2016年，六分公司卫生所随职工医院移交贵南县人民政府。

7. 西宁办事处卫生室 1986年，为方便西宁办事处退休职工及家属就医，成立西宁办事处卫生室，编员3人，后期增至5人。1990年后，由卫生室人员合伙承包经营，2016年3月撤销。

8. 海华啤酒厂卫生所 1987年，成立海华啤酒厂卫生所，编员5人。1996年承包给个人，2004年撤销。

9. 中学卫生室 1988年，成立中学卫生室，编员2人，负责学校卫生保健及住校生的疾病防治工作。2011 年，职工医院医生兼任校医。

10. 西川综合加工厂卫生所 1993 年年初，成立西川综合加工厂卫生所，编员 4 人。1996 年，该卫生所在西川综合加工厂关停并转时撤销。

从 1966 年开始，生产队配有专职卫生员，负责卫生保健、计划免疫和轻微病人的诊治工作，编员在各卫生所。

1993 年全场卫生人员情况见表 7-2-3。

表 7-2-3 1993 年全场卫生人员情况

单位：人

单位名称	小计	医生	护士	卫生员	其他技术人员	行政人员	勤杂人员
职工医院	84	21	36	—	10	8	9
一分场卫生所	6	2	2	2	—	—	—
二分场卫生所	9	4	1	3	1	—	—
三分场卫生所	9	2	2	4	1	—	—
四分场卫生所	8	4	1	1	2	—	—
北山湾卫生所	2	1	1	—	—	—	—
海华啤酒厂卫生所	3	1	1	—	1	—	—
西川综合加工厂卫生所	4	1	3	—	—	—	—
西宁办事处卫生室	5	2	2	—	1	—	—
中学卫生室	2	1	1	—	—	—	—
合计	132	39	50	10	16	8	9

1997 年 1 月，为加强和规范医疗系统的管理，实行人、财、物归口，保证全场医院、分场卫生所、队卫生室三级卫生服务体制的稳定和发展，制订《规范场属基层医疗单位统一管理的规定》，对卫生所、卫生室人员重新定编，推行“六定”“六统一”的“双六”管理模式。六定即定人员、定工资、定责任、定任务、定经费补贴、定奖惩办法。六统一即统一人员调配、统一业务管理、统一财务核算、统一工资发放、统一药品购拨、统一药品价格。1997 年各卫生所室人员编制情况见表 7-2-4。

表 7-2-4 1997 年各卫生所室人员编制情况

单位：人

单位名称	医生	护士	药剂士	队医	总数
一分场卫生所	2	2	1	2	7
二分场卫生所	2	2	兼	4	8
三分场卫生所	2	2	1	3	8
四分场卫生所	2	2	1	3	8
五分场卫生所	2	2	兼	2	6

1997 年 3 月，场政治处与职工医院组织基层医务人员进行业务考试，择优竞争上岗。共 41 人参加考试，录用 31 人。

2002 年 6 月 15 日，贵南草业公司一届一次职代会审议通过《关于成立分公司医疗服务站的提案》。在六个分公司设立医疗服务站，行政由分公司管理，业务由职工医院管理，医护人员实行聘用制。医疗服务站（室）负责所在地区医疗保健、计划生育、卫生防疫、地方病监测及资料统计等工作。2002 年各卫生所室人员编制情况见表 7-2-5。

表 7-2-5　2002 年各卫生所室人员编制情况

单位：人

单位名称	医师（士）	护士	总数
一分公司卫生所	1	2	3
二分公司卫生所	1	1	2
三分公司卫生所	2	1	3
四分公司卫生所	1	2	3
五分公司卫生所	1	1	2
六分公司卫生所	1	1	2

2011 年 3 月 8 日，基于基层卫生所（室）人员流动频繁、正常业务受限的现状，在一、三、四、六分公司重新配置医疗卫生人员，由职工医院负责业务指导和培训。2011 年各卫生所室人员编制情况见表 7-2-6。

表 7-2-6　2011 年各卫生所室人员编制情况

单位：人

单位名称	医师（士）	护士	总数
一分公司卫生所	3	1	4
三分公司卫生所	2	2	4
四分公司卫生所	2	1	3
六分公司卫生所	3	0	3

第二节　卫生防疫

1984 年前，卫生保健和防疫工作先后由卫生科、文卫科主管，1984 年后由职工医院承担。1987 年 6 月，成立卫生防疫站，李兴年任站长，负责全场卫生防疫、计划免疫和食品卫生管理，与职工医院合署办公。

1966 年以前，卫生防疫保健仅限于牛痘接种。1966 年，与上海生物制品研究所取得联系，每年接种一次麻疹和小儿麻痹疫苗。

1967年，接种鼠疫疫苗，常年对鼠疫进行检测。

1976年，普查布鲁氏菌病，连续三年对患者进行集中治疗。

1979年，普查肝炎，接受普查者700余人。

1981年，普查肺结核，接受普查者2000余人。

1985年，普查高血压病，接受普查者1000余人。

1991年，普查布鲁氏菌病，接受普查者500余人，查出感染者34人、患者18人。

1987年组建卫生防疫站后，实行卫生监督制度，定期或不定期检查职工食堂、学生食堂炊管人员、粮油加工人员、饮食服务行业从业人员的卫生情况，发现不符卫生要求、达不到卫生条件的责令整改，吊销卫生合格证，直至符合卫生要求后复业。每年对食品从业人员进行检查，并核发健康证，发现传染病患者，责令及时调整岗位。定点定期对预防接种人群进行检疫、免疫预防及治疗，防治结合。接种小儿计划免疫疫苗、乙肝疫苗、鼠疫苗等，累计预防免疫30000余人次，各类传染病得到了有效控制。

第三节　妇幼保健

一、妇女保健

1958年，开始进行广泛宣传，提高妇女自身的保健常识，同时，严格执行产假制度、哺乳期相关规定。1959—1961年，对妇女的“四病”（水肿、消瘦、闭经、子宫脱垂）进行防治。1963年，对妇女经期、孕期、哺乳期、绝经期实行“三调三不调”劳动制度，即调近不调远，调轻不调重，调干不调湿。各羊队则主要加强宣传教育，提高妇女自身对“四期”卫生保健重要性的认识，开展妇女保健工作，推广新接生法、产前检查等。1966年10月，培训10余名新法接生员，普及新法接生和产前检查工作。1986年，开展全场妇女“两癌”（乳腺癌、宫颈癌）筛查工作，以后每年度进行1次。1987年，对已婚育龄妇女病进行普查、防治工作，患病率较高的为宫颈炎，约占患妇的三分之二，患者均给予药物治疗和手术治疗。20世纪80年代后期，开展新婚夫妇婚前检查，结合计划生育，全面防治妇女病并定期检查。1990—2015年，开始每年组织妇产科医务人员、计生专干到基层对妇女进行2～3次免费体检、免费诊疗，并进行健康教育宣传。

二、儿童保健

中华人民共和国成立后，本着“预防为主”的方针，对全场儿童实行预防接种，主要有天花疫苗、百日咳疫苗、百日二联疫苗、流脑疫苗、卡介苗、小儿麻痹症丸等。至

1955 年，天花基本消灭。1958 年，开办托儿所 3 处。1961 年，对消瘦、水肿、小儿营养不良等进行重点防治。从 1972 年起，实行计划免疫和预防接种卡册制度。1980 年，在牧场中学兴办幼儿园 1 所，有幼儿 260 余人。2013 年，开设学前班，在"六一"儿童节期间，为小学儿童进行健康检查、疫苗接种等。1972—2016 年，计划免疫服务儿童 8.8 万余人次，保障了儿童的健康成长。

第四节　队伍建设

一、医疗卫生队伍的发展

随着医疗卫生事业的发展，医疗卫生队伍也经历了一个不断发展、壮大、提高的过程。1949 年前，全场仅有 2 名医务人员，1955 年，有医务工作者 10 余名。1962 年，医疗卫生人员增加到 37 名。1970 年，增加到 70 余名。1980 年，医疗卫生队伍继续壮大，总人数达 100 余名。1993 年，有医疗卫生人员 132 名，达到历史最高峰，当年在职医疗卫生人员情况见表 7-2-7。2010 年，减少到 51 人。2016 年移交贵南县人民政府时，有医疗卫生人员 57 人，当年在职医疗卫生人员情况见表 7-2-8。

表 7-2-7　1993 年在职医疗卫生人员情况

单位：人

职称		医院	卫生所	合计
中级	主治医师	4	—	4
	主管护师	1	—	1
	主管技师	1	—	1
助理级	西医师	8	4	12
	中西医师	—	1	1
	护师	4	—	4
	中药师	1	—	1
	西药师	2	—	2
技术员级	西医士	1	5	6
	中医士	—	—	—
	技士	1	—	1
	检验士	1	—	1
	西药剂士	—	1	1
	护士	12	3	15
其他	护理员	20	18	38
	检验员	2	—	2
	西药剂员	1	—	1
	卫技人员	8	3	11

备注：表中不包括其他辅助性岗位人员 30 人。

表 7-2-8　2016 年在职医疗卫生人员情况

单位：人

职称		医院	卫生所	合计
中级	主治医师	6	—	6
	主管护士	8	—	8
	主管检验	1	—	1
助理级	执业医师	7	—	7
	助理医师	5	5	10
	护师	3	1	4
	检验师	1	—	1
	药剂师	—	1	1
技术员级	护士	—	3	3
其他	护理员	3	—	3
	检验员	1	—	1
	西药剂员	1	—	1
	卫技人员	8	—	8

备注：表中不包括其他岗位人员 3 人。

二、医疗卫生队伍的建设

牧场采取“送出去，请进来，自己带”的办法，不断提高医护人员的专业知识和技能。

1. 送出去　1967—1998 年，先后选派医护人员 87 人次到省内外医学院、卫生学校或省级医院进修学习，涉及内科、外科、妇产、检验、放射、药剂等多个专业，11 人取得大中专学历，医护人员的专业技能得到提高，骨干力量得到加强。

2. 请进来　1965—1989 年，多次请解放军第四陆军医院、青海省人民医院、儿童医院的专家和教授到职工医院讲学，指导临床实践。利用解放军第七军医大学医疗队、第四军医大学医疗队、青海省人民医院医疗队进场之机，邀请专家到医院讲学，传授技艺，帮带一批医务人员，逐步提高他们的专业技能。1969—1971 年，解放军总后医院一批专家（20～30 人）到场下放劳动，其中有 301 医院胸外专家朱宗林、普外专家蒋颜荣等。他们一方面参加劳动，一方面主持危重病人抢救，指导常见病人的临床诊治，带出了一批骨干力量，为医院打下了坚实基础。在此期间，没有向西宁转运过危重病人，所有病人均在职工医院治愈。

3. 自己带　1962—1993 年，先后举办 13 期医士班、护理班，培训近 190 人次，绝大部分学员结业后能够胜任医护临床工作。同时，采用“师带徒”的办法，安排有经验的老医生指导青年医护人员进行临床诊治、护理等主要工作，在实践中不断丰富临床经验，提高处理临床疾病的能力。到1996年，病区主任、主治医师以及卫生所所长、医院院长都是通过“自己带”培养起来的，成为医疗卫生战线上的骨干力量。1966—1993年医护培训情况见表7-2-9。

表7-2-9　1966—1993年医护培训情况

单位：人

期次	年份	培训专业	培训时间	选用教材	人数
1	1966年8月	保健员	3个月	基础防治保健常识和新接生法	8
2	1967年12月	护理专业	8个月	基础医学、临床医学和护理操作	21
3	1971年8月	护理专业	3个月	基础医学、临床医学、护理实践操作	10
4	1979年3月	护理专业	1年	基础医学、临床医学和护理操作	15
5	1982年8月	护理专业	1年	中专护士教材	15
6	1984年10月	护理专业	1年	中专护士教材	24
7	1987年4月	护理专业	1年	中专护士教材	19
8	1990年4月	护理专业	1年	中专护士教材	36
9	1993年2月	医士专业	2年	大专教材（设15门课）	34
合计					182

第三章　文化　艺术　体育

贵德军牧场、贵南军马场、贵南牧场以及贵南草业公司均未设立文化馆（站），文化工作由场政治处宣传科和工会负责。20 世纪 60 年代初，设立文化室，逐步组建业余演出团队，建广播室、电视差转台、图书室，举办职工运动会，创办内部刊物等，丰富了职工群众的业余文化生活。

第一节　文化组织

1962 年，总后勤部政治部、宣传部按照连队标准为贵南军马场各生产队配发了锣鼓箱、图书箱。在此基础上，各生产队相继成立业余演出队和文化室，丰富了职工家属的文化生活。1970 年前后，基层业余演出队、文化室取消。

1980 年，场职工俱乐部（电影院）建成。1985 年，在过马营、驻西宁办事处分别设立退休职工俱乐部（棋牌室、阅览室），基层各单位相继建立“青年之家”，配置报刊、图书、电视机、录放机等。活动形式多种多样，有读书读报、历史知识抢答比赛、歌舞晚会、棋类比赛、专业技术知识讲座或举办临时性技术培训班。1991 年，青海省农林工会、厅团委来场检查“青年之家”开办情况，一分场林队、二分场农四队及农七队、三分场马二队、中学、医院、加工厂、榨油厂、汽车队、修配厂 10 个单位验收合格。

20 世纪 60—70 年代，在“八一”建军节期间举办职工运动会，主要有民兵阅兵式、篮球、排球、乒乓球、拔河、赛马、射击等项目。1984 年后，联合举办场乡“八一”运动会暨物资交流会，增加了藏族民歌、棋类比赛、文艺汇演，以及书法、绘画及花卉评展，吸引周边和青海省内客商进行物资交流，是海南州地区影响较大的集会活动，1999 年停办。

从 2015 年开始，公司与过马营镇政府联合举办直亥文化旅游节暨民族用品展销会。

第二节　文艺团体

一、专业剧团

1958 年，牧场组建秦腔剧团，有演职人员 20 余人，演出剧目主要为历史传统戏。1959 年，该剧团因演员流失严重而撤销。

1959 年 11 月，组建豫剧团，设团长 1 人、支部书记 1 人，有团员 37 人，演出《三娘教子》《花亭相会》《小姑贤》《寇准背靴》《辕门斩子》等历史传统剧目。豫剧团除在过马营地区售票演出外，还定期到各分场演出，很受职工群众欢迎。1964 年年初，豫剧团撤销。

二、毛泽东思想宣传队

1965 年，贵南军马场成立文艺演出队，后改为“毛泽东思想宣传队”，由政治处领导，有队员 30 余人。每年除汇报演出、定期演出外，还经常深入到各分场、生产队巡回演出。宣传队代表贵南军马场参加总后军马系统调演、会演，参加贵南县、贵德县、海南州等地慰问演出，节目有歌舞、曲艺、话剧、戏曲选段等，很受职工家属和当地牧民群众的欢迎。1970 年，宣传队解散。

三、业余剧团

1959 年，河南支边青年进场后，鲁仓分场、三角滩分场、南滩分场、西滩分场相继成立业余豫剧团及曲剧团，剧团人数多少不等，演出传统剧，还有部分折子戏。业余剧团在农闲时排练，在分场搭台演出。1964 年前后，各业余剧团相继解散。

四、马术表演队

1972 年，成立马术表演队，从山丹军马场聘请教练 1 名，有队员 8 人，主要表演的节目有马背站立、马背倒立、马背搭桥、马上射击、镫里藏身、燕子喝水等。1974 年，马术表演队解散。

第三节　群众文艺及文化设施

一、文艺演出

1962 年以后，基层各单位成立演出队，基层职工群众的文艺活动十分丰富。1984—

1995 年，为提高基层职工群众参与文艺活动的积极性，每 1～2 年组织 1 次文艺会演，节目不拘形式，内容丰富多彩，评选优秀节目并进行奖励。

1967 年场中学成立后，十分重视学生的文艺活动。1974 年，成立中学演出队、乐器队，每年在“六一”“八一”或“元旦”期间组织 1～2 次文艺演出。演出的节目形式多种多样，参加人员有学前儿童班的小朋友、小学生和初中及高中学生。每次演出后分级评奖，不仅活跃了节日气氛，还推动了学生文艺活动的开展。

二、民歌比赛

1984 年后，每年“八一”建军节期间，牧场都会组织文体比赛和商贸活动，时间 2～4 天，除各分场要派队参赛外，还会有基层职工、周边农牧民、商贩 2 万～3 万人观看采风。久而久之，“八一”建军节成了牧场职工群众和当地牧民的传统节日，成为辐射贵南、贵德、同德 3 县的重要文体商贸盛事。从 1984 年开始，将原来自发的藏族对歌形式改为“民歌比赛”，成立专门组织机构进行评奖，深受当地农牧民群众喜爱。1999 年后，“八一”文艺体育活动停办，民歌比赛随之停止。2015 年后，由过马营镇政府主办、公司协办，恢复了民歌比赛。

三、美术

中共十一届三中全会后，牧场中学举办美术班，培养了一批美术爱好者和美术尖子，2 名升入高等学府深造，2 人成为美术教师，其他人则成为美术爱好者。他们用画笔宣传党的路线、方针和政策，展现牧场风貌和生活，积极参加省、州厅绘画展览，其中李杰的《花鸟》、商勇的《小巷》、陈福的《山那边》、杨秀芳的《年年有余》，在 1987 年青海省农林系统首届职工美术作品赛展中分获一、二、三等奖，商勇的《我心中的青海》在省级美展中获二等奖。

1980—2012 年，场中学每年在“六一”或“十一”举办学生画展，共选展绘画作品 5000 余幅，其中有学前班儿童画，小学生蜡笔画、彩笔画，中学生素描速写画、水粉彩色画等。1992 年，选送 10 幅小学生绘画作品参加“全省少年儿童绘画展”，马秉红的《我和月亮婆婆的约会》、李元春的《假日》、李彤的《我们爱画画》获三等奖，其他作品均获鼓励奖。

1983 年后，每年“八一”建军节举办 1 次职工书画展。至 1999 年，参展作品共 1000 多幅，获奖作品达百幅、70 多人（次）。

1995 年，组织贵南牧场小学生 10 人参加“迎亚洲儿童艺术节”美展，其中才让三周的作品荣获全国银牌奖，是青海省参赛者中唯一的获奖作品。1994 年起，李杰、商勇、陈福、杨风中等10多人陆续加入省、州、县的美术、书法、摄影协会，成为会员。

四、书法

书法为牧场人所喜爱。春节和婚嫁的对联、商店的招牌等，要请擅长书法的人书写。1990年，牧场中学开设书法课，举办书法学习班。1985—1999年，共举办职工书画展14届，参展作品达2000余幅。同时，每逢省、州、厅组织书法展览，职工中的书法爱好者都会主动送选作品参加展出，并多次获奖。

五、摄影

1965年设照相馆，为牧场职工、家属和周边农牧民照相。20世纪70年代前后，照相馆的工作人员拍摄了大量军马场生产生活及民族团结照片。1985年后，摄影逐步发展，业余摄影人员增多，摄影作品多次参加省、州、厅组织的摄影展览，并获得好评。1990年，商勇的《牛》等两幅作品被《青海青年报》选用登载；1993年1月，徐建忠的《秋收》摄影作品被《青海日报》选用登载。1992年，牧场举办了第一次摄影作品展，参展作品160余幅。2013—2015年，牧场职工参加三江集团举办的职工书画摄影比赛，多人获奖。牧场的摄影爱好者大都加入了民间摄影组织。2018年，原照相馆工作人员商勇将保存的老照片271幅扫描为电子照片，于12月28日捐献给青海省档案馆，时任馆长的王志忠签发了收藏证书。

六、图书

1964年，牧场设立图书室，有图书400多册，供机关干部借阅，1966年后因人员变化停办。1970年，牧场中学成立图书室，当年采购图书千余册，供师生借阅。以后，学校每年添置各种图书500册，截至2006年，存书量增至23000余册。

1978年，牧场机关设阅览室，订购各种杂志百余份、中央和地方报纸20余种。1992年，牧场中学开设阅览室，每年订阅各种报纸18种、杂志百余份。

2012年，按照青海省总工会的要求，公司工会建立职工书屋，配置了图书。

2020年8月，青海省作家协会会员、海东市作协副主席王海燕等到公司采风，并捐赠图书。

七、刊物

1979年，《牧场通讯》创刊，由政工科负责，采编陆登视。1985年《贵牧生活》创刊，1986年复名为《牧场通讯》，1987年停刊，共发行28期、1600多册。1990年4月，

《牧场通讯》复刊，由政治处负责编辑。贵南草业公司成立后，改为《草业之声》，由劳动人事部负责编辑。至2020年，共印发101期、5771册。

第四节 广播 电视 电影

一、广播

1966年，贵南军马场设有线广播。1967年，设立广播室，配专职广播员1人，在场直地区架设专线，安装高音喇叭，8月1日正式播音。广播室定时播放部队起床、上班、休息号，除转播中央人民广播电台和青海人民广播电台节目外，还增设牧场生活节目、场区天气预报等。1969年，通过电话线将广播通往各分场、生产队，每天早、中、晚播音3次，因距各分场、生产队路程较远，广播效果不佳。1975年，给各分场配备扩大机、喇叭等，改由分场自己广播。

1980年前，广播室由场政治部管理，后由场工会管理；1999年，由机关事务局管理；2017年后，由场行政办公室管理。

二、电视

1984年，贵南牧场投资7万元在过马营地区建设电视差转台，1985年竣工投入使用。差转台由场工会管理，配工作人员2名，设有差转铁塔1座、10瓦差转机1台，可接收青海电视台九频道信号，发七频道信号，覆盖过马营地区。

1988年，投资10万元在电视差转台原址建5米卫星电视地面接收站，设50瓦发射机1台，用2频道接转中央一台节目。1991年，由职工集资4.5万元新购50瓦发射机1台，用11频道接转中央二台节目。

1989年，投资3.5万元在二分场（三滩地区）建3米卫星电视地面接收台，设10瓦发射机1台，用4频道接转中央电视台节目。

1990年，投资3.5万元在一分场（鲁仓地区）建3米卫星地面接收台，设10瓦发射机1台，用4频道接转中央电视台节目。

1991—1992年，投资14.3万元相继在农二队、农三队、农四队建3米和2.2米卫星电视地面接收台9套，设3瓦发射机9台，接转收中央电视台节目。三分场自己集资，增设3瓦发射机1台，用12频道接转中央电视二台节目。

自1984年过马营建电视差转台，到1992年三、四分场建成8个卫星电视地面转接台止，全场职工拥有各种型号电视机3600多台，其中彩色电视机3250多台，占全场电视拥有量的90%以上。1998年，过马营及各分场有线电视开通。2005年，有线电视和光纤影视传播开通，电视差转台停播。2012年后，“村村通”“户户通”陆续开通。

三、电影

1961年，牧场成立电影队，有放映员4人，韩光弟任队长。电影队配备国产放映机和发电机一套，每年定期在过马营及各分场巡回放映电影。1977—1981年，一、三、四分场相继成立电影队，露天放映，改变了看电影难的局面。1981年，投资57万元在过马营修建一座建筑面积为1751平方米、有1028个座位的电影院，1982年竣工投入使用，改变了过马营地区露天看电影的历史。1999年，随着有线电视和光纤通信的发展，电影队撤销。

第五节　体　　育

牧场体育活动由来已久。20世纪60年代初，建有简易篮球场，开始在学校开设体育课。20世纪60年代中期，各生产单位都有简易的篮球场。从1966年开始，场每年在“八一”建军节举办篮球比赛。1972年，组队参加了山丹军马局举办的运动会。1984年，和青海省农林工会在过马营合办了青海省农林系统首届职工运动会。1997年，贵南牧场主办了全省农垦组建40周年文体运动会。

职工群众性体育运动内容广泛，有青年人喜爱的篮球、排球、乒乓球、羽毛球、赛马、登高、爬山、越野等，也有适合中老年人的象棋、“下方”（也称方棋，一种西北地区的民族特色游戏）、太极拳、慢跑、广场舞等活动。

一、赛马

赛马为军马场职工的传统体育项目，牧场二次归军后，多在“八一”建军节期间举行。赛前，各分场要先进行预赛，选出好马组成代表队参加全场的比赛。比赛分跑马、走马两种，分组进行，第一名参加决赛，决赛取前3名，取胜者披红戴花，予以奖励。每年一度的赛马是过马营地区的盛事，吸引周边农牧民参加交流，影响巨大。

军马场时期，每个牧工都有自己心爱的一匹或数匹“宝马良驹”，从小挑选驯养。平时放牧时，牧工常会谈马，兴致高时总要比试一番，选“临时裁判”，发信号、计时、裁决比赛，取胜者视自己的坐骑为“宝马”，精心饲养，迎接全场的赛马活动。

1976年起，由于牧场隶属关系和经营方针发生改变，马匹迅速减少，“良驹”难选，每年参加赛马的多为藏族牧工。1980年后，为促进场乡融合、民族团结，赛马活动由牧场与过马营乡合办，参赛者既有牧场牧工，又有当地牧民群众，范围更加广泛。1999 年后，随着社会物质文化水平的提高和文化体育活动的丰富，牧民饲养马匹越来越少，场乡赛马活动相应减少。

二、篮球、排球

篮球是牧场最为普及的运动项目，基层单位自发性的篮球比赛活动接连不断。从 1966 年开始，每年“八一”建军节都会把篮球列入大赛项目，参赛队 10 余支。20 世纪 80 年代，牧场多次派代表队参加省、州、厅组织的篮球比赛，获得多个好名次，代表着贵南地区的篮球水平。

排球运动在牧场有广泛的群众基础。1978 年，贵南牧场中学女排代表海南州参加全省中学生排球比赛。在中国女排“五连冠”的影响下，场内掀起排球运动热潮，各单位都组织了男、女排球队，成为每年职工运动会的重要赛事。1999 年后，牧场运动会停办，职工体育活动由各分场和场直地区在“七一”时举办，属小型体育活动。

三、学校体育

20 世纪 50 年代，牧场建立小学，因条件限制未开设体育课。1961 年后，学校开始重视学生体育，在小学普遍开设了体育课，并购置了跳绳、铁饼、手榴弹、拔河绳等少量的体育用品和器材，不定期地组织一些体育活动。1967 年牧场中学成立后，整修、扩大了中学操场，修建 400 米标准跑道及足球场、篮球场、排球场、乒乓球台，购置了体育器材，配备了专职体育教师，调整了体育课课时，制订了“两课”（每周两节体育课）“两操”（眼保健操、课间操）“两活动”（课间、课外活动）制度。1974 年 6 月，举办了首届中小学生田径运动会，有比赛项目 20 多项，参加比赛的中小学生达 1000 多人（次），以后每年“六一”组织 1 次中小学生运动会。在中学组织开展专项体育训练、“五项达标”、象征性长跑等活动。1978 年后，牧场中学组织中小学生体育代表队参加省、州田径运动会和专项体育比赛，多次取得好成绩。1978 年，荣获海南州田径运动会中学生组团体第三名、男子跳高第一名；1980 年，获中学生篮排球州级比赛女篮第二名、女排第一名；1983 年，获州中学生射击比赛团体第一名；1988 年，获州中小学生乒乓球比赛中学组男女团体第二名、小学组男女团体第一名、小学生男女乒乓球单打第一名等。1988 年，海南州教育局派组检查测试，牧场中学中小学生体育达标率分别为 75%、80%，基本符合国家要求。1989 年，牧场中学被海南州教育局、海南州体委评为“体育传统项目学校”。

中国农垦农场志丛

第八编

人口　民族

中国农垦农场志丛

第一章 人口与计划生育

企业驻地古为羌人牧地，清朝后期为藏族游牧地，地广人稀，人口主要来源于服役官兵、复转军人、河南支边青年及家属、河湟地区青年、大学毕业生及知青。1960 年后，随着场内青年职工结婚人数增加，场内人口增长较快。1973 年，贵南军马场开始开展计划生育工作，人口得到控制，逐步进入稳定低生育时期。

第一节 人口源流

1939 年，国民政府军政部贵德军牧场在过马营设立，1949 年 9 月贵德县委接收时共有官兵 486 人。1954 年前，军牧场的工作人员均为现役军人，基层干部和战士不许带家属，仅有少数干部带家，人口变动很小。

1955 年，军牧场改为企业化管理，人员退出现役，集体转业，家属陆续来场，家庭户和人口总数有所增加。

20 世纪 50 年代末至 60 年代初是牧场人口变化最剧烈的时期。1959—1960 年，场区接收了大批河南支边青年及家属，另有移民和盲流人员等。这一时期，由于环境艰苦和气候不适应，河南淅川支边青年及家属大部分返乡。

1962 年后，从北大荒、牡丹江军马场调来转业官兵，从全国各大专院校分配来大学生，从山东、河北调入一批拖拉机驾驶员 40 余人。1967—1970 年，招入河湟地区青年 270 余人，从武威福利院招收一批孤儿，从山丹军马局分配一批青年，接收西安、北京知青 77 人。

第二节 人口变化

按场区面积计，1949 年，人口密度为每平方公里 1.2 人；1959—1960 年，由于 7645 名河南支边青年及家属进场，迁入人口增多，人口密度为每平方公里 20.4 人；1960 年后，迁出 5000 余人（主要为河南支边青年及家属返乡）；1965 年，东科大队划入；

1967—1970 年，河湟青年招入后人口增速加快；1970—1975 年，为人口快速增长期，牧场人口达 7500 余人（不包括户口在西宁地区的职工家属）；1980 年，人口密度为每平方公里 8.9 人；1986 年年末，总人口 7702 人；1990 年年末，总人口 7528 人；2000 年年末，总人口 7172 人；2010 年年末，总人口 8314 人；2020 年年末，总人口 7600 人。

1976—2015 年，持续执行计划生育政策，人口增长得到有效控制，由高出生、高增长转变为低出生、低增长，进入稳定低生育新时期，人口密度变化不大，每平方公里 11 人左右。部分年份企业人口基本情况见表 8-1-1。

表 8-1-1　1986—2000 年部分年份企业人口基本情况

年份	出生人口（人）	出生率（‰）	死亡人口（人）	死亡率（‰）	自然增加人口（人）	自然增长率（‰）	迁入人口（人）	机械增长人口（人）
1986	72	9.37	10	1.3	62	8.07	232	53
1990	72	9.56	10	1.33	62	8.23	232	53
2000	112	15.67	32	4.48	80	11.2	33	−28

第三节　人口构成

一、年龄构成

中华人民共和国成立以前，场区人口多为军人，属成年型。1950 年以后，年龄构成变化较大。20 世纪 60—70 年代，未成年人（含在校学生）比例逐年上升。1970 年，未成年人约占总人口的 2/3；1979 年，约占总人口的 1/2。20 世纪 80 年代后期，未成年人比例逐年下降；1990 年，约降至总人口的 1/3；至 2020 年，约降至总人口的 1/4。

二、性别构成

2010 年第六次人口普查时，公司有常住人口 8314 人（不包括户口在西宁地区的职工家属）。其中，男 4204 人，占常住人口的 50.57%；女 4110 人，占常住人口的 49.43%。男女比例 1∶0.98。

三、文化程度

1950 年前，场区人口中文盲占 90%以上。20 世纪 50 年代，军牧场按军队要求，配文化教员，在干部、战士中开展扫盲运动，文盲人数迅速减少。1957 年后，小学、中学陆续开办，方便了职工子女就学，群众文化水平随之不断提高，文盲比例大幅度下降。

1980年，文盲占场区人口的24%（不包括7.48%的学龄前儿童及婴幼儿），小学以上文化程度占68.52%，其中，小学文化程度42%、初中文化程度20%、高中文化程度5.8%、中专以上文化程度0.72%。1990年，文盲占场区人口的8.8%（不包括8.9%的学龄前儿童及婴幼儿），小学以上文化程度占82.3%，其中小学文化程度占18.3%、初中文化程度占31.1%、高中文化程度占24.6%、中专文化程度以上占8.3%。2000年，文盲占场区人口的4%（不包括1.5%的学龄前儿童及婴幼儿），主要是早期的职工家属和东科、各羊队牧民，小学以上文化程度占94.5%，其中小学文化程度15%、初中文化程度27%、高中文化程度32%、中专以上文化程度20.5%。2020年，文盲占场区人口的1.3%（不包括0.7%的学龄前儿童及婴幼儿），主要是东科及羊队极少数老年牧民，小学以上文化程度占98%，其中小学文化程度9%、初中文化程度18%、高中文化程度47%、中专以上文化程度24%。

四、职业构成

20世纪50年代初期为军牧场，场区公职人员均为军人，90%以上的人员从事牧业生产。1957年移交农垦部门后，从事农业生产的人数逐年增加。1959年，按照青海省委“以开荒为主，带动其他工作”的方针，河南淅川、濮阳3596名支边青年进场，从事农业生产的职工人数大幅度增加，从事工副业生产和服务性行业的也逐渐增多。1961年9月二次归军后，办场方针为“以养马为主体”，从事畜牧业人数增加，从事农业人数减少。1976年移交地方后，以农业生产为主、牧业生产为辅，从事农业生产的人数大幅度增加，1994年达到最高峰。随着工副业、服务业的发展，从业人数比重有所增加，文教、卫生人员所占比例稳中有降，管理、技术队伍渐趋稳定。

第四节　计划生育

1973年开始计划生育工作，在全场范围内宣传计划生育，提倡晚婚晚育。

1975年，计划生育办公室成立，根据国家有关政策，制定措施，落实计划指标，免费供应避孕药具。1978年，制订计划生育奖惩办法。1979年，出生人数、出生率、人口自然增长率开始下降。到1980年，出生人数、出生率、人口自然增长率由1978年的167人、27.1‰、24.18‰分别下降到70人、8.88‰、7.48‰。1982年，提倡“只生一个好”，实行持证生育、免费手术（包括结扎、宫内放环、人工流产等）。1989年，制订《〈贵南牧场计划生育若干规定〉补充规定》。1992年，根据《青海省计划生育条例》，对

1989年制订的规定做了补充修改，全场计划生育管理制度日趋科学和完善。

2002年，成立公司计划生育委员会，主任蒋云龙，副主任王平。委员会下设计划生育办公室，主任王平，计生专干甘二妹。计划生育办公室负责全场的计划生育工作，实行目标管理责任制。

2003年，贵南草业公司与基层各单位签订计划生育目标责任书，形成公司、分公司、生产队三级计生工作网络，分公司、生产队二级计划生育工作管理力度得到加强。8月与12月，举办两次基层单位计生专干培训班。

当年，根据计划生育目标责任考核办法，对各单位计生工作进行年度考评。考核单位23个，对考评达到90分以上的单位在公司系统内给予通报表扬。2004年、2005年、2008年和2011年，共表彰优秀计生专干34名。

2018年4月8日，撤销计划生育办公室，工作移交贵南县过马营镇第三社区。

1978—2020年部分年份初婚和出生人口见表8-1-2。

表8-1-2　1978—2020年部分年份初婚和出生人口统计

年份	结婚情况	出生人口情况		
	初婚（人）	出生数（人）	出生率（‰）	自然增长率（‰）
1978	—	167	27.1	24.18
1982	—	88	11.71	9.6
1987	53	67	8.91	7.32
1992	102	95	9.97	6.93
2002	17	56	5.7	3.67
2005	19	74	8.5	5.6
2010	31	56	5.58	3.29
2015	7	33	2.28	−0.6
2020	5	32	3.19	−2.39

第二章　民　　族

公司是一个多民族聚居的企业，以汉族为主体，少数民族有藏族、回族、土族、蒙古族、撒拉族等。2020 年，社会人口总数 7600 人，其中汉族 5009 人，占社会总人口的 65.91％；少数民族 2591 人，占总人口的 34.09％。少数民族中，有藏族 2520 人，占总人口的 33.16％，其他少数民族 71 人，占总人口的 0.93％。

第一节　民族构成

一、汉族

场区汉族人主要来源于服役官兵，复转军人，河南淅川、濮阳支边青年，北京、西安知青，甘肃及河湟青年，其中支边青年及家属达 7645 人，极少部分为前期分配和后期招聘的大中专院校学生。汉族人口籍贯除台湾、西藏外，来自全国各省、市、区。

公司汉族干部、职工、家属来自全国不同地区，各种方言相互渗透、和睦共处。随着普通话的推广普及，场区中青年职工和中小学生在一定场合，如集会发言、课堂朗诵、文艺演出及与外地人员的交谈中，都能使用较为规范的普通话。但在日常生活中，除部分中老年人和外地调入人员使用各自出生地的方言外，场区通用一种经过多年融合的“准方言”，俗称“马场话”，使用者主要是在场区出生并久居在场的职工子女。这种以河南话、青海话、甘肃话为主体，各省方言、藏语掺杂的独特的“准方言”，是在排斥了各种基础方言与普通话不合、过于“土俗”的部分，吸收其接近普通话的部分后形成的，具有兼容性、过渡性，且较具稳定性，以其渊源和特点而论，属北方方言的西北次方言。

二、藏族

藏族在贵南地区历史悠久，人口众多，是勤劳、智慧和勇敢的土著居民，分布在场区各地，主要从事畜牧业生产。

至 1949 年，贵南地区计有千户部落 3 个，即鲁仓千户部落、日安千户部落和茫拉千户部落，各千户部落下辖数十个百户族或村落。千户部落与百户部落有的属血缘关系，有的属亲戚关系，有的是属地管辖关系。三部落的辖区覆盖整个贵南地区及毗邻地区。牧场藏族主要来自鲁仓千户部落、日安千户部落。

三、回族

场区回族人数不多，主要为农五队（原贵德马元海农牧场）职工和1967年招收的民和、化隆青年，2020年有45人，主要在贵德县北山湾地区（五分公司），有马、韩等姓氏。

四、其他民族

1. 土族 场区土族同胞来自从民和、互助、乐都等县招收的河湟青年以及分配的大中专院校学生，2020年有18人。

2. 撒拉族 场区撒拉族同胞来自循化县，2020年有5人。

3. 蒙古族 场区蒙古族同胞为分配来场人员，2020年有3人。

第二节 民族经济

公司地处少数民族聚居区，少数民族以藏族为主。藏族主要居住在5个羊队和东科大队，全部从事畜牧业生产。

1965年，东科大队（集体所有制）划归军马场管辖。有牧民57户、211人，耕地953.9亩，马、牛、羊10449头（只）。

1965—1968年，铺通水源地（多石嘴）至木格滩边沿输水管道，为三羊队、四羊队、东科大队设人畜饮水点。

1984年，实行《贵南牧场畜牧业大包干责任制实施方案》，“三定一奖，联产承包”，包畜到户，分户核算，按畜提留。

1997年，牲畜作价归户，草场划分到户，实行自主经营、自我管理。当年，在过马营建成牛羊交易市场，方便牧民进行活畜交易。

2001年后，公司通过实施农业综合开发草原建设项目和采取“私建公助”的办法，为牧民户均修建暖棚羊舍1栋。同时，享受退耕还林、退牧还草、“三江源”生态保护与建设二期工程、生态保护奖补机制等重点生态工程建设优惠政策，改善了畜牧业设施，提高了收入，确保民族经济可持续发展。

2017年，公司实施公共租赁房建设，将楼房2栋（144套）及平房2栋（14套）分配给东科大队牧民居住，改善了农牧民群众的居住条件。

2020 年，公司各羊队及东科大队有牧民 577 户、2372 人，各类牲畜 12 万余头只，人均收入 2.2 万元，东科大队 12 户、56 名贫困群众全部脱贫。全公司牧民利用当地农牧业资源，组建专业合作社，发展特色农牧业，呈现出民族团结、经济发展、社会稳定的良好局面。2020 年东科大队及各羊队基本情况见表 8-2-1。

表 8-2-1 2020 年东科大队及各羊队基本情况

名称	户数（户）	人口（人）	草场（亩）	马（匹）	牛（头）	羊（只）
东科大队	311	1296	268145.54	396	5001	75828
一羊队	46	190	33338.28	27	884	4652
二羊队	59	253	44786.33	4	403	7190
三羊队	65	264	39197.86	66	907	7546
四羊队	44	163	37129.96	43	400	7360
五羊队	52	206	59956.12	51	1495	7800

第三节 民族团结

1950 年，与同德县政府召开各族头人联谊会，派巡回医疗组给藏胞治病。同时，与卡家部落开展合作防匪。

1952 年，军牧场开始对藏族部族头人开展访问宣传活动，部族头人觉悟逐步提高，认识到牧场属于人民，主动向牧民群众宣传党的民族政策。

1953 年 11 月，与贵南县人民政府专门召开藏族头人协商会议，在县人代会上听取藏族同胞的意见，统一思想认识。

从 1955 年开始，军牧场领导参加贵南县委工作，融洽军政关系。贵南县委、县政府对牧场的工作非常支持，为解决场群草原纠纷做了大量工作。

1984 年年初，海南州召开州、县和农牧场领导联席会议，进一步统一了思想和认识，向全体职工、家属、周边牧民群众进行了宣传。6 月 19—25 日，由青海省农林厅副厅长刘英杰、海南州副州长胡守忠主持，在牧场召开厅、州、县、场联席会议，本着平等互利、互谅互让的原则，进一步交换了意见，落实了措施，场群关系进一步改善。

20 世纪 80 年代，开始在过马营联合举办“八一”运动会及物资交流大会，开展赛马、拉伊、球类比赛，以及文艺会演、绘画书法展览、花卉展览、物资交流等。

20 世纪 90 年代后，利用广播、电视等宣传党的民族政策，党员干部、职工群众、牧民群众主动参与，形成“三个离不开”思想共识。制订村规民约，加强少数民族群众的自我管理、自我教育、自我约束。

2002年后，公司邀请贵南县司法、公安等部门人员到基层单位宣传民族宗教政策、国家退耕还林（草）政策、森林草原防火基本知识以及民事纠纷方面的法律法规，受教育人数达到2500余人次。利用党员会议、宣传报道、以会代训方式宣传民族宗教政策和《宪法》《民族区域自治法》《宗教事务条例》《海南藏族自治州民族团结进步条例》等法律法规。

企业结合企业党建、改革发展、生产经营和新时期民族团结进步创建工作，制订《民族团结进步创建活动实施方案》《创建民族团结进步先进区实施方案》《创建民族团结进步示范单位实施方案》，成立民族团结进步创建领导小组并开展工作。

在民族团结进步创建活动中，突出重点，注重实效，实施关乎民族长远发展的水、电、路、通信等基础设施项目，开发草产业，调整种植结构，建立种植、养殖和深加工基地，打造有机农牧产业示范基地；加快农牧区危房改造，完善美丽乡村综合功能；实施教育、文化、健康、安居等惠民工程。

2015—2019年，公司与贵南县过马营镇人民政府合办直亥文化旅游节暨民族用品展销会，共出资45万元。2018年，为贵南县人民政府举办的牦牛文化艺术节捐资20万元。

1989年，贵南牧场党委书记曾科被评为青海省民族团结先进个人。1995年，贵南牧场二分场羊队获海南藏族自治州“全州民族团结先进集体”称号。2016年，贵南草业公司获海南藏族自治州“民族团结进步创建活动达标单位”。2020年，公司被青海省委、省人民政府评为“创建民族团结进步先进区先进集体”。

第九编

人　物

中国农垦农场志丛

第一章 人物传

宋涛（1899—1971年），男，汉族，国民党陆军少将，又名宋平洪、宋海田，湖北省随县均川镇宋家畈人，早年从随县赴日本帝国大学留学。

1934年，军政部长何应钦奉委员长蒋介石令，筹建甘青牧场，指定大马营为场址，定名为军政部甘肃省合办山丹军牧场。1935年，任命甘肃省建设厅技正宋涛为场长，1936年2月授少将衔。1935年1月至1945年，任国民党山丹军牧场场长。此间，奉蒋介石手令，就筹建贵德军牧场和经营山丹军牧场多方奔走，颇费周折。

1937年，国民政府军政部派山丹军牧场场长、军政部贵德军牧场兰州筹备处主任宋涛与马步芳协商军牧场地址和草原等事宜，马步芳指定在黄河以南牧区选建。次年，经过勘察，确定在贵德县城西南的沙沟脑—过马营建场。军政部马政司筹拨经费20万元，由宋涛带领筹建人员在过马营破土建场。1939年8月，贵德军牧场成立，宋涛兼任场长，1940年不再兼任。

1945年后，宋涛调任国防部高级参谋，1947年任河南省政府委员。

王坚（1914—1976年），男，汉族，高中毕业，山东省莒县人。1934年参加革命，1963年从重庆第三军医大学调任贵南军马场场长，是革命战争年代革命队伍里少有的高中生，写得一手漂亮的毛笔字，也是青海省海南藏族自治州地区少有的十三级高干。

王坚任场长时期，正是贵南军马场被列为全军较大军马场、大力发展军马事业的关键阶段。为了国防建设的需要，根据中央军委和青海省人民政府的指示，在地方政府的支持下，对贵南军马场场界进行了重新划定。作为主要领导，王坚率领相关人员不畏艰辛，数次奔波在木格滩上，实地勘察，合理规划。在他的努力下，最后形成了《六四年划界会议纪要》，其主要内容为：场区部分草场及耕地划归地方，木格滩80多万亩草原由贵南军马场开发利用，发展军马生产。在此大背景下，木格滩的开发利用拉开了序幕，王坚任木格滩开发建设指挥部总指挥。1965年引水上滩，至1968年，三、四分场陆续建成，木格滩从此成为军马场主要生产基地，军马生产快速发展。

王坚任贵南军马场场长期间，作风硬朗正派，对干部要求非常严格，处处以身作则。

他特别注重知识分子的培养和锻炼，培养了一批业务骨干，部分人走上了重要的领导岗位。

1969年年底，王坚被下放到山丹军马场修配厂，1976年病逝。1979年，兰州军区为王坚平反，骨灰安葬在兰州军区烈士陵园。

李纪奎（1920—1982年），男，汉族，河南省淅川县宋湾公社宋湾村人。中华人民共和国成立前，他给地主打长工，1948年淅川县解放后加入中国共产党，历任乡区干部。1956年，当选中共淅川县委常委、河南省第一届党代表。1959年3月，时任淅川县委监委副书记的李纪奎带领宋湾、滔河公社赴青海支边青年第二队2765人，从西宁前往海南藏族自治州贵德县尕让乡德诺切村和东沟乡豆后漏村的“青年农场”，同年9月转至贵南牧场，任贵南牧场党委副书记。

李纪奎任贵南牧场副书记时，正处于3年困难时期，生产生活条件艰苦。他带领广大移民支边青年发扬不怕苦、不怕累的精神，流血流汗，住“地窝子”，吃青稞糁，用镢头为牧场开垦了大片耕地，耕地面积从48600亩猛增至130000亩。

1963年，李纪奎调回淅川县，1982年病逝，时年62岁。

张逢旭（1910—1985年），男，汉族，河北省定州人。1932年毕业于西北陆军兽医正科，1940年任国民政府军政部贵德军牧场副场长，1947年任场长。1949年8月26日兰州解放后，马步芳主力虽被摧垮，但尚有留在青海的残匪四处流窜，沿途抢劫，声言要攻打贵德军牧场，时任场长的张逢旭决心护场起义。9月7日，军牧场参战人员全部进入阵地，在敌人距700米时，用排枪快放，不久，敌人在机枪掩护下抱头鼠窜，作鸟兽散。贵德军牧场能够较完整地回到人民手中，是起义人员英勇搏斗的结果。当时的省军管会副主任张国声和贵德县委书记李熙波都先后称赞“护场人员保护马场有功，还未解放，就打走了马匪残部，是起义的队伍”。

1949年后，张逢旭任青海省畜牧厅畜牧科第一任科长，从事畜牧兽医工作几十载，足迹遍布青海高原，先后在青海省畜牧厅、青海畜牧兽医学院、湟源牧校、青海省畜牧厅畜牧业现代化办公室工作，著有《青海畜牧》《青海畜牧简史》等专著。1989年11月7日，《青海畜牧》在青海省第二次哲学社会科学优秀科研成果评奖中荣获二等奖。

李贞豪（1934—1988年），男，汉族，河南省南阳县（现南阳市）英庄人。1951年7月参军，1953年在总后勤部马政局工作，1956年9月加入中国共产党。1958年调任山丹军马场财务科科长，1966 年任青办军马局计财处处长，1969—1980 年任贵南牧场副场长、场长兼党委书记。

1977 年，李贞豪主持贵南牧场全盘工作，当时正处于国家大政方针开始转为以经济建设为中心的关键阶段。他团结带领全场干部职工抢抓历史机遇，自力更生，吃苦耐劳，在牧场基础设施建设方面办成了几件大事：架设了龙羊峡至过马营的 35 千伏 50 公里的输电线路，建成变电所；架设过马营至二分场各队 23 公里的输电线路及过马营至木格滩 70 余公里的输电线路，给过马营乡 3 个大队架设输电线路并供电；在场中学建成 1857 平方米的 3 层教学楼 1 幢，这是过马营地区的第一幢楼房；建成场驻西宁办事处 4 层招待楼 3212 平方米和可容纳千余人的职工俱乐部；为过马营地区铺设自来水管道等。

李贞豪场长平易近人，经常与职工群众同吃、同住、同劳动，奋战在生产一线，春播扛种子、化肥，秋收时当普通农机工。他身材魁梧，每次完成的劳动量都比一般人多很多。在架设输电线路时，他亲自抬电杆、挖基坑。在过马营地区开挖安装自来水管道时，每位职工的劳动任务是每天挖 3 米长 1.8 米深的管道沟，他每天挖 6 米，比别人整整多一倍，病了也不休息，坚持工作。李贞豪场长这种实干精神得到了全场干部职工的一致好评。

1979 年，在他的主持下制订了“三定一奖”（定人员、定费用、定产量，超产有奖）管理办法，职工生产积极性大增。当年取得大丰收，企业盈利 360 万元，效益显著，全场职工平均奖金 300 元（相当于当时职工半年的工资），有的职工奖金超过一年的工资。1979 年，贵南牧场被评为“农牧渔业部先进单位”，他也被评为“先进个人”。1981 年，李贞豪被提任青海省畜牧厅副厅长。

杨仁和（1924 年 10 月—1995 年 5 月），男，汉族，湖南汨罗人，中共党员，研究员职称。1951 年 4 月，毕业于中国人民解放军兽医学校。1964 年 3 月—1980 年 2 月，任贵南军马场副场长。1988 年，入选中国当代名人录。

在杨仁和任职贵南军马场的 16 年间，主要负责军马生产。他建立完善了全场兽医卫生体系，亲自培养了一大批土生土长的畜牧兽医技术人员，这些人后来都成了生产技术上的骨干。此外，他创造性地开展了马焦虫病的防治方法，使困扰人们多年的马匹寄生虫病得到有效控制；主抓了“贵南马”的培育，培育出 2 万多匹优质马，1970 年 8 月，存栏最高峰达 10042 匹，马匹数量、质量和管理水平达全国中等马场水平。他还主抓了木格滩的规划建设、草原改良试验及草库伦建设、过马营地区苗圃建设及植树造林工作，在木格滩沙漠植树取得成功；发现并繁扩了甜燕麦，1991 年 12 月，该燕麦品种被中国牧草品种审定委员会正式定名为“青海甜燕麦”。

杨仁和工作认真严谨，身体力行，常年奔波在基层一线，木格滩、鲁仓、三滩都有他的足迹，全场每一个马队、每一个马群他都如数家珍。晚上，他和牧工一起放牧，参加打墙劳动，每年“五一”植树是他的“规定动作”。为了抢救号称“马王爷”的378号种公马（其子女有1000元以上），他连续17天吃住在马棚里，夜间数次起来观察马匹的情况，采取中西医结合的方法，化解了4次病危险情。

1980年3月—1985年5月，杨仁和任青海省畜牧兽医科学院院长、党委副书记兼青海省畜牧兽医学会副理事长。

第二章　人物名录

一、革命烈士

具体名单见表 9-2-1。

表 9-2-1　革命烈士

姓名	籍贯	出生年份	民族	单位及职务	牺牲时间地点
陈守荣	青海贵德县	1926	汉	鲁仓分场民兵排长	1958 年 6 月在鲁仓平叛中牺牲
阎效田	甘肃山丹县	1931	汉	鲁仓分场职工	1958 年 6 月在鲁仓平叛中牺牲
边生芳	青海贵德县	1940	汉	贵南牧场职工	1958 年 6 月在拉德平叛中牺牲

二、获国家及省部级表彰模范人员

具体名单见表 9-2-2。

表 9-2-2　获国家及省部级表彰模范人员

姓名	获奖内容
张双喜	1968 年，被总后勤部 203 部队军马局评为学“毛著”积极分子
吕寿昌 吕发明	1983 年，国家民委、劳动人事部、科学技术协会授予其“少数民族地区长期从事科技工作”荣誉证书
董才林	1984 年，青海省劳动模范
郭廉洁（女）	1985 年，青海省新长征“三八红旗手”
杨秀芳（女）	1985 年，青海省“光荣园丁”先进个人
杨林庭	1987 年 7 月，获中华人民共和国农牧渔业部荣誉证书
谭仲仁	1987 年，被中共青海省纪委授予“全省党风建设中成绩显著”光荣称号
吕寿昌	1987 年、1989 年分获青海省人民政府粮食生产“丰收杯”主要贡献者奖
邹德昭	1988 年，青海省劳动模范
李成元	1987 年、1989 年分获青海省人民政府粮食生产“丰收杯”主要贡献者奖
曾科（藏族）	1989 年，青海省民族团结先进个人
衡儒林	1990 年，被中共青海省委授予“全省优秀党务工作者”光荣称号

（续）

姓名	获奖内容
卓玛（女，藏族）	1991 年，青海省民族团结先进个人
高长江	1991 年，青海省“十佳”优秀青年标兵
刘德文	1991 年，全国商品粮基地建设先进个人 1992 年，被农牧渔业部授予“全国农垦思想政治工作先进个人” 1992 年，被农牧渔业部授予“全国振兴农业”先进个人
张孝清	1997 年，被青海省总工会授予青海省九五建功立业先进个人荣誉称号
喻景明	1998 年，获农牧渔业部“全国农牧渔业丰收三等奖”
肖俄力	青海省民族团结先进个人 青海省第五届优秀青年企业家 青海省人民政府“为民族地区发展稳定做出杰出贡献”十大杰出青年 农业部“中华农业科教”突出贡献奖 1998 年，青海省人民政府“全省粮油高产丰收活动”突出贡献奖
熊有国	1998 年，青海省人民政府“全省粮油高产丰收活动”突出贡献奖 1999 年，被农业部评为“全国农业技术推广先进工作者”
马凤朝	1996 年，被青海省总工会授予优秀“职工之友”称号。
张殿辉	2003 年，获中华人民共和国“全国劳动模范” 2002 年，青海省人民政府“全省劳动模范”
岳素兰（女）	2013 年，被中华全国总工会授予“全国五一巾帼标兵”
孙明德	2011 年 4 月，被青海省劳动竞赛委员会授予青海省“十一五”建功立业先进个人荣誉称号
东巴加	2011 年，获中共青海省委颁发的“全省优秀共产党员”称号
刘春军	2020 年，被青海省人民政府授予“脱贫攻坚先进个人”

三、专业科技成果及人员

具体名单见表 9-2-3。

表 9-2-3　专业科技成果及人员

获奖年份	科技成果	人员
1983	农牧渔业部农业科技推广成果奖	吕发明
1985	主持设计 5X－35 型（黄花牌）粮油清选机并推广，通过省级技术鉴定并获专利	李书义
1988	“贵南牧场粮油旱作丰产栽培技术推广项目”获全国农牧渔业丰收奖三等奖	李成元 李发录
1989	“优良燕麦品种繁育及推广课题”获青海省科学技术进步评审委会科技进步三等奖	杨仁和
	主编《青海畜牧》，获青海省第二次哲学社会科学优秀成果二等奖	张逢旭
1992	主持《全麦啤酒研制科技成果项目》，获青海省科学技术成果	雷在更
1995	获中国林业科学院 ABT 生根粉系列研究与推广二等奖	李发录

（续）

获奖年份	科技成果	人员
2009	参与完成《高寒牧区牦牛冷季补饲育肥技术规范》《高寒牧区羊冷季补饲育肥技术规范》，分获青海省科学技术成果	李善龙
2011	参与完成《高寒牧区草产品加工技术规范》《三江源区退化草地生态系统恢复与生态畜牧业发展技术及应用》《过马营地区牧草生产加工及产业化》，分获青海省科学技术成果	李善龙
2011	参与完成《过马营地区牧草生产加工及产业化》，获青海省科学技术成果	杨　蜀
2013	《青藏高原燕麦新品种培育及产业化生产技术集成》获农业部“农业技术推广合作奖”	孙明德
2015	参与完成《青藏高原高寒区高产优质燕麦品种青引3号种子生产技术规范》，获青海省科学技术成果	旦　正 曹国成
2016	参与完成《青藏高原高寒区高产优质燕麦品种青引3号试验与示范》《青藏高原高寒区高产优质燕麦品种青引3号种植示范》，分获青海省科学技术成果	旦　正 曹国成
2016	参与完成《高寒牧草青贮、微储技术研究与示范》，获青海省科学技术成果	李善龙
2019	参与完成《国家高产优质青稞品种示范推广及产业应用项目》，获农业农村部颁发的全国农牧渔业丰收农业技术推广成果三等奖	牛建伟 周文书
2020	参与完成《青稞北青9号丰产栽培技术规范》，获青海省科学技术成果	张丙苍
2020	参与完成《青稞粮苗草三用栽培术规范》《青稞昆仑15号丰产栽培技术规范》《DB/T 1833 青稞昆仑15号》《青稞昆仑16号丰产栽培技术规范》，获青海省科学技术成果	张丙苍 侯万宏

四、历任正职领导

具体名单见表9-2-4。

表9-2-4　历任正职领导

姓名	籍贯	出生年份	学历	职务及职称	任职时间
宋　涛	湖北随县	1899	大学	贵德军牧场场长	1939—1940年
刘应凯	不详	不详	不详	贵德军牧场场长	1941—1945年
夏家齐	不详	不详	不详	贵德军牧场场长	1946—1947年
张逢旭	河北定州	1910	大学	贵德军牧场场长	1947—1949年
卢一田	河北	不详	不详	贵德军牧场场长（营级）	1949—1952年
王秉哲	陕西淳化	1923	不详	贵德军牧场政治协理员（营级）	1950—1953年
王国柱	陕西绥德	1919	不详	贵德军牧场场长政委	1953—1955年
张国权	湖南溆浦	1918	不详	贵德军牧场场长政委	1955—1958年
聂金贵	山西定津	1926	不详	贵南牧场党委书记	1959—1963年
张凤犟	山西和顺	1916	不详	贵南牧场场长	1960—1963年
王　坚	山东莒县	1914	高中	贵南军马场场长	1963—1969年
李荣庭	山西	1920	不详	贵南军马场政委	1963—1965年
王忠卿	河北任丘	1925	不详	贵南军马场政委	1966—1969年
魏　琨	河北清苑	1925	中专	贵南军马场场长	1969—1977年

（续）

姓名	籍贯	出生年份	学历	职务及职称	任职时间
牛公元	河南唐河	1930	大学	贵南军马场政委	1969—1972 年
李贞豪	河南南阳	1934	中专	贵南牧场党委书记、场长	1980—1981 年
陈其元	甘肃景泰	1933	高小	贵南牧场党委书记、场长	1981—1984 年
高闻天	河南汝南	1933	大学	贵南牧场党委书记	1983—1985 年
曾科（藏）	青海贵南	1935	中专	贵南牧场场长 贵南牧场党委书记	1984—1985 年 1985—1990 年
吕寿昌	陕西耀县（现耀州区）	1940	大学	贵南牧场场长，高级工程师	1985—1990 年
刘德文	青海乐都	1947	大专	贵南牧场党委书记，场长，高级农经师	1991—1995 年
肖俄力（蒙）	青海海晏	1963	大专	农林厅副厅长兼贵南牧场党委书记场长，高级农经师	1995—2000 年
熊有国	青海乐都	1963	大专	贵南牧场场长，高级农经师	2000—2001 年
蒋云龙	四川南充	1962	在职大专	贵南牧场党委书记 贵南草业公司党委书记、董事长兼总经理	2000—2001 年 2002—2005 年
杨　蜀	四川宜宾	1964	在职研究生	贵南草业公司党委书记、董事长兼总经理，高级农经师	2005—2012 年
高长江	河南濮阳	1964	在职大专	贵南草业公司党委书记、董事长兼总经理，高级政工师	2012—2017 年
孙明德	青海湟中	1965	在职研究生	贵南草业公司总经理，高级畜牧草原师	2013—2014 年
牛建伟	河南许昌	1972	在职本科	公司党委书记兼总经理，畜牧草原师	2017—2019 年
周文书	河南淅川	1974	在职大专	公司党委书记兼总经理，高级政工师	2020 年至今

五、历任副职领导

具体名单见表 9-2-5。

表 9-2-5　历任副职领导

姓名	籍贯	出生年份	学历	职务及职称	任职时间
赵　宣	不详	不详	高小	贵德军牧场副场长	1950 年 4 月—1950 年 5 月
徐茂学	不详	不详	高小	贵德军牧场副场长	1950 年 8 月—1958 年
邵叔度	安徽怀远	1920	中专	贵德军牧场副场长	1952 年 4 月—1958 年
丁福培	山东范县	1916	大学	贵德军牧场副场长	1954 年 8 月—1958 年
薛建功	山西	不详	高小	贵南牧场副场长	1959 年 1 月—1963 年
李纪奎	河南淅川	1920	高小	贵南牧场副书记	1959 年 7 月—1963 年
徐振芝	河北威县	1916	高小	贵南军马场副场长	1963—1979 年
冯　毅	山西	不详	高小	贵南军马场副政委	1963—1970 年
杨仁和	湖南汨罗	1924	大学	贵南军马场副场长	1964—1980 年
张树峰	河北乐亭	1928	高小	贵南军马场副政委	1966—1970 年

（续）

姓名	籍贯	出生年份	学历	职务及职称	任职时间
郝伍生	山西平遥	1929	高小	贵南军马场副政委	1970—1974年
周英明	江苏苏州	1928	大学	贵南军马场副场长、副政委	1970—1977年
霍培贤	山西黎城	1931	中专	贵南牧场副书记	1980—1982年
张承祥	青海湟中	1936	中专	贵南牧场副场长	1980—1985年
韩生彬	河北正定	1939	大学	贵南牧场副书记	1982—1985年
王鹏尚	陕西渭南	1934	初中	贵南牧场副场长	1982—1984年
多吉甲（藏）	青海贵南	1934	高小	贵南牧场副场长	1981—1989年
卢　镛	青海湟中	1936	大学	贵南牧场副场长，高级农艺师	1983—1999年
毛祖荣	湖南岳阳	1944	大学	贵南牧场副场长	1985—1986年
董德智	湖南长沙	1943	大学	贵南牧场副场长	1985—1990年
何晓林	甘肃临洮	1958	在职本科	贵南牧场副书记、副场长，高级农经师	1990—1995年
梁浩（维）	新疆	1952	在职大专	贵南牧场副场长	1991—1997年
杨丰节	河南淅川	1962	在职研究生	贵南牧场副书记、副场长，高级讲师	1994—2000年
加甲（藏）	青海贵南	1942	在职中专	贵南牧场副场长，助理畜牧师	1994—2002年
王军生	青海民和	1962	大专	贵南牧场副场长，高级农经师	1996—2001年
李发录	青海民和	1964	大学	贵南牧场副场长，高级农艺师	1997—2001年
董开保	甘肃武威	1952	大专	党委副书记，高级政工师	1999—2010年
孙四保	甘肃	1947	高中	副总经理，高级工程师	2001—2002年
冉建和	甘肃	1958	在职大专	副总经理，高级政工师	2003—2009年 2011—2013年
关定国（藏）	青海湟中	1965	大学	副总经理，高级畜牧师	2005—2010年
杨来胙	青海乐都	1956	在职大专	副书记，政工师	2008—2012年
卡秀加（藏）	青海贵南	1971	在职本科	副书记，高级政工师	2008年至今
曹国成	河北	1971	大学	副总经理，农艺师	2010年至今
旦正（藏）	青海贵德	1966	在职本科	副总经理、纪委书记，高级政工师	2012年至今
李善龙	青海乐都	1964	大学	副总经理，畜牧师	2015—2019年
宋玉波	河南淅川	1971	中专	副总经理，助理会计师	2019年至今
马忠义（回）	青海化隆	1971	在职大专	副总经理，助理工程师	2019年至今
张青（女）	甘肃临洮	1974	大专	副总经理，会计师	2020年至今

中国农垦农场志丛

附　录

中国农垦农场志丛

重要文件辑选

中国人民解放军山丹军牧场一九四九年工作总结目前具体情况报告（摘要）

至本场（山丹军牧场）成立，系于民国二十三年（1934年）秋奉前伪政府电令，积极筹设甘青牧场，经签准先于甘肃设一牧场，再行筹设青海牧场。

注：摘录自《山丹军马场志》“文告辑录”，当成文于1950年元月下旬，此报告为甘肃省山丹军牧场接交之际之重要文书。“前伪政府电令”即1934年蒋介石给军政部部长何应钦“筹设甘青牧场”的手令，“青海牧场”即1939年在青海省贵德县过马营建的“贵德军牧场”。

团结放牧公约

一、国营贵南牧场在解放时接收旧政权的原有草原，必须被尊重，原有草原以内的草原，产权归国营贵南牧场所有。经此次协商调处后借给各族牧民放牧的草原，属于借用性质，根据场方生产的发展，场方有权提出并经过协商收回其中的一部或全部。

二、场群必须认真地经常地教育所属牧民及牧工，坚决遵守协商划定的借用放牧线，在借用放牧线上由场群共同修筑临时土墩作为明显标记，双方不得越界混牧，也不准以牲畜饮水为借口通过场方的草原，场群任何一方如有故意越界混牧现象，双方均有权将有意造成混牧的放牧人员送区政府适当处理，乡长、场生产队长对今后所造成的混牧负责。

三、在借给各族牧民放牧的草原内，原则上不准另修冬圈（原有冬圈照常使用），在认为必要修建时，应事先报经区、乡政府和场方共同协商同意后，方可进行。

四、场界内一切水源的所有权，属场方所有。除洽久沟的水源，准许牧民牲畜通过场界内的东西山梁前往饮水外，其他在火坝、周侯曲饮水的群众牲畜，均不准通过场方草原。

五、在瓦什滩借给朱胡里塔秀族的草原内，场方有权在认为合适的地点进行打草工作。靠近沙沟一带的边缘牧区应允许沙沟农业区的牲畜在该处放牧，该族如不遵守放牧界限混牧，场方有权将所借放牧区全部收回。

六、在本公约签订后 7 天内，原在场界内放牧的所有牧民的帐房及牲畜应搬出放牧界以外。

七、南山都乎当沟草原属于场方所有，在场方牲畜进出该牧区时，牧民得允许场里牲畜通过各该族草原，以利场方牲畜的夏季放牧。

八、本公约签订后，由场群双方严格遵守，由霞石铎区、乡政府监督执行。

九、本公约除分别交乡、区、场各留一份外，并上报贵南县委、县人委、海南地委，自治州、贵南县人民法院、国营牧场管理局各一份备案。

十、本公约自签订之日起生效，用汉文和藏文写成共 13 份，两种文体具有同样效力。

霞石铎区人委　（印）

国营贵南牧场　（印）

委员签名盖章（略）

一九五七年五月十日

中共青海省委文件

青发（64）529号

省委批转关于解决贵南军马场场界问题的会议纪要

总后青藏办事处党委、海南州委并青海军区党委：

省委原则同意工作组9月11日“关于解决贵南军马场场界问题的会议纪要”，请认真执行，组织划界工作组赴现场具体划定界限。贵南县委和军马场都要教育干部、牧工和社员群众严格遵守会议纪要中的有关规定和划界后的草山界线，亲密合作，加强团结，关于瓦什滩的水利建设问题，请总后青藏办事处和省经计委研究安排。

青海省委

一九六四年十月二十一日

关于解决贵南军马场场界问题的会议纪要

（1964 年 9 月 10 日于贵南）

根据今年一月五日省委批转芳远、西林等同志关于解决贵南军马场草山界线问题的报告精神，为了彻底解决贵南军马场的场界问题，由省、海南州、贵南县和总后青藏办事处、军马场共同组成了一个工作组，参加人员有省畜牧厅副厅长马芳富，海南州委副书记宋立言、副州长柔巴，贵南县委副书记乔林、邢斌、魏连升，贵南县副县长端主，过马营区委书记昂欠，总后青办副政委席汝林，军马处长张凤楼，马场场长王坚、副场长杨仁和等二十余位同志，于 9 月 3 日至 7 日到瓦什滩、扎得（德）滩、木格滩、三滩（西滩、南滩、三角滩）和鲁仓地区进行了现场查看。李芳远同志也和大家一起到实地查看，并于 9 月 8 日至 10 日在贵南县委主持召开了会议。会议是根据中央五月工作会议精神，通过学习省委有关解决军马场问题的文件和有关材料，先务虚、后务实，虚实结合，并根据有利团结、有利生产、支援国防建设和场群兼顾的原则，本着互让、互帮、严己宽人的精神，进行了自我检查，相互交换了意见，解决了思想问题，找出了过去马场场界长期得不到解决的原因并提出了比较合理的解决意见。与会同志一致认为，贵南军马场场界问题，长期解决不了，其原因主要是：

（1）对国防建设、牧区建设的一致性认识不足。军马场建设和牧区建设都是我国社会主义建设的重要事业。但是，贵南县委和军马场的领导同志，在思想上、认识上均有不同程度的片面性，把马场建设和牧区建设对立起来。县委同志检查了思想上对军马生产的国防意义认识不足，总认为军马场的领导关系和生产建设搞得好与坏是属于军委总后或青办的事，与我们地方无关；军马场的领导也检查了过多地强调军马生产的重要，对贵南牧区建设和当地群众的实际困难考虑少。

（2）缺乏互让互帮的精神，在调整草山时，各自强调自己的任务大、困难多，不敢承担困难，把困难推给对方；为自己考虑得多，为别人考虑得少，唯恐自己完不成任务。因此，对一些具体问题不是采取积极主动的态度，积极协商研究解决，而是采取回避和拖拉的态度，或者消极地依赖上级派人来处理。

（3）县委和马场领导同志都存在有不同程度的偏听偏信现象，各自只听取自己所属职工、群众的意见。不深入调查研究，互不通气，相互埋怨对方这样不好、那样不对。因此对一些事情掌握得不准、不全面，更不能协商解决。因而，增加了场群之间、领导与领导之间的隔阂。

(4) 对职工、群众思想教育不够，管得不严。

此外，由于1958年以来大量开荒，破坏草原，加之使用不当，草原严重退化，目前整个贵南县和军马场的草原都是很紧的，这也是其中原因之一。

为了彻底解决问题，本着有利于国防、大力巩固和发展军马生产、照顾民族团结和群众生活的原则，认真进行商讨。经过反复讨论协商结果，达成了如下意见：

一、关于草山界线的处理

1. 木格滩开发利用问题。木格滩面积据贵南县原来粗算，报有230万亩（其中草原面积176.3万亩，沙滩面积53.7万亩），最近据军马场在实地勘察结果约有158万亩（其中草原面积105万亩，沙滩面积53.7万亩），比贵南县粗算面积减少了70多万亩。边沿地区尚有一部分群众放牧，占用着一部分草原。按照省委指示，从木格滩给军马场解决一百万亩左右草原，实际看来不能如数满足。只能在原则上按总后军马部副部长杨虎臣同志到实地看过后所提出的意见，以军马场规划草图上所标的红线为界，在连片约80万亩草山的基础上加以调剂，对群众边沿地区的放牧，应给予适当照顾。群众放牧能达到的地方，可多划点给群众，群众放牧达不到的地方，可多划点给马场。为了在基本上能保证军马生产的需要，可将沙滩中的零星草原内划一半给军马场使用，具体场界将由划界工作组去查清划定。此外，为了便于马场对木格滩的整个规划建设和管理，建议将莫河沟的一个公社（57户，211人，各类牲畜9000多头只）划给马场（贵南县提出的意见，将整个莫河乡全部划给军马场也可考虑），并建议军马场在木格滩进行水利建设时，在可能条件下对附近群众的人、畜饮水适当地加以照顾。

2. 过马营地区。三滩（西滩、南滩、三角滩）的耕地仍由军马场经营，这些耕地（包括鲁仓、莫曲沟等耕地）除保证职工、家属的粮食自给有余外，主要作为军马饲草饲料基地，但再不能扩大开荒。三滩耕地周围的草山仍归群众使用。

瓦什滩草原划给群众放牧，但当前因水源缺乏，利用很少，今年请省上投资6万元（州上已拨1万元），修筑三条饮水道路，以解决当前放牧困难，明年请省上列入计划，铺设18公里地下输水管道（粗估需投资90万元）以解决人畜饮水和扩大草原利用面积。

扎得（德）滩、周候曲划给马场使用，但在扎得（德）滩西部给群众留一往返通道。群众在扎得（德）滩放牧的牲畜，在瓦什滩水利问题没有解决之前，可暂缓撤出，在扎得（德）滩现有的耕地，仍归群众，也可由场群协商，以相应的耕地进行对换，不论怎样均不得再开荒扩大耕地面积。

3. 鲁仓地区。在南山根以道路为界，给群众的牲畜来往留出一条路，但不能停留放牧。盐水沟地区，以盐水泉为界，东面部分（包括盐水泉）划给群众，以解决群众牲畜吃盐土问题。

4. 莫曲沟地区。草山划给群众，耕田仍归马场，如果马场目前有困难，牲畜可暂缓撤出。

从上述解决办法来看，群众和马场的草原都很紧。贵南县总面积约800万亩，但由于1958年以来大量开荒，破坏冬春草场65.5万亩，加上1957年原耕地80多万亩，另外河流占去了27万亩、沙滩53.7万亩、严重虫鼠害149.5万亩，实际可利用的草原只有500万亩左右。同时，近几年来，乱牧混牧现象严重，特别是双方争执的地区草原显著退化，产草量也大大减少。根据草原的现实情况，要负担62万多头牲畜，平均每头牲畜只能占有草原8亩左右。目前，还有11个乡、社的236000多头牲畜没有固定的冬春草场，到处“打游击”。经这次调整后，群众的牲畜平均每只只有5亩草原，军马场调整后，平均每匹马只占85亩草原，双方都是相当紧的。针对这些实际情况，应充分发扬自力更生、克服困难的革命精神，加强草原建设，保护和合理使用草原，积极培育、改良草原，消灭草原虫鼠害，有条件地进行人工饲草种植，提高草原利用率。

二、为了双方领导和场群关系，有利发展军马和群众生产，有力促进贵南地区的社会主义建设，还必须：

1. 从组织上加以保证搞好关系。建议县场负责同志互相参加双方的组织。军马场的领导同志参加县委常委和人民委员会，分场的领导同志参加所在地区的区、乡组织；县委书记或县长可参加马场党委。

2. 从思想上保证搞好关系。双方要加强对职工、群众的思想教育。地方党组织要对基层干部和群众进行国防教育，增强国防观点，要讲清马场对地方的好处，军马生产是党交给贵南党、政、群的一项光荣的政治任务，要教育群众爱护马场，同时要做好拥军优属的工作，在地方干部和群众中积极开展学习解放军的运动。马场要加强对职工的教育，积极参加贵南地区的建设，要发扬解放军的“三八作风”，做好群众工作，贯彻党的民族政策，搞好民族团结，并帮助地方搞好民兵建设，开展文娱、卫生活动。同时，要尊重地方党委的领导。

3. 今后有关场群问题，首先要经过县委常委会议研究解决，不能解决的问题，要双方共同提出意见一并上报解决。

4. 军马场发展生产所需要的牧工，必须从周围牧民群众中招收，县委要保证把好的劳动牧民推荐给马场。目前县委应该设法给马场解决几个懂得汉、藏两语的干部，以便开展马场的民运工作。

三、为了尽快解决马场场界问题，以利马场早日进行规划建设，会议决定组织工作组到现场具体划定场界。由马芳富、柔巴、张凤楼、乔林、王坚五名同志组成划界工作组，并由马芳富同志任组长，柔巴、张凤楼二位同志任副组长，于9月底、10月初深入实地进行划界，具体结果报告海南州委和总后青藏办事处审定，并抄省畜牧厅备案。

划界工作组

1964年9月11日

回忆录

军牧场往事追忆

吴泰良/口述

（2020 年 12 月）

我于 1929 出生在青海省湟源县西关街，上过三年半小学，后因家贫没有再上学。1948 年，亲戚介绍我到贵德军牧场，当时因年少体弱，就在牧场农事课打杂务农。今年，我已 92 岁了，经历过新旧牧场的变迁，如烟往事历历在目……

旧军牧场时期，阶级压迫极其深重。一个上校月薪是 240 块银圆，一个三等兵只有 6 元，而且“官大一级压死人”，上级对下级打骂、关禁闭是家常便饭，甚至杀人如杀鸡。士兵吃的是混合面，穿的是露体衣。虽然每年发单衣、棉衣各一套，但因活重，很快就磨透了。每个马群装备皮大衣、毡衣各 3 件，谁出牧谁穿，规定使用两年，因多人使用，日晒雨淋，质量又差，很快就坏了。骑着光背马（没有马鞍），受的牛马气。当时，我给军牧场农事主任李进元当勤务兵，闲聊时对其内侄说：补训队像个当兵的，骑着马，背着枪，我们农队天阴下雨没闲着，还是庄稼人。第二天，李进元罚我 40 军棍，在一起干活的同事纷纷向他求情，但李进元毫不留情、打断两根棍子。两个人架上我溜了两圈就让上山打柴，并问农队好不好？我这才恍然大悟，是昨天的话说坏了。此类事件，不胜枚举。1949 年 9 月，军牧场回到了人民政府的怀抱，我提起枪想找李进元算账，谁知他和他的内侄早已离开军牧场，不知道跑到哪里去了。

当时，各级政权刚刚建立，匪患迭起，百废待举，干部奇缺，故对偏僻边远的贵德军牧场很难管理到位，总场场部、过马营周围的山上都有很多土匪。后来，土匪公然控制牧场周围高地，见人就开枪，以致运输中断，全部马匹关在老军牧场的院子里，又无补饲草料，马匹只好吃食地上的积粪，进而互啃鬃尾皮毛，疾病丛生，死亡剧增。我们只能冒着危险出门放牧，一次遇上了土匪，幸亏带队的班长懂藏话，经他好言周旋，我只是被土匪毒打了一顿，捡了一条性命。

1950 年 6 月，我随马群调到了军牧场鲁仓分场，由于土匪猖獗，抢劫马匹，斗争形势十分严峻。1950 年 8 月 16 日晚上，我和李长荣等 7 人在鲁仓二群台上放牧，半夜 2 点左右土匪来了，他们想先包围场部，结果被哨兵发现，用机枪扫了一梭子打跑了。不大一会儿，我们放牧的马群这边枪响了，土匪有多少也弄不清，在朦胧的月光下一眼望去，只见土匪的枪杈就像树林一般密密麻麻的。土匪一面打枪一面不断地大声叫喊："抓活的，不要让他们跑了！"土匪赶马的赶马，搜索抓人的抓人。我们 7 人团结一致，拼命保护马群，与土匪激战，顿时枪声乱成一片。土匪看到我们人少，就向我们围了过来，我们一边激战，一边找到有利地形，7 个人的骑马惊跑了 6 匹。危急关头，遇到了一个小土坑，我们以土坑为掩体，向匪群扔出了手榴弹，土匪才退却逃跑了，但很多马匹被土匪抢走了。

在那个极其危险、艰苦的年代，新军牧场的思想政治工作做得非常有起色，尤其是党团员的模范带头作用发挥得比较好。1951 年 2 月，我经军牧场政治协理员王秉哲介绍，加入了新民主主义青年团。当时鲁仓分场还没有党员，组织生活由分场长邵叔度代管。在组织生活会上，大家积极发言，谈思想、找差距，要求和一些有问题的同志交朋友，互相谈心，培养积极分子，共同进步。那时我因受伤，组织上安排我在兽医室照看病马，因为这些病马一发病就腿瘸，几天后就卧倒站不起来，一个人管理会误事，组织上便把李逢秀暂时派到兽医室给我帮忙。我们俩总是争先恐后，一到晚上就早早拿着皮袄到病马厩守护，夜里要给病马翻几次身，用一只手扶马头，一只手拿着草料盆和水盆喂病马。为了让病马吃好一点，我每天都去达布江边给病马割青草。

那时的兽医器械很简单，给药时，将药做成舔剂，撬开马嘴，左手抓住马舌头，右手用一小木板把配好的药剂抹在马的舌面上，就这样一点一点地喂。有一次接诊了藏族同胞一匹肚子痛的白马，这匹白马性情比较暴躁，不断地摇头，不愿吃药，我则硬要给它喂药，它气急败坏，一下子把我左手中指连肉带指甲咬了下来，痛得我差点昏倒，旁边的藏族同胞急忙扶住了我才没有倒下。虽然手指被咬掉，但我每天还是照常坚持护理病马。1951 年元月，我作为英模参加了总场召开的英模代表会，我感到非常光荣和幸福。

那时，大家对工作的责任心普遍较强，有些人虽然不是党团员，但他们对工作也是十分负责的，陈永守就是这样一位同志。他个子不高，一张饱经风霜的脸庞，对人和气，经常面带笑容，话语不多。他那时的工作是放牛，每天天刚亮就起床挤奶。牛放到草滩上后，还要煮奶子、打酥油，随时到草滩上看护牛群。如果遇上下雨天，牛圈就成了泥糊糊，牛奶挤完了，他的棉衣下襟也沾上了厚厚的一层泥巴。有一天收牧时，他发现一只牛犊不见了，饭也不吃就急忙去寻找，一直找到半夜都没回来。第二天一早，他说若找不到牛犊就不回家来，一大早就把牛群赶到了草滩上，一边放牛，一边找牛犊，还是没有找到。他饭也不吃、水也不喝，脸上没有一点笑容，眼窝越来越深了，脸也越来越尕（小）。

第三天，他终于在南山附近的山洼里找到了丢失的牛犊，顿时喜出望外，脸上又浮现出了憨厚的笑容。在1952年的总场英模会上，与会的苏联畜牧专家和日本兽医顾问听了陈永守同志的先进事迹后，赞叹不已，他们惊讶地说："你们军牧场还有这样的英雄人物，真是了不起！"

李长荣也是一位有名的劳动模范。他个子高、体格强，一个手指顶我的两个。四方脸盘，寡言少语，走路慢腾腾的，像个姑娘，但是干起活来一个顶俩。1952年，总场号召割青草搞青贮，大家步行到离单位十几里外的南山沟割青草，去时每人带一把镰刀和一条绳子。我们割的是大芒麦草，那时草长的有一米多高，非常密，往往镰刀都插不进去。大家都有一个共同的念头，就是争取多割多背。一般人就背个百八十斤青草，还要在回单位的路上歇上三四次，李长荣一次就背170多斤，歇上两次就背回了单位，同志们都亲切地叫他"尕毛驴"。

1952年春天，马驹腺疫病传染很厉害，牧工患流感的人也很多，许多人都病倒了，上不了班。李长荣同志身体好，一个人赶着三四百匹马放牧。他每天背着药包，带着碘酒、手术刀，在马群里转来转去，发现哪匹马驹颌下疙瘩大，就悄悄摸到跟前，一个猛虎扑食把马驹压住，迅速开刀、挤脓、抹上碘酒消炎，然后撒开，一气呵成。他一个人就这样白天晚上地坚持在马群里治疗了半个多月，控制住了所放马群的马驹腺疫病，副场长徐茂学夸他是畜牧专家。李长荣还非常乐于助人，那时有一个年岁小的牧工叫王近勖，跟他一起放牧，遇上雨雪天他就说："尕娃，家里睡觉去，我一个人看着就行。"这样的事情，和像陈永守、李长荣这样的军牧人还有很多很多。

军牧人在异常艰苦的环境里，爬冰卧雪、餐风饮露，默默无闻、吃苦耐劳、坚忍不拔。军牧人为部队培育出了大批军骡马，军牧场为国防建设做出了积极的贡献。随着时间的流逝，军牧场已渐行渐远，成为历史，但军牧场的故事令人难忘，军牧精神永存！

（吴泰良，原贵德军牧场起义人员，离休干部）

我对贵南军马场的简述及木格滩开发建设的理想与实践

杨仁和

（1994 年 1 月 5 日）

一、沿革

贵南军马场创建于 1933 年，先由马步芳后由国民党马政司管理，名为贵德军牧场。1949 年 9 月 22 日由省军管会接收，改名中国人民解放军西北军区贵德军牧场。1957 年改由农垦系统领导，从以养马为主变为以开荒种地为主。

1959—1960 年，大批河南支边青年来场，达六七千人，因饥饿等原因大量逃走。1961 年复归军队领导，直属于总后勤部军马部，经营方针是“养马为主、农牧结合，多种经营”。1976 年再次转交地方，由青海省畜牧厅领导，改名贵南牧场，马匹逐年减少。1982 年转由省农林厅领导，农业比重迅速增加。到 1992 年马匹出售殆尽，有耕地 30 余万亩，主要种植油菜，工副业亦有发展。20 世纪 80 年代中期，在西宁建立了年产万吨的啤酒厂，牛羊养殖一直没有发展起来，现有职工 3000 多人，年产粮油 4000 多万斤。

二、我初到贵南军马场时的基本情况

我是 1964 年 3 月 8 日到贵南军马场的，3 月 12 日，军马科李绪科长向我汇报云：“全场共有马 2583 匹，其中公马 98 匹，还有公驴 6 匹、羊 12886 只、牛 746 头。1963 年配种马 855 匹，受胎 618 匹，受胎率 72.28%，产驹成活 401 匹；配种母羊 4600 只，产羔 3217 只，繁殖率 76.3%；羊毛完成 1.34 万公斤，羊肉完成 3.4 万公斤，牛肉完成 1.48 万公斤。”

1963 年农业大丰收，产青稞小麦等 421 万公斤，单产 139 斤，比 1962 年增长 1.3 倍，产油菜籽 22.5 万公斤，比 1962 年增长 1.5 倍，收饲草 258.5 万公斤，工副业产值 30.2 万元。6 月 30 日场里的统计数字为：全场职工 1303 人，场区总面积 63.5 万亩，其中耕地 10 万亩，草原 53.5 万亩。

下属 2 个分场，即鲁仓分场（下属马一队和农一队、农二队、良种队）和三滩分场（下属农三队、农四队、农五队和马二队、羊队），总场直属有加工厂、修配厂、汽车队、大车队、职工医院，子弟学校。

场里的房舍多为土木结构，只有过马营的种马厩和配种室是在 20 世纪 50 年代初建的，为砖木结构，鲁仓分场部在解放前建有 1 栋砖木结构的建筑，莫曲沟的 2 栋也是砖木结构，此外，全场看不到砖木结构的房子，职工宿舍多为土木结构，每间 12～15 平方米，窗户都很小。

树木方面，过马营解放前种植杨树 40～50 株，1956 年在医院和子弟学校前水渠两旁种植杨树百余棵，前者胸围4尺[①]左右，后者胸围1.5尺左右。莫曲沟有若干杨树，加莫寺有地90多亩，是瓜菜基地，有些杨树和小果树，鲁仓、三滩地区都没有树木。

职工生活方面，一般工人工资普遍为43.12元，粮食定量至少28斤，青稞等粗粮占60%，以白面为主的细粮占40%，青油每月0.5斤。家属粮油定量与普通职工相同，吃菜困难，每月从西宁等地运来1～2次，猪、牛、羊肉也很少。取暖做饭全用牛、羊粪。

照明方面，只有过马营修配厂用柴油机发电，供电时间为19:00～22:00。场里有个电影放映组，每月去分场或生产队放电影1～2次。

职工队伍年轻化，最大的才50多岁（王坚、徐振芝、陈世栋、陈世裕4人），陈世裕某次在饭桌上说我们4人加起来共200岁。绝大部分职工的年龄在35岁左右。我的感觉是，场子在发展，有前途，职工安心，富有生气。

三、进行草原置换，木格滩作为全场养马生产基地

1964年冬，青海省政府据上级指示（总后为主），由李芳远副省长率领工作组（青海省畜牧厅副厅长马芳富、海南州委副书记宋立言、总后青藏办事处副政委席汝林）等10余人进驻场内，召集贵南县领导（县委副书记乔林等）磋商解决将木格滩划给贵南场开发养马的问题（10月，马芳富会同海南州长郑继尧来场住了数天，试图解决此问题未果，郑与王坚吵了几句，双方对立情绪很大）。我随同工作组跑遍了瓦什滩、扎德滩、三滩、鲁仓二群台和木格滩等草场。后工作组等人员又移到贵南县政府继续协商，形成了文字协议：贵南军马场将瓦什滩19万亩草原、扎德滩9万亩草原北部的4万亩、鲁仓二群台草原南部约5万亩及三滩周曲河东部和麻什干西部共约4.9万亩划归地方，贵南县将木格滩83万余亩草原划给贵南军马场，西北部约10万亩仍留给地方，莫合沟东科大队划归贵南军马场管辖（集体所有制不变）。1965年春季化冻后由场里牵头，按划定的界线，在鲁仓、三滩、木格滩用开沟犁开沟，作为场界线。至此，贵南军马场主要的生产基地——木格滩草场的格局确定了下来。

四、对木格滩的规划和建设

木格滩的大部分草场已经划归贵南军马场，奋斗目标是养马一万匹。这片草场如同一张洁白的纸，可以划出美好的图画。怎样才能规划好，这需要大家献计献策和努力实干，我的心思主要放在画这张蓝图上面。1965年3月26日上午，我特地向王坚场长和徐振芝副场长谈了我的三点想法：一是建草库伦（当时叫打墙围圈），各队建若干个，全滩场区周围打墙15万米，以便实施小区轮牧和防止混牧。二是植树造林，滩上多个草库伦最后用树木（乔木或灌木代替）形成林网。三是草原改良，以解决木格滩草稀和缺少豆科饲草

① 尺为非法定计量单位，1尺≈0.333米。——编者注

的问题。我在说这些想法之前，对他们表示："我们几位不要想升官发财了吧，在这里干个三五年吧！"王、徐很兴奋，并决定将木格滩的围墙和造林列入当年规划内，现在即抽2～3人到农机科专管造林，木格滩的草原改良和植树试验可以进行。当天下午我到生产办公室开会，就上列问题专门做了说明和布置，并临时责成王鹏尚同志主办过马营先建林木苗圃事宜，不久又安排了在木格滩进行植树和草原改良的试验，由李新福和卢镛具体负责（李住木格滩，卢在总场生产办公室）。4月20日，我进一步抓了过马营林木苗圃的建设工作。苗圃由崔梦林领导，下有魏国兴、刘丰、王栓柱3位工人，过马营职工在苗圃内插了近万株的杨树条。我同时抓了全过马营的植树工作，也种了杨树等万余株。后来，我又交代良种队（猪队）在苗圃周围打起土墙1000米（200米×300米，占地89亩），墙外修成种公马的骑乘运动跑道。这个苗圃的建立是为了将来供应木格滩乃至全场植树的树苗，1966年和1967年，在原苗圃的东面和北面又增扩建了2处，共约50亩。

1965年冬引水上滩，由兰州水利设计院设计确定将多石嘴沟水引上木格滩，1965年夏即动工，参加施工的有本场的基建队、青藏办事处的工程兵和贵德的民工。工程进展顺利、迅速，当年11月，水管从源头铺到马三队东部，有几群幼驹在此处饮水放牧了。1966年，主干线完成，终点农八队，全长53公里，整天（24小时）流量1300吨，建200吨容量的蓄水池9个。1967—1968年，三分场修了2条支管、1个蓄水池，四分场修了1条支管、1个蓄水池。

按规划建立7个马队、2个羊队、1个农队。木格滩东部为三分场，下属马三队，养公驹1000匹左右，马四、马五、马六队均养基础母马，每队4个群，母马600匹左右；羊队（由莫曲沟迁来，牛、羊200多头）和草原队、气象站、木格滩西为四分场，下属马七队养母驹1000匹左右，马八队养基础母马，5个群750匹左右，马九队养公驹1000匹左右，农八队兼养马驹400匹左右。各马队种饲草（主为燕麦）3000～4000亩。

（一）建设草库伦

1965年春，我在军马科说到将来在木格滩要围圈放牧时，有些同志笑了，认为不切实际，"四清"运动后期（建设阶段），我找人按我的要求将木格滩的草库伦建设和植树画了一张示意图，给职工们和"四清"工作队看了，反应是较好的，不少人说"应该有这样的雄心壮志"。1965年冬，《人民日报》刊登了内蒙古乌审召圈建草库伦得到良好效果的文章后，他们表示自己思想保守了。所以后来在木格滩建草库伦没有阻力了，而且分场和队都争取总场经费，抓紧建设。各分场和队还发扬自力更生精神，组织职工自己搞，1967—1970年，木格滩各队相继在队部附近围圈6000～10000亩不等，种植燕麦、青稞、油菜。收割后，放牧马群。贵南军马场是青海省首先围建草库伦的，那时附近牧民群众也极少有破坏围墙的，所以围建起来后，种的庄稼（粮、油、草）基本上未遭受场内外牲畜的糟蹋，效果良好。只是在马四队北面打的6～7千米大围墙（即原计划15万米大围墙的一部分）遭到滩东北面附近牧民的反对，因为围墙阻挡了他们去贵南县的通道，后来这个计划停止了。我在农八队参加了四分场组织的打墙队，在队北面打了3～4天，在马七队打了2天。虽然这时的围圈主要是为了种庄稼，但对马群冬春抢茬和防止场外牛羊混牧也有重要作用。1970年伊吾军马现场会议后，杨虎臣部长率与会人员到木格滩察看，见到各队都有圈建的草库伦，他很不满，认为是搞封建王国，不利于做到“五勤五要”。军马局庞局长也是反对的，他们知道产生这件事，杨仁和是“罪魁”，应当给予批判，并要求山丹军马局财政处以后停止批准建设草库伦的费用。1971年春，山丹军马局生产处处长聂金贵到贵南军马场检查时，也对建草库伦表示了异议，我简切地回答道：“10～20年之后，牧区非走建草库伦这条路不可。”至于我以前设想的进一步将大圈分隔成若干小圈实行小区轮牧则未实现，也难以实现了。到了20世纪70年代中期，青海省在草原建设和管护上开始围建草库伦了，在20世纪70年代后期达到了高潮。时至今日，在不断总结经验的基础上，草库伦越建越多，成为牧区草原建设和保护的一项重大举措。

（二）草原改良试验

1966年在三分场建立了草原改良队，高闻天任队长，在分场场部东面打墙圈地3000亩，作为草改试验基地。当年还请了中国科学院西北高原生物研究所张曷增、李炳文等3人，对木格滩做了草场调查。翌年，该所来了20余人进行草、林、灭鼠、治沙等试验，分别住了2～4年。高原生物研究所和草原队合作，在3000亩试验基地搞了不少牧草栽培小区试验，大多长了籽，但以后未推广。1967年种苜蓿1300亩、草木樨百余亩，当年苜蓿株高40～50厘米，草木樨株高150厘米以上，长势不错，但1968年只有少数返青，大部分都死了，原因是对防寒过冬的认识缺乏，更无这方面的措施。李新福后来虽然搞了些覆盖马粪或泥土的小区试验，但未能很好地总结经验，此试验就此结束。我到牧科院后才得知，同德牧场用土覆盖过冬效果是良好的。1968年，草原队在马五队北面种了3000亩披碱草，1969年长得很好，估计每亩能收草籽50～60斤，但草原队领导以收割机（康拜因）未改装好为由，未能很好进行收割，第3年以后，该草便逐渐退化消失了。对大面积种草，高原生物研究所也无经验，他们对此也缺乏兴趣，搞小区试验主要是在求得“数据”（军马局王佐邦副局长1970年在木格滩语），场草原改良技术人员的态度也不是很积极，大概在1972年，草原改良队就撤销了。

（三）植树造林

1967年，草原队和高原生物所合作，开始植树试验，由于坚持了“要锻炼树苗抗旱”

的错误指导思想，不经常给杨树条浇水，以致当年成活率很低。但马二队南沙丘内插的杨树条却成活了不少，到 1970 年，有 1 棵杨树已达 3 米多高，胸径 6～7 厘米，我至今仍保存着这棵树的照片。沙丘内的低洼处一是墒好，干沙下 20～30 厘米的沙子很湿，能捏成团，二是避风，小气候较好，故植树成活较好。可惜这株树后来被牧民砍掉了，我 1972 年去看时只剩个树桩子，其他树苗也没有了。各队队部或兽医室种植的杨树，由于管护不当，多未长好，唯独马七队兽医室南窗前的杨树长得很好，有 1 棵在 1983 年我见到时已高达 6 米，胸径约 15 厘米。我的结论是木格滩可以造林，前提条件是管护和及时浇水。木格滩将来要保证农业生产效益和防止沙化，必须实行林网化，做到农林牧相结合。这要做出坚定不移的决定，给必要的投资，配备事业心强而又亲身实干的人员，做长期而艰苦的奋斗。我相信将来必须这样，木格滩才有前途，才能避免毁灭性的灾害。随着国力的雄厚，引龙羊峡水库的水上滩，对农田和树木进行灌溉，木格滩的前途将更是美好灿烂的。

（四）军马生产

木格滩是主要的养马基地，全场马匹迅速发展，到 1970 年 8 月，马匹存栏达到顶点，计 10042 匹，其中木格滩 8000 匹左右。为了迅速发展军马，向建设万匹大马场迈进，1965—1967 年，共引入马 1714 匹，都由木格滩各母马队放养。其中，1965 年 10 月 23 日，由山丹马场引入顿杂母驹 300 匹（2 岁 1 代 198 匹，2 岁 2 代 102 匹）、公驴 10 匹。当年 10 月 25 日，由伊吾军马场引入巴里坤马 274 匹（2 岁驹 159 匹，1 岁驹 115 匹）。1966 年 10 月接入 699 匹。其中，由周英明、谭仲仁等从山丹军马场接来 2.5 岁 1 代顿杂母驹 500 匹、公驹 20 匹，一路平安；我和孙永泰、杨应奇、施昌球等从伊吾军马场接回巴里坤 1 岁母驹 159 匹、2 岁公驹 20 匹，我亲自参加火车押运，由西宁至贵德的赶运，一路几经危险，但无伤亡。11 月 5 日，这批马到达木格滩，由马五队放养。1967 年 9 月下旬，由山丹军马二场接入混血 2.5 岁母驹 361 匹、公驹 30 匹，这是 6 月上旬我偕赵宗贤去挑选的，后由谭仲仁、谭玉石（分任马八队队长和指导员）接运，也是一路安全，9 月 28 日转到马七队暂时放养，翌年元月移到马八队放养。

到 1970 年，木格滩各队都按规划数量养了马，从 1971 年开始着重提高质量，大规模整群淘汰，我亲自组织领导了这一工作，领着工作组在木格滩苦干了半个多月，在马六队建立了母马核心群。后来这个群的繁活率多年在 75%左右，为全场最高，而且驹子质量较好。

2020 年 1 月杨正整理

（杨仁和系贵南军马场副场长，后任青海省畜牧兽医科学院院长。杨正系杨仁和四子）

在贵南军马场的峥嵘岁月

陈其元/口述
陈贵平/整理

1957年，贵南军马场由部队移交青海省农垦厅具体管理，更名为国营贵南牧场。1961年9月，中央军委为加强国防建设，加快军马生产，又将国营贵南牧场收回军队管理，归中国人民解放军总后勤部军马局领导。

1961年年底，3总部（总参、总政、总后）召开全军军马军需场（厂）生产工作会议，全军41个军马军需场（厂）长、财务人员、生产科长参加会议。会议结合当时备战备荒形势，要求全军各马场在归入部队经过整顿后，要大力发展军马生产。1962年5月左右，总后勤部派企业部王悦部长带工作组对贵南军马场进行整顿。首先，对各级领导层进行调整充实，并从东北八一农大等单位调入30余名干部充实到各分场、连队等领导岗位。1963年，场班子调整，场长张凤翚调回河南郑州工作，副场长薛建功回山西养老，书记聂金贵调山丹军马总场工作。调任王坚为贵南军马场场长，李荣庭、冯毅分别任正副政委。其次，生产方针调整为“以农业为基础，以养马为主体，农牧结合，多种经营”。在保证军马生产指标的前提下，一是将不符合军马标准的马匹作为农用马支援到地方。当时，全国农村急需马匹，河北、河南、山东、陕西、安徽等省县、乡一级前来采购马匹的采购员住满了场招待所。二是逐步解决人吃马喂的口粮问题，大力发展农牧业以补充国家调拨不足。三是人员口粮（小麦）以生产的青稞、油菜籽与青海省粮食部门调换供应，确保自给自足。

总后会议的召开为贵南军马场转型发展指明了方向，也得到了总后勤部的高度重视和大力支持。至此，总后派出工兵营在龙羊峡修建吊桥，修通了通往过马营的公路。在农业机械方面，逐步调入大批拖拉机、播种机、联合收割机等现代农业机具，开展机械化作业；调入车床、铣床、钻床，成立了修理农机和生产小型农具的修配厂（营级）；引入面粉加工设备，成立了以加工面粉、副食品的加工厂（营级）。

为了进一步扩大军马的生产，以王坚场长为首的场党委着手开始开发木格滩大草原。当时，相传木格滩有200万亩的大草原，黄羊成群，狼群出没，因没有水源，周边人烟稀少，中心地带草高无人。开发论证得到了总后勤部和青海省政府的高度重视，总后勤部派出军马部薄副部长带领的工作组与王坚场长一同风餐露宿，深入实地踏勘，做出在解决水源的情况下可以大力开发的决定。随即向青海省人民政府提出报告，得到了青海省的大力支持，派出以李副省长牵头的划界小组，将瓦什滩、扎德滩、三滩、莫曲沟部分有利于群众放牧的草原调整划给周边牧民，将木格滩80余万亩土地划归贵南军马场开发利用，用于放牧军马和耕种饲草料、油菜。总后派出的工兵营经过一年多的艰苦勘察和施工，修通了百余里自来水管，解决了木格滩人畜饮水的困难。为此，在木格滩成立了两个营（科）级分场（三、四分场），包括7个连级马队（马一至马七队）、1个连级农队（农八队）。这样，加上原来成立的营（分场）、连（队），整个军马场用于军马和农牧业生产的共有4个分场，包括9个农队、7个马队、4个羊队。大批支边青年和转业军人积极响应党的号召奔赴草原。可以说，这是贵南军马场发展史上的一次重大转型，为贵南军马场的发展壮大奠定了坚实的基础，使之逐步成为全军军马生产的重要力量，为国防建设和青海农牧业发展做出了不可磨灭的贡献。

发表于2016年第6期《青海党史》

（陈其元系贵南牧场原场长，陈贵平系陈其元之子）

难忘的岁月
——忆在军马场往事

高闻天

我是1962年从八一农大毕业分配到贵南军马场工作的，这已经是六十年前的事情了。往事如烟，如今年近九十高龄的我，很多事已经记不清了，但对年轻时在军马场的几段经历却印象颇深，难以忘怀。

一、冰天雪地山路溜车，险些车毁人亡

20世纪60年代我在农一队当队长的时候，每年春节过后，便开始土法制作颗粒肥料，就是用羊粪末、油渣和过磷酸钙掺和在一起做成颗粒肥，春播时和种子一块下地。羊粪末子可以从草滩上牧民遗弃的羊圈窝子里弄到，而油渣必须到距生产队60多公里的过马营粮油加工厂去拉。

以前，加工厂把生产菜籽油的副产品油渣当作燃料烧了，我们用很低的价格买回来当作颗粒肥的原料。有一年春节过后，开轮式拖拉机的驾驶员探亲还没回来，我因急着开工生产，就自己开着轮式拖拉机，带上一名开链轨拖拉机的工人陪我一起去拉油渣。

在第二天返回时，因为前一天夜里下了大雪，山上白茫茫一片。有好心人劝我："今天别走了，大雪封山，路滑行车有危险，住下来等雪化一化再走。"我因回队工作心切就没听劝阻。等把拖拉机开到半山腰就感觉拖拉机的驱动轮（大轮胎）有点打滑，心里后悔不该不听人家的劝告，但是拖拉机的后面拉着装满油渣的拖车，要想掉头已不可能，只好硬着头皮往前开。

大约距离山顶还有四五百米的时候，路面有些冰冻，坡度也越来越大，拖拉机在原地打滑，寸步不前。我赶忙让坐在旁边的工人下去，找石头把拖车车轮挡住，还没等他找到石头，拖拉机在后边拖车的拉拽下开始往下溜，我狠踩刹车也没用，车子一直往下溜。

站在路边的工人惊恐地大声喊："高队长危险！"这时，我头脑里闪出一个念头："完了，今天要把小命丢到山沟里了。"万分焦急之中，我本能地意识到，让拖拉机轮胎转动起来能够防止下滑，于是我迅速挂挡，松开刹车、离合器。果然，拖拉机的大轮胎高速旋转，虽然不能前进，但因和地面的摩擦减慢了拖拉机下溜的速度。

这时，工人抱了个大石头把拖车的后轮挡住了，我趁机迅速换上高档，猛抬离合器，拖拉机在猛起步的力量冲击下开始前进，我保持着大油门一路冲到山顶，在一个较平坦的地方停了下来。

下了车，我惊魂未定，两腿发软，心咚咚直跳。工人从后面赶上来，一边用手比划一边高声说："队长，今天好险哪，再往下滑半公尺就掉进山沟里了。"我心想：真是好险，躲过了一场车毁人亡的大难。等心神稳下来，我才小心翼翼地开车下山，平平安安地到了队上。这件事给了我很深的教训，以后再不敢干这种冒险的事了。

二、身住地窝子，开发木格滩

木格滩平均海拔3000米以上，滩周边多为悬崖陡坡，滩上有100多万亩沙丘、80多万亩草场。因为没有水，游牧于木格滩边缘的马匹和其他牲畜要下滩饮水，人畜不能在滩上生存。

1964年以前，贵南军马场在过马营周边滩地和鲁仓分场养马，其数量远远不能满足部队的需求。1964年，在解放军总后勤部的大力支持下，马场开始开发利用木格滩。经过工程技术人员的仔细勘察，设计从海拔更高的多石泽山谷中铺设地下管道，把涧水引上木格滩。经过一年多的艰苦施工，到1965年下半年，东木格滩部分地段开始通水，开始有了第一个马队。

为了防止草原退化，在木格滩上成立了一个草原改良队，把我从鲁仓分场农一队调去当队长。那时滩上没有房子，包括马队在内的干部工人都住地窝子。所谓地窝子，就是在一个山包的跟前挖一个地坑，顶上搭几根木头作檩条，檩条上铺上竹帘子，在上面铺上厚厚的一层草，草上压上一层厚厚的细土夯实，最后再抹上一层草泥，这就是房顶。坑前面挖条人能进出的通道，坑口挂上破麻袋当门帘用于挡风。

我们在地窝子里住了三四年，后来自己动手建起"干打垒"房，住的条件略微改善了一点。那时虽然物资匮乏、生活艰苦，但精神生活还是很丰富的，我们经常自编自演一些文娱小节目苦中作乐，振奋干劲。

三、荒滩夜迷路

随着引水工程全面竣工，木格滩上先后建立了7个马队。马匹数量的激增造成草原大面积退化，试验了多种改良办法，但效果都不够明显。后来总场调来几台拖拉机，种植人工牧草，开展草库伦建设，各个马队先后开垦出数千上万亩的饲草耕地，大大缓解了饲草料紧张的问题。

在开荒的过程中，我经历了一次难以忘怀的险情。因为开荒地点离草原队住地越来越远，为了节约油料，避免拖拉机加油时来回空跑，我们就用一台小型轮式拖拉机拉上油罐给开荒地点的拖拉机送油。有一天，开轮式拖拉机的工人因故不能上班，我就自己开着小型轮式拖拉机去送油。在加完油返回的路上，拖拉机出了点故障，耽误了一个多小时，天渐渐黑了下来。

滩上没有正式道路，所谓的路就是车辆行驶压出来的便道，岔道又多。夜间，在拖拉机微弱的灯光下很难辨别出回草原队的路。加之滩上有很多小丘陵，在拖拉机的灯光照射下，从远处看就是一道黑影，很像住地的围墙，到了跟前才知道是个小山包。如此反复多次，我完全迷失了方向，分不清东南西北，不知到了哪里。想停下来等到天亮吧，又隐隐约约听到有狼的嚎叫声传来。木格滩上有狼，如果遇上狼群就完了，继续走又怕路况不明，拖拉机翻到山沟里，心里越想越害怕……

正在我恐惧焦虑之际，恰巧碰上一位夜间出来放牧的牧工。牧工说："刚才很危险，你如果继续往前开就到了木格滩坎沿，下边就是悬崖。"听了他的话，我顿时吓出了一身冷汗。原来我早就偏离了回队的路，走的路与草原队住地的方向完全背道而驰。在他的帮助下，我才找到了回队的路，真是不幸中的万幸。

（作者系贵南牧场原党委书记）

我的两次死里逃生

彭矩方

1962年10月12日，早饭后，一辆跃进牌轻型卡车从西宁杨家庄办事处拉着一车刚从全国各地分配到贵南军马场的十几名大学生到总场过马营报到。车厢里还装着十几麻袋喂马的豌豆，这十几名大学生就坐在这些麻袋上，我就是其中之一。快中午了，跃进车吃劲地爬到青海拉脊山半坡上，这时坡上面有辆停下的车辆挡住了卡车上坡的路。司机马云龙（事后才知道他的姓名）停下车，想去看个究竟。谁知他刚一下车，可能是手刹没拉紧，卡车就开始往下滑！好在司机立马跳上驾驶室脚踏板，将手伸进车门，使劲打方向盘，三四秒后，只听"轰"的一声，汽车后轮掉下路基被乱石卡住了，前轮1个在路边，1个已经悬空！天呀！再往下滑一点就是几十米深的大沟，一车大学生还能活几个？当时大家都吓坏了，谁都没有说话，司机吓得脸色苍白……半山上下着雪，没有行人，好半天，大家才缓过神来。大家议论着：上不着天下不着地，雪也越下越大，还得想法赶路呀……这时前面挡路的司机把车倒下来帮助拉车，好在年轻人有劲，前面拉后面推，硬是把跃进车推上了路面。司机检查了车，没撞坏，就又继续上路了。一路上，大家都战战兢兢，又不知道过了多久，傍晚时分，我们终于来到了过马营的总场招待所。招待所一片漆黑，只能从微弱的煤油灯光中看出旧报纸糊的窗户，木板床上有一条发黑的毛毡，床单和被子比抹布还脏，虱子肯定不少……当晚我们就在惊恐中睡去。第二天一大早就听有人喊："新来的大学生去领棉衣！"大家起床后你看着我，我看着你……这是我的第一次死里逃生。

1964年7月19日中午，罕见的两场大雨后，我在总场档案室里查资料。忽然听见房顶上有"咔咔咔"的声音，我抬头一看，顶棚正往下塌！我下意识地一步擀到墙角，紧接着"哗"的一声巨响！瞬间什么都看不见了，不知道发生了什么！这时我动弹不得，觉得自己"不行了"……不知过了多久，听见有人大声喊："有人吗？""肯定有人、门开着呢！""门推不动"……我立刻反应过来，我活着、没死！我听出喊话人是田纪鲁、李世富、周奕林，都是政治处的人。这时，我不知道哪来的力量，推开杂物一下蹦出了窗外！刚出来又听见有人说："那是谁呀？"（因为我满身厚厚尘土，看不清面孔）"有血""快送医院"。听到这几句话，我紧张极了，我曾听人说过伤重了没有痛觉，这时我下意识地自己跳了两下，还好，能跳说明我的伤不重。因为我手破了，在流血，我又不停地用手去擦堵着鼻孔和眼睛的尘土，弄得满脸是血，肯定吓人……接下来是谁送我去医院、是哪位医生给我包扎伤口，我都记不得了。只记得从医院出来回家路过食堂时，我请炊事员老李烧点热水，我想洗澡……下午，我换了衣服回到把我吓坏了的档案室外边。原来两天大雨把房顶上的瓦浸透了，老房子的房梁承受不了重压，大梁断了一根，又恰是档案室上面那根，断了的大梁正砸在我刚坐过的办公桌上。办公桌上的玻璃板全砸碎了！破瓦砾堆了近一米高……回想起当时，如果没听到“咔咔咔”的响声，如果没有抬头一看，如果没有那零点几秒钟的一撺……我就不在这个世界上了。这就是我的第二次死里逃生。

发表于2016年第6期《青海党史》

（作者系青海省畜牧厅原副厅长）

南水北调中线河南省淅川县赴青海贵南牧场移民支边纪略

杨应奇　杨丰节

在位于青海省海南藏族自治州贵南县的贵南牧场，有一批因“南水北调”中线工程迁移而来的河南省淅川县支边移民。他们不仅是第一批支边移民，而且是历经磨难、备尝艰辛的一批移民。这批支边移民留场人员及其后代在贵南牧场职工队伍中占有相当大的比例。有人形象地说：“贵南牧场百分之六七十是河南人，河南人中百分之六七十是淅川人。”可以说，他们是牧场建设队伍中的一支主力军。

南水北调　迁离故园

中华人民共和国成立之初，我国南方水资源丰富、北方水资源贫乏的国情始终牵动着共和国领袖的心。1953 年 2 月 19—21 日，毛泽东视察长江，在从武汉前往南京的途中，他就“南水北调”的有关问题再次询问水利专家林一山，谈到有关选址的问题时，他手中那支粗大的铅笔沿着三千里汉江的蓝色曲线缓缓移动，最终在丹江与汉江的交汇口处迅疾画了一个圆圈，问道：“这个地方怎么样?”林一山激动地点点头：“此地最好!”这次谈话之后，有关专家进行了详细考察和反复论证，并对坝址进行了选定。1958 年 3 月，中央政治局在成都召开扩大会议，决定修建丹江口水库。

淅川县地处豫、鄂、陕三省交界处，丹、淅二水穿境而过，是丹江口水库的主要库区。丹江水库“南水北调”中线初期工程，1958 年动工，1973 年竣工，工程淹没淅川县 54.3 万亩土地，占总淹没面积的 48.4%。当时，据长江水利委员会初步调查统计，丹江口一期工程需搬迁 38 万人，其中淅川县丹江库区将迁走 20.2 万人，占库区动迁人口的 52.9%，其中县内后靠自安 12.6 万人、外迁近 10 万人。如何安置，往何处迁，一时间议论纷纷。

正当苦于寻求对策的时候，中央北戴河会议做出决定，动员人口密集的平原地区青年去支援边疆建设。根据会议精神，1959 年 1 月，南阳地区召开专题会议动员支边，淅川县被列入支边县之一，分配任务 8000 人。淅川县委根据当时地委专署意见，很快成立了移民迁安委员会，将 8000 人的指标分配到库区各公社、大队。同时，成立了近百人的宣传队，经过培训后，巡回到库区各公社、大队演出，做宣传发动工作，鼓励引导人们报名。许多青年响应号召，积极踊跃报名，短短几天的时间，人数就达 34893 人。据支边带队领导李纪奎、王海申等人回忆，1958 年 11 月 17 日，淅川县委决定由库区三官殿、埠口、宋湾、滔河、老城五个移民区完成支边任务，报名者很多，最后审定 8008 人，其中男青年 5565 人、女青年 2443 人，一次送到青海西宁，然后分三队到安置点。

移民支边 备尝艰辛

贵南牧场的前身是贵德军牧场和贵南军马场，现为贵南草业开发有限责任公司。该场 1933 年建场，迄今已有 87 年的历史。1959 年，淅川县第一批支边移民 8008 人全部运到西宁后，分三队，由带队的领导带往不同地点，其中第二队 2765 人从西宁前往海南州贵德县尕让乡德诺切村和东沟乡豆后漏村的“青年农场”，后转至贵南牧场。1960 年 3 月，淅川县第二批支边青年和家属 4909 户、14316 人迁往青海安家落户，其中前往贵南牧场的 3630 人。两批共计前往贵南牧场 6395 人。当年同去该场的还有河南濮阳的 1250 名支边青年。

贵南牧场地处偏远高寒牧区，海拔 3000 多米，干旱少雨，风沙大，再加上交通不便，物资匮乏，又处在三年困难时期，留场移民支边人员的生活是极其艰苦的。当时，绝大多数移民支边青年都被分配在荒无人烟的荒滩上，住在地窝子和帐篷里，开荒种地。有人形象地写道：“夜间狐狸嗷嗷叫，狂风沙暴帐篷翻；十冬腊月天酷寒，移民开荒在草滩。”在艰苦的岁月里，广大移民支边青年发扬不怕苦、不怕累的革命乐观主义精神，以镢头为主，流血流汗，为牧场开垦了大片耕地。

由于国内外形势的变化，贵南牧场于 1961 年 9 月第二次归军，名称为贵南军马场，为国防建设培育军骡马。归军后，虽然生活条件有所好转，但生产生活环境依然是非常艰苦的。作为马场主要养马和生产基地的木格滩，海拔 3000 多米，面积 197 万亩，史称“沙州”。该滩西北部丘陵较多，牧草生长良好，南部和东南部是沙漠地带，面积约 112 万亩。木格滩无自然水源，更没有树，牧工生活用水和饮马依靠人工铺设的引水管道解决。军马是无言的战士，放养军马是一项需要极强责任心的政治任务。就这样，很多留场的移民支边青年又从种庄稼的农工变成了放养军马的牧工。他们手拿马鞭，穿着厚重的放牧大衣，摸爬滚打，有人摔成了骨折甚至残疾，但是依然无怨无悔，唱着《毛主席的战士最听党的话》《我爱马场我爱马》等歌曲，夏天头顶烈日（唯一的阴凉就是马肚子底下），冬天身穿几十斤重的放牧大衣，脚套毡靴（即便如此，也抵挡不住零下二三十度的风雪严寒）。深夜眼仰望无际的星空，只有靠经验和感觉才能知道马群是否被狼袭击、是否安全。如果遇到沙尘暴和暴风雪等极端天气，所遭遇的危险和困难就更加可想而知了……就是在那种艰苦的环境下，作为军马场生力军的移民支边青年和全场职工一道风餐露宿、爬冰卧雪，为国防建设培育了大批优质军骡马，在贵南军马场生产高峰时，军马曾达到近万匹，取得了可喜的成绩，有力地支援了国防建设。

1959 年和 1960 年先后前往贵南牧场等地的支边移民，在那个特定的历史背景下，备尝艰辛，遭受了很多不幸。后来，他们中绝大多数人又几经辗转，返回故里。

扎根高原　无私奉献

在贵南牧场，淅川县移民支边留场人员只占当初移民支边人员总数的极少一部分，但由于淅川县来场支边移民基数大，所以在全场职工中所占比例还是比较高的。1959—1960年，淅川县两批前往贵南牧场的移民支边人员及家属共计6395人。虽然没人准确统计出最后留场人员有多少，但估计比例在10%左右。

1976年，贵南军马场再次移交地方，改名贵南牧场。下放地方后，军马变民马，马价大跌，形成亏损，严峻的生存挑战再次考验着作为牧场主力军的移民支边青年及其子女。这个时候，留场的移民支边青年已经不年轻了，面对严酷的生活环境和变幻莫测的市场，怎样走出困境，是牧场人人都要面对的现实问题。凭借直面困难、勇于开拓的精神，经过调查研究，牧场最终决定依靠近30万亩耕地资源，转型以农业为主，而且要以种植经济作物为主，以取得较好的经济效益。

牧场所处的自然环境十分严酷，生态脆弱，干旱、大风、沙尘暴、雪灾等灾害频发，每年3—4月都要刮5次左右八级以上大风。木格滩本身沙漠面积就比较大，大风常把田间地表播入的种子一起刮走，八级以上的强风甚至会卷起黄沙覆盖草原，刮得天昏地暗，给农牧业生产造成极大损失。就是在这种环境下，广大移民支边青年与全场职工发扬“以场为家、艰苦创业”的牧场人精神，开始了新的创业，并且取得了辉煌的成绩。经过全场职工的不懈努力，20世纪80—90年代，牧场被农业部授予全国“振兴农业”先进单位，多次被青海省人民政府授予粮食生产“丰收杯”奖。几十年来，有很多移民支边青年及后代被评为省厅级先进个人，也有很多人被提拔到分场或总场领导岗位。在牧场的各条战线上，都有移民支边青年和他们后代的身影。

“风萧萧而异响，马寒鸣而不息”。1959年至今，淅川县支边移民留场人员及其子女历尽艰辛、顽强拼搏，奉献在牧场的各条战线上。他们为了支持国家建设泪别桑梓，远离故土，扎根雪域高原，“舍小家，顾大家，为国家”，以场为家，艰苦创业，勤勤恳恳，默默无闻。至20世纪80—90年代，第一代移民支边留场人员已陆续退休。时至今日，第一批支边移民来场已60年，大部分老人相继过世，健在者也年逾古稀，移民支边者子孙繁衍，各得其所。让人感觉自豪和欣慰的是，2015年3月，在丹江岸边建起了一座“移民丰碑”，其中也镌刻着来贵南牧场移民支边人员的名字。

在“南水北调”中线这个世纪水利工程建设，以及贵南牧场建设发展的历史进程中，淅川县移民支边人员做出的牺牲和奉献，应被历史铭记。

发表于2020年第2期《青海党史》

（作者分别为贵南牧场支边青年及支边青年后代）

20世纪60年代马场职工文化生活片段

徐燮元　华佩文

回顾我们初来贵南军马场时的方方面面，尽管生活十分艰苦，但是广大职工的精神面貌还是很好的。当时的政治工作和工会工作也开展得比较好，所以职工的文化生活比较活跃。特别是当一年一度的“八一”建军节和“十一”国庆节来到时，更不一般，过马营就像赶集或庙会一样，热闹非凡。场直各单位之间要进行各种比赛，各分场也要组织代表队来参赛，在体育运动方面就有篮球、排球、长跑、短跑、跳高、跳远、铅球、举重等。我本人当时已年过不惑，还参加了100米、200米的比赛，并取得了多次第一，说明我来到高原后，身体状况还是很不错的。我记得当时还要进行墙报和黑板报的评比、大合唱的评比、演出节目的评比等。

我来场后一直在修配厂工作，还曾担任过工会厂分会主席，所以对当时各种活动的开展比较了解。当时厂里有一位多才多艺的木模工叫李长仲，手风琴拉得极好，我本人的口琴吹得也还可以，还会拉拉锯琴，我们二人都能唱歌，因而修配厂的大合唱是没人比得过我们的。我那时还作词谱曲，让大家来唱我们自己的歌，那就更来劲了。例如我作的《争当五好红旗手》《一帮一一对红》《修配厂工人硬骨头》《民兵之歌》《我们的军马》《永远跟着党前进》《我们的皮带锤》以及诗歌联唱《抗美援越诗歌配》等，都是紧跟当时形势和时代脉搏的作品，都在当年的“八一”和“十一”会演中演出过，并得到过好评。当时在会演中受到大家欢迎的职工演员，我记得有场部计财科的罗奇丽、加工厂的孙继岩和张淑慧等。职工医院也有一些人才，他们的节目也是很受欢迎的。

（作者系场离退休干部）

过　年

周天铎

这是一段记忆犹新的往事。

1972年的夏天，我来到了贵南军马场，在政治处做宣传工作。半年过去，春节将至，同来的北京知青都纷纷请假回家，因为场里要召开年终总结大会，政治处的工作忙，我不能请假。我们的大班宿舍有6个人，离过年还有十来天，其他5个同学也陆续走了，空荡荡的房间只剩下我一个人。头一次独自在远离亲人的高原过年，心里不免有种孤独、失落。同宿舍的同学未走时，晚上烧一炉子的牛粪，可以把房间的寒气驱走，趁着热乎气赶快钻被窝也不觉得太冷，现在一个人在宿舍里感觉从头凉到脚，没有了取暖的牛粪，只好到办公室灌上一个热水袋，再用热水灌满一个500毫升的葡萄糖瓶子。躺在被窝里，怀里抱着热水袋，脚下踩着葡萄糖瓶子，还是能感觉到从四面八方渗进来的缕缕寒气。“每逢佳节倍思亲”乃人之常情，尽管我离开家插队、分配到军马场已经三年多了，但其实我还只是个二十岁刚出头的孩子。“少小离家老大能否回”是个无解的题，此刻，我特别想家，想爸爸妈妈，想家里这时候该采购年货了，要洗洗涮涮，要准备过年的吃喝……那是又累又充满欢乐的时候。想着以前在家过年的情景，我的泪水止不住流下来，索性蒙着被子哭了个痛快。

全场的年终总结大会在大年二十九这天结束了，分场及场部各单位的参会人员捧着奖状，高高兴兴地回家准备过年了。

年三十下午，我早早下了班，去服务社采购了牛奶糖、水果罐头和加工厂自制的饼干作为年货，在回来的路上，我碰到年过半百的徐副场长（徐振芝）。他是一位抗战初期参加革命的老干部，亲历了抗日战争和解放战争，1937年，在河北定县参加了河北著名的马阜才战斗，参加过“反五一大扫荡”，和日本鬼子面对面地交过手，在战斗中负过伤，立过功，解放以后到山丹军马场工作，后调到贵南军马场，深受大家的尊敬。我到机关工作以后，渐渐和徐副场长熟悉了。他曾对我说：“你是北京的，我是河北的，咱们是离得很近的老乡。”有时见面，他就叫我“小老乡”。和徐副场长打过招呼后，徐副场长笑呵呵地说：“小老乡，明天到我家来过年吧。”

我不以为然地随口答应：“你家有好吃的我就去”。

第二天，我还在酣睡中，朦朦胧胧地好像听到有轻轻的敲门声，但是又觉得似乎不可能，放假了，谁会来找我呢？于是，我翻个身又想接着睡。这时，似乎敲门的声音重了些，真真切切地传进房间，窗外的阳光也已经透过窗户照在墙上。我抬手看看表，已经十点了，于是，我大声问："谁？有事吗？"

"是我。"外面一个柔弱的女孩子怯怯地回答。

我披上大衣打开门，一个圆脸的小姑娘站在门外，她个子不高，满脸的稚气，扬起冻得红扑扑的小脸对我说："周姐姐，我妈请你到我家吃饭。"

"你妈？你妈是谁？"

"我妈是医院的护士长。"

我的一些同学在医院工作，从她们那里，我听到过一些护士长的事情。护士长是徐场长的老伴儿，做护士工作多年，为人热情，技术精湛，无论谁遇到疑难问题都去找护士长解决，尤其是遇到婴幼儿输液头皮针扎不上的棘手时刻，必须是护士长亲自去扎，而且是"一针见血"。但我和护士长少有来往，甚至没说过几句话，怎么能轻易到她家吃饭？

"谢谢你妈妈，我就不去了。"

"那可不行！"小姑娘说："我妈让我必须把你请来。"

没想到徐场长昨天说的让我去他家过年不是开玩笑。

好奇心驱使我不再推辞，就和小姑娘去了她家。场长家的房子和普通工人家一样，都是砖柱瓦顶的土坯房，面积上能多出一间。我们刚走进院子就听到房间里传出的笑声，原来医院的单身护士都已经到了。"三个女人一台戏"，满满一屋子女孩子可是真热闹，她们好像是这里的常客，无拘无束地喝着茶、吃着糖果、嗑着瓜子，聊天、开玩笑。护士长边忙着手里的活边招呼我："小周，别客气，到这里和在家一样。"徐场长和蔼地和大家唠家常，大家你一言我一语，无拘无束，聊得热火朝天，我原本的紧张和拘束也慢慢消失了。

不宽敞的屋里摆着一大一小两张桌子，我们这些客人围坐在大桌旁，场长家的孩子们则坐在低矮的小桌边，她们好像习惯了这种场面，不争不吵，静静地吃自己的饭，悄悄地听我们聊天。本来过年应该是阖家团聚的时刻，可是徐场长老两口却把自己的子女冷落在一边，陪着我们过年。

满满一桌菜冒着热气、飘着香味儿，有红烧猪肉、手抓羊肉、清炖牛肉，有高原上稀罕的蔬菜——碧绿的菠菜、青脆的萝卜、嫩白的豆芽，还有黄花、木耳、蘑菇这些山珍……对于我们这些在食堂吃了半年土豆、萝卜、大白菜的人来说，这绝对是一顿美味珍馐。

徐副场长拿出一个酒瓶，一边给大家倒酒一边说："平常我不主张丫头们喝酒，今天过年例外，老话说无酒不成席嘛。"

大家举杯相互祝福，杯中的酒一饮而尽，感觉甜甜的略有一丝酒味儿。

“好喝吗?”徐副场长问。

“好喝!”大伙齐声回答。

“这是我专门给你们这些丫头们造的酒，白糖水里加一点儿食用色素，有点儿颜色，好看。加了小半杯白酒，有点儿酒味儿。放心地喝，肯定喝不醉。”

我这才仔细端详杯中的“酒”，呈现着淡淡的粉色，飘着一丝丝酒香，难得老场长这良苦用心啊，想得多周到!

徐副场长停了一下，又说：“你们大老远地来到马场，为了工作不能回家过年，这里就是你们的家，你们也就像我的孩子们一样，以后有什么困难尽管到家里来找你们的护士长。今天我请的都是丫头，明天请机关和医院的尕娃们。”说到这里，徐副场长对我说：“小周啊，机关里你的伙伴都回家了，明天你和尕娃们到我这里吃饭。”

此时，一种在家过年的感觉油然而生，清晨还徘徊在我脑海中的失落孤独一扫而光。在青藏高原的军马场，在家人做梦都梦不到的地方，我仿佛找到了家，仿佛亲人就在身旁。

这顿饭从中午吃到下午，聊天聊得那么开心，喝酒喝得如此酣畅。在徐副场长老两口的身上，我仿佛看到了远在数千里之外的父亲母亲的身影。

这个年我没有在食堂吃过一顿饭，王干事家的饺子、袁干事家的手抓、尹秘书家正宗的湘菜……在不同的美味中，我找到了马场人的共同点：纯朴善良，诚恳率真。

几十年过去了，徐副场长虽然已经离开我们多年，但是他的音容笑貌仍时时浮现在我的脑海中，仿佛耳边还隐隐传来他叫我的声音“小老乡”。

每逢过年，我总是想起在马场过的那个年和我永远尊敬的徐振芝老场长。

青海党史网上陈列馆　2022 年 7 月 18 日　发表于青海

（作者系北京知青）

妈妈的味道

舒春蓝

我的母亲是1960年从富饶的天府之国——重庆大足的农村，跟随1958年就支边的父亲来到青海贵南牧场（原名贵南军马场）的。有许多像我父母这样的牧场人，千里迢迢、背井离乡，来到贵南这片曾经荒蛮的土地，投身于边疆建设当中。

儿时的记忆，有些已随着时光流逝化成模糊的碎片，而有些始终铭刻在灵魂深处，深入骨髓，难以抹去。小时候，我家在靠近吴堡湾的鲁仓农一队，直到我高中毕业那年，随着父亲的工作调动，我家才到了省城西宁。在那个物资匮乏、缺衣少食的年代，在那个计划经济、无论买什么都凭票定量的年代，聪慧能干的母亲总是能够想方设法丰富我家的食谱，满足家人的味蕾。

因为爸妈是四川人，喜欢吃米饭，而定量供给的大米非常少，妈妈就用我家的面去换大米。每逢过年，妈妈会做一次醪糟，大年初一的早上，为我们全家人做碗醪糟汤，在里面给每个人打两个荷包蛋。鸡蛋是自家喂的几只鸡下的，那时的鸡产蛋量不高，享用着这甘甜且难得的美味，我的心里也是美滋滋的。

记得每年到了秋后，我会和母亲一起，背上爸妈从四川老家带来的竹背篓，到农一队陡坡下一条小河的北边去捡菜。那里有已经收获完的家属队菜地，我们将留在地里的白菜根挖出来，把没有拣拾干净的或是别人丢弃不要的小胡萝卜拾起来，用刀子削掉不好的根须，在小河里洗净背回家，将胡萝卜和白菜根切成丝，晾晒到半干，再撒上适量的青盐，反复使劲揉搓入味后，装进小坛子，把坛口密封好。一两个月后，它们便华丽变身，成为咸香可口、酱香浓郁的咸菜了。

妈妈也会把拣来洗净的小部分胡萝卜、白萝卜切成块，晾干水分后，放进从四川老家背来的泡菜坛中，里面有母亲年复一年的泡菜老盐水，只需再添加适量的盐，一两天后就可以享用了。在那个缺肉少菜的年代，我家的小饭桌上一日三餐始终有一小碟美味的泡菜。

记得在我上中学（那时叫贵南军马场五七中学）时，难得有鲁仓到过马营的车，妈妈会将亲手腌制的咸菜细细切碎，放到油泼辣子里面，装在玻璃罐头瓶里，托人给我和妹妹带过来，我们把咸菜夹在馒头里吃，有时也分享给宿舍的同学们，一两天就消灭干净了，那可真是难得的美味珍馐啊，太好吃了！吃不到的同学只有流哈喇子的份了。

后来条件稍微好一点，爸爸从一分场场部的豆腐房买来豆腐和青稞酿造的白酒，妈妈会把豆腐切成一寸见方的豆腐块，放在洗净无油（妈妈说有油气豆腐会变质的）的篾篦上蒸熟，将经过高温杀菌的豆腐整齐地摆放在干净的麦草上，上面盖上一个透气的筐子，大概等一个星期左右，待豆腐块被白色毛真菌全覆盖之后，妈妈便用两支爸爸自己削制的长竹筷，夹起一块长毛的豆腐，在准备好的半碗酒里打个滚。说来也怪，这样一来，长在豆腐块上的毛就不见了，取而代之的是给豆腐块包上了一层膜，小时候会觉得妈妈这是在变戏法。然后，妈妈再把豆腐夹到拌好青盐和辣椒面的碗里打个滚，如此这般之后，将豆腐块一层层码放在洗净的小瓦罐中，最后将罐口用塑料布密封起来，让豆腐块继续发酵，静待一个月后便可享用了。妈妈做的豆腐乳质地细滑松软，味道鲜美奇香，风味独特，回味有淡淡的酒香，并且时间越久味道越好。吃粥和吃面疙瘩汤的时候，妈妈会取出一两块来，别提有多好吃了！妈妈偶尔会做一道麻辣鲜香的麻婆豆腐，这在当时已经很奢侈了。

记不清是什么时候，供应粮里有了极少量的黄豆。到了夏天，妈妈将攒起来黄豆用慢火炒熟，我给妈妈烧火。那时的锅灶是用土坯或砖垒起的，烧的是晒干的杂草和油菜秆，需要不间断地往灶里添柴。那时，我会边烧火边偷偷地尝几颗炒熟的豆豆，觉得好香啊！妈妈会将炒好的黄豆再用水慢火煮，直到用手可以碾碎，放置温热时，装到一个布袋子里，再放到装有麦草的麻袋中间，把麻袋口扎住，过几天，等黄豆发酵到豆子可以拉出许许多多黏黏的细丝时，取出来放在盆子里拌上辣椒粉和食盐，拌好后放在小罐子里封好口，静待一月有余，一罐酱香扑鼻的豆豉便做好了。炒青菜时舀出一小勺切碎，在油里爆出豉香味，再加入青菜去炒，炒出来的菜口齿留香，别有滋味……

许多年后，吃过妈妈做的咸菜、豆腐乳等美食的老同学或邻居见了面聊起往事，都对母亲的手艺赞不绝口呢！

妈妈总是会用最普通的食材做出很多美食，让我们食欲大增，让我们的生活有滋有味，让我们茁壮成长！在我退休的那年，慈爱的母亲去世了，但是母亲的音容笑貌、母亲的味道，却永久铭刻在我的记忆深处，难以忘怀。

妈妈的味道，是伴我成长的味道；妈妈的味道，是母爱的味道……

（舒春蓝，贵南县牧场中学退休教师，青海省书画学会会员）

牧马人永远难忘马场情

李长仲

2016年3月12日，我建立了贵南军马场“牧马人”微信群。令人没有想到的是，天南海北的马友们早就盼望着这一天似的，其关注度之高、参与度之大，令人始料未及。短短十几天，“牧马人”微信群从几人发展到数十人，乃至成了百名马友的微信大群。

“牧马人”微信群的出现，犹如“久旱逢甘霖”，马友们立刻在群里和几十年没谋过面的“不是亲人，胜似亲人”的老朋友嘘寒问暖，聊得火热，个个“冒泡”、人人“出水”，情绪高涨，近乎“沸腾”，群中天天有数百条信息刷屏。马友们已养成每天必看微信群、必到群里走一圈的习惯，落掉一天就觉得少了点什么……

我与几位老马友商议举办“重返过马营，感恩军马场”的活动，得到了大家的一致赞成和响应。马友的表现让人动容：蒋卫星专程从美国匆匆赶来了；身患高血压的蒋秀萍从北京赶来了；王保元刚办完父亲的生日会，次日就飞来了；孙建克服了极大困难，从河南赶来了；马玲从武汉飞来了……全国12个省市的73名马友汇聚到在一起。

7月31日，副总经理旦正任此次接待组长，亲自来西宁迎接，对“牧马人”吃住行做了周密安排，每人送一本《贵南牧场志》（1993年场内部发行）、一顶“感恩军马场”旅行帽……

8月1日，“重返过马营，感恩军马场”活动拉开序幕，73位来自全国12个省市的牧马人队伍分乘两辆大巴，从西宁出发，向过马营镇开去。青海日报社、青海党史编辑部各派了两名记者随团采访，大大提高了此次活动的含金量。

一到过马营镇，“热烈欢迎老马场离退休同志感恩回访”的大幅标语赫然在目。更令人惊喜的是，时任公司“一把手”的高长江带着全体机关人员列队欢迎我们。

欢迎会上，高总对我们的此次回访表示了热烈欢迎，介绍了贵南草业公司这些年取得的不菲成绩。作为重返团队“一把手”，我生平第一次也可能是最后一次在大会上光荣致词，介绍“牧马人”微信群概况，赠送“弘扬马场精神，再创草业辉煌”牌匾和“重返过马营，感恩军马场”锦旗。

座谈会上，大家争先恐后、踊跃发言、不少人在感恩军马场时，不由自主地流下了激动的泪水。我也在会上向大家解释了自己此前在大门口磕三个响头拜谢的原因：军马场曾经救了我的命。在20世纪60年代那个特殊的历史时期，四川长寿县公安部门要抓我这个“反动学生”回去接受惩罚，被时任场长王坚拒绝了。于是，在场首长的保护下，我逃过了此劫。

丰盛的午餐，让我们喜出望外。尤其是吃着那十分可口的青稞面馍馍，好像回到了五十年前（当然，绝不是当年粘牙的芽子面）。大快朵颐之后，我还忍不住带上两个，以重温昔日的味道。

饭后，我们驱车去公司生产基地木格滩。一望无际的大草原令人心旷神怡，神清气爽。想当年，万马奔腾在辽阔草原是多么壮观的场面啊！如今，牧马风光早已不再，数万亩土地种上了粮油、饲草，作物长势良好，颗粒饱满，丰收在望。此时此刻，不知为什么，几个年纪偏大、有高血压的马友，在这海拔3000多米的高原上，居然都没有任何不适感觉。80岁高龄的杨应奇患有心脏病，刚刚治疗完出院，竟也不听任何人劝阻，表示绝不放过这次空前绝后的机会，死也要死在过马营。结果是，上帝保佑，他不但来了过马营，还发表了二十分钟慷慨激昂的演说，心不慌、气不喘，一点事也没有。几十年故地重游夙愿的实现压倒了一切，连疾病也靠边站了！

两小时后，我们回到过马营，街上人来人往、热闹非凡。仔细一看，尽是藏族同胞。场里人说，军马场1976年移交地方，2000年后，原本每年隆重庆祝的“八一”建军节活动由于各种原因不再举办，可已经养成了习惯的藏族同胞仍然在这一天纷沓而来。为顺应民意，镇政府会在这一天举办“直亥文化旅游节暨民族用品展销会”，开展赛马、拉伊等民俗活动，十分热闹。

参观了公司的牧草加工厂、有机肥料厂、羊场后，大家自由活动，到曾经熟悉的地方去寻找过去的记忆。可惜，随着经济的发展和街镇建设的需要，以前的建筑物大都不复存在，唯有老医院大门上的“救死扶伤　发扬革命的人道主义精神”几个大字尚存。我们赶紧在那里拍照留念，保留一点最后的记忆。过几天，连这里也没有了，即将建成一个大市场。

晚餐是青海特色美食——羊肉尕面片，这在外地可是看不见、吃不着的啊。一切的一切，都让我们重温了五十年前的情景，五十年前的味道……

以前，过马营至西宁需要走两天的路程，现在交通发达，只需两个半小时。晚上九点半，我们就回到了西宁。几十年的夙愿、心中的梦想终于得以圆满实现！

这一天，我们又一次感受到了军马场（现贵南草业公司）对我们的特别照顾，牧场人真是情深义重啊！我后来才了解到，场里对这次的“重返过马营，感恩军马场”故地重游活动非常重视，专门召开了三次党委会研究，对我们重访的每个细节都考虑得很周到。此次接待规格之高、气氛之热烈，大大超过了我们的想象，说受宠若惊也不为过。

8月2日，我们在西宁华辰大酒店举行了大规模的“马友会”，来自全国各地的马友们欢聚一堂，热闹非凡。几十年未谋面的同学、朋友抱成一团，喃喃私语，相拥而泣；几十年积攒的相思情喷涌而出，大家热泪盈眶，相互拍照留念，欢声笑语、歌舞不断。西宁“马友”以少数民族的最高礼遇，送我黄、白哈达，我高兴得像“活佛”一样，一直佩戴在脖子上舍不得拿下来。我使出浑身解数，又唱又跳，兴奋异常，77 岁的我着实好好地“狂”了一回，欢畅淋漓地度过了这段美好的时光。

“重返过马营，感恩军马场”活动能有如此大声势和规模，能获得巨大成功，是我没有想到的。全国各地来的马友们借“重返”东风，进行了各式各样的同学会、师生会、战友会，马场人的特殊感情得到了进一步升华。

活动圆满完成之后，各方人士好评如潮，盛赞之词纷至沓来，大家纷纷表示这是一桩将载入军马场史册的大事件，可谓壮举、盛事。彭矩方在西宁的老同事们对成功组织了如此大规模的活动感到“惊讶”，居住外地的退休老场长陈其元、吕寿昌，全国政协委员、青海农工党主任委员锁贺祥等都对我们的感恩活动赞扬有加，表示了热烈祝贺。

为什么“牧马人”不是亲人，胜似亲人？我想那是因为有一条特殊的精神纽带把我们紧紧地联系在一起。这条纽带是什么呢？那就是大家共同经历过的那段特殊历史时期，“你中有我，我中有你”的极度艰苦和极度快乐。这种极端的生活状态，不管是艰苦还是快乐，都令我们刻骨铭心、终生不忘，“它”铸成了“牧马人”意志坚强、精神振奋的“马场魂”！别看我们没有血缘关系，我们也是“血亲”，那可不是一般的血亲，而是精神血亲，就是说，我们之间的精神 DNA 是相同的！是否天下马友都是如此我不得而知，但据说山丹军马场的马友也是如此，愿“牧马人”的友谊地久天长！

（作者系贵南军马场干部）

散文　随笔　演讲稿

过马营札记

王卫星

“1970年3月5日，我们一行29人离开了春意盎然的西安，乘坐西行的列车，经历24个小时，到达了终点站西宁，在西宁逗留了两晚。3月8日，换乘解放牌大卡车赶往青海省贵南军马场。上车后，我们沿着柏油铺就的青藏公路前行，穿过湟源县，翻越了白雪覆盖的日月山，抵达倒淌河兵站部，然后，汽车拐进了一条砂石公路继续前行，路经海南藏族自治州，在龙羊峡跨越黄河。这里的黄河非常窄，悬索桥仅有50米长，过了悬索桥，向南拐进沙沟河，溯源而上50公里，经过沙沟公社，又拐进一个不知名的岔沟。石子铺成的路面像搓板，不仅颠的肚子痛，还卷起浓重的尘埃。行驶30里，爬上了一个土质路面的草原。在草原行驶了10多里，又开始下一个极陡的沙坡，几经周折，就到了我们的目的地——青海省贵南军马场场部。”

这是当年的西安知青写在博客里的一段文字。文章中提到的贵南军马场场部所在地，就是现在的过马营镇政府所在地。

过马营，别名贵南马场，位于青海省海南州贵南县东北部，地理坐标为东经100°25′—101°53′。镇境南北长143公里，东西宽103公里，西邻木格滩，北望龙羊峡与沙沟乡、东与泽库县接壤，东南与贵德县河西镇、新街乡接壤，南靠森多乡，面积1919.6平方公里，占贵南县总面积的28.8%，是贵南县的东大门，呈东南高西北低的地势。

曾经在青海贵南军马场生活、学习、工作过的老同志梁浩，在他收集、整理、撰写的文章中这样写道：“1938年夏，国民政府军政部派山丹军牧场场长、陆军少将宋涛与马步芳协商筹建军牧场地址和草原等事宜，马步芳指定在黄河以南牧区选建，经过勘察，确定在贵德县西南的沙沟脑—过马营（藏语为过芒羊，意为有泉水的地方，后由汉人称过马营）建场。1939年，由宋涛带领筹建人员在过马营破土兴建，场长由国民党少将宋涛兼任。1949年8月26日兰州解放，9月20日，中共贵德县委书记李熙波代表省军管会接受该场。1953年贵南县建政，由于场区大部分在贵南县境内，故改称贵南军马场。1957年，贵南军马场由部队交中央农垦部，由青海省农垦厅具体领导，更名为国营贵南牧场。”

我父亲就是在20世纪50年代末从河南到贵南军马场的支边青年。至于父亲为何来到这个荒凉的地方，我没有问过，父亲也少有提及。后来，我查阅了一些资料：1958年11月3日，河南南阳地区按照中央精神，将支边任务分配到平源县，为了安置丹江口水库移民，地区分配给淅川县8000人的任务。1958年11月17日，县委制定了《动员支边青年支援边疆建设的意见》，决定由三官殿、埠口、宋湾、滔河、老城5个区的移民人口完成支边任务。

我想，在这次大迁移中，浩浩荡荡的人流里肯定就有父亲的身影。

于是，他们开荒种地、喂马放牧、植树造林，他们风餐露宿、指地为家，他们旷日持久地把温热的生命消耗在了这片无垠的土地上。

有了这样的心情，就有了想记录那些岁月的冲动。

我知道，深井的水总是会有沁人心脾的清凉和甘甜。

终有一天，不经意间，远方的清泉之水，熠熠生辉汩汩流淌着涌来——哦，那些是澄澈明亮的浅浅水流吗？它们携着落寂于光阴中的足迹，在眼眸里愈加清晰和明朗起来……

（一）林业队

在我记事前，我们家就随父亲的工作变动而在贵南军马场管辖的圈子里到过许多地方，诸如鲁仓、莫曲沟、大车队、水磨等，最终在林业队稳定了下来。

林业队在现今过马营镇政府所在地，也是贵南军马场总场所在地。我的童年和少年便是在林业队度过的。

林业队南北是两片很大的杨树林，中间夹着一条土路以及三排坐北朝南的房屋：其中一排是纯粹青砖青瓦的酒房，一排是老式的土坯房，还有一排是砖木结构的青砖瓦房。我家就住在砖木结构的青砖瓦房的最西头，有两间，原先是食堂的操作间，大概20平方米。隔壁是林业队的办公室，最早是食堂的餐厅，有一大一小两间。办公室的隔壁最东头是一个单间，来来回回住过好多人，有拉家带口的、有单身汉，但是都时间不长，总是换人，直到后来又来了一位单身汉，上海人，娶了一位娘家是莫曲沟的媳妇，但时间不长就离婚了。

之后，再也没见过房子换过主人，直到我家搬走时，他还一个人住在那里。

我家房背后不远，起先是没有房子的，是一大片空地，是林业队工人们放置修剪后的树枝的场所。这个场所被一圈土墙包围，墙外是北面的杨树林。那时候风沙大，气候比现在恶劣，植树造林便成为常态。父亲育苗、浇水、打药、打墙、补墙豁口、值班，在一年中的暖季里忙得不亦乐乎。如今过马营镇区那些枝繁叶茂、郁郁葱葱的树林大部分都是

20 世纪 50—90 年代贵南军马场的人们栽植的。

好不容易到来的夏季是这里最美丽的季节。房前屋后的杨树林绿意盎然，青草萋萋，不知道名字的野花竞相开放，离家不远的西山脚下，那条从南面上游杂日干山峦流淌过来的山水，早已将途经的土地冲刷成了一条顺流而下、蜿蜒曲折的河道，活生生地把本是连成一整片的茎秆粗壮苍白的蓆芨滩分成了两半。有时候遇到半夜山洪暴发，声响大得吓人，睡在炕上的我们会被山水狂奔的流速惊醒；而当风平浪静的时候，山水清澈透明，宛若一位卓越温柔的女子，缓缓而过，配合着瓦蓝的天空以及温润的太阳，白云游走在天边，马莲花盛开着。在这样的天气里，二姐和我也会赶上家中养的鸭子，来到小溪边，看着鸭子凫水的场景，我们坐在岸边，脱掉鞋子，将裤腿卷起来，把双脚浸入水中，嬉笑打闹，享受着美好时光。

那时候，父亲在林业队工作，顾不上家，大姐上山下乡去了，二姐在青年队干活，哥哥在子弟学校上学，只有我还没有到上学的年龄，陪在母亲身边。很多时候，母亲在照顾我们饮食起居之余，会在温润的季节，拿起镰刀带着我去树林里割草。母亲最早也是军马场的职工，后来被下放，成为家庭主妇，缝缝补补、洗衣做饭、收拾家带孩子，便是她生活的全部内容。在那个最美的季节里，只要不是雨天，母亲就会带着我割草，等草割好了以后，还要一点一点往麻袋里装，装满墩实以后扎口子。母亲会用绳子一头捆住麻袋，同时另一头捆住自己，艰难地从地上慢慢爬起来，吃力地走在前面，我便跟在后面，手中经常提着一布包母亲割草时顺便挖的苦苦菜。路途虽不是很远，但负重时也很难一次性走回去，母亲便要找高一些的坎沿暂且歇息一会儿，我会看到母亲额头上渗出的汗珠流淌下来，布满紫红色的脸颊。

这样的路途和动作需要重复好多回，才能将几麻袋青草背完。回来之后，把草全都晾晒在不大的院子里，等干了，再背出去交给收购单位，换点钱贴补家用。

夜晚的树林会成为哥哥以及和他一般大的孩子们用弹弓打麻雀的理想之地。因为每到这个时候，树林里便会聚集许多麻雀，在树底下向上看时，透过茂密的树叶缝隙，在月光的映衬下，那些小巧的身影暴露无遗。为这，哥哥们时常是半夜三更不回家，老惹得父亲发火，挨揍是常有的事，之后能消停一段时间，随着时间的推移，还照样会重蹈覆辙。我那时候喜欢跟着哥哥他们在夜色笼罩的树林里转悠，尽管面对幽深的林间有些发怵，跟在他们屁股后面望着漆黑的树林，总有妖魔鬼怪的念头涌上心头，与哥哥他们关注树梢上麻雀的动向的淡定姿态形成鲜明对比。就因为这个，哥哥们不愿带着我，说我净给他们"坏事"，我多半只能用近乎哭腔的声调、落寂与羡慕的眼神看着他们隐遁在树林中。然而，吃麻雀肉的时候，哥哥总会叫上我一起享用。可在家拾掇这些总是会引起父母的反对和唠叨，哥哥就会偷拿家中的一点青盐和火柴，叫上我，和他的那些伙伴们到野外砌灶生火，把麻雀拔毛开膛，在泉水里洗净，用铁丝串起来，撒点青盐做烧烤，那滋味实在是好得不得了。

牧笛悠悠，绵长的天籁总会静静地将我引领到林业队的每一个犄角旮旯。

午后舒适的暖阳，暮色里飘荡的炊烟，那个有着乌黑亮发的少年，葳蕤的林间，小鸟鸣叫，宛若是一场梦境，一次轻柔的呢喃……

（二）大杨树

当时光刚刚跨入八月的门槛，邹叶酸模（鼻邋遢）、披碱草，以及大片覆盖着土地的低矮的辣辣菜，就已经嗅到了秋的气息。它们在小区的院子里、儿时玩耍的河滩湿地泛着铁锈红的颜色，或把饱满的穗头弯成月牙儿，与低矮的辣辣菜一起显现着苍白淡黄，和眼眸里那些大片大片的青绿葱茏形成鲜明对比，好像点缀在绿意无垠里的花朵。

在那些大片大片的青绿葱茏里就有我心中的大杨树。它们真真切切地傲然挺立在敦厚的土地上，树冠硕大茂密，为人们挡风遮雨，成为一个时代的记忆和风景。

中国的杨树栽培是有悠久历史的，追根溯源，可上至公元前七世纪。《诗经》中就有“东门之杨，其叶肺肺”的诗句。看到一棵棵杨树幼苗在这个空气稀薄、风沙肆虐、暖短寒长的荒凉之地，还能够存活得如此之好，长成参天大树，你就会不由得生出对它们强大生命力的无限崇敬与赞叹。每当四月中旬杨树下掉落绛色的雄花序，五月初军绿色的嫩芽挂满树枝的时候，爬上西山站在山顶，俯视全境，过马营就完全沉浸在杨树林给你显现的绿意当中了。抚今追昔，望着几代人含辛茹苦的劳作和付出换来的绿色，我的心潮久不能平，思想的巨人跨越了岁月的河水，朝着那幽深的地方走去。

从林业队往东最多 100 米，有两排对称站立南北走向的高大杨树，一直延伸到北头大车队附近，后又以东西走向，从早先大车队城墙西头直至东面老医院院墙根止。那些杨树的腰围都在一米五左右，高有六层楼房，树冠硕大浓密，树皮粗厚龟裂，树身上生长着蘑菇以及墨绿的苔藓，看上去至少也有百年的历史。大树两旁都是菜地，一侧是家属队种植的蔬菜，另一侧种植的洋芋，都是从南到北两块好大的地。那两排南北走向的大杨树，就形成了一个幽深的通道了，晚上走过去挺瘆人的，我们小孩没有大人的陪伴，是万万不敢通过的。

可以说，这些杨树是我们这里年龄最大的“爷”字辈的。从我前面收集的资料来推测，很可能在贵南军马场成立之前，就已经有人栽培这些杨树的种苗了。它们就像一位默默守候在儿女身旁的世纪老人，见证了岁月的沧桑变化，只要还有最后一丝力气，就会准时把翠绿的色彩绽放。

正是因为它粗壮高大，很少受到我们这些小孩子的欺负。有几次，我们几个看见大杨树高高的树杈上有喜鹊的巢穴，就想去捣鼓一下，可上到了离它很近的土墙上，摸摸大杨树，也抓不到可以借助攀爬的枝条什么的，再加上它太粗使不上劲，只能乖乖放弃计划作罢。当然也有同龄的伙伴跟大杨树较劲的，非得要往上爬，结果掉下来摔成重伤，爹喊娘哭地给我们上了可怕的一课，从此以后再没有人敢去骚扰那些个大杨树了，只能去招惹那些低矮的小树，而对它敬而远之。

尽管在一起时会有那种司空见惯无所谓的感觉，但它的的确确，无时无刻不在陪伴我们的成长，从幼年到成年或者老去。

你会在熟悉它的游子们当中听到对它的想念和问候，像问候多年未见的亲人或是朋友，那是一种冉冉升起的乡愁……

（三）职工医院

从南北走向的两排大杨树，以及土墙组成的像个幽深通道的北头出来，再往北跨过一条土路，就进入了军马场的老城区——大车队，大车队东面的一大片地块就是军马场职工医院。医院始建于20世纪60年代，形如“王”字，青砖到顶，科室完备，坐北朝南的门诊部门楣上书写着毛主席的题词：“救死扶伤，实行革命的人道主义”。我小时候很纳闷，为啥在我们这个穷乡僻壤的地方，会有这么多说着普通话、医疗技术又这么好的大夫？懂事了以后，我才知道早先在我们医院工作的，全都是从北、上、广等地过来的大学生，来到这里是帮助搞建设的。

懵懂的时候，因为感冒发烧，父母背着我去过几次职工医院，和蔼的女医生不厌其烦地询问、苦涩的压舌板，以及屁股上挨的针眼的疼痛，给我留下了深刻的印象。一听母亲说要带我去医院看病，就不由就会想起那些痛苦的经历，然后吓得直抹眼泪，躲得远远的，说什么都不肯跟随。

人吃五谷杂粮，哪有不生病的道理？害怕归害怕，得了病还得要去医院。上小学那会儿，我得了腮腺炎，右耳朵后面难受得要命，连东西也不敢吃，刚开始时没怎么上心，晚上，母亲用一些偏方捣鼓，第二天仍然坚持上课，到后来越来越严重，发烧说胡话，母亲见我成了这个样子，赶忙把我送往医院。

我记得我住在了外科，给我看病的是一位穿白大褂的中年男人，他看了我的病情后，直埋怨父亲母亲没有早点把我送来，说里面的组织都快化脓坏死了，只能再等几天，等里面的腺体彻底化脓以后摘除。大夫叫我住院，想起来那几天把我折腾得够呛，我躺在病床上又疼又渴，整夜整夜睡不着觉，一会儿喊疼，一会儿喊渴，辛劳的母亲就也整夜陪伴着，安慰我，给我喂水、叫护士，跑前跑后，直至东方泛起鱼肚白才能稍微安静一会儿。

在这期间，我刚来时接诊的那个穿白大褂的中年男人也会时不时地过来看看，说些安慰和鼓励的话，让我再坚持坚持，说等过几天做了手术就不疼了。而在我住院期间，还总能看到他每个星期一都会带着许多医生护士长查房，后来，我才知道他就是邹院长。

还有一次，妈妈阑尾穿孔住在了医院外科，是蔡大夫给妈妈做的手术。我知道，妈妈是为了给家里省点钱，坚持着不去医院，结果越拖越严重，疼得翻来覆去，最后只能住医院手术。那时候父母身边只有我一个人在读高中，父亲由于有肺心病，断断续续也在医院内科住院。那一阵子可够我受的，上学回来要先做饭，然后送饭，再回来自己随便吃点就又得往学校赶。母亲打点滴的时候多亏了医生、护士和同室的病友帮忙，父亲那时尚能走动，他自己也在打点滴，只能在自己的点滴打完后，再去母亲的病房里转转。

好在母亲康复得很快，要不然我真不知道该怎么办了。

1990 年 4 月，离我们不远的海南州塘格木发生地震，震波也影响到了我们这里。那时候母亲已经出院，正在厨房做饭，我坐在屋檐下的一张铁制单人床上。就听见房背后由远到近传来沉重的“东方红”链轨拖拉机的声响，紧接着便是大地上下跳动和左右晃动，大家都不知道发生了什么，纷纷出门站在巷道里议论。西面的山上发生了滑坡，扬起浓稠的尘土。“地震了！”我在惊慌中首先意识到这就是地震，便脱口而出地喊道。虽然早在 20 世纪 70 年代末就通知过要发生地震，让大家搭帐篷住在外面，但那一次等了好多天，地震也没有来。而这一次，我真正感到了地震的威力，真是太恐怖了。慌乱之中，母亲紧张地说道：“也不知道你爸爸那里怎样了？”。母亲话音未落，我已经跑出了房门，一路往医院赶。等我气喘吁吁地到了一病区，正碰上医生、护士组织病友往医院里的空地（此时已经坐满人）上走，父亲也在里面，大家似乎并没有惊慌。

父亲断断续续在医院住了六七年，我们也实打实地和医院打了六七年交道，和医院里的工作人员熟悉得很。虽然最后久病的父亲还是去了，但那些与医院相处的日子，医院的角角落落，每一个科室，那些莱苏水的味道，给我留下了深刻的印象。

20 世纪 90 年代中期，医院搬到了新地址，旧址也成了居民区，安静了好些年。2015 年，在旧址安家的居民也陆续搬走了，说是要拆迁。望着挖掘机和装载机肆无忌惮地横扫人去屋空的医院旧址，仿佛轰隆倒塌的不是那厚重的青砖砌成的墙，而是我揉碎了的心。

残垣断壁与散落的瓦砾里，横陈着多少父愁母爱，多少儿女情长哟。

（王卫星，牧场职工，青海省作家协会会员）

青稞：贵南高地上的守望者

王海燕

寻找传说中的金牧场

秋雨初霁。直亥神山雪峰镀上了耀眼的金光，黄河在西南边的大峡谷浩浩奔流。千万顷阳光又倾泻在这片青南高地之上，渲染着丰收的喜悦与艰辛。

如果在高处俯瞰，祁连山边缘与昆仑山支脉西顷山的皱褶里，这一片鼓胀的山地起伏跌宕，骚动不安。

我们在清晨集结，沿着 G227 国道，向海南州贵南县进发，去寻找一处传说中的金牧场。

穿越一条峡谷，南边山坡上出现了一幅巨大的白海螺图案，在阳光下熠熠生辉。山风吹过，仿佛送来一声声吉祥如意的螺号。

它在一步步靠近我们。以一绺风中飞舞的经幡、一片赭红的雅丹峭壁、一段斑驳的沙梁、一顶褐色牧帐、一群牛羊、万顷金波荡漾的青稞和油菜……靠近我们。

来不及更多地思索，我们就被金色捕获了。阳光是金色的，河流是金色的，连远山也反射着金光。目光被金色晕染，思绪也长出金色的翅膀……

停泊在远山头上的云朵，慵懒，一动不动，唯有风，吹送着金色四处流浪。就是最偏远、潮湿、阴暗、苦涩的地域以及灵魂，也能感受到那明亮而炙热的抚慰。

哦，金牧场！你在过往的漫长岁月里，一次又一次诱惑过我，激发我朦胧的想象——

贵南军马场，驰骋沙场的骏马，踏云破雾，奔向残阳如血的西部天际，鼓荡出一曲曲铁马金戈入梦来的历史传奇。贵南牧场，天苍苍，野茫茫，祁连长风吹过，昆仑大雪飘过，一匹匹战马驰过，一茬茬牛羊生长，一代代人守望。铁器与石头持久砥砺，烈日与风雪轮番考验，在冷硬粗粝的生土里，开掘出凝聚希望的炊烟，使这里成为许许多多的人奉献青春和生命、不忍割舍离弃的故乡。贵南草业公司，高原有机青稞基地麦浪翻滚……在历史风云变幻中，在时代前行的步履里，这一片金色牧场不断更换着它的名字，但一种恪守如初的精神和魂魄，恒定不移，那就是在这片高地上久经阳光锤炼、风雪磨砺过的奋进不息的骏马精神，坚韧不拔的青稞魂魄。

洛加之鹰

汽车飞驶，一只鹰蓦然撞进眼帘。

天空由之愈加深远，原野由之愈加辽阔。

洛加，洛加！是金牧场一个地名，是天神的意思吗？

洛加之鹰，是一尊鹰的巨大雕像，是神的使者，是洛加的守护。

在炫目的阳光下，这只黑色的鹰扶摇腾空，背负苍天，一翼擦着南山的白云，一翼拂过北山的青稞。

一个缓缓铺展的秋天，宏阔，绰约，丰沛，想必摄入了它的视野，一览无余……牦牛如黑色舟楫，羊群如白色哈达，在波谷浪峰间浮游、飘拂，和经幡一起，和裹着红手帕的牧女一起。一个古老、经典的场景，如此神秘，如此和谐，如此隽永。而这一切，似乎在渐渐淡出，如隐隐约约的牧歌，越飘越远……

而时光在这片大野之上雕琢出别样的图景。逃过旱魃之手，穿越风沙的围剿，每到秋天，它们犹如一处处金色的海子，反射着耀眼的光芒，有风路过，就喧腾、呐喊，时而从高坡上倾泻而下，时而从谷底逆流而上。风走了，它们又挺起身子，麦芒剪辑着阳光，一缕缕注入包浆的种粒，它们的脸孔或变成金黄，或变成紫红。阳光流下茎秆，滴入发烫的黑土……

它们是勇敢的闯入者，逐渐成为这里的物种新家族——高原有机青稞。

鹰在青稞的海子上空翱翔，我们在青稞涌浪的岸边游走，也许是3000多米的海拔，也许是青稞即将成熟的酒香，浅浅的醉意上头，看远山懒懒的云朵也仿佛重新点燃了激情，带着清凉的雨意，朝我们晃晃悠悠地游过来了。

而我们身后的鹰，洛加之鹰，如今也是青稞的保护神，飞进悠远的蓝天，成为一个黑点，隐遁不见。

从过马营回来的时候，一只鹰又渐渐飞进我们的视野。洛加之鹰，神的使者，洛加的守护……

高地上的守望者

洛加，神加持过的地方。清泉的眸子里有白云飘过，溪流边的彩幡抖落风的清凉。

于是，你们有幸了，青稞的家族、青稞的子孙们，在这里落脚，在这里繁衍生息。守望春秋，守望这片高地。

从春天的雪花和寒风里，从新犁开的泥土里，出发，历经艰难险阻，走向秋的深处，迎接你们的也许是一张张丰盈的笑脸，也许是一声声无奈的叹息。

这个秋天，迎接你们的将是一场盛大的狂欢。因为，我们听闻欢庆丰收的锣鼓开始窃窃私语，我们看见急于奔赴前线的雷沃收割机已蠢蠢欲动。

高地上，你们，青稞的军团，青稞的方阵，也开始骚动不安，像难以平静的海子，荡起一圈又一圈金色的漩涡，风旋转，云旋转，太阳旋转，蓝天旋转，使人联想到一盏盏巨大的酒杯，盛满了芳香的美酒，令日月沉醉，令天地摇晃。

远处，牧人的拉伊正好飘过来，这是秋日里最纯真、最动情的祝酒歌。洛加的青稞熟了，卓玛的心儿醉了。

你们，如此质朴，又如此清高；你们，如此执拗，又如此谦卑；你们，如此热情，又如此冷峻……你们有着太阳的肌肤、土地的肌肤，有如青铜，有如土陶。我们记不清你们众多的名字，姑且，随意喊出几个吧——

昆仑一号，有雪的品格。

祁连二号，有风的秉性。

黄河三号，有水的灵动。

高地四号，有山的坚韧……

高地上，我们遇见了许多人，他们有着古铜色肌肤，谦和而又执着，匮缺而又自足，艰辛而又快乐。他们就是你们的子孙啊——

一株株守望和游走在高处的青稞！

马的传人

在青稞荡漾的岸边，我们遇见了他们。

他们自报家门，都与马沾边，我是马一队的，我是马三队的，我是马六队的……我们都是马二代。

马离他们远去了。当然，在梦里还常常听见马群奋鬃嘶鸣，扬蹄驰骋……现在，他们放牧青稞，放牧黑麦，放牧披碱草，放牧风雪，放牧一个关于草原生态的美好梦想……

这些马的传人，从激情燃烧的岁月里走来，带着马的传奇、马的风雪、马的魂魄。说起马，他们的精神立马振奋，像一匹匹骏马在草原上望见了远峰上的雪光，亢奋地刨着蹄子，打着响鼻。

一个普通的人在宏大的历史时空里微不足道，像一个音符淹没在一部交响曲里一样。但对于一个经历者和见证者来说，历史赠予的创痛和幸福都会沉淀为不可磨灭的记忆，一代代接续下去。

黄昏时分，我们从百里外的青稞种植基地木格滩返回过马营。这是一个新兴的草原集镇，在夕阳下显得清净、安详。不见当年过往的马队，一排排红瓦粉墙的民居小院十分醒目，街市上行人往来，偶尔有车辆驶过。不远处有疮痍斑驳的沙梁觊觎，但小镇在顽强生长。

集镇上，一座院落就是马二代们的大本营，前身是贵南军马场，现在更名为贵南草业开发有限责任公司。进门，扑面一尊不锈钢雕塑，夕晖镀上了厚重的金色。这是三匹腾空而起的飞马，寓意继承浴血奋斗的光荣传统，在今日奋鬃腾飞，续写新时代的新传奇。

前院，一花圃内美人蕉、千瓣葵、九月菊……正开得烂漫；后院，站立着一片密密匝匝的云杉，树下还保存着一排排旧时的房屋。它们是马一代们留给今天的遗产。

将近百年的沧桑时光，在云杉的年轮上，在开裂的墙缝里，在紧闭的门窗背后，旋转，流连，使人深深感受到岁月的沉重、时光的易逝。

公司老总大周，高个子，黑脸庞，直性子，祖籍河南，是马二代的突出代表。在最艰难无奈的岁月里，他，他们，凭借一腔热血和希望，一直坚守着这方阵地，吞下几多怨悔，守望至今。

他的前辈们熟悉马，培育了一批又一批驰骋沙场的战马。他们熟悉青稞和牧草，然而若干年前，由于时代的剧烈变革，再加上持续十年的干旱天年，有种无收，生计维艰，不少马二代背井离乡，外出谋生。大周说，有一年，他的全部所得只有600块钱……一声叹息！

披星戴月，栉风沐雨。我们坚持了下来，青稞在我们手里又活了过来，散发出耀人的光气、醉人的香气。大周说这话的时候，我们看见，他眼中也散发着青稞自信的光芒……

马群远去的背影里，晚风，正吹送着高地上数万亩青稞的金色消息……

夜宿过马营

这里的人纯真，青稞酒纯真，秋膘羊肉纯真，过马营上空的半个月亮也格外纯真。

在这样的夜晚，驻马过马营，心情很不一样。在这样的草原小镇，你仿佛置身一处时光的桥段上，一头能回望历史的星空，一头能迎来明日的晨曦。

夜央时分，七夕的月亮已经躲在远山背后，银河更加明亮，牵牛和织女仍在天河两岸遥遥相望。仿佛听到秦观八百年前的吟唱：

纤云弄巧，飞星传恨，银汉迢迢暗度。金风玉露一相逢，便胜却人间无数。柔情似水，佳期如梦，忍顾鹊桥归路。两情若是久长时，又岂在朝朝暮暮。

酒兴正酣，尤其与廷成、长玥、新才和大伟四位诗人同饮，更有千杯少的感觉。

过后几天，我就读到他们唱给过马营的歌——

十万亩青稞熟睡于高地之上/木格滩的风撩拨起青草的衣襟/谁的马队由远而近/哒哒的蹄音踏过月亮……（杨廷成《七夕，过马营之夜》）

在木格滩，一匹飞马驰骋而过/三千匹飞马仰天长啸/疆场，从未沦陷，雄心，从未泯灭……（刘新才《过马营》）

入梦，我听见军号嘹亮，马蹄声碎，风卷红旗如画……一幕久违的令人血脉偾张、激情勃发的情景在眼前闪过……我又看见那些斗志昂扬的男女牧马人骑着马，在过马营的土道上奔驰而过，消失在草原深处……我又看见风雪弥漫的夜晚，草原上艰难行进的马队，迎来了升起在雪山顶上的一缕血色曙光……

醒来，早晨黄铜般的阳光已经洒满木格滩，过马营的街巷已是人声熙攘。

吃过早餐，打马回家。路过洛加时，我们又邂逅了朝暾沐浴下的青稞。刚刚睡醒的青稞，麦芒上挑着一颗颗晶莹的露珠，在阳光里闪闪烁烁，像一个宏大的梦境，裸呈在碧蓝如洗的天空下。

同行者们纷纷与青稞作最后的留影，企图把这一刻永远留存在记忆的底片上，再采撷一把青稞带回家去。

我说，这不是在偷秋吗？

廷成说，好！就偷一把秋天回家……

发表于2020年8月29日

（王海燕，青海省作家协会会员、海东市作协副主席）

木格滩，那一片青稞地

施建华

1

风吹麦浪，在我们沿西久公路南行经过的木格滩草原，有一片种植青稞的土地。金色的九月，青稞成熟了，千万株高昂地刺向苍穹的脑袋，一起低下头来，向秋天的土地致敬。阳光下，青稞闪动神性的光芒，在风中跳起金色的舞蹈，宛若一片看不到边际的金色海洋。一穗穗闪动的麦芒在田野里光芒四射、随风摆动的模样，让这个季节、这片土地随着飘摇的风驻足于我们的记忆中。

2

站在田野上，手握一把青稞，我们越走越远，我们步履匆忙、行色匆匆，不曾想到过自己会为一片青稞地而停留。但是当我离开之后，突然就开始想念那一片青稞地，想念那一片遥远的苍茫——蔚蓝的天空像被水洗过一般纯净透明，金色的夕阳拂过田野和山川，远山上暮色四合，空气中弥漫着青稞酒的醇香……夜晚来临，透明的酒杯叮当作响，我猜想酒杯里一定曾经住过一位青稞之神，想象那是个穿着金色外套挥舞着翅膀自带光芒的小男孩，他守护着这一片青稞地，负责让纯净的阳光穿透那籽粒日渐饱满的青稞，负责让一粒粒的青稞变幻成清冽的美酒……如果真有青稞之神，他会不会调皮地跑到诗人们的酒杯里去撒个欢？

3

过马营的月亮在我的手机里像一块有光晕的圆饼。月如酒的清冷夜晚，我们徘徊在街头，在街上对着一枚遥远的弯月放逐自己的脚步。这是七夕的夜晚，我猜想此刻一定有无数的人在抬头仰望苍穹。在那望不到头的遥远的深邃之处，一定曾经连接着诞生爱与生命的土地。我们曾经拥有土地，后来我们离开土地，许多的人在为自己曾经的离开而痛悔。就这样在一代又一代的背离和忏悔中轮回着，就这样走近又走远，留下一段或悲或喜的生命体验。幸运的是，人类并没有完全失去土地，在远离城镇的旷野中，我们依然还会有麦田、稻田和青稞地。我们种上麦子、种上花朵、种上洋芋和青稞，我们种植土地上茂密的一切……播种生命的田野，让人类的生命像青稞一般成熟和饱满起来。

4

满目流金的土地，还不到收割的时候，但是我仿佛已经看到数台收割机轰鸣而来，金黄的麦草拔地而起卷入机器的壮观场景。它们将成为一颗颗的麦粒，包裹上金色的阳光装入编织袋送往不同的地方，成为下一季的种子、粮食和糌粑，成为醇香的青稞美酒。我似乎看到青稞之神在土地上方燃起的桑烟，看到人们为丰收祈祷和狂欢的模样。每一粒青稞的种子，每一滴透明的酒，每一个播种和收割、在土地上洒落过汗水的人们，一定会深深地记住这片土地，记住土地赠予我们生命的食粮。土地深处，人类生命的泉正在汩汩流淌。

5

固执地，想要摘一把青稞带回家去。孩子一般问："我可以摘点青稞吗?"返回的路上，我们在路边的一处青稞地里摘青稞。青稞还不是很饱满，绿色的穗头还没有灌饱麦浆，用来做干花却很好。为此，我在网上淘了一个黑色的长形陶罐，准备用来插从木格滩摘回的青稞。只一周时间，青稞的干花已经在我的房间里摇曳生姿了。它们变得枯黄，枯黄的麦秆夹杂着少许的青绿，它们针刺一般固执而倔强地直立在我的房间，我的眼前再次闪回那一大片流淌着阳光的青稞地，我感觉自己把整个秋天采回家来了。不由得想起那个早晨，阳光初照，空气清新，地边一丛丛的野薄荷发出特殊的浓烈香味，毛茸茸的紫色花朵上挂满了晶莹剔透的露珠……而我们，手握一把青稞，终于越走越远。

（施建华，青海副刊编辑）

劳动筑梦　传承农垦精神

郭立鹏

2019年，我们迎来了中华人民共和国成立70周年。在这70年中，我们的祖国经历了沧桑巨变，在中国共产党的坚强领导和全国各族人民的共同努力下，中国从一个贫穷落后的国家一跃成为当今世界第二大经济体，中华民族实现了从站起来、富起来、强起来的历史性飞跃，取得了举世瞩目的成就。青海也在这70年间，从照片上满是小土房的旧青海变成了今天青山绿水、高楼林立的大美青海。今天，我们告别了贫困走向了富强，但是这中间，几代建设者付出了辛劳和汗水。

我来自青海省三江集团下属的贵南草业开发有限责任公司，说起贵南草业公司，大家可能不太了解，但是说起贵南军马场和贵南牧场，一定有很多人知道。贵南牧场是青海省建场时间最早的农牧场，始建于1933年，至今已有86年的历史。中华人民共和国成立后，为支援国防建设和巩固边疆繁荣稳定，1959年，我爷爷王海明老人和来自全国五湖四海的屯垦戍边人员一样，响应党和国家号召，来到青海高寒牧区。此后，几代牧场人把"艰苦奋斗、勇于开拓"的农垦精神，结合牧场实际，细化为"以场为家、艰苦创业"的牧场人精神，开始了激情燃烧岁月的创业。这里平均海拔达3000多米，荒凉又贫瘠，没有房子大伙就住在地窝子里，起风的时候，狂风呼啸，沙尘铺天盖地，刚刚还明亮的天空一下就变得昏天黑地，干活的人们头发、眼睛、鼻子嘴里都是尘土。一代代牧场人就是在这样严酷的自然环境里，风餐露宿，含辛茹苦，在荒滩上开垦出了大片的耕地，积极发展军马事业，为祖国的国防事业、高原农牧业发展和民族团结做出了不可磨灭的贡献。

我的舅舅毕业于牧场子弟中学，1989年9月参加工作，被分配到木格滩三分场马一队。大家可能不太清楚木格滩上分布的一个个农牧业生产队，那是在方圆几十公里无人烟的地方，交通极不方便，那里的人常常吃不到新鲜蔬菜，放在地窖里的洋芋就是最好的蔬菜。我听舅舅说，就在他参加工作那一年，庄稼刚刚成熟还没来得及收割，就被一场突如其来的大雪掩埋，10月的木格滩寒风刺骨，又加上一场雪，寒冷可想而知，可就是在这样严酷的自然条件下，大家依然下地抢收，手和脚都冻伤了，没人喊苦，也没人喊累，硬是把每一粒粮食收进了场院。从1995年开始，场区连续几年大旱，贵南牧场经历了严峻的考验，那时候虽然日子过得苦，但他们始终没有放弃，更没有忘记身为农垦人的初心和使命，继续发扬"以场为家、艰苦创业"的牧场人精神，肩负着国有农垦企业的职责、使命和担当，维护着民族地区稳定和发展。我想这就是牧场人精神的精髓：忠诚、拼搏、奉献。

2012 年，大学毕业的我也在贵南草业公司参加了工作，几年来，我走遍了每一个基层单位，看着眼前一眼望不到边的千亩、万亩耕地，它们是农垦人勤劳的最好见证。21 世纪以来，三江集团党委在新形势下对贵南草业公司的发展进行了定位，机械化耕作水平迈上新台阶。从老旧的农耕放牧模式到现在正在建设中的全省最大的农牧业“育繁推”基地以及集生产、加工、运输于一体的大型农牧业产业园区，再到今天正在测试的无人驾驶播种。牧场三代人啊，我们参与了农垦企业的发展和成长，也见证了祖国的繁荣富强。我们企业的发展变化始终离不开党的领导和一代代牧场人“以场为家、艰苦创业”的牧场人精神。

作为新一代农垦人的我，不仅要继承前辈们吃苦耐劳、迎难而上、无私奉献的精神，更要朝气蓬勃、拼搏进取、开拓创新，做富有活力朝气的新一代农垦人，我们也必将在以习近平同志为核心的党中央坚强领导下，坚守农垦人的初心，完成农垦人的使命。

（2019 年青海省总工会“劳动筑梦”职工演讲比赛二等奖）

贵南

青海贵南牧场志

QINGHAI GUINAN MUCHANG ZHI

编纂始末

盛世修志，志载盛世。青海省贵南草业开发有限责任公司修史著志经历了漫长的探索。早在1984年，贵南牧场党委就安排机关干部易求难主笔《贵南牧场志》，尽管此志不足3万字，但留下了一些弥足珍贵的史料。1993年，恰逢建场60周年，总场党委高度重视，决定重修《贵南牧场志》，为建场60周年献礼。场长刘德文任编委会主编，组织相关人员，在场各部门的大力协助和编纂人员的努力下，在不到半年的时间里，编写出了11万字的《贵南牧场志》（内部发行）。《青海贵南牧场志》的编修，从20世纪80年代初挂心牧场编志事业之仁人志士发轫至今，已30余年矣。2020年7月，按照农业农村部办公厅《关于组织开展第一批中国农垦农场志编纂工作的通知》，青海省贵南草业开发有限责任公司被列为全国第一批中国农垦农场志丛编纂单位，实乃公司编志事业一大幸事。

青海省贵南草业开发有限责任公司是青海省建场时间最早、规模最大的农垦企业。通过编纂农场志书，对传承“以场为家、艰苦创业”的牧场人精神，弘扬农垦农场文化，凸显农垦农场特色，展示发展脉络，梳理发展成就、经验和路径，与时俱进，引领农垦农场生态文明建设和现代农业，具有十分重要的历史意义。

《青海贵南牧场志》以马克思列宁主义、

毛泽东思想、邓小平理论、“三个代表”重要思想、科学发展观、习近平新时代中国特色社会主义思想为指导，坚持辩证唯物主义和历史唯物主义的立场、观点和方法。按照“正确方向、依法治志、存真求实、修志为用”的总要求，全面、客观、系统地记述了青海省贵南草业开发有限责任公司的发展历程和主要成果。

场志编纂工作浩繁，经纬万端。为高质量完成农场志编纂任务，公司高度重视，党委书记、总经理周文书任总编，组织成立编委会，下设办公室，负责日常工作，对整个编纂工作实施了强有力的领导。办公室负责及时组织、协调、服务、指导、质量审查等工作，解决编写中的问题，保障了编纂工作的顺利进行。

场志编纂工作大体可分为三个阶段：2020 年 8 月，编纂工作启动。为加强对志书编纂工作的领导，公司成立志书编纂领导小组，确定编纂人员，落实好办公经费和办公场所，配备办公设施，制订编纂工作方案，收集整理 1933—2020 年大事记。在此基础上，根据国家农垦总局培训要求和《技术手册》，结合公司实际，科学制定志书篇目。2020 年 10 月，落实分工和工作责任。杨丰节负责编写序言、凡例、概述、大事记、附录、第一编、第九编；杨正负责编写第二编第一章，全志照片整理及审核；李善龙负责编写第二编第二章和第五编；秦国柱负责编写第二编第六章、第四编第五章，与马风朝合编第二编第五章；郝建青负责编写第三编第一章、第二章、第三章，第七编第三章；李斌负责编写第三编第四章，第四编第一章，第七编第一章、第二章，第八编；张丙苍负责编写第二编第三章、第四章，第四编第三章、第四章；刘敏负责编写第四编第二章和第六编；旦正负责第九编人物资料的补充。诸同志根据分工，对现已掌握的历史文字和图片资料进行收集、分类、整理，同时进行资料的再挖掘、再补充和再完善。

编纂公司志的调查工作相当繁重，一是翻阅各种档案，包括山丹军马场、青海省档案馆等相关资料；二是访问在牧场工作过的老领导、老职工。编写人员总计查阅资料 10000 余份，访问 300 多人次，积累了数十万字的原始资料，采用编纂人员分工撰写、共商疑点的方法，于 2021 年 8 月完成志书初稿（第一稿）编纂任务。

2021 年 8 月之后，编纂人员对第一稿进行了集中审稿，查漏补缺，修改完善，数易其稿，形成修改稿（第二稿）。2022年1月，将志书修改稿（第二稿）60余份发给特邀编审、离退休老同志、公司管理层等相关人员征求意见。之后，场志编纂人员根据征集的意见和建议补充、修改、完善场志，于2022年6月底完成经补充修改完善的修订稿（第三稿）。

2022年7月初，将修订稿（第三稿）报青海省地方志办公室审核。7月15日召开场志审核会，青海省地方志办公室主任杨松义，地方志专家师玉洁、董得华，青海省草原总站研究员侯秀敏，青海省畜牧兽医科学院研究员雅文海，青海大学农林科学院研究员吴昆仑，青海省林业草原规划院高级工程师林建才等人参加，就场志的体例、结构、所涉及专业等方面提出了宝贵的修改意见建议。8—12月，编纂人员根据审核意见，对编、章、节进行了调整、优化，修改完善，两易其稿，最后形成送审稿（第五稿），上报国家农垦总局农场志编纂委员会。之后，根据中国农业出版社提出的意见与建议，进行了再补充、再修改、再完善，形成了第六稿，并再次上报国家农垦总局农场志编纂委员会进行审稿。我们将竭力编纂出一部高质量的农场志书，以客观、真实、全面、科学地记录公司近90年来的发展历程。

由于建场时间长，隶属关系数次更易，主产业因时代发展调整变化，千头万绪，本志书的编修过程极其艰辛。主要困难有两个方面：一是资料稀缺。青海省贵南草业开发有限责任公司前身于1933年建场，但文书档案室1964年才建立，人事档案室于1982年建立，解放前旧军牧场时期和解放初的资料极其匮乏，仅有极少书面文字记载，对调查采访的口述资料需多方考证核实，费时费力。二是先后参加编纂修志的人员均非专业人员，水平有限，大家互相学习、相互探讨、同心协力，付出了艰辛的劳动。《青海贵南牧场志》的完稿，凝聚了全体编纂人员的心血和辛勤劳动，也渗透着来自各方面的关心和帮助，是集体智慧的结晶。

在《青海贵南牧场志》的成书过程中，得到了公司党委的高度重视和正确领导，得到了国家农垦总局农场志编纂委员会办公室的精心指导，得到了青海省档案馆、山丹军马场档案馆、青海省地方志办公室等单位的积极协助。特别需要提到的是一些已是耄耋之年的军马场老领导、老同志及其子女，他们为场志提供了相当珍贵的史料，特邀编审等同志在考订补遗方面给予了大力支持和协助，历史学博士李健胜、毛光远教授就相关章节进行了审核把关。篇幅所限，恕未能逐一提及，谨望谅解并顺此对以上同志深表谢意！

盛世修志，前有所稽，后有所鉴。《青海贵南牧场志》内容较多，涉及较广。由于资料有限，加之编纂人员水平不及，不可避免地还会存在疏漏舛错和不尽如人意之处，恳请方志专家、学者、修志同行和广大读者不吝赐教。

《青海贵南牧场志》编委会

为《青海贵南牧场志》提供资料、图片及协助工作人员名单

（以姓氏笔画为序）

才旦东知　马爱朝　王立新　王军生　王红玉　王贵安　王恒生　王晓鹏
王瑜霞　毛光远　旦　增　白秉忠　朱汉勇　刘　超　刘青卫　闫建成
安生春　安永江　李乃成　李长仲　李玉顺　李华峰　李旭谦　李忠阳
李健胜　李高升　李寅生　李德满　杨　哲　杨　海　杨风中　杨同亿
杨秀芳　杨应奇　肖永寿　吴泰良　宋玉兰　张　莉　张天华　张历杰
张忠梁　张建青　张勇智　张海宁　陈玉琴　卓玛本　金国璠　周天铎
周文芝　周军建　郑来刚　河生德　孟迎春　郝晓云　袁兆盛　格先加
徐祁萍　徐志庆　徐建忠　高闻天　郭　伟　曹水英　商　勇　隆世英
彭矩方　董文忠　董贤合　韩　进　普华才让　管青霞　谭　燕　霍素云
衡延杰